이 책은 하이델베르크 교리문답을 "입체적"으로 읽고, 생각하고, 공부하고, 이해하도록 구성되었다. 더욱이 앎이 삶으로, 이론이 실천으로 자연스레 연결되도록 인도한다. "무엇을 믿고, 어떻게 살 것인가"를 고민하는 모든 그리스도인에게 나침반이 될 만한 유익한 이 책을 기쁜 마음으로 추천한다.

박경수 | 장로회신학대학교 역사신학 교수

예수 그리스도에 대한 신앙고백 위에 세워진 교회는, 하나님의 말씀인 성경을 올바로 해석하고 바른 신앙을 전수하기 위해 신앙 교육서를 마련해왔다. 신앙 교육서의 만개한 형태 하나가 바로 "하이델베르크 교리문답"이다. 『하이델베르크 교리문답, 삶을 읽다』는 현대 교회가 약 450년의 시차를 뛰어넘어 위대한 역사적 신앙 유산과 대면할 수 있게 해준다. 독자들은 저자의 탁월한 통찰력과 현대적 감각의 도움을 받아 개혁교회의 전통적이면서도 정통적인 신앙 교육서가 무엇인지, 그 정수를 맛보게 될 것이다.

안상혁 | 합동신학대학원대학교 역사신학 교수

하이델베르크 교리문답은 16-17세기에 나온 개신교 교리문답 가운데 일반 성도들에게 가장 친근하게 다가갈 수 있는 교리문답이다. 성경의 언어를 사용하여 인간의 구원 문제와 삶의 문제를 따뜻한 필치로 풀어주기 때문이다. 또한 하이델베르크 교리문답은 루터파의 장점과 개혁파의 장점을 두루 살려낸 공교회적 교리문답이다. 이는 주요 작성자인 우르시누스가 두 진영 모두에서 성실하게 배운 인물이기에 드러나는 특성이다. 하이델베르크 교리문답의 이러한 장점을 아주 잘 살려낸 멋진 해설서로서 이 책은 첫째, 하이델베르크 교리문답의 흐름을 잘 따라가면서 나무와 숲을 모두 보게 해준다. 둘째, 관련된 성경 구절들이 어떻게 교리와 연결되는지 잘 설명해준다. 셋째, 기독교 교리가 특별히 21세기 한국 땅을 살아가는 우리에게 어떤 의미가 있는지 매우 실제적으로 보여준다. 손길이 많이 간 예술 작품을 연상시킬 정도로 한 장 한 장을 매우 고민하며 적은 흔적이 역력한 이 책은, 루터의 교회개혁 500주년을 맞이하는 이 땅의 교회에 귀한 선물이 될 것이다.

우병훈 | 고신대학교 조직신학 교수

벨기에 신앙고백, 도르트 신조와 더불어 개혁교회의 일치를 위한 3대 신앙고백 문서로 꼽히는 하이델베르크 교리문답에 대한 해설서가 정요석 목사에 의해 집필되고 출간된 것을 환영한다. 이미 국내외에 수많은 해설서가 출간되었지만 이 책은 단단한 신학적 논의를 배경으로 일반 신자들에게 강해한 것을 바탕으로 하기에 읽기 쉬우면서도 상세한 이해를 제공해준다. 또한 교회나 각종 모임에서 성경 공부 교재로 사용하기에도 알맞다. 종교개혁 500주년을 맞이하여 출간되는 이 책을 통해 종교개혁 신학의 정수가 무엇인지를 확인하는 기회가 되기를 바라며 기쁜 마음으로 추천한다.　　이상웅 | 총신대학교 신학대학원 조직신학 교수

나는 지난 시절 목회자로서 독일과 미국에서 하이델베르크 교리문답을 성도들에게 즐겨 가르쳤었다. 이 책은 무엇보다 우선 저자가 신실한 주의 종이라는 점에서 추천할 만하다. 여기에 몇 가지 이유를 덧붙이자면 다음과 같다. 첫째, 술술 읽히는 재미가 있다. 둘째, 내용이 알밤처럼 알차다. 셋째, 믿음이 무엇인지를 쉽고 명료하게 가르친다. 넷째, 경건을 이루도록 이끌어준다.　　주도홍 | 백석대학교 대학원 교목부총장, 역사신학 교수

목회자적 편안함과 학자적 예리함, 거기에 작가적 감수성까지 골고루 버무려진 정요석 목사의 이 책은, 교리문답 특유의 건조와 경직과 간결의 아쉬움을 단숨에 극복하고 교리적인 신앙의 쉼터를 제공한다. 개인과 교회 공동체의 신앙을 윤택하게 하는 선진들의 유산인 하이델베르크 교리문답을 한국인의 정서로 담아낸 작품의 출간을 적극 환영하며 일독을 권한다.　　한병수 | 전주대학교 역사신학 교수

하이델베르크 교리문답, 삶을 읽다(상)

하이델베르크 교리문답, 삶을 읽다

(상)

정요석 지음

Holy
WavePlus

차례

종교개혁 500주년에 이 책의 초판을 발행하게 되어 매우 기쁩니다. 표면적
으로 볼 때 종교개혁은 로마 가톨릭의 도덕적·행정적 부패 때문에 발생했습
니다. 하지만 그보다 근본적인 원인은 교리의 부패에서 찾아야 합니다. 루터
(Martin Luther, 1483-1546)는 1517년 10월에 비텐베르크 성문에 "95개조 반
박문"을 붙여 중세 로마 가톨릭의 문제점을 조목조목 지적했습니다. 그의 문
제 제기에서 촉발된 종교개혁의 핵심은, 언제나 성경 전체의 내용에 따라 무
엇이 올바른 교리이고 신앙생활인지를 밝히는 작업에 있었습니다. 이 작업은
칼뱅(Jean Calvin, 1509-1564)에 이르러 더 높은 완성도를 자랑하게 되었으며
그 결과 하이델베르크 교리문답과 웨스트민스터 신앙고백 등의 "표준 문서"
들이 후대에 남게 되었습니다.

하이델베르크 교리문답은 1563년에 작성되었습니다. 거의 500년 전에
작성된 문서를 오늘날 우리가 다시 살펴보는 이유는, 이 교리문답이 특정 시
대의 산물이면서도 성경 전체의 내용을 체계적으로 담고 있는 신앙고백이기
때문입니다. 하이델베르크 교리문답은 시간과 지역을 초월하는 성경의 진리
를 응축하여 잘 담아낸, 개신교 교리의 교과서로서 손색이 없습니다.

저는 이 책에서 성경의 전체 내용을 주제별로 분류하여 축약한 형태로 표
현한 하이델베르크 교리문답의 내용을 지금 우리 시대의 언어와 삶을 통해
해설하고자 했습니다. 아래에 정리된 "이 책의 구성"을 미리 살펴보면 이 책
의 구조를 이해하고 내용을 파악하는 데 도움을 받을 수 있을 것입니다.

이 책의 구성

1 | 문답 소개

원래 하이델베르크 교리문답은 독일어로 작성되었습니다. 하지만 이 책에서는 독자들의 이해를 돕기 위해 우리말과 영어로 교리문답을 소개했습니다. 영어 문답 중 중요 어휘도 따로 설명해놓았는데, 영어 번역에 주의를 기울이면 신앙적인 유익과 더불어 영어 실력이 향상하는 유익도 누리게 될 것입니다.

Q 제2문 이러한 위로를 즐기면서 행복하게 살고 죽기 위해 당신이 알아야 할 것은 무엇입니까?

How many things are necessary for thee to know, that thou, enjoying this comfort, mayest live and die happily?

A 답 세 가지입니다.[11] 첫째, 나의 죄와 비참이 얼마나 심각한지,[12] 둘째, 내가 어떻게 나의 모든 죄와 비참에서 구원받는지,[13] 셋째, 내가 어떻게 그러한 구원을 주신 하나님께 감사드려야 할지를 알아야 합니다.[14]

Three; the first, how great my sins and miseries are; the second, how I may be delivered from all my sins and miseries; the third, how I shall express my gratitude to God for such deliverance.

thee	그대를, 너를	**thou**	그대, 당신
mayest	(고어, may의 2인칭 단수)	**necessary**	필요한, 필수적인, 불가피한
misery	비참, 고통, 어려움	**express**	나타내다, 표현하다
gratitude	감사, 고마움	**deliverance**	구원, 구출, 해방

2 | 근거 성구

전통적으로 하이델베르크 교리문답의 근거로 여겨지는 성구들을 모두 적어놓았습니다. 우리가 교리문답을 공부하는 이유는 성경을 더 잘 이해하기 위해서입니다. 그러므로 이 책에 제시된 근거 성구를 꼼꼼하게 읽어보시기 바랍니다. 이를 통해 교리문답의 내용에 확신을 가질 수 있을 뿐 아니라 성경에 근거해 하나님을 아는 지식도 풍성해질 것입니다.

> **근거 성구**
>
> **1** 8우리가 살아도 주를 위하여 살고 죽어도 주를 위하여 죽나니 그러므로 사나 죽으나 우리가 주의 것이로다. 9이를 위하여 그리스도께서 죽었다가 다시 살아나셨으니 곧 죽은 자와 산 자의 주가 되려 하심이라(롬 14:8-9).
>
> **2** 19너희 몸은 너희가 하나님께로부터 받은 바 너희 가운데 계신 성령의 전인 줄을 알지 못하느냐? 너희는 너희 자신의 것이 아니라. 20값으로 산 것이 되었
>
> 으니 그런즉 너희 몸으로 하나님께 영광을 돌리라(고전 6:19-20).
>
> **3** 너희는 그리스도의 것이요, 그리스도는 하나님의 것이니라(고전 3:23).
>
> 그가 우리를 대신하여 자신을 주심은 모든 불법에서 우리를 속량하시고 우리를 깨끗하게 하사 선한 일을 열심히 하는 자기 백성이 되게 하려 하심이라(딛 2:14).

제1주일 제1-2문 | 유일한 위로   21

하이델베르크 교리문답, 삶을 읽다

해설

사도신경의 구분과 삼위일체

여러 조항으로 구성된 사도신경은 그리스도인이 가진 믿음의 내용이 무엇인지 체계적으로 이야기해줍니다. 하이델베르크 교리문답 제24문은 성부 하나님, 성령 하나님, 성자 하나님이 우리의 신앙에 어떻게 관계되는지가 사도신경에 드러난다고 밝힙니다. 그리고 제25문은 제24문에서 드러난 삼위일체 하나님이 기독교가 말하는 한 하나님 개념과 배치되지 않는지 점검합니다.

- **제20문** 모든 사람은 아담 안에서 멸망하고, 그리스도에 의하여 구원받는가?
- **제21문** 참된 믿음이란 무엇인가?
- **제22문** 그리스도인은 보편적이고 확실한 사도신경을 믿어야 한다.
- **제23문** 사도신경의 내용
- **제24문** 사도신경은 세 부분으로 구분된다.
- **제25문** 한 본질, 세 위격의 하나님

표18 하이델베르크 교리문답 제20-25문의 구성

1. 사도신경은 어떻게 나뉘는가?

사도신경에는 "믿는다"는 말이 세 번 나옵니다. 사도신경은 이에 따라 크게 세 부분으로 나눕니다. "전능하신 아버지 하나님, 천지의 창조주를 믿는다"는 내용은 성부 하나님과 우리의 창조를 다룹니다. "그의 유일하신 아들을 믿는다"는 내용은 성자 하나님과 우리의 구속을 다룹니다. "성령을 믿는다"는 내용은 성령 하나님과 우리의 성화를 다룹니다. 하이델베르크 교리문답은 성부

---

3 ㅣ 해설

각 교리문답의 세세한 부분들을 풀이하는 "해설"이 이 책의 핵심입니다. 특히 이 부분에서는 조직신학의 전체적인 맥락을 염두에 두고 각 교리문답을 풀이했습니다.

4 ㅣ 표

각 문항이 하이델베르크 교리문답 전체 구조 속에서 어떤 위치에 있는지 보여주기 위해 여러 가지 표를 활용했습니다. 어떤 문항의 의미를 제대로 파악하기 위해서는 앞뒤 문항과의 관계를 살펴보아야 합니다. 하이델베르크 교리문답의 전체 구성 조감도도 책 뒷부분에 실려 있으니 수시로 참고하면서 책을 읽어나가시기 바랍니다.

심화 연구

5 | 심화 연구

해당 문답을 더 깊이 이해하기 위해서는 신학적 개념들도 다루어야 합니다. 몇몇 용어들은 처음에는 낯설고 어렵지만 몇 번 접해 보면 곧 익숙해집니다. "심화 연구"의 주제들은 신학적 개념을 이해하고 논의를 발전시키는 데 도움이 되니 마음을 열고 읽어보시기 바랍니다.

심화 연구

하나님의 속성

하나님은 어떤 분이실까요? 하나님의 속성(屬性, attribute)을 설명하는 방법은 몇 가지가 있습니다. 자연적인 속성(무한, 영원, 단순, 자존)과 도덕적인 속성(선, 거룩, 지혜)으로 나누는 방법이 있고, 절대적인 속성(무한, 영원, 단순, 자존)과 상대적인 속성(편재, 전지)으로 나누는 방법도 있습니다. 그중 사람과의 공통 특성인지를 기준으로 "공유적 속성"(共有的 屬性)과 "비공유적 속성"(非共有的 屬性)으로 나누는 방법이 가장 일반적입니다.

TIP

하나님의 상대적인 속성 이는 창조된 천지 만물을 전제할 때 생각할 수 있는 하나님의 본질적 특성이다.

1. 공유적 속성

사람은 하나님의 형상대로 지음을 받았습니다. 그래서 하나님과 사람 사이에는 공통되는 면이 있습니다. 존재·지혜·권능·거룩·공의·선함·진실이라는 속성이 그렇습니다. 이처럼 하나님과 사람이 함께 갖는 속성을 "공유적 속성"(communicable attributes)이라고 합니다. 반대로 무한성, 영원성, 불변성 등은 하나님만이 가지시는 "비공유적 속성"(incommunicable attributes)입니다.

그런데 여기서 한 가지 주의해야 할 점이 있습니다. 존재·지혜·권능·거룩·공의·선함·진실 등의 공유적 속성이라도 사람의 속성은 무한·영원·불변하지 않다는 사실입니다. "공유적 속성"이지만 하나님과 사람의 수준에는 여전히 큰 차이가 있습니다. 하늘이 땅보다 높은 것보다 더 큰 차이가 하나님과 사람의 공유적 속성 사이에 있습니다. "존재"라는 속성만 해도 하나님은 스스로 계시지만 사람은 하나님이 존재를 주셔서 존재합니다. 존재라는 속성

6 | 팁

책의 내용을 이해하는 데 도움이 될 만한 간단한 정보들은 작은 글 상자에 담아놓았습니다.

제4주일 제9-11문 | 죄에 대한 하나님의 벌

97

7 | 생각할 거리

교리 공부가 어떻게 사람과 사회와 자연에 대한 이해로 이어지는지 보여주는 글들입니다. 이 글들을 통해 교리 공부가 지식 계발에 머무는 것이 아니라 타자에 대한 따스한 수용력을 키우는 실천에까지 나아가는 밑거름이 되기를 바랍니다.

춘화현상(春化現象, vernalization)

봄이 되면 흐드러지게 피는 노란색의 개나리와 진분홍의 진달래꽃은 미처 다 가시지 않은 겨울의 우중충한 회색에 화려함을 더하는 아름다운 꽃들이다. 그런데 이 꽃들은 추운 겨울이 없는 지역에서는 가지와 잎이 무성할지라도 꽃은 피지 않는다고 한다. 개나리, 국화, 아이리스, 백합, 튤립, 라일락, 목련, 진달래, 벚꽃 등은 반드시 저온 기간을 거쳐야만 꽃이 피는데, 이를 춘화현상이라고 한다.

또 보리, 밀, 귀리와 같은 맥류(麥類)는 가을에 파종하면 이듬해 이삭이 밖으로 출현하는 출수(出穗)가 정상적으로 이루어지지만, 봄 늦게 파종하면 잎만 무성하게 자라고 이삭이 생기지 않는다. 이것을 좌지현상(座止現象)이라고 한다. 잎만 자라다 출수하지 못하고 주저앉는다고 해서 붙여진 이름이다.

TIP

좌지현상
(座止現象, hibernalism)
저온 과정을 거치지 못해 춘화처리가 안 된 식물이 출수하지 못하는 현상.

저온을 거쳐야만 꽃이 피고 열매가 맺히는 자연 현상은 우리의 인생도 어둡고 힘든 과정을 거쳐야 성숙한다는 교훈을 말해주는 듯하다. 사람은 여러 가지 경험을 통해 자라가지만 특히 눈물 나는 일들을 겪으며 생각이 깊어지고 마음이 넓어진다. 마음 쓰린 실패와 좌절을 맛보지 않으면 사람은 겸손을 모르고 인생의 깊은 의미도 깨닫지 못한다. 소중한 것을 잃어버릴 때만 소중한 것의 가치를 비로소 알게 되는 법이다.

야곱은 외삼촌 밑에서 20년간 갖은 고생을 하며 성숙해졌다. 철부지 요셉도 형들에게 배신당하고 보디발의 아내에게 누명을 쓰면서, 또 감옥에 갇히는 경험을 통해서 하나님의 섭리를 이해하는 깊음에 이르렀다. 다윗도 사울

몇 가지 질문들에 대답하고 토론하면서 각 문답을 통해 배운 내용을 정리하는 부분입니다. 특별히 각 1번 문제는 성도의 교제를 위한 것으로서 신앙생활 전반을 다룬다는 점을 기억해주시기 바랍니다.

01 언제 어떻게 얼마만큼 성경을 읽고 있습니까? 매일 성경을 읽고 묵상하려면 어떤 노력과 지혜가 필요합니까? 무슨 일을 판단할 때 성경의 전체 내용에 근거해 분별하려고 노력하는 편입니까? 이를 위해서는 성경의 일독이 필요한데 지금까지 성경 전체를 읽어본 적이 있는지요? 성경 일독을 하는 데 도움이 될 만한 노하우를 서로 나누어봅시다.

02 하이델베르크 교리문답 제33-34문을 서로 묻고 답해봅시다. 근거 성구도 함께 살펴봅시다.

03 그리스도만이 하나님의 영원하고 본질적인 아들이시라는 것은 무슨 의미인지 나누어봅시다.

314   하이델베르크 교리문답, 삶을 읽다

조 모임을 위한 도움말 •

성도 간 교제의 장인 조 모임은 유쾌하기도 하지만, 때로는 조원들 사이에 긴장감이 흐르기도 합니다.
모임을 시작하기 전에 조원들이 함께 부록에 실린 "조 모임을 위한 도움말"을 읽으면 긴장을 떨쳐내고 서로를 격려하면서 모임에 더욱 적극적으로 참여하는 데 도움이 될 것입니다.

조장으로서 조 모임을 이끌거나 조원으로 모임에 참여하는 일은 매우 기대되는 일입니다. 하지만 낯선 만남의 장에서 침묵을 견디거나 발표를 강요받거나 의견이 상충하는 경험을 하게 되기도 합니다. 그래서 우리 주변에는 설교와 전체 성경 공부는 좋아해도 조 모임은 극구 피하는 분들이 있습니다.

그러나 조 모임을 통해서 얻을 수 있는 유익을 쉽게 포기하면 안 됩니다. 조 모임에서는 예배나 전체 모임에서 나누기 어려운 삶의 이야기와 신앙 고백을 긴밀한 관계 속에서 나눌 수 있습니다. 교회의 조 모임이 제대로 운영되면 교인들이 자신을 드러내고 다른 사람의 깊은 면을 보면서 마음속에 묻어 두었던 상처와 단점을 극복할 수 있습니다.

물론 조 모임이 항상 성공적으로 마무리되는 것은 아닙니다. 하지만 당장 실패하더라도 그 실패는 전진을 위한 일보 후퇴일 뿐입니다. 조 모임에 마음을 열고 다음과 같은 자세로 임한다면 이는 신앙생활에서 가장 흥미진진한 요소 중 하나가 될 것입니다.

조 모임을 하기 전에 이 글을 전체 조원이 읽고 숙지한다면 더 좋은 모임이 될 것입니다. 조 모임이 제대로 이루어지기 위해 무엇보다 중요한 요소는 사람입니다. 조장과 조원들이 열린 마음으로 모임에 임하는 자세야말로 그 어떤 교재보다 중요하고, 어떻게든 모임에 일조하려는 마음이 그 어떤 지식보다 중요합니다. 서로 협력하여 멋진 모임을 만들려는 마음으로 다음 도움말을 읽으시기 바랍니다.

이 책은 혼자서 공부할 수도 있고 다른 사람들과 그룹으로 모여 공부할 수도 있습니다. 책을 처음 읽을 때는 잘 이해되지 않는 내용을 그냥 그대로 두고 이해되는 부분만 읽으면서 한 번 완독하는 것이 좋습니다. 두 번째 읽을 때는 전에 이해하지 못했던 내용을 자연스레 더 깊이 이해하는 놀라운 경험을 하게 될 것입니다. 혹시 한 걸음 더 나아가 하이델베르크 교리문답의 내용과 관련한 포괄적인 공부를 하고 싶으신 분들은 해당 분야의 조직신학 책을 참고하시기 바랍니다. 저는 주로 헤르만 바빙크(Herman Bavinck, 1854-1921), 루이스 벌코프(Louis Berkhof, 1873-1957), 칼뱅(Jean Calvin, 1509-1564) 등의 책을 참고했습니다.

앞서도 밝혔지만 하이델베르크 교리문답은 1563년에 작성되었습니다. 그보다 80여 년 늦게 작성된 웨스트민스터 소요리문답(1647)은 하이델베르크 교리문답에 비해 신학적으로 더 정교하게 다듬어진 느낌이 듭니다. 조직신학의 체계에 따라 신학 용어를 사용해 군더더기 없이 표현했기 때문입니다. 그에 비해 하이델베르크 교리문답은 일상의 용어를 사용해 보통 성도들이 신앙생활에 대해 궁금해하는 내용을 다루었습니다. "사나 죽으나 당신의 유일한 위로는 무엇입니까?"라는 질문으로 시작하는 하이델베르크 교리문답은 고단한 세상 가운데서 살아가는 하나님의 백성들을 어떻게 위로하고 격려하며 참된 위안으로 안내할 것인지 고민하는 가운데 만들어진 교리문답입니다. 이 책의 독자들도 이 교리문답을 통하여 참된 위로를 받을 수 있을 것입니다.

이 책이 나오는 데 도움을 주신 분들이 많습니다. 이 책의 추천사를 써주어 격려해주신 박경수, 안상혁, 우병훈, 이상웅, 주도홍, 한병수 교수께 감사를 드립니다. 새물결플러스는 출판사의 정성과 역량에 따라 책이 얼마나 달라질 수 있는가를 잘 보여주었습니다. 그리고 무엇보다 세움교회 교인들의 도움은 절대적이었습니다. 지루하고 어려운 교리 공부를 목사에 대한 신뢰로, 엄청난 내용을 배우는 줄 알고 묵묵히 견뎌냈을 뿐만 아니라, 때때로 감동하고 기뻐하는 모습까지 보이며 저를 격려해주었습니다. 교인들의 격려와 지지가 없었다면 저는 교리 공부를 이미 오래전에 포기했을 것입니다.

특별히 오늘의 제가 있기까지 어머니가 저에게 끼치신 영향은 매우 큽니다. 어머니는 저에게 자신감과 자존감을 심어주셨고, 끊임없는 격려와 때에 맞는 훈계로 저의 잠재력을 끌어내주셨습니다. 이제 어머니는 팔순을 넘길 정도로 연로하셨지만 지금도 저와 함께 살면서 손주 다섯을 지극 정성으로 돌보아주십니다. 무엇보다 아이들에게 삶의 지혜를 전해주고 올바른 판단력을 배양해주시는 점이 참 감사합니다. 저는 지금도 중요한 일을 어머니와 상의합니다. 제가 제 자녀들을 사랑하는 것에 비해 몇 배 더 저를 사랑하시어 제가 하나님의 사랑이 얼마나 큰지를 알게 하신 어머니께 이 책을 바칩니다. 어머니의 신앙이 더욱더 깊어지시고, 비슷한 연배의 노인분들이 모두 가지고 계시는 마음의 아픔과 아쉬움, 삶의 고단함이 주님 안에서 더욱 위로받으시기를 간절히 바랍니다.

저의 20여 년간의 목회와 신학교 강의, 그리고 그간의 인생 경험이 이 책의 밑거름이 되었습니다. 그동안 분명하게 깨달은 사실이 있다면 기독교 교리는 따뜻하고 종합적인 삶의 해설서이자 풍성한 대인 관계의 지침서 역할을 한다는 것입니다. 이 책을 읽는 독자들도 교리의 가치를 깊이 깨닫게 되기를 바랍니다. 그래서 더욱 성경을 깊이 읽으며 하나님과 사람에 대한 이해가 깊어지고, 더욱 하나님과 사람들을 사랑하며 많은 것들을 풍성하게 누릴 수 있게 되기를 바랍니다.

은혜 가운데 2017년을 맞으며

정요석

서론부: 제1-2문

우리의
유일한 위로에
관하여

유일한 위로

Q 제1문 사나 죽으나 당신의 유일한 위로는 무엇입니까?

What is thy only comfort in life and death?

A 답 나는 사나 죽으나[1] 나의 것이 아니고[2] 몸과 영혼이 모두 미쁘신 나의 구주 예수 그리스도의 것이라는 사실입니다.[3] 주는 그의 보배로운 피로 나의 모든 죗값을 치러주셨고,[4] 마귀의 모든 권세로부터 나를 구하셨습니다.[5] 하늘에 계신 아버지의 뜻이 아니고는[6] 나의 머리털 하나도 상하지 않듯이, 주는 나를 지켜주십니다.[7] 실로 모든 것들이 합력하여 나의 구원을 이룹니다.[8] 또한 주는 그의 성령으로 영생을 보증하시고,[9] 내가 이후로 진심으로 기꺼이 선뜻 주를 위하여 살게 하십니다.[10]

That I with body and soul, both in life and death, am not my own, but belong unto my faithful Savior Jesus Christ; who, with His precious blood, has fully satisfied for all my sins, and delivered me from all the power of the devil; and so preserves me that without the will of my heavenly Father, not a hair can fall from my head; yea, that all things must be subservient to my salvation, and therefore, by His Holy Spirit, He also assures me of eternal life, and makes me sincerely willing and ready, henceforth, to live unto Him.

thy	그대의, 당신의, 너의
comfort	위로, 편안함, 위안, 쾌적함
precious	소중한, 귀중한, 중요한
satisfy	잘못을 보상하다, 만족시키다, 충분히 대답하다
deliver	구해내다, 인도하다, 전달하다
preserve	보호하다, 지키다, 유지하다
be subservient to…	…에 일조하다, …에 영합하다
henceforth	앞으로, 지금부터, 차후

하이델베르크 교리문답, 삶을 읽다

Q 제2문 이러한 위로를 즐기면서 행복하게 살고 죽기 위해 당신이 알아야 할 것은 무엇입니까?

How many things are necessary for thee to know, that thou, enjoying this comfort, mayest live and die happily?

A 답 세 가지입니다.[11] 첫째, 나의 죄와 비참이 얼마나 심각한지,[12] 둘째, 내가 어떻게 나의 모든 죄와 비참에서 구원받는지,[13] 셋째, 내가 어떻게 그러한 구원을 주신 하나님께 감사드려야 할지를 알아야 합니다.[14]

Three; the first, how great my sins and miseries are; the second, how I may be delivered from all my sins and miseries; the third, how I shall express my gratitude to God for such deliverance.

thee	그대를, 너를	**thou**	그대, 당신
mayest	(고어, may의 2인칭 단수)	**necessary**	필요한, 필수적인, 불가피한
misery	비참, 고통, 어려움	**express**	나타내다, 표현하다
gratitude	감사, 고마움	**deliverance**	구원, 구출, 해방

근거 성구

1 8우리가 살아도 주를 위하여 살고 죽어도 주를 위하여 죽나니 그러므로 사나 죽으나 우리가 주의 것이로다. 9이를 위하여 그리스도께서 죽었다가 다시 살아나셨으니 곧 죽은 자와 산 자의 주가 되려 하심이라(롬 14:8-9).

2 19너희 몸은 너희가 하나님께로부터 받은 바 너희 가운데 계신 성령의 전인 줄을 알지 못하느냐? 너희는 너희 자신의 것이 아니라. 20값으로 산 것이 되었으니 그런즉 너희 몸으로 하나님께 영광을 돌리라(고전 6:19-20).

3 너희는 그리스도의 것이요, 그리스도는 하나님의 것이니라(고전 3:23).

그가 우리를 대신하여 자신을 주심은 모든 불법에서 우리를 속량하시고 우리를 깨끗하게 하사 선한 일을 열심히 하는 자기 백성이 되게 하려 하심이라(딛 2:14).

4 18너희가 알거니와 너희 조상이 물려준 헛된 행실에서 대속함을 받은 것은 은이나 금 같이 없어질 것으로 된 것이 아니요, 19오직 흠 없고 점 없는 어린 양 같은 그리스도의 보배로운 피로 된 것이니라(벧전 1:18-19).

그가 빛 가운데 계신 것 같이 우리도 빛 가운데 행하면 우리가 서로 사귐이 있고 그 아들 예수의 피가 우리를 모든 죄에서 깨끗하게 하실 것이요(요일 1:7).

그는 우리 죄를 위한 화목제물이니 우리만 위할 뿐 아니요, 온 세상의 죄를 위하심이라(요일 2:2).

5 34예수께서 대답하시되 "진실로 진실로 너희에게 이르노니 죄를 범하는 자마다 죄의 종이라. 35종은 영원히 집에 거하지 못하되 아들은 영원히 거하나니 36그러므로 아들이 너희를 자유롭게 하면 너희가 참으로 자유로우리라"(요 8:34-36).

14자녀들은 혈과 육에 속하였으매 그도 또한 같은 모양으로 혈과 육을 함께 지니심은 죽음을 통하여 죽음의 세력을 잡은 자 곧 마귀를 멸하시며 15또 죽기를 무서워하므로 한평생 매여 종노릇하는 모든 자들을 놓아주려 하심이니(히 2:14-15).

죄를 짓는 자는 마귀에게 속하나니 마귀는 처음부터 범죄함이라. 하나님의 아들이 나타나신 것은 마귀의 일을 멸하려 하심이라(요일 3:8).

6 29참새 두 마리가 한 앗사리온에 팔리지 않느냐? 그러나 너희 아버지께서 허락하지 아니하시면 그 하나도 땅에 떨어지지 아니하리라. 30너희에게는 머리털까지 다 세신 바 되었나니 31두려워하지 말라. 너희는 많은 참새보다 귀하니라(마 10:29-31).

너희 머리털 하나도 상하지 아니하리라 (눅 21:18).

7 나를 보내신 이의 뜻은 내게 주신 자 중에 내가 하나도 잃어버리지 아니하고 마지막 날에 다시 살리는 이것이니라(요 6:39).

27"내 양은 내 음성을 들으며 나는 그들을 알며 그들은 나를 따르느니라. 28내가 그들에게 영생을 주노니 영원히 멸망하지 아니할 것이요, 또 그들을 내 손에서 빼앗을 자가 없느니라. 29그들을 주신 내 아버지는 만물보다 크시매 아무도 아버지 손에서 빼앗을 수 없느니라. 30나와 아버지는 하나이니라" 하신대(요 10:27-30).

주는 미쁘사 너희를 굳건하게 하시고 악한 자에게서 지키시리라(살후 3:3).

너희는 말세에 나타내기로 예비하신 구원을 얻기 위하여 믿음으로 말미암아 하나님의 능력으로 보호하심을 받았느니라

(벧전 1:5).

8 우리가 알거니와 하나님을 사랑하는 자 곧 그의 뜻대로 부르심을 입은 자들에게는 모든 것이 합력하여 선을 이루느니라(롬 8:28).

9 성령이 친히 우리의 영과 더불어 우리가 하나님의 자녀인 것을 증언하시나니 (롬 8:16).

그가 또한 우리에게 인 치시고 보증으로 우리 마음에 성령을 주셨느니라(고후 1:22).

곧 이것을 우리에게 이루게 하시고 보증으로 성령을 우리에게 주신 이는 하나님이시니라(고후 5:5).

13그 안에서 너희도 진리의 말씀 곧 너희의 구원의 복음을 듣고 그 안에서 또한 믿어 약속의 성령으로 인 치심을 받았으니 14이는 우리 기업의 보증이 되사 그 얻으신 것을 속량하시고 그의 영광을 찬송하게 하려 하심이라(엡 1:13-14).

10 26또 새 영을 너희 속에 두고 새 마음을 너희에게 주되 너희 육신에서 굳은 마음을 제거하고 부드러운 마음을 줄 것이며 27또 내 영을 너희 속에 두어 너희로 내 율례를 행하게 하리니 너희가 내 규례를 지켜 행할지라(겔 36:26-27).

무릇 하나님의 영으로 인도함을 받는 사람은 곧 하나님의 아들이라(롬 8:14).

주를 향하여 이 소망을 가진 자마다 그의 깨끗하심과 같이 자기를 깨끗하게 하느니라(요일 3:3).

11 28"수고하고 무거운 짐 진 자들아! 다 내게로 오라. 내가 너희를 쉬게 하리라. 29나는 마음이 온유하고 겸손하니 나의 멍에를 메고 내게 배우라. 그리하면 너희 마음이 쉼을 얻으리니 30이는 내 멍에는 쉽고 내 짐은 가벼움이라" 하시니라(마 11:28-30).

12 예수께서 들으시고 이르시되 "건강한 자에게는 의사가 쓸데없고 병든 자에게라야 쓸 데 있느니라"(마 9:12).

예수께서 이르시되 "너희가 맹인이 되었더라면 죄가 없으려니와 본다고 하니 너희 죄가 그대로 있느니라"(요 9:41).

9그러면 어떠하냐? 우리는 나으냐? 결코 아니라. "유대인이나 헬라인이나 다 죄 아래에 있다"고 우리가 이미 선언하였느니라. 10기록된 바 "의인은 없나니 하나도 없으며"(롬 3:9-10).

9만일 우리가 우리 죄를 자백하면 그는 미쁘시고 의로우사 우리 죄를 사하시며 우리를 모든 불의에서 깨끗하게 하실 것이요, 10만일 우리가 범죄하지 아니하였다 하면 하나님을 거짓말하는 이로 만드는 것이니 또한 그의 말씀이 우리 속에 있지 아니하니라(요일 1:9-10).

13 영생은 곧 유일하신 참 하나님과 그가 보내신 자 예수 그리스도를 아는 것이니이다(요 17:3).

"다른 이로써는 구원을 받을 수 없나니 천하 사람 중에 구원을 받을 만한 다른 이름을 우리에게 주신 일이 없음이라" 하였더라(행 4:12).

그에 대하여 모든 선지자도 증언하되 "그를 믿는 사람들이 다 그의 이름을 힘입어 죄 사함을 받는다" 하였느니라(행 10:43).

너희 중에 이와 같은 자들이 있더니 주 예수 그리스도의 이름과 우리 하나님의 성령 안에서 씻음과 거룩함과 의롭다 하심을 받았느니라(고전 6:11).

3우리도 전에는 어리석은 자요, 순종하지 아니한 자요, 속은 자요, 여러 가지 정욕과 행락에 종노릇한 자요, 악독과 투기를 일삼은 자요, 가증스러운 자요, 피차 미워한 자였으나 4우리 구주 하나님의 자비와 사람 사랑하심이 나타날 때에 5우리를 구원하시되 우리가 행한 바 의로운 행위로 말미암지 아니하고 오직 그의 긍휼하심을 따라 중생의 씻음과 성령의 새롭게 하심으로 하셨나니 6우리 구주 예수 그리스도로 말미암아 우리에게 그 성령을 풍성히 부어주사 7우리로 그의 은혜를 힘입어 의롭다 하심을 얻어 영생의 소망을 따라 상속자가 되게 하려 하심이라(딛 3:3-7).

14 이같이 너희 빛이 사람 앞에 비치게 하여 그들로 너희 착한 행실을 보고 하늘에 계신 너희 아버지께 영광을 돌리게 하라(마 5:16).

12그러므로 너희는 죄가 너희 죽을 몸을 지배하지 못하게 하여 몸의 사욕에 순종하지 말고 13또한 너희 지체를 불의의 무기로 죄에게 내주지 말고 오직 너희 자신을 죽은 자 가운데서 다시 살아난 자 같이 하나님께 드리며 너희 지체를 의의 무기로 하나님께 드리라(롬 6:12-13).

8너희가 전에는 어둠이더니 이제는 주 안에서 빛이라. 빛의 자녀들처럼 행하라. 9빛의 열매는 모든 착함과 의로움과 진실함에 있느니라. 10주를 기쁘시게 할 것이 무엇인가 시험하여보라(엡 5:8-10).

너는 진리의 말씀을 옳게 분별하며 부끄러울 것이 없는 일꾼으로 인정된 자로 자신을 하나님 앞에 드리기를 힘쓰라(딤후 2:15).

9그러나 너희는 택하신 족속이요, 왕 같은 제사장들이요, 거룩한 나라요, 그의 소유가 된 백성이니 이는 너희를 어두운 데서 불러내어 그의 기이한 빛에 들어가게 하신 이의 아름다운 덕을 선포하게 하려 하심이라.…12너희가 이방인 중에서 행실을 선하게 가져 너희를 악행한다고 비방하는 자들로 하여금 너희 선한 일을 보고 오시는 날에 하나님께 영광을 돌리게 하려 함이라(벧전 2:9, 12).

해설

유일한 위로

하이델베르크 교리문답은 우리의 유일한 위로가 무엇인지 물으면서 시작합니다. 삶과 죽음을 뛰어넘어 우리에게 위로가 되는 것이 있다면 무엇일까요? 세상 사람들은 이런 질문을 받으면 머리를 굴리며 답을 찾아야 하겠지만, 우리 그리스도인들은 곧바로 분명하게 대답할 수 있습니다. 바로 우리가 그리스도께 속했다는 사실입니다!

1. 사나 죽으나 우리의 유일한 위로

2009-10년 자료를 보면 국내 7대 도시의 신생아 중에서 선천성 기형아로 태어난 아이의 비율은 5.5퍼센트였습니다. 그중에는 심장 기형처럼 즉각적인 수술이 필요한 경우도 있고, 특정 염색체 숫자가 많거나 적은 다운 증후군이나 터너 증후군인 경우도 있습니다. 또 어떤 경우에는 특정 영양소를 소화하는 효소를 생성하지 못하는 장애를 타고나 결국에는 대사 이상으로 뇌나 신체에 기형이 발생하기도 합니다. 물론 대다수 신생아는 건강한 몸을 가

지고 태어나지만 건강한 출생은 자신의 의지나 노력과 상관없이 주어집니다. 그 누구도 자기 자신의 출생을 마음대로 통제할 수 없습니다.

건강하게 태어났다고 해도 인생을 사는 동안 어떤 사고를 만날지 모릅니다. 차를 타고 한강을 건너는데 갑자기 다리가 무너진다면 어떻겠습니까? 1994년에 실제로 그런 사고가 발생했습니다. 성수대교 붕괴로 49명이 추락해 32명의 무고한 시민이 목숨을 잃었습니다. 또 멋진 상품들이 진열된 백화점이 갑자기 무너져 내린다면 어떻겠습니까? 1995년에 발생한 삼풍백화점 붕괴 사고로 937명이 다치고 502명이 죽었습니다. 지하철을 탔는데 갑자기 화재가 발생하고 문이 열리지 않는다면 어떻겠습니까? 2003년에 대구에서 지하철 방화 사건으로 죽은 시민은 213명이었습니다. 2014년에는 수학여행을 가던 단원고 학생 250명(실종 4명 포함)을 비롯해 304명이 세월호 참사로 목숨을 잃었습니다. 그 누구도 자기 자신의 목숨을 마음대로 통제할 수 없습니다. 갑작스러운 사고로 언제 어떻게 될지 모릅니다.

나이가 들어가면서 주변에서도 그런 사고가 발생합니다. 청년회 시절부터 알고 지낸 저의 오랜 친구 하나는 대기업의 상무였습니다. 그 친구는 2012년 6월에 페루에서 수력 발전 사업을 위해 헬기를 타고 현지 조사를 벌였는데 6일 17시에 마지막 교신을 끝으로 헬기가 실종되고 말았습니다. 수색 결과 한국인 8명을 포함한 탑승자 14명 전원이 사망한 것으로 밝혀졌습니다. 그때 장례식장에서 망연자실한 유족들을 보며 마음이 얼마나 아팠는지 모릅니다.

다행히 그는 신앙생활을 잘하던 친구여서 유족들과 문상객들은 모두 부활을 생각하며 슬픔을 이겨낼 수 있었습니다. 하지만 그때 저는 다시금 사람 목숨이 자신의 것이 아님을 느꼈습니다. 사람은 살아 있는 동안에 건강, 부, 권력과 명예를 마음대로 할 수 없습니다. 늙음과 병듦과 죽음은 더욱 통제하지 못합니다. 그렇다면 이 땅의 어떤 것이 생과 사를 통제하지 못하는 사람에게 진정한 위로가 될 수 있을까요? 세상 사람들의 삶이란 이 땅의 것이 위로가 되는 줄로 착각하며 신기루를 좇듯이 살아가는 헛된 삶에 지나지 않습니다.

돈과 권력과 좋은 배경이 없으면 세상살이가 힘들고 불편합니다. 그런데 큰돈이 있고 좋은 직장을 다니며 넓은 집에서 안정된 삶을 살아가는 사람도 갑작스러운 사고와 병, 늙음과 죽음을 피할 수는 없습니다. 노환이 들어 자녀도 알아보지 못하고 음식을 씹지 못해 두유만 간신히 먹는 노인에게 무엇이 위로가 되겠습니까? 많은 재물과 높은 지위도 결코 위로가 될 수 없습니다. 사람은 아무것도 없이 세상에 왔다가 모든 것을 남겨두고 떠납니다(딤전 6:7). 돈이나 힘, 명예나 권세가 늙음과 병듦과 죽음을 막지 못합니다.

저는 초등학교 6학년 때부터 『삼국지』, 『수호지』를 비롯해 여러 위인의 전기를 읽었습니다. 이런 책들에 등장하는 인물들의 공통점은 바로 모두가 죽는다는 것이었습니다. 저는 주인공들의 장점들을 따져보기에 앞서 이들이 모두 죽는다는 사실을 깨달았습니다. 그때부터 인생에 대한 허무감이 싹텄습니다. 죽음 앞에서 무엇이 의미가 있습니까? 우리의 연수(年數)는 강건해야 팔십입니다. 나이가 많이 들어도 자랑할 것이라고는 수고와 슬픔뿐이고 인생의 시간은 빠르게 날아가는 것 같습니다(시 90:10). 이런 허무한 인생 가운데 참된 위로가 있다면 무엇이겠습니까?

예수님은 한 해 소출(所出)이 풍성했던 한 부자에 대해 말씀하셨습니다. 그 부자는 넘쳐나는 곡식을 쌓아두기 위해 더 큰 곳간을 지을 계획을 세웁니다. 그는 스스로 만족해하며 "내 영혼아! 여러 해 쓸 물건을 많이 쌓아두었으니 평안히 쉬고 먹고 마시고 즐거워하자"라고 말했습니다. 그런데 하나님은 그에게 "어리석은 자여! 오늘 밤에 네 영혼을 도로 찾으리니 그러면 네 준비한 것이 누구의 것이 되겠느냐?"(눅 12:16-21)라고 반문하십니다. 그 부자에게 풍성한 소출은 전혀 위로가 되지 못한 것입니다.

극단적 상황에 이른 사람이 자기 목숨을 끊는 경우가 있습니다. 그들은 왜 자살할까요? 죽음으로 모든 것이 끝난다고 여기기 때문입니다. 하지만 그들이 선택한 죽음은 육신의 죽음일 뿐이지 영혼의 죽음이 아닙니다. 예수님은 영혼의 멸망에 대해 다음과 같이 말씀하셨습니다.

> 몸은 죽여도 영혼은 능히 죽이지 못하는 자들을 두려워하지 말고 오직 몸과 영혼을 능히 지옥에 멸하실 수 있는 이를 두려워하라(마 10:28).

사람들은 영혼이 어디에 있는지, 어떻게 활동하는지 모르기 때문에 영혼을 죽이지 못합니다. 강퍅한 적들이 우리를 죽일지라도 단지 몸이 죽을 뿐이지 영혼은 죽지 않습니다. 참된 신앙인들은 이러한 면에서 세상을 향해 담대할 수 있습니다. 악인들이 우리를 죽인다고 해도 우리의 영혼은 하나님의 영접을 받아 빛과 영광 속에서 그분의 얼굴을 뵐 것입니다. 사나 죽으나 우리의 주인은 예수 그리스도이십니다.

사람이 사는 동안은 지혜가 우매(愚昧)보다 뛰어남이 빛이 어둠보다 뛰어남과 같습니다. 하지만 지혜자나 우매자나 모두 죽어 영원히 기억함을 얻지 못한다는 점에서는 똑같습니다(전 2:13-16). 사람이 짐승보다 뛰어난 점이 얼마나 많습니까? 그런데 성경은 죽음의 측면에서는 사람과 짐승이 같다고 말합니다. 심지어 전도서는 그런 면에서 모든 것이 헛되다고 말합니다(전 3:18-20). 죽음을 해결하지 못한 채 이 땅에서 이룬 결과물은 아무리 화려하고 위대해도 결국은 헛된 신기루에 지나지 않습니다.

앞으로 살펴보겠지만 우리의 늙음과 병듦과 죽음, 그리고 세상에서 발생하는 모든 비참(悲慘)은 우리의 죄로 인한 것입니다. 죄가 해결되어야만 이 모든 문제에서 벗어날 수 있습니다. 그래서 예수님은 그의 보배로운 피로 우리의 모든 죗값을 치러주셨습니다. 예수님은 삶과 죽음에 대해 전혀 통제권을 갖지 못하는 우리를 위해 죄의 문제를 해결해주셨습니다. 그는 우리와 온세상의 죄를 위한 화목제물로서 피를 흘려 죽으심으로써 우리를 모든 죄에서 깨끗하게 하셨고(요일 1:7; 2:2), 죽음의 세력을 잡은 마귀를 멸하시어 우리를 자유롭게 하셨습니다(요 8:36; 히 2:14).

하나님이 허락하지 않으시면 참새 한 마리도 땅에 떨어지지 않습니다. 하나님은 우리 머리털이 몇 개인지도 다 아십니다. 하나님은 우리가 사는 동안 우리를 지켜주셔서 하나님의 뜻이 아니면 머리털 하나도 상하지 않게 하십니다(마 10:29-31). 그 누구도 우리를 예수 그리스도의 손에서 빼앗을 수 없습니다(요 10:27-30). 하나님의 뜻대로 부르심을 입은 우리의 삶에서 경험하는 모든 것들은 합력하여 우리의 구원을 이루어갑니다(롬 8:28).

그뿐 아니라 연약한 우리가 구원을 부인하고 포기하지 않도록 성령이 친히 우리가 하나님의 자녀인 것을 증언하시며 우리에게 인 치시고 보증하십니다(롬 8:16; 고후 1:22). 또한 하나님은 성령을 통해 우리의 굳은 마음을 제거하고 부드러운 마음을 주셔서 우리가 하나님의 율례를 지켜 행하게 하십니다(겔 36:26-27).

이처럼 성경이 말하는 삼위 하나님의 사역이야말로 생과 사를 넘어서 우리의 유일한 위로가 됩니다. 성자 하나님은 그의 보배로운 피로 우리의 모든 죗값을 치르고 마귀의 모든 권세로부터 우리를 구해주셨습니다. 성부 하나님은 우리의 머리털 하나까지 세시며 우리를 지켜주십니다. 성령 하나님은 영생을 보증하시고 우리가 진심으로 기꺼이 선뜻 주를 위하여 살도록 도와주십니다. 앞으로 이어지는 하이델베르크 교리문답 전체가 삼위 하나님이 하시는 이러한 사역에 대한 더 자세한 설명이라고 할 수 있습니다.

성자 하나님	그의 보배로운 피로 나의 모든 죗값을 치러주셨고, 마귀의 모든 권세로부터 나를 구하셨습니다.
성부 하나님	하늘에 계신 아버지의 뜻이 아니고는 나의 머리털 하나도 상하지 않듯이, 주는 나를 지켜주십니다.
성령 하나님	영생을 보증하시고, 내가 이후로 진심으로 기꺼이 선뜻 주를 위하여 살게 하십니다.

표1 하이델베르크 교리문답 제1문의 구조

2. 이러한 위로를 즐기기 위해 알아야 할 세 가지

하이델베르크 교리문답 제2문은 제1문에서 말한 위로를 즐기면서 행복하게 살고 죽으려면 사람이 무엇을 알아야 하는지 묻습니다. 세 가지를 알아야 하는데 첫째, 사람의 죄와 비참이 얼마나 심각한지를 알아야 합니다. 둘째, 사람이 어떻게 모든 죄와 비참에서 구원받는지를 알아야 합니다. 셋째, 사람이 어떻게 그러한 구원을 주신 하나님께 감사를 드려야 하는지를 알아야 합니다.

총 129문으로 된 하이델베르크 교리문답은 이 세 가지 주제를 바탕으로 구성되어 있습니다.

서론부 (제1-2문)	유일한 위로 및 알아야 할 세 가지(교리문답의 구조)
제1부 (제3-11문)	우리의 죄와 비참에 관하여 • 조직신학 서론: 외적 인식 원리인 율법(제3-4문) • 인간론: 인간의 죄와 부패, 하나님의 심판(제5-11문)

하이델베르크 교리문답, 삶을 읽다

제2부	우리의 구속에 관하여
(제12-85문)	• 중보자의 필요성과 신분(제12-19문)
	• 믿음의 정의와 내용(제20-21문)
	• 사도신경과 그 구분(제22-24문): 성부와 창조, 성자와 구속, 성령과 성화
	• 성부와 창조(신론, 제25-28문): 삼위일체, 성부, 창조, 섭리
	• 성자와 구속(기독론, 제29-52문): 그리스도의 신분(비하와 승귀)과 세 가지 직분
	• 성령과 성화(구원론, 제53-64문): 성령, 공회, 교통, 죄사함, 부활, 영생, 이신칭의
	• 말씀과 성례(교회론, 제65-85문): 복음 선포, 세례, 성찬, 천국 열쇠
제3부	우리의 감사에 관하여
(제86-129문)	• 선행과 회개(제86-91문)
	• 십계명(제92-115문)
	• 주기도문(제116-129문)

표2 하이델베르크 교리문답의 구조

하이델베르크 교리문답이나 웨스트민스터 소요리문답을 비롯한 대부분의 신앙고백은 "사도신경", "성례", "십계명", "주기도문"을 다룹니다. 그리고 사도신경은 다음 표에서 보는 바와 같이 성부, 성자, 성령의 존재와 사역에 대하여 말하고 있습니다. 따라서 대부분의 신앙고백은 성부, 성자, 성령의 존재와 사역, 성례(세례와 성찬), 십계명, 주기도문으로 되어 있다고 말할 수도 있습니다. 참고로 "심화 연구"에 웨스트민스터 신앙고백과 소요리문답, 벨기에 신앙고백의 구조 등을 정리해놓았으니 참고하기 바랍니다.

> **TIP**
>
> 일반적으로 신앙고백은 사도신경(성부+성자+성령), 성례(세례+성찬), 십계명, 주기도문을 소재로 삼는다.
>
> **신앙고백 = 사도신경 + 성례 + 십계명 + 주기도문**

성부 하나님	나는 전능하신 아버지 하나님, 천지의 창조주를 믿습니다.
성자 하나님	나는 그의 유일하신 아들, 우리 주 예수 그리스도를 믿습니다. 그는 성령으로 잉태되어 동정녀 마리아에게서 나시고, 본디오 빌라도에게 고난을 받아 십자가에 못 박혀 죽으시고, 장사된 지 사흘 만에 죽은 자 가운데서 다시 살아나셨으며, 하늘에 오르시어 전능하신 아버지 하나님 우편에 앉아계시다가, 거기로부터 살아 있는 자와 죽은 자를 심판하러 오십니다.
성령 하나님	나는 성령을 믿으며, 거룩한 공교회와 성도의 교제와 죄를 용서받는 것과 몸의 부활과 영생을 믿습니다. 아멘.

표3 사도신경의 구조

하이델베르크 교리문답의 구조를 알면 그 내용을 이해하는 데 큰 도움이 됩니다. 나무를 살피기에 앞서 먼저 숲을 보아야 합니다. 각 문답을 공부할 때마다 해당 문답이 전체 구조에서 어디쯤 자리하고 있는지를 살피면 각 문답이 전후의 문답들과 관련하여 어떤 의미를 가지는지 더 깊게 이해할 수 있습니다

우리는 인생을 살아가며 배우고 익혀야 할 것이 참 많습니다. 유치원부터 초·중·고등학교 12년은 물론이고 대학교 4년과 그 이상의 시간을 배우는 데 써야 합니다. 그런데 그 긴 시간은 사람의 죄와 비참의 심각성, 죄와 비참에서 구원받는 법, 구원을 주신 하나님께 감사를 드리는 법에 대하여 알지 못하면 모두 헛것입니다. "사나 죽으나 사람의 유일한 위로"를 얻는 데 아무 도움이 되지 않기 때문입니다.

사람의 마음이 쉼을 얻으려면 자신이 어떠한 **상태**에 있는지를 먼저 알아야 합니다. 환자가 치료를 받으려면 먼저 자신이 아프다는 것을 인식하고 의사를 찾아가야 합니다. 몸이 병들어 보내오는 신호를 대수롭지 않게 여기는

사람은 어느 순간 큰 탈이 생기고 맙니다. 자신이 건강하다고 여기는 사람에게는 의사가 쓸데없습니다. 자신이 병든 것을 아는 환자에게만 의사가 쓸모 있습니다(마 9:12).

사람은 모두가 죄인입니다. 의인은 하나도 없습니다(롬 3:10). 자신은 죄를 짓지 않았다고 하는 사람은 하나님을 거짓말하는 분으로 만드는 것입니다(요일 1:9-10). 모든 사람은 자신이 죄에 빠진 심각한 "환자"임을 알아야 합니다. 그리고 그 죄를 해결하실 수 있는 치료자에게 나아가야 합니다.

예외 없이 죄인일 수밖에 없는 모든 사람은 오직 예수 그리스도를 통해서만 그 죄와 비참에서 벗어날 수 있습니다. 그래서 영생은 참 하나님과 그가 보내신 예수 그리스도를 아는 것입니다(요 17:3). 하나님을 떠나서 영존하는 것은 하나도 없습니다. 하나님을 떠난 곳에 참된 위로가 있을 리 없습니다. 수고하고 무거운 짐을 진 자들은 오직 예수 그리스도에게서만 쉼을 얻을 수 있습니다(마 11:28-30).

이렇게 구원을 받은 성도는 이제 어떻게 살아야 합니까? 예수님은 세상의 소금과 빛인 성도들이 착한 행실을 보여야 한다고 말씀하셨습니다(마 5:16). 이를 위해서는 진리의 말씀에 따라 무엇이 참된 것인지 옳게 분별해야 합니다(딤후 2:15). 그리고 자기 지체를 의의 무기로 하나님께 드리기 위해 분투해야 합니다(롬 6:13).

이는 모두 구원을 주신 하나님께 감사를 드리는 것에 해당합니다. 여기서 십계명과 주기도문은 우리가 힘써야 할 구체적 내용이 무엇인지 알려줍니다. 십계명은 사람을 옭아매는 노예 계약서가 아닙니다. 주기도문은 복을 비는 주문서가 아닙니다. 구원받은 사람은 십계명과 주기도문을 온전히 알고 행함으로써 하나님께 찬송과 감사를 올려드릴 수 있습니다.

웨스트민스터 소요리문답

1643년 6월 12일, 국교회를 강요하는 왕과 갈등 관계에 있던 청교도 중심의
잉글랜드 의회는, 교회의 운영과 예배 의식에 관한 문제를 결정하기 위해서
학식 있고 경건한 사람들을 소집하는 법령을 통과시켰습니다. 이 법령에 따
라 7월 1일부터 웨스트민스터 총회(Westminster Assembly)가 열렸습니다.

그때부터 1649년 2월 22일까지 5년 6개월 동안 이어진 이 총회에는 총
151명이 소집되었는데 거기에는 목사 121명, 상원의원 10명, 하원의원 20명,
스코틀랜드 교회가 파견한 5명의 목사와 3명의 장로가 포함되어 있었습니
다. 처음에 소집된 인사들은 각각 감독교회, 장로교회, 독립교회, 에라스투스
파를 대표하였으나, 1643년 잉글랜드의 의회파와 스코틀랜드의 서약파 간
에 "엄숙 동맹"이 결성된 후에는 감독교회 인사들이 물러가고 출석자의 대다
수를 장로교파가 차지했습니다.

"영국 내전"(1642-1651) 속에서도 수년에 걸쳐 이어진 웨스트민스터 총회
의 평균 출석수는 6-80명이었습니다. 이 총회에서는 1시간을 설교하고 2시
간씩 기도하는 것이 흔한 일이었습니다. 예배가 8시간 동안 드려지기도 했으
며 많은 이가 오랜 시간 금식에 참여했습니다. 웨스트민스터 총회를 통해 "예
배모범"(1645), "장로회 교회 정치규범"(1645), "신앙고백"(1646.12.3), "소요리
문답"(1647.11.5), "대요리문답"(1648.4.14)이 만들어졌습니다. 이 문서들은 지
금도 장로교회의 중요한 표준으로서 사랑받고 있습니다. 웨스트민스터 신앙
고백과 소요리문답의 구조는 다음과 같습니다.

서론	제1장	성경
신론	제2장	하나님과 삼위일체
	제3장	하나님의 영원한 작정
	제4장	창조
	제5장	섭리
인간론	제6장	사람의 타락, 죄, 벌
	제7장	하나님이 사람과 맺으신 언약
기독론	제8장	중보자 그리스도
구원론	제9장	자유의지
	제10장	효과적 부르심
	제11장	칭의
	제12장	양자 됨
	제13장	성화
	제14장	구원하는 믿음
	제15장	생명에 이르는 회개
	제16장	선행
	제17장	성도의 견인
	제18장	은혜와 구원의 확신
교회론	제19장	하나님의 율법
	제20장	그리스도인의 자유와 양심의 자유
	제21장	종교적 예배와 안식일
	제22장	합법적 맹세와 서원
	제23장	국가의 위정자
	제24장	결혼과 이혼
	제25장	교회
	제26장	성도의 교제
	제27장	성례
	제28장	세례
	제29장	주의 성찬
	제30장	교회의 권징
	제31장	노회와 총회
종말론	제32장	죽음 후 사람의 상태와 죽은 자의 부활
	제33장	마지막 심판

표4 웨스트민스터 신앙고백의 구조

사람이 하나님에 대하여 믿어야만 할 바(제1-38문)
1. 서론(제1-3문)   인생의 목적과 성경
2. 성부(제4-12문)   하나님의 속성, 삼위일체, 작정, 창조, 섭리
3. 인간(제13-20문)   사람의 죄와 죄의 결과
4. 성자(제21-28문)   그리스도의 인격과 사역
5. 성령(제29-36문)   구원의 적용과 구원의 서정
6. 종말(제37-38문)   사람의 죽음과 부활

하나님이 사람에게 요구하시는 의무(제39-107문)
1. 십계명(제39-81문)   하나님 사랑(제45-62문)과 이웃 사랑(제63-81문)
2. 믿음과 회개(제82-87문)
3. 은혜의 수단(제88-107문) 말씀, 성례, 기도
  ㄱ. 말씀(제89-90문)
  ㄴ. 성례(제91-97문)   세례와 성찬
  ㄷ. 기도(제98-107문)   주기도문

표5 웨스트민스터 소요리문답의 구조

벨기에 신앙고백

벨기에 신앙고백이 작성된 1561년, 지금의 네덜란드와 벨기에 지역을 통합하여 다스리던 통치자는 스페인 왕 펠리페 2세(Felipe II de Habsburgo, 1527-1598)였습니다. 그는 선왕 카를 5세(Karl V, 1500-1558)의 막대한 영토를 물려받았으며 스스로 로마 가톨릭의 맹주를 자처해 개혁교회를 무자비하게 탄압한 왕이었습니다.

그의 통치 아래서 종교의 자유를 위해 맞서 싸운 순교자들이 생겨났는데 네덜란드의 기 드 브레(Guy de Bres, 1522-1567)도 그중 한 사람이었습니다. 그는 칼뱅주의에 따라 개혁교회가 믿는 바가 무엇인지를 진술했습니다. 그것이 바로 1561년에 작성된 "벨기에 신앙고백"(*Confessio Belgica*)이었습니다. "벨기에 신앙고백"의 원본은 프랑스어로 작성되었지만 곧 네덜란드어와 라

하이델베르크 교리문답, 삶을 읽다

틴어로 번역되었습니다.

총 37장으로 된 벨기에 신앙고백은 신학의 다양한 주제들을 다룹니다. 웨스트민스터 신앙고백이 벨기에 신앙고백의 영향을 받았다는 사실은 두 신앙고백의 차례만 비교해보아도 잘 알 수 있습니다. 더 나아가 오늘날 우리가 접하는 조직신학의 각 분야 역시 이전의 신앙고백에서 영향을 받았다는 사실을 부인할 수 없을 것입니다.

"표6"에 정리된 벨기에 신앙고백의 구조와 "표7"에 정리된 조직신학의 일곱 가지 분야를 비교해보십시오. 또 이 두 표를 웨스트민스터 교리문답과 신앙고백의 구조와 비교해보십시오. 약간씩 차이가 있으면서도 주요 내용이 일치한다는 사실을 어렵지 않게 발견할 것입니다.

서론	제1항	오직 한 하나님이 계신다.
	제2항	하나님은 어떤 수단으로 알려지시나?
	제3항	기록된 하나님의 말씀
	제4항	정경으로 인정된 성경의 책들
	제5항	성경은 어떻게 위엄과 권위를 얻나?
	제6항	정경과 위경의 차이
	제7항	성경의 충족성: 유일한 믿음의 법칙
신론	제8항	한 본질, 구별되는 세 위격
	제9항	삼위일체의 증거
	제10항	예수 그리스도, 참되고 영원하신 하나님
	제11항	성령, 참되고 영원하신 하나님
	제12항	모든 것의 창조, 특히 천사
	제13항	하나님의 섭리와 모든 것의 통치
인간론	제14항	사람의 창조와 타락, 그리고 참된 선에 대한 무능력
	제15항	원죄
	제16항	영원한 선택
	제17항	타락한 사람의 회복

기독론	제18항	예수 그리스도의 성육신
	제19항	두 본성의 연합과 구별
	제20항	그리스도 안에서 공의와 자비를 나타내신 하나님
	제21항	우리를 위한 우리의 대제사장, 그리스도의 만족
구원론	제22장	그리스도에 대한 믿음을 통한 칭의
	제23항	하나님 앞에서의 우리의 칭의
	제24항	사람의 성화와 선행
	제25항	의식법의 폐지
	제26항	그리스도의 중보
교회론	제27항	보편 기독 교회
	제28항	참된 교회에 결합된 신자
	제29항	참된 교회의 표지
	제30항	교회 정치와 직원
	제31항	목사, 장로, 집사
	제32항	교회의 질서와 권징
	제33항	성례
	제34항	거룩한 세례
	제35항	우리의 주 예수 그리스도의 성찬
	제36항	위정자(시민 정부)
종말론	제37항	마지막 심판

표6 벨기에 신앙고백의 구조

하이델베르크 교리문답, 삶을 읽다

1. 서론(序論)	종교, 외적 인식의 원리(계시), 내적 인식의 원리(믿음)
2. 신론	• 하나님의 존재: 하나님의 속성, 삼위일체 • 하나님의 사역: 작정, 창조, 섭리
3. 인간론	인간의 기원, 행위언약, 죄의 기원과 특성과 전이와 형벌, 은혜언약
4. 기독론	• 그리스도의 위격: 그리스도의 명칭, 그리스도의 신성과 인성 • 그리스도의 신분과 직분: 낮아짐과 높아짐의 신분, 선지자와 제사장 과 왕의 삼직
5. 구원론	성령의 사역, 성도의 부르심, 중생, 회개, 믿음, 칭의, 성화, 견인
6. 교회론	교회의 성질, 정치, 권세, 은혜의 수단, 말씀, 세례, 성찬
7. 종말론	• 개인적 종말론: 육체적 죽음, 영혼의 불멸, 죽음과 부활 사이 • 우주적 종말론: 그리스도의 재림, 천년왕국, 부활, 최후의 심판

표7 조직신학의 일곱 가지 분야

참된 소망

"두려움은 당신을 감옥에 가둔다. 희망은 당신을 자유롭게 한다"(Fear Can Hold You Prisoner, Hope Can Set You Free).

영화 "쇼생크 탈출"에서 배우 팀 로빈스(Tim Robbins)가 연기한 주인공 "앤디"는 잘나가던 은행 간부였다. 하지만 그는 부인과 그녀의 정부(情夫)를 살인했다는 누명을 쓰고 종신형을 선고받는다. 그가 갇힌 곳은 철통 보안으로 유명한 쇼생크 교도소였다. 그곳은 어디를 둘러봐도 희망이 보이지 않았다. 교도관들의 삼엄한 감시와 재소자 간의 알력 다툼 속에서 인간의 존엄성은 바닥에 내팽개쳐졌다. 많은 재소자가 자포자기한 상태에서 미래에 대한 소망을 잃고 사람이 가져야 할 최소한의 품격도 집어던졌다. 그 결과 감옥 안에는 소규모 범죄 십난늘이 형성뇌었고 삭똥 비리와 폭력과 협박이 판을 쳤다.

하지만 앤디는 그곳에서도 소망을 버리지 않고 예전부터 지녔던 도덕과 품격과 감성을 지켜나갔다. 그는 동성애를 요구하는 일단의 무리에게 집단 구타를 당하면서도 저항했다. 한편으로는 정부에 끊임없이 탄원서를 제출해서 감옥 안에 도서관을 만들고 재소자들을 위한 검정고시반을 운영하기도 했다. 또 방송실에 혼자 남게 되었을 때는 "피가로의 결혼"이 녹음된 레코드판을 돌려 교도소 전체에 울려 퍼지게 했다. 모든 재소자는 삭막한 교도소를 가득 채운 아름다운 소프라노 선율에 넋을 잃고 귀를 기울였다. 앤디는 이 일로 독방에 갇히리라는 것을 알고 있었지만 끝까지 방송을 멈추지 않았다.

앤디가 교도소에서 이런 활동들을 겁 없이 할 수 있었던 또 다른 이유는 그가 교도소장을 포함한 교도관들에게 납세 및 회계와 관련한 조언을 해주었기 때문이었다. 그는 사회에서의 경험을 살려 그들이 세금을 아끼고 자산을 늘릴 방법을 제시해주었다. 소문이 퍼져 다른 교도소의 교도관들도 찾아올 정도였는데, 탐욕스러운 교도소장은 앤디의 재능을 악용해 자신의 불법 자금을 세탁하는 일을 맡기기에 이른다.

그러던 어느 날 앤디는 자신이 제자로 아끼는 신참 재소자 토미를 통해 자기의 아내와 정부를 살해한 진범이 누구인지 알게 된다. 20년에 가까운 옥살이를 한 앤디는 이제 자신의 무죄를 주장하며 이 사실을 소장에게 말한다. 하지만 앤디를 이용해 부정 축재를 일삼아온 소장은 앤디의 석방에 이은 후폭풍을 우려해 토미를 죽여버린다.

토미의 죽음에 충격을 받은 앤디는 벼락이 치던 어느 날 밤, 자신이 작성한 소장의 이명 계좌 관련 서류들을 챙겨 쇼생크를 탈출한다. 그는 자신이 있던 수용실 벽을 조금씩 파서 만들어놓은 비밀 통로로 감쪽같이 사라져버렸다. 얼마 지나지 않아 앤디는 교도소장과 악질 교도관들의 비위 사실을 언론에 공개하는 동시에 말끔한 정장 차림으로 은행을 찾아가 소장의 이명 계좌에서 예금을 모두 빼낸다. 소장은 자신이 불법적으로 모아놓은 재산이 모두 사라지고 자기의 죄가 만천하에 드러났다는 사실을 깨닫고는 총을 꺼내 스스로 생을 마감한다.

이 영화에서 배우 모건 프리먼(Morgan Freeman)은 앤디의 친한 친구인 "레드"로 등장한다. 장기 복역수인 레드는 감옥을 탈출한 앤디와의 추억을 그리며 수감 생활을 하다가 마침내 가석방 판정을 받아 감옥을 벗어난다. 하지만 그는 사회에 적응하지 못하고 어려움을 겪는다. 너무 늙어버린 데다가 감옥에서의 습관을 바꾸기가 쉽지 않기 때문이었다. 삶의 방향을 잃고 자살할 생각을 하던 그는 앤디가 알려준 비밀 장소에 찾아가기로 결심한다. 그 비밀 장소에서 그는 앤디가 남겨놓은 편지를 발견한 후 희망을 되찾고 편지가 알려주는 대로 앤디를 찾아 멕시코의 바닷가로 향한다. 영화는 맑은 하늘과 푸른 태평양을 배경으로 그들이 재회하는 장면을 멀리서 보여주며 끝을 맺는다.

내용은 물론이고 예술적·기술적으로도 완성도가 높은 이 영화는 전 세계인이 좋아하는 영화에서 늘 높은 순위를 차지한다. 사람과 가치, 정의와 미래에 대한 희망의 소중함을 일깨우는 이 영화의 주제는, 포스터에 새겨진 "두려움은 당신을 감옥에 가둔다. 희망은 당신을 자유롭게 한다"라는 문구에 잘 드러난다.

1995년에 발생한 삼풍백화점 붕괴 사고의 생존자들 역시 희망, 혹은 소망에 대해 많은 것을 말해준다. 그중에서 최명석, 유지환, 박승현 세 사람은 각기 10, 12, 17일 만에 구조되어 사람들에게 기쁨과 놀라움을 안겨주었다. 그들은 그 기간에 아무것도 먹지 못하면서 어두운 공간에 갇혀 있었지만 예상 밖으로 건강한 상태였다. 그들은 20, 18, 19세의 한창나이였다. 그리고 평소 체력이 튼튼했을 뿐 아니라 사고 당시 특별한 외상이 없었다는 공통점이 있었다.

하지만 무엇보다도 삶에 대한 소망이야말로 그들의 공통된 강점이었다. 그들은 "살 수 있다"는 강한 정신력으로 그들을 짓누르는 어둠의 공포와 숙음에 대한 두려움을 떨쳐버렸다. 극한 상황에 처했을 때 미지의 위험과 죽음을 두려워하며 자신의 처지를 비관하면 금세 기력이 소진된다. 그리고 곧이어 신체의 면역력이 약화하고 신체 기능이 마비되어 오래 버틸 수 없게 된다. 실제로 붕괴 현장에는 별다른 외상이 없는데도 죽은 사람이 많았다고 한다.

물론 나는 단지 "소망이 중요하다"고 말하려는 것이 아니다. 동화 『백설공주』처럼 남녀가 운명적으로 만나 행복하게 결혼할 수는 있겠지만 그 후 계속해서 행복하게 사느냐는 그리 간단한 문제가 아니기 때문이다. 다시 말해 감옥에서 나온 앤디와 레드가 그 이후에도 행복하게 살아갔는지는 전혀 다른 문제라는 것이다. 인간의 죄성에도 불구하고 그들의 우정은 계속해서 아름답게 유지되었을까?

그들이 동화처럼 우정을 유지하며 살아갔다고 하더라도 결국에는 그들을 갈라놓을 소리 없는 적이 있다. 바로 죽음이다. 그들을 궁극적으로 사로잡고 있는 감옥이 있다면 그것은 늙음과 죽음이 아니겠는가? 쇼생크는 철창과 높은 담으로 그들을 둘러싸고 있었지만 시간이 흐르면 찾아오는 늙음은 얼마나 그 테두리가 크고 넓은지 사람이 갇혀 있다는 사실조차 인식하기 어렵다. 어느 날 늙음의 철창 앞에 서서 자신이 갇혀 있다는 사실을 깨닫게 되지만 때는 이미 늦었다. 거기서 탈출할 방법이 없을뿐더러 그 너머에는 죽음이라는 더 지독한 철창이 더 높게 드리워져 있기 때문이다.

모든 수감자의 소망을 꺾어버린 쇼생크의 철창을 뚫었던 앤디는 늙음과 죽음의 벽마저도 뚫을 수 있을까? 그가 참된 그리스도인이 아니라면 그의 한계는 늙음과 죽음이다. 그가 끝까지 놓지 않은 "희망"은 쇼생크 감옥에서 벗어나는 자유를 주었을지 모르지만 늙음과 죽음에서 벗어나는 자유는 주지 못한다. 많은 소설과 영화가 죽음을 담담하고 멋지게 그려내지만 죽음은 실상 모든 것과의 단절이며 허무하고 두려운 것이다. 이는 삼풍백화점 사고의 생존자들도 다시 맞닥뜨려야 하는 여전한 인간의 한계다.

"희망은 당신을 자유롭게 한다"(Hope can set you free)라는 영화 대사는 요한복음 8:32의 "진리가 너희를 자유롭게 하리라"(The truth will set you free)를 변형한 것이다. "진리"(The truth) 대신 "희망"(hope)을 집어넣었다. "진리"(The truth)와는 달리 정관사(the)가 없는 "희망"(hope)은 일반인들이 막연하게 갖는 "소망"을 말한다. 하지만 "진리"에는 정관사가 붙어야 한다. 아무 진리가 아니라 하나님이 주시는 "그 진리"여야 한다.

그리스도인은 절대로 영화 "쇼생크 탈출"이 말하는 수준에 머물면 안 된다. "인간 승리"의 관점을 넘어서 성경이 말하는 진정한 소망을 볼 수 있어야 한다. "만일 그리스도 안에서 우리가 바라는 것이 다만 이 세상의 삶뿐이면 모든 사람 가운데 우리가 더욱 불쌍한 자"다(고전 15:19). 그러나 그리스도는 죽은 자 가운데서 다시 살아 잠자는 자들의 첫 열매가 되셨다(고전 15:19-20). 그리스도를 따르는 우리도 부활의 열매가 될 것이다. 그러므로 우리에게는 죽음이 끝이 아니고 또 다른 시작이다. 이 땅에서의 곤고한 삶을 넘어서서 영화로운 삶이 펼쳐지는 부활을 소망하자.

> 25저가 모든 원수를 그 발아래 둘 때까지 불가불 왕 노릇 하시리니 26맨 나중에 멸망 받을 원수는 사망이니라(고전 15:25-26).

죽음은 추상명사가 아니다. 실제로 존재하는 구체적 존재다. 그리고 그것을 구체적으로 파괴하고 멸망시키는 분이 바로 그리스도이시다. 그분은 늙음과 죽음을 실제로 멸망시켜 우리에게 영원한 생명을 선사해주신다. 이런 소망이라야 진정한 소망이 아닐까? 이 땅에서의 찰나 같은 삶을 즐겁게 하는 소망은 진정한 소망이 아니다. 세상에서 유행하는 여러 가지 소망들은 오히려 영원한 소망에 관심을 두지 못하게 하는 미끼이자 마약으로 변질할 수도 있다. 세상의 소망을 이루기 위한 육체의 연습은 약간의 유익이 있나. 명예와 권력과 재산을 얻기 위한 절제, 용기, 노력 등은 분명히 유익이 있지만 영원의 관점에서 보면 아무것도 아니다. 반대로 경건은 범사에 유익하여 금생과 내생 모두에 좋은 결과를 가져온다(딤전 4:8).

> 3우리 주 예수 그리스도의 아버지 하나님을 찬송하리로다. 그의 많으신 긍휼대로 예수 그리스도를 죽은 자 가운데서 부활하게 하심으로 말미암아 우리를 거듭나게 하사 산 소망이 있게 하시며 4썩지 않고 더럽지 않고 쇠하지 아니하는 유업을 잇게 하시나니 곧 너희를 위하여 하늘에 간직하신 것이라(벧전 1:3-4).

하나님이 우리에게 "산 소망"(a living hope)이 있게 하신다. 이 산 소망은 예수님이 우리를 대신하여 죽고 부활하심으로써 우리에게 더 이상의 죽음이 없기에 생겨난 것이다. 그 소망 안에서 우리는 "썩지 않고 더럽지 않고 쇠하지 아니하는 유업"을 받는다. 그 소망 안에서 현재의 삶을 더욱 기쁨과 감사로 채워가는 이들이 바로 그리스도인이다. 다른 말로 하면 우리는 쇼생크를 탈출한 앤디보다 더 열악한 상황에서도 선한 인격을 드러낼 수 있는 원동력과 기반을 가진 자들이다. 우리는 사나 죽으나 우리의 것이 아니고 몸과 영혼이 모두 미쁘신 우리의 구주 예수 그리스도의 것이라는 사실을 기억하자.

01   이 책을 함께 공부하는 사람들이 있다면 서로 소개하는 시간을 가져봅시다. 각자의 나이, 사는 곳, 취미, 관심사, 가족, 신앙 이력, 기도 제목 등을 이야기하십시오. 기도 제목은 적어놓고 관심과 애정을 가지고 기도해주어야 합니다.

02   하이델베르크 교리문답 제1-2문을 서로 묻고 답해봅시다. 근거 성구도 다시 한 번 살펴봅시다.

03   괜찮하던 사람이 갑작스러운 사고나 병으로 죽은 경우를 알고 있습니까? 또 잘나가던 사람이 갑작스럽게 몰락한 경우도 본 적이 있는지 이야기해봅시다. 그때 어떤 생각이 들었습니까?

04   우리는 살아가면서 어느 정도 우리의 인생을 통제한다고 느낍니다. 그런데 죽은 후에는 어떨까요? 그때도 우리의 삶을 통제할 수 있을까요? 삶과 죽음에 대한 통제권을 가지고 있는 것은 누구입니까?

05 우리의 몸과 영혼이 모두 미쁘신 예수 그리스도의 것이 되도록 성자와 성부와 성령이 하신 일은 무엇입니까?

06 우리의 유일한 위로를 즐기기 위하여 우리가 알아야 할 세 가지는 무엇입니까? 이 세 가지 주제가 하이델베르크 교리문답의 전체 구조와 연관되어 있음을 기억하며 이야기해봅시다.

07 영화 "쇼생크 탈출"의 줄거리를 요약해봅시다. 인간이 품는 소망의 힘과 유익은 무엇인지 이야기해보고 그리스도 안에서 우리가 품은 소망은 어떤 것인지 나누어봅시다.

우리의
죄와 비참에
관하여

비참과 율법

Q 제3문 당신은 당신의 비참을 어디에서 압니까?

Whence knowest thou thy misery?

A 답 하나님의 율법에서 압니다.[1]

Out of the law of God.

Q 제4문 하나님의 율법이 우리에게 요구하는 것은 무엇입니까?

What does the law of God require of us?

A 답 그리스도는 마태복음 22:37 40에서 요약하여 가르치십니다. "네 마음을 다하고 목숨을 다하고 뜻을 다하여 주 너의 하나님을 사랑하라 하셨으니 이것이 크고 첫째 되는 계명이요, 둘째도 그와 같으니 네 이웃을 네 자신 같이 사랑하라 하셨으니 이 두 계명이 온 율법과 선지자의 강령이니라."[2]

Christ teaches us that briefly, Matt. 22:37-40, "Thou shalt love the Lord thy God with all thy heart, with all thy soul, and with all thy mind, and with all thy strength. This is the first and the great commandment; and the second is like unto it, Thou shalt love thy neighbour as thyself. On these two commandments hang all the law and the prophets."

knowest	(고어, know의 2인칭 단수)
misery	비참, 고통, 불행
commandment	계명
neighbour(=neighbor)	이웃

Q **제5문**   당신은 이 모든 율법을 완전하게 지킬 수 있습니까?

Canst thou keep all these things perfectly?

A **답**   전혀 아닙니다.³ 나는 본성상 하나님과 내 이웃을 미워하는 성향이 있습니다.⁴

In no wise; for I am prone by nature to hate God and my neighbour.

prone   …하는 성향이 있는, …하기 쉬운

근거 성구

1 그러므로 율법의 행위로 그의 앞에 의롭다 하심을 얻을 육체가 없나니 율법으로는 죄를 깨달음이니라(롬 3:20).

그런즉 우리가 무슨 말을 하리요. 율법이 죄냐? 그럴 수 없느니라. 율법으로 말미암지 않고는 내가 죄를 알지 못하였으니 곧 율법이 "탐내지 말라" 하지 아니하였더라면 내가 탐심을 알지 못하였으리라 (롬 7:7).

2 원수를 갚지 말며 동포를 원망하지 말며 네 이웃 사랑하기를 네 자신과 같이 사랑하라. 나는 여호와이니라(레 19:18).

너는 마음을 다하고 뜻을 다하고 힘을 다하여 네 하나님 여호와를 사랑하라(신 6:5).

3 기록된 바 의인은 없나니 하나도 없으

며(롬 3:10).

그러므로 율법의 행위로 그의 앞에 의롭다 하심을 얻을 육체가 없나니 율법으로는 죄를 깨달음이니라(롬 3:20).

모든 사람이 죄를 범하였으매 하나님의 영광에 이르지 못하더니(롬 3:23).

만일 우리가 죄가 없다고 말하면 스스로 속이고 또 진리가 우리 속에 있지 아니할 것이요(요일 1:8).

만일 우리가 범죄하지 아니하였다 하면 하나님을 거짓말하는 이로 만드는 것이니 또한 그의 말씀이 우리 속에 있지 아니하니라(요일 1:10).

4 여호와께서 사람의 죄악이 세상에 가득함과 그의 마음으로 생각하는 모든 계

획이 항상 악할 뿐임을 보시고(창 6:5).

여호와께서 그 향기를 받으시고 그 중심에 이르시되 '내가 다시는 사람으로 말미암아 땅을 저주하지 아니하리니 이는 사람의 마음이 계획하는 바가 어려서부터 악함이라. 내가 전에 행한 것 같이 모든 생물을 다시 멸하지 아니하리니'(창 8:21).

만물보다 거짓되고 심히 부패한 것은 마음이라. 누가 능히 이를 알리요마는(렘 17:9).

23내 지체 속에서 한 다른 법이 내 마음의 법과 싸워 내 지체 속에 있는 죄의 법으로 나를 사로잡는 것을 보는도다. 24오호라! 나는 곤고한 사람이로다. 이 사망의 몸에서 누가 나를 건져내랴?(롬 7:23-24)

육신의 생각은 하나님과 원수가 되나니 이는 하나님의 법에 굴복하지 아니할 뿐 아니라 할 수도 없음이라(롬 8:7).

1그는 허물과 죄로 죽었던 너희를 살리셨도다. 2그때에 너희는 그 가운데서 행하여 이 세상 풍조를 따르고 공중의 권세 잡은 자를 따랐으니 곧 지금 불순종의 아들들 가운데서 역사하는 영이라. 3전에는 우리도 다 그 가운데서 우리 육체의 욕심을 따라 지내며 육체와 마음의 원하는 것을 하여 다른 이들과 같이 본질상 진노의 자녀였더니(엡 2:1-3).

우리도 전에는 어리석은 자요, 순종하지 아니한 자요, 속은 자요, 여러 가지 정욕과 행락에 종노릇한 자요, 악독과 투기를 일삼은 자요, 가증스러운 자요, 피차 미워한 자였으나(딛 3:3).

해설

비참과 율법

하이델베르크 교리문답은 제일 먼저 우리의 유일한 위로가 무엇인지 물었습니다. 그리스도인에게 유일한 위로는 자신이 사나 죽으나 그리스도께 속했다는 사실입니다. 그런데 이 유일한 위로를 즐기면서 행복하게 살고 죽으려면 먼저 나의 죄와 비참이 얼마나 심각한지 알아야 합니다. 나의 원래 상태를 바로 알아야 그리스도로 인한 구원이 얼마나 큰 변화를 불러일으키는지 깨달을 수 있기 때문입니다.

```
┌─ 제1문    사람의 유일한 위로는 무엇인가?
└─ 제2문    위로를 즐기기 위해 알아야 할 세 가지
              • 죄와 비참이 얼마나 심각한지
              • 죄와 비참에서 벗어나는 법
              • 하나님께 감사하는 법
┌─ 제3문    사람의 비참을 하나님의 율법으로 알 수 있다.
┌─ 제4문    하나님의 율법이 요구하는 두 가지
              • 하나님 사랑
              • 이웃 사랑
└─ 제5문    사람은 하나님의 율법을 모두 지킬 수 없다.
```

표8 하이델베르크 교리문답 제1-5문의 구성

1. 하나님의 율법을 통해 아는 사람의 비참

우리는 우리의 비참이 얼마나 심각한지를 갑작스러운 사고, 허무한 죽음, 불안정한 경제, 사람들 간의 갈등, 빈부 격차 등을 통해서 알 수 있습니다. 그런데 이러한 경험들은 부분적입니다. 사람들 대다수는 이런 경험을 해도 인간의 근본적인 비참에 대해 생각하기보다 더 많은 돈과 권력을 차지함으로써 안정과 쾌락을 확보해야 한다는 조바심을 느낍니다.

사람의 비참은 하나님의 율법을 통해서 가장 잘 알 수 있습니다. 이는 비록 사람이 이성적인 사고와 경험을 통해 사람의 비참에 대해 어느 정도 알 수 있더라도 성경이 가장 정확하게 그것에 대해 알려준다는 뜻입니다. 왜냐하면

사람의 비참은 진리와 연관된 주제이기 때문입니다. 사람은 이성과 경험으로 진리에 대해 어느 정도 알 수 있지만 수많은 오류와 편견 속에서 부분적으로 알 뿐입니다. 오직 초월하신 하나님이 전해주시는 말씀만이 사람의 한계 외부에 존재하는 진리를 정확하게 담고 있습니다.

그런데 하나님이 사람들에게 진리를 전해주실지라도 그 진리를 사람들이 이해하지 못하면 아무 소용이 없습니다. 그래서 하나님은 사람들에게 하나님의 율법이 기록된 성경을 주실 때 그것을 이해할 수 있는 "인식" 능력도 주십니다. 성경은 그것을 가리켜 **믿음**이라고 말합니다. 즉 진리가 기록된 성경이 있어야 하고 그 성경을 이해할 수 있는 믿음이 있어야 합니다.

다시 말해 "사람의 비참을 하나님의 율법을 통해 알 수 있다"는 것은 첫째, 하나님이 율법을 사람들에게 주셨다는 사실을 전제로 합니다. 하나님은 율법을 성경에 기록해주셨습니다. 둘째, 하나님이 진리인 하나님의 율법을 인식하고 받아들일 수 있는 믿음을 사람들에게 주셨다는 말입니다. 이에 대해서는 하이델베르크 교리문답 제21문을 다루면서 자세히 살펴볼 것입니다.

2. 하나님의 율법이란 무엇인가?

여러분은 "율법" 하면 어떤 느낌이 드나요? 보통 교회에서 신자는 율법이 아니라 은혜로 구원받는다는 말을 많이 하기에 율법에 대해 부정적인 인상을 받은 사람이 많습니다. 사회에서도 "율법적"이라는 말은 깐깐하게 세부 조항에 근거하여 평가하고 통제하는 성향을 묘사합니다. 그런데 하이델베르크 교리문답 제3문은 이처럼 나쁜 느낌의 율법을 통해서 사람의 비참을 알 수 있다고 말합니다.

사실 "율법이 아니라 은혜로 구원받는다"는 말은 율법을 다 지키는 행위를 통해서가 아니라 그리스도의 구속에 의한 은혜로 구원받는다는 의미입니다. 즉 이 말은 율법 자체가 나쁘다는 의미를 담고 있지 않습니다. 단지 사람이 율법을 지키기 위한 노력을 바탕으로 의로움을 주장하는 율법주의가 나쁜 것입니다.

> 만일 은혜로 된 것이면 행위로 말미암지 않음이니 그렇지 않으면 은혜가 은혜 되지 못하느니라(롬 11:6).

> 이제는 율법 외에 하나님의 한 의가 나타났으니 율법과 선지자들에게 증거를 받은 것이라(롬 3:21).

이 말씀들대로 우리의 구원은 율법을 지키는 행위로 말미암지 않습니다. 오히려 율법은 은혜로 의롭게 되는 하나님의 의에 대해 이야기해줍니다. 율법은 하나님의 형상으로 지음 받은 사람이 어떻게 하면 하나님의 뜻에 맞게 살아갈 수 있는지 알려줍니다. 타락한 사람은 스스로 하나님의 뜻을 알 수 없지만 하나님이 계시하여주신 율법을 통해 무엇이 선이고 무엇이 악인지를 알게 됩니다.

그러므로 율법은 절대로 그 자체가 악한 것이 아니며 사람의 자유를 제한하는 것도 아닙니다. 오히려 사람들에게 하나님의 뜻을 알려주는 귀한 도구입니다. 우리는 율법에 드러난 하나님의 뜻을 통해 사람의 비참에 대하여 깨닫고 사람이 율법을 모두 지킬 수 없다는 사실도 알게 됩니다.

우리말 개역개정 성경에는 "율법"이란 단어가 300번 정도 등장합니다. 전후 문맥을 고려하여 이 단어가 어떻게 쓰였는지 살펴보면 율법의 종류와 용도를 구분할 수 있습니다. 또한 율법의 종류와 용도를 파악함으로써 하이델베르크 교리문답 제3-5문을 자연스럽게 이해하게 됩니다.

ㄱ. 율법의 종류: 도덕법, 의식법, 시민법

① 도덕법(the moral law) 하이델베르크 교리문답 제3문의 근거 성구들(롬 3:20; 7:7)은 율법이 죄가 무엇인지 가르쳐주는 역할을 한다고 말합니다. 사람은 율법이 없으면 무엇이 죄인지 구분하지 못합니다. 탐내지 말라는 율법을 보고 탐심이 죄인 것을 알게 되고 살인하지 말라는 율법을 보고 다른 사람을 죽이면 안 된다는 사실을 깨닫게 됩니다. 율법에는 이처럼 사람이 어떻게 인생을 살아야 하는가에 대한 하나님의 뜻이 드러납니다.

> 그러므로 율법의 행위로 그의 앞에 의롭다 하심을 얻을 육체가 없나니 율법으로는 죄를 깨달음이니라(롬 3:20).

> 그런즉 우리가 무슨 말을 하리요? 율법이 죄냐? 그럴 수 없느니라. 율법으로 말미암지 않고는 내가 죄를 알지 못하였으니 곧 율법이 "탐내지 말라" 하지 아니하였더라면 내가 탐심을 알지 못하였으리라(롬 7:7).

인간의 삶에 대한 하나님의 뜻을 보여주는 율법을 **도덕법**이라고 합니다. 하나님은 에덴동산에서부터 아담과 하와에게 규칙을 줌으로써 도덕법을 처음 나타내셨습니다. 하나님은 아담과 하와를 어른으로 창조하셨기 때문에 그들은 도덕법을 지킬 능력이 있었습니다. 이는 그들이 교육을 받은 적도 없고 인생 경험도 없었지만 에덴동산을 다스릴 수 있었다는 사실에서 드러납니다. 이와 관련하여 사도 바울은 모든 사람의 마음에 새겨진 율법이 존재한다고 말합니다.

> 14율법 없는 이방인이 본성으로 율법의 일을 행할 때에는 이 사람은 율법이 없어도 자기가 자기에게 율법이 되나니 15이런 이들은 그 양심이 증거가 되어 그 생각

들이 서로 혹은 고발하며 혹은 변명하여 그 마음에 새긴 율법의 행위를 나타내느니라(롬 2:14-15).

율법을 받지 못한 이방인이 본성으로 율법의 일을 행하는 것은 그 마음에 새겨진 율법 때문입니다. 율법을 말이나 글로 접하지 못한 사람들일지라도 모두 마음에 하나님의 법이 본성으로 주어져 있는 것입니다.

죄를 짓기 전의 아담과 하와의 마음에는 하나님의 법이 선명하게 기록되어 있었습니다. 하지만 죄를 짓자 그 법은 흐릿해졌습니다. 하나님의 형상이 일그러진 것입니다. 그런데 하나님은 "내 법을 그들의 생각에 두고 그들의 마음에 이것을 기록하리라. 나는 그들에게 하나님이 되고 그들은 내게 백성이 되리라"(히 8:10; 참고. 렘 31:33; 히 10:16)라고 말씀하셨습니다. 다시금 신자들의 생각과 마음에 하나님의 법을 두시겠다는 말씀입니다. 우리는 이 말씀처럼 신자들이 성령을 통하여 하나님의 법을 이해하고 받아들인다는 사실을 잘 알고 있습니다.

도덕법은 사람의 마음에 새겨진 하나님의 법, 하나님이 사람에게 직접 주신 말씀들, 아브라함과 모세 같은 선지자들을 통해 주신 율법으로 구성됩니다. 그리고 이러한 도덕법은 십계명에 종합적으로 내포됩니다. 신자들은 도덕법에 따라 인생의 여러 일을 판단하며 살아갑니다. 도덕법은 하나님의 진리로 신자들을 이끌기 때문에 하나님이 주신 빛과 길과 등불에 비유됩니다.

더 나아가 도덕법에는 하나님의 사랑과 거룩, 인자와 같은 속성들이 담겨 있습니다. 도덕법은 사람이 만든 것이 아니라 하나님이 당신의 성정에 따라 사람들을 위하여 주신 것이므로 시대와 장소에 상관없이 존재하는 영원한 법입니다. 사람들은 도덕법을 그대로 지키려고 시도하면서 모두 지킬 수 없는 자신의 한계를 깨닫습니다. 또 죄의 삯으로 늙음과 병듦과 죽음과 이 사회의 여러 비참이 존재함을 알게 됩니다. 그리고 결국에는 자신을 대신하여 모든 율법을 지키고 자신의 첫값을 대신 치를 구원자를 바라보게 됩니다.

② 의식법(the ceremonial law) 구약의 이스라엘 백성은 절대로 할례와 유월절과 각종 제사를 통해 구원받지 않았습니다. 이것들은 모두 앞으로 오실 메시아, 예수 그리스도를 상징하고 예표했을 뿐입니다. 구약 백성 역시 이것들이 상징하는 그리스도를 통해 구원을 받았다고 말할 수 있습니다.

그렇다면 신약 시대에는 구약 시대의 할례, 유월절 의식, 제사 등을 어떻게 해야 합니까? 한마디로 말해 우리는 이런 것들을 이제 더 지킬 필요가 없습니다. 이것들이 예표했던 실체(實體)이신 예수님이 오셨으므로 그 의미가 사라진 것입니다. 지금도 이런 것들을 지키는 사람은 실체이신 예수님을 모욕하고 거부하는 사람입니다. 그림자에 지나지 않는 것들을 실체보다 더 중요하게 여기는 실수를 범하는 것입니다.

다시 말하지만 할례, 유월절 의식, 제사 등을 다루는 의식법은 예수 그리스도가 오신 이후로 지킬 필요가 없습니다. 예수님이 십자가에 못 박혀 죽으실 때 성전의 휘장이 위에서 아래로 찢어졌습니다(마 27:51). 대제사장이 1년에 한 번 들어가 제사를 드리는 성소의 휘장이 찢어졌다는 것은 이제 제사를 지낼 필요가 없으며 성전이 용도 폐기되었다는 의미입니다.

그런데 예수님은 다음과 같이 말씀하시지 않았습니까?

17내가 율법이나 선지자를 폐하러 온 줄로 생각하지 말라. 폐하러 온 것이 아니요 완전하게 하려 함이라. 18진실로 너희에게 이르노니 천지가 없어지기 전에는 율법의 일점일획도 결코 없어지지 아니하고 다 이루리라(마 5:17-18).

이단인 "하나님의 교회 안상홍 증인회"는 이 말씀에 근거하여 구약의 의식법을 신약 시대에도 지켜야 한다고 주장합니다. 하지만 이는 율법을 구분하지 않고 펼치는 억지 주장입니다. 예수님이 율법을 완전하게 하시고 모든 율법이 다 이룰 것이라고 말씀하셨지만 또 다른 성경은 할례를 받을 필요가 없다고 이야기하지 않습니까?

> 1그리스도께서 우리를 자유롭게 하려고 자유를 주셨으니 그러므로 굳건하게 서서 다시는 종의 멍에를 메지 말라. 2보라! 나 바울은 너희에게 말하노니 너희가 만일 할례를 받으면 그리스도께서 너희에게 아무 유익이 없으리라. 3내가 할례를 받는 각 사람에게 다시 증언하노니 그는 율법 전체를 행할 의무를 가진 자라. 4율법 안에서 의롭다 함을 얻으려 하는 너희는 그리스도에게서 끊어지고 은혜에서 떨어진 자로다(갈 5:1-4).

구약의 율법에서 명시한 할례가 상징하고 예표하는 바를 예수님이 이루셨습니다. 그런데도 다시 할례를 받아야 한다고 주장하는 것은 그리스도가 주신 유익을 거부하는 것과 마찬가지입니다. 할례를 행하는 자는 그리스도에게서 끊어지고 은혜에서 떨어집니다. 할례를 행해야 한다면 구약의 절기법과 제사법 같은 다른 의식법까지도 모두 지켜야 합니다. 율법 전체를 행할 의무를 지는 것입니다.

그렇다면 예수님이 완전하게 하신 율법은 어떤 율법입니까? 바로 **도덕법**입니다. 하나님의 영원한 도덕법은 신약 시대에도 여전히 하나님의 뜻을 나타내기 때문에 폐기되지 않습니다. 하지만 의식법은 그것이 예표하고 상징하던 실체인 예수님의 오심으로 말미암아 폐기되었습니다.

우리는 율법을 구분함으로써 이단들의 그럴듯한 논리를 깨뜨려야 합니다. 이단들은 하나님의 말씀을 강조하는 듯하지만 자신들이 선호하는 구절들만 취사선택하여 왜곡합니다. 그들은 성경을 편식(偏食)하여 편견(偏見)을 갖는 자들일 뿐입니다.

TIP
偏 치우칠, 쏠릴 편
食 먹을 식
見 볼 견

③ 시민법(the civil law) 구약 시대에 이스라엘 백성은 한 국가를 이루어 살아 갔습니다. 그래서 하나님은 국가 단위에 맞는 법을 제정해주셨는데 그것이 바로 **시민법**(혹은 국가법)입니다. 예를 들어 이스라엘 백성은 동족을 종으로 부리게 되면 7년째 되는 해에는 값없이 내보내야 했습니다. 또 고의로 사람을 죽인 사람은 반드시 죽이고, 소를 도둑질하면 다섯 배로 변상해야 했습니다. 백성 중 가난한 자에게 돈을 꾸어준 사람은 빚쟁이처럼 독촉하거나 이자를 받으면 안 되었습니다. 이스라엘 백성은 그 밖에도 사회생활과 관련한 수많은 율법에 따라 생활해야 했습니다.

그런데 지금은 이런 법을 그대로 시행할 수 있는 나라가 없습니다. 사회의 모습이 많이 바뀌었을 뿐 아니라 구약의 이스라엘과 같이 전 국민이 하나님의 백성인 나라가 없기 때문입니다. 우리나라도 많이 잡아야 국민의 25퍼센트 정도만이 그리스도인입니다. 국민이 합의하여 성경에 따른 시민법을 도입할 가능성이 거의 없다는 말입니다.

다만 우리는 구약의 시민법이 담고 있는 정신을 유지하기 위해 다양한 노력을 할 수 있습니다. 사람을 고의로 죽인 자를 반드시 죽이라는 말씀에 비추어 하나님의 형상으로 지음 받은 사람을 귀중하게 여기는 문화를 만들어갈 수 있습니다. 이는 보통 사람들도 쉽게 동의할 만한 시도입니다. 또 가난한 자에게 이자를 받지 말라는 말씀에 비추어 빈곤층에 대한 복지와 보호 장치를 개선하기 위해 노력해야 합니다. 이처럼 지금 이 시대에도 그리스도인이 하나님의 말씀을 이루기 위해 애써야 할 영역이 아주 많습니다. 역사적으로도 구약의 시민법적 정신이 반영된 제도와 문화와 법이 갖추어지도록 애쓴 그리스도인이 많았습니다.

ㄴ. 율법의 용도: 세속적 용도, 몽학 선생으로서의 용도, 규범으로서의 용도

다음으로는 율법의 용도에 대해 살펴보겠습니다. 율법에는 세 가지 용도가 있습니다. 세속적 용도, 몽학 선생으로서의 용도, 규범으로서의 용도입니다.

① 세속적 용도(악을 억제하고 선을 권장함) 율법은 사람의 죄에 따른 벌과 순종에 따른 축복이 무엇인지 보여줍니다. 이를 통하여 악을 억제하고(스 9:13-14; 시 89:30-34) 선을 권장합니다(시 37:11; 마 5:5; 엡 6:2-3). 율법의 이런 기능을 세속적 혹은 정치적 기능이라고 합니다. 율법의 이런 기능이 제대로 발휘되면 사회의 도덕이 바로잡히고 질서가 확립됩니다. 이는 신자들에게만 국한되지 않고 세상 사람들에게도 영향을 미칩니다. 하나님의 율법에 영향을 받은 세상의 법과 제도, 관습과 윤리를 통하여 악이 어느 선을 넘지 않게 되고 선을 행하는 사람은 격려를 받습니다.

악을 억제하는 율법의 기능에 대한 성구

13우리의 악한 행실과 큰 죄로 말미암아 이 모든 일을 당하였사오나 우리 하나님이 우리 죄악보다 형벌을 가볍게 하시고 이만큼 백성을 남겨주셨사오니 14우리가 어찌 다시 주의 계명을 거역하고 이 가증한 백성들과 통혼하오리이까? 그리하면 주께서 어찌 우리를 멸하시고 남아 피할 자가 없도록 진노하시지 아니하시리이까?(스 9:13-14)

30만일 그의 자손이 내 법을 버리며 내 규례대로 행하지 아니하며 31내 율례를 깨뜨리며 내 계명을 지키지 아니하면 32내가 회초리로 그들의 죄를 다스리며 채찍으로 그들의 죄악을 벌하리로다. 33그러나 나의 인자함을 그에게서 다 거두지는 아니하며 나의 성실함도 폐하지 아니하며 34내 언약을 깨뜨리지 아니하고 내 입술에서 낸 것은 변하지 아니하리로다(시 89:30-34).

선을 권장하는 율법의 기능에 대한 성구

그러나 온유한 자들은 땅을 차지하며 풍성한 화평으로 즐거워하리로다(시 37:11).

온유한 자는 복이 있나니 그들이 땅을 기업으로 받을 것임이요(마 5:5).

2네 아버지와 어머니를 공경하라. 이것은 약속이 있는 첫 계명이니 3이로써 네가 잘되고 땅에서 장수하리라(엡 6:2-3).

② 몽학 선생으로서의 용도(예수 그리스도께로 인도) 율법은 예수 그리스도께로 인도하는 몽학(蒙學) 선생의 역할을 합니다. 몽학 선생은 원래 고대 그리스의 특별한 노예를 지칭하는 말입니다. 고대 그리스의 귀족 가정에는 자녀가 예닐곱 살부터 성인이 될 때까지 시중을 들면서 교양을 가르치고 학교에 데려다주는 노예가 있었습니다. 이런 노예를 몽학 선생(supervision, schoolmaster, custodian)이라고 합니다. 그런데 귀족의 자녀가 몽학 선생의 돌봄과 가르침을 받는 것은 그 자체가 목적이 아닙니다. 그는 성숙한 어른으로 자라 가문의 명예에 걸맞은 큰 역할을 감당해야 합니다. 몽학 선생의 가르침에만 머물면서 철부지 도련님 역할만 하려 한다면 큰 낭패입니다.

마찬가지로 신자는 몽학 선생인 율법을 통해 죄의 의미와 인간의 한계를 깨닫습니다. 율법은 사람이 하나님의 법을 다 지킬 수 없어 죽어야 한다는 사실을 알려주며 궁극적인 목적인 예수 그리스도를 바라보게 합니다(롬 7:9, 14, 24; 8:3, 9; 갈 3:24). 몽학 선생이 귀족의 자녀를 성숙한 어른으로 이끌듯 율법은 사람을 예수 그리스도에게로 인도합니다. 귀족의 자녀가 몽학 선생의 가르침을 넘어서 온전한 성인이 되는 데 관심을 가져야 하듯 신자는 율법을 지키되 예수 그리스도를 아는 데 이르러야 합니다.

하이델베르크 교리문답 제3-5문은 이런 과정을 설명해줍니다. 제3문은 사람이 율법을 통해 비참을 안다고 말합니다. 이어서 제4문은 율법이 하나님 사랑과 이웃 사랑을 요구한다고 말합니다. 그리고 제5문은 사람이 그 율법을 온전히 지킬 수 없고 오히려 본성상 하나님과 이웃을 미워하는 성향이 있다고 말합니다. 즉 사람은 하나님 사랑과 이웃 사랑을 요구하는 율법을 다 지킬 수 없기에 예수 그리스도를 바라보게 되는 것입니다.

예수 그리스도께로 인도하는 율법에 대한 성구

3율법이 육신으로 말미암아 연약하여 할 수 없는 그것을 하나님은 하시나니 곧 죄로 말미암아 자기 아들을 죄 있는 육신의 모양으로 보내어 육신에 죄를 정하사 … 9만일 너희 속에 하나님의 영이 거하시면 너희가 육신에 있지 아니하고 영에 있나니 누구든지 그리스도의 영이 없으면 그리스도의 사람이 아니라(롬 8:3, 9).

이같이 율법이 우리를 그리스도께로 인도하는 초등 교사가 되어 우리로 하여금 믿음으로 말미암아 의롭다 함을 얻게 하려 함이라(갈 3:24).

③ 규범으로서의 용도(복종의 규칙인 하나님의 영원한 도덕법) 율법은 신자들에게 어떻게 삶을 살아야 하는지 알려주는 규범으로서의 역할을 합니다(롬 7:12; 시 119:5; 고전 7:9; 갈 5:14, 18, 23). 신자들은 율법을 살펴봄으로써 삶의 다양한 상황에서 어떻게 결정하고 행동하는 것이 하나님의 뜻인지 분별할 수 있습니다.

한국 기독교는 그간 율법을 통해 예수 그리스도의 필요성을 알아야 한다고 강조했습니다. 그런데 이것만 강조하면 신자들이 그리스도를 안 이후에 성장하는 일에 소홀할 수 있습니다. 아기는 태어나면서 부모에게 큰 기쁨과 감동을 안겨줍니다. 하지만 그 아기가 성장하지 않고 젖만 찾는다면 근심을 안겨주게 됩니다. 마찬가지로 강퍅한 비그리스도인이 처음 예수님을 믿으면 큰 기쁨과 감동을 선사합니다. 그런데 그가 지각을 사용해 선악을 분별하는 그리스도인으로 성장하지 않고 "젖이나 먹는" 수동적인 신앙인으로 남는다면 얼마나 비극입니까?(히 5:14)

하나님의 말씀은 우리 발에 등이자 우리 길에 빛입니다(시 119:105). 하나님의 말씀은 우리가 복잡한 상황을 어떻게 분별해야 하는지 알려줍니다. 율법은 하나님의 영원한 성정이 밴 기준으로서 하나님의 영원한 뜻을 알게 해줍니다. 그래서 모든 신자는 구원을 받은 이후에도 율법을 하나님의 영원한 도덕법으로 즐거워하며 주야로 묵상해야 합니다. 율법을 성숙의 도구로 사용하여 열매를 맺는 신자가 복이 있습니다.

우리는 "믿음", "축복", "아멘", "할렐루야"와 같은 단순한 단어들만이 아니라 간단치 않은 삶의 복잡한 문제를 다루면서 그 가운데 개입하시는 하나님의 신비함을 나타내는 다양한 어휘와 문장들도 사용할 줄 알아야 합니다. 또한 지각을 사용하여 우리 주변에 일어나는 여러 일을 종합적으로 바라볼 수 있어야 합니다. 더 나아가 율법을 알아갈수록 사람과 사회에 대한 이해가 깊어지고 사람을 바라보는 눈이 정확해지며 성경을 기반으로 정치, 경제, 사회, 문화의 다양한 국면들을 성숙한 시선으로 바라볼 수 있어야 합니다.

이러한 율법의 용도를 "율법의 세 번째 용도" 혹은 "율법의 제3의 용도"라고 합니다. 루터파는 신학에서 기독론을 강조하면서 율법과 복음을 구분하는 경향이 있습니다. 그래서 율법의 몽학 선생으로서의 용도를 강조합니다. 그에 비해 개혁파는 몽학 선생으로서의 용도를 충분히 인정하되 율법의 세 번째 용도를 강조합니다. 그런데 구원의 서정에서 "성화"(聖化)가 약화한 한국 기독교는 율법의 세 번째 용도를 더 강조할 필요가 있습니다.

율법이 아니라 은혜로 구원받는다는 명제를 왜곡해 율법이 불필요하다고 오해해서는 안 됩니다. 신자는 무엇을 생각하고 행동하든 하나님의 말씀에 따라서 해야 합니다. 하나님의 성정이 풍성하게 드러나는 삶을 살아감으로써 자유로워져야 하고 외인들에게 하나님의 풍성함을 드러내야 합니다. 그 과정에서 율법은 매우 중요한 역할을 합니다.

3. 하나님의 율법이 우리에게 요구하는 것

중세 시대의 유대인 랍비 마이모니데스(Maimonides, 1135-1204)는 창세기, 출애굽기, 레위기, 민수기, 신명기에 나오는 율법을 총 613개의 목록으로 정리했습니다. 그중 365개는 "…하지 마라"는 부정의 형태이고 나머지 248개는 "…하라"는 긍정의 형태입니다. 이 율법들을 모두 합한 것의 요점과 대의가 "십계명"에 나옵니다. 십계명은 하나님의 영원한 도덕법을 요약한 것으로 구약 시대만이 아니라 신약 시대에도 지켜야 합니다.

그런데 예수님은 하나님을 사랑하는 것이 크고 첫째 되는 계명이고, 이웃을 자신 같이 사랑하는 것이 둘째 계명이라고 말씀하셨습니다(마 22:37-40; 막 12:30-31; 눅 10:27). 그리고 이 두 계명이 성경에 있는 온 율법과 선지자의 강령(綱領, sum)이라고 덧붙이셨습니다. 따라서 십계명을 요약하면 "하나님 사랑"과 "이웃 사랑"이라고 할 수 있습니다. 진실로 하나님을 사랑하고 이웃을 사랑하는 자는 모든 율법을 지킨 것입니다.

> 8피차 사랑의 빚 외에는 아무에게든지 아무 빚도 지지 말라. 남을 사랑하는 자는 율법을 다 이루었느니라. 9간음하지 말라, 살인하지 말라, 도둑질하지 말라, 탐내지 말라 한 것과 그 외에 다른 계명이 있을지라도 네 이웃을 네 자신과 같이 사랑하라 하신 그 말씀 가운데 다 들었느니라. 10사랑은 이웃에게 악을 행하지 아니하나니 그러므로 사랑은 율법의 완성이니라(롬 13:8-10).

그러므로 신자들은 성경에 나오는 모든 율법에서 하나님 사랑과 이웃 사랑을 읽을 줄 알아야 합니다. 율법에는 이 두 계명이 항상 전제되어 있습니다. 모든 율법에는 하나님 사랑과 이웃 사랑에서 나오는 따스함과 훈훈함과 자유로움이 풍성하게 담겨 있습니다. 율법은 절대로 딱딱함과 가혹함과 응징으로 귀결되지 않습니다. 우리는 다른 이유가 아니라 이웃을 사랑하기 때문에 간음하거나 살인하거나 도둑질하면 안 됩니다.

율법은 하나님이 먼저 우리를 사랑하셔서 주신 것입니다. 그래서 율법에는 하나님의 사랑이 우선하여 담겨 있습니다. 하나님은 우리가 받은 그 사랑을 하나님과 이웃을 향하여 펼치라고 말씀하십니다. 우리는 율법에서 하나님이 우리에게 베푸신 사랑을 보아야 하고 그 사랑에 근거하여 하나님을 사랑하고 이웃을 사랑해야 합니다.

어떤 사람이 성경 말씀을 얼마나 잘 알고 있는지, 그리고 그 말씀을 얼마나 잘 지키는지를 알려면 그가 하나님과 이웃을 얼마나 사랑하는지 보면 됩니다. 아무리 성경을 많이 읽어도, 교회 봉사를 열심히 해도, 기도와 찬양에 열을 올려도, 설교를 잘해도 하나님 사랑과 이웃 사랑의 열매가 없으면 그는 아직 하나님의 율법과 관계없는 사람입니다. 단지 머리로만, 글로만 율법을 이해할 뿐이지 온몸으로 이해하는 자가 아닙니다. 사랑의 대상에게 마음(heart), 목숨(soul), 힘(strength), 뜻(mind)을 다하는 것이 진정한 사랑입니다.

4. 사람은 하나님의 율법을 완전하게 지킬 수 있는가?

아담은 죄를 지어서 죄인입니다. 그런데 아담 이후의 후손들은 죄인으로 태어나 죄를 짓습니다. 전 속성이 부패한 죄인으로서 당연히 죄를 짓기에 하나님의 율법을 완전하게 지킬 수 없을 뿐 아니라 매일 생각과 말과 행동으로 율법을 어깁니다. 사람의 근본적인 성향이 죄를 향하여 있는 것입니다.

노아 시대에 여호와 하나님은 땅 위에 사람 지으셨음을 한탄하셨습니다. 사람의 죄악이 세상에 가득하고 사람의 마음으로 생각하는 모든 계획이 항상 악할 뿐임을 보셨기 때문입니다(창 6:5-7). 그 결과 하나님은 홍수를 통해 노아의 가족 8명을 제외한 모든 사람을 지면에서 쓸어버리셨습니다. 그런데 하나님은 그 후에 다시는 사람으로 말미암아 땅을 저주하지 않겠다고 하시며 "이는 사람의 마음이 계획하는 바가 어려서부터 악함이라"(창 8:21)라고 말씀하셨습니다. 사람은 성장하면서 악한 것을 배우기도 하지만 태어날 때부터 이미 악에 물들어 있습니다. 하나님은 이를 불쌍하게 여기신 것입니다.

바울은 말하기를 의인은 하나도 없고 선을 행하는 자도 하나 없다고 했

하이델베르크 교리문답, 삶을 읽다

습니다. 사람들의 목구멍은 열린 무덤이고, 혀는 속임을 일삼고, 입술에는 독사의 독이 있고, 입에는 저주와 악독이 가득하고, 발은 피 흘리는 데 빠릅니다(롬 3:10-15). 선을 행하면서 전혀 죄를 범하지 않는 의인은 이 세상에 없습니다(전 7:20). 만물보다 거짓되고 심히 부패한 것이 사람의 마음입니다(렘 17:9). 그래서 율법의 행위로 하나님 앞에서 의롭다 하심을 얻을 육체가 하나도 없습니다. 사람들은 율법으로 죄를 깨달을 뿐이지 절대로 율법을 다 지킬 수 없습니다(롬 3:20).

율법을 다 지켜야 한다는 생각을 넘어 예수 그리스도를 통한 하나님의 의를 바라보아야 합니다. 우리는 매일 생각과 말과 행동으로 죄를 짓기에 매일 예수 그리스도를 바라보아야 합니다. 결국 율법을 제대로 이해하는 자는 율법을 다 지킬 수 없는 한계로 인해 예수님을 바라보는 자입니다.

확증편향

나는 정치적으로 보수 성향이 강하다고 알려진 서울 서초구 서초동에서 10년 동안 목회를 했다. 그곳에 있는 동안, 정치 사안에 대한 부자 동네 사람들의 정서와 논리가 무엇인지를 자연스럽게 접할 수 있었다. 거기서 한 가지 깨달은 것은 그들이 기본적으로 국가와 민족을 깊게 생각하는 마음이 크다는 것이었다.

그 후 동작구 상도동에 조그맣게 교회당을 지어 8년 전에 이전했다. 서민들이 많이 사는 상도2동에서 목회하는 동안에도 지역 주민들을 만나게 되었는데, 이분들 역시 나라를 사랑하는 마음이 크다는 사실을 확인할 수 있었다. 나는 이러한 경험을 통해 속칭 "보수"와 "진보"에 속한 사람들이 모두 기본적으로 국가와 민족 전체를 생각하는 마음을 가지고 있음을 알게 되었다. 그래서 정치 현안에 대해 누구와 어떤 이야기를 나누더라도 예전부다 안심하고는 한다.

그런데 자신들만 옳다고 주장하는 극단적 보수와 극단적 진보가 있다. 이들의 공통점은 "확증편향"(確證偏向, confirmation bias)이다. 확증편향이란 자기 생각과 일치하는 정보는 바로 받아들이고 찾아다니지만 그렇지 않은 정보나 뉴스는 아예 보지 않는 성향이다. 확증편향에 빠진 사람은 상대방의 주장이나 정서의 원인을 살피지 않고 처음부터 무시해버린다. 자신들만 옳다고 믿고 상대방은 척결해야 할 적으로 간주하기 때문이다. 반대편의 주장과 논리를 진심으로 이해하려고 하면서 자기 주장과 논리를 펴는 사람은 존중되어야 한다. 하지만 처음

> **TIP**
>
> 確 굳을, 단단할 확
> 證 증거 증
> 偏 치우칠, 쏠릴 편
> 向 향할, 바라볼 향

부터 상대를 전혀 헤아리지 않고 무조건 비판하고 거부하는 이들은 존중받을 자격이 없다.

이단 영생교에 빠진 사람들이 죽은 동료가 살아날 것을 기다리며 관찰 일기를 썼는데, 시체가 부패하며 변색되는 것을 보고 부활의 조짐이라고 기록했다. 다미선교회에 빠진 사람들은 자신들이 예견한 종말의 날이 다가올 때즈음해서 혜성 하나가 지구에 접근하자 천사들이 자신들을 데리러 오는 것이라고 주장했다. 이처럼 확증편향에 빠진 사람들은 자신의 주장과 전혀 무관하거나 모순되는 현상마저도 자신들의 논리를 강화하는 데 사용하며 별의별 해괴한 소리를 해댄다.

참된 신자는 하나님의 말씀을 묵상하며 그에 따라 지각을 사용해 선악을 분별하면서 우로나 좌로 치우치지 않기 위해 노력해야 한다. 정치 현안을 대할 때도 의도적으로 보수와 진보 진영의 주장에 같이 귀를 기울여야 한다. 그리고 각 진영의 주장을 성경적 가치에 견주어 분별하면서 부화뇌동(附和雷同)하지 않도록 주의해야 한다.

투표도 마찬가지다. 특정 정당이나 이념을 맹목적으로 지지하기에 앞서 성경의 가르침에 근거한 종합적 판단을 내려야 한다. 자신의 정치나 이념의 성향에 따라 필요한 증거들을 찾는 것이 아니라 성경으로 정치인과 정책 자체를 평가할 줄 알아야 하는 것이다.

나는 설교를 위해 방문한 몇몇 교회에서 극우나 극좌에 해당하는 기관지가 교회 주보나 교단 신문과 함께 나란히 놓여 있는 것을 보았다. 극우나 극좌의 대변지가 어떻게 교회의 권위 있는 문서와 나란히 놓일 수 있다는 말인가? 아무리 정치 현안에 대한 확신이 있더라도 교회에서 그런 것들을 함부로 게시해서 하나님의 말씀과 교회의 권위를 깎아내리는 일은 삼가야 할 것이다.

우리나라의 정치 현실은 상당히 암울하다. 이런 현실 속에서 그리스도인은 정치인들의 헛된 진영 논리와 약 올리기, 편 가르기 등에 동조해서는 안 된다. 권력자들에게 끊임없이 정의와 진리를 제시한 성경의 내용에 따라 권력을 추구하는 자들의 속성이 무엇인지 파악하고 그들의 농간을 꾸짖어야 한다. 감정을 억누르고 보수와 진보의 주장을 동시에 살피며 무엇이 바른길인지 신중히 결정해야 하고, 앞으로 사태가 어떻게 전개될 것인지 몇 달 후, 몇 년 후까지 차분히 생각해봐야 한다. 여러 가지 사안으로 국민들이 서로 날카롭게 대립할 때, 신자들은 흥분하지 말고 완충재 역할을 해야 한다. 함부로 목사나 교회, 교단, 기독교의 이름을 걸고 어느 한 편을 옹호하거나 공격해서는 안 된다.

특히 요즘 같이 정보의 전달 속도가 빠른 시대에는 인터넷이나 모바일 네트워크에 떠도는 선동적인 주장에 휩쓸리지 않도록 주의해야 한다. 그런 주장에 동조하는 표현을 하거나 다른 사람에게 그 내용을 전달하는 것이 확증편향에 빠진 결과가 아닌지 생각해보아야 한다. 신자는 역사의 주관자 되시는 하나님의 말씀으로 인해 누구보다 신중해야 한다. 또한 무엇을 주장하든 미움과 분노가 아닌 사랑에 근거를 두어야 하며 오직 하나님의 진리를 드러낸다는 자세가 앞서야 한다. 이 세상도, 그 정욕도 지나가되 오직 하나님의 뜻을 행하는 자는 영원히 거한다(요일 2:17). 국가도, 민족도, 지연도, 학연도, 혈연도, 사상도 넘어서야 하는 것이 그리스도인이다.

신자는 이 땅에 발을 딛고 살지만 영원에 잇대어 살아간다. 신자는 보수와 진보 진영의 논객들에게 심판받지 않고 하나님에게 심판을 받는다. 우리는 시대의 상황과 논리가 아니라 하나님의 말씀에 빠져야 한다. 우로나 좌로 치우치지 않기 위해 하나님의 말씀을 주야로 묵상해야 한다. 하나님의 말씀을 통해 우리의 비참에 대하여 깊이 알아야 하고, 하나님과 이웃을 사랑해야 함을 알아야 하며, 그 모든 율법을 지킬 수 없음도 알아야 한다. 그러면 우리의 길은 평탄하고 형통하게 될 것이다(수 1:7-8).

01 자신에게 어떤 고민거리나 문제가 생겼을 때 이야기를 나눌 수 있는 멘토가 있는지 나누 어봅시다. 좋은 멘토란 어떤 사람입니까?

> **TIP**
>
> **멘토(mentor)**
> 믿을 만한 의논 상대, 스승

02 하이델베르크 교리문답 제3-5문을 서로 묻고 답해봅시다. 근거 성구도 다시 한 번 살펴봅시다.

03 우리는 경험과 학문을 통해서 사람의 비참을 어느 정도 알 수 있습니다. 하지만 사람의 비참을 가장 정확하게 알려주는 것은 무엇입니까?

04 율법을 세 가지로 구분하고 각각의 특성이 무엇인지 이야기해봅시다.

05　율법의 용도를 세 가지로 구분하고 각각의 특성이 무엇인지 이야기해봅
　　시다.

06　하나님의 율법이 우리에게 요구하는 것은 무엇입니까?

07　우리는 하나님의 모든 율법을 완전하게 지킬 수 있습니까? 율법의 두 번
　　째 용도를 염두에 두고 이야기해봅시다.

08　자신에게 확증편향이 있는지 성찰해봅시다. 확증편향을 벗어나려면 어떤
　　노력을 기울여야 합니까?

사람 본성의 부패

Q 제6문 그렇다면 하나님은 사람을 그렇게 악하고 패역하게 창조하셨습니까?

Did God then create man so wicked and perverse?

A 답 아닙니다. 하나님은 사람을 선하게,[1] 그리고 자기의 형상을 따라[2] 의롭고 거룩하게 창조하셨습니다.[3] 이는 사람이 자신의 창조주 하나님을 바르게 알고, 마음으로 사랑하고, 영원한 행복 속에 그분과 함께 살면서 그분을 영화롭게 하고 찬양하게 하기 위해서였습니다.[4]

By no means; but God created man good, and after his own image, in true righteousness and holiness, that he might rightly know God his Creator, heartily love him and live with him in eternal happiness to glorify and praise him.

Q 제7문 그렇다면 사람 본성의 부패는 어디서 왔습니까?

Whence then proceeds this depravity of human nature?

A 답 우리의 첫 조상 아담과 하와가 낙원에서 저지른 타락과 불순종에서 왔습니다.[5] 그 결과 우리의 본성은 너무나 오염되어 우리는 모두 죄 속에서 잉태되고 태어납니다.[6]

From the fall and disobedience of our first parents, Adam and Eve, in Paradise; hence our nature is become so corrupt, that we are all conceived and born in sin.

perverse	패역한, 비뚤어진, 사악한, 그릇된
depravity	부패, 타락, 사악, 악행
disobedience	불순종, 불복종, 반항, 위반

하이델베르크 교리문답, 삶을 읽다

Q 제8문 그렇다면 우리는 너무 오염되어 어떠한 선도 행할 수 없으며 모든 악으로 기울어져 있습니까?

Are we then so corrupt that we are wholly incapable of doing any good, and inclined to all wickedness?

A 답 정말로 그렇습니다.[7] 우리가 하나님의 영으로 거듭나지 않는 한 그렇습니다.[8]

Indeed we are; except we are regenerated by the Spirit of God.

corrupt	오염된, 부패한, 타락한, 부정한
conceive	임신하다, 생각하다, 만들어지다
inclined	경향이 있는, …하고 싶은, 기울어진
wickedness	악, 사악함, 심술궂음
except	…외에는, 다만, 제외하다
regenerate	다시 생기다, 재생하다, 갱생하다

근거 성구

1 하나님이 지으신 그 모든 것을 보시니 보시기에 심히 좋았더라. 저녁이 되고 아침이 되니 이는 여섯째 날이니라(창 1:31).

2 26하나님이 이르시되 "우리의 형상을 따라 우리의 모양대로 우리가 사람을 만들고 그들로 바다의 물고기와 하늘의 새와 가축과 온 땅과 땅에 기는 모든 것을 다스리게 하자" 하시고 27하나님이 자기 형상 곧 하나님의 형상대로 사람을 창조하시되 남자와 여자를 창조하시고(창 1:26-27).

3 하나님을 따라 의와 진리의 거룩함으로 지으심을 받은 새 사람을 입으라(엡 4:24).

새 사람을 입었으니 이는 자기를 창조하신 이의 형상을 따라 지식에까지 새롭게 하심을 입은 자니라(골 3:10).

4 4사람이 무엇이기에 주께서 그를 생각하시며 인자가 무엇이기에 주께서 그를 돌보시나이까. 5그를 하나님보다 조금 못하게 하시고 영화와 존귀로 관을 씌우셨나이다. 6주의 손으로 만드신 것을 다스리게 하시고 만물을 그의 발아래 두셨으니 7곧

모든 소와 양과 들짐승이며 8공중의 새와 바다의 물고기와 바닷길에 다니는 것이니이다. 9여호와, 우리 주여! 주의 이름이 온 땅에 어찌 그리 아름다운지요(시 8:4-9).

"우리 주 하나님이여! 영광과 존귀와 권능을 받으시는 것이 합당하오니 주께서 만물을 지으신지라. 만물이 주의 뜻대로 있었고 또 지으심을 받았나이다" 하더라(계 4:11).

5 창세기 3장.

그러므로 한 사람으로 말미암아 죄가 세상에 들어오고 죄로 말미암아 사망이 들어왔나니 이와 같이 모든 사람이 죄를 지었으므로 사망이 모든 사람에게 이르렀느니라(롬 5:12).

18그런즉 한 범죄로 많은 사람이 정죄에 이른 것 같이 한 의로운 행위로 말미암아 많은 사람이 의롭다 하심을 받아 생명에 이르렀느니라. 19한 사람이 순종하지 아니함으로 많은 사람이 죄인 된 것 같이 한 사람이 순종하심으로 많은 사람이 의인이 되리라(롬 5:18-19).

6 내가 죄악 중에서 출생하였음이여, 어머니가 죄 중에서 나를 잉태하였나이다(시 51:5).

육으로 난 것은 육이요, 영으로 난 것은 영이니(요 3:6).

7 여호와께서 사람의 죄악이 세상에 가득함과 그의 마음으로 생각하는 모든 계획이 항상 악할 뿐임을 보시고(창 6:5).

여호와께서 그 향기를 받으시고 그 중심에 이르시되 '내가 다시는 사람으로 말미암아 땅을 저주하지 아니하리니 이는 사람의 마음이 계획하는 바가 어려서부터 악함이라. 내가 전에 행한 것 같이 모든 생물을 다시 멸하지 아니하리니'(창 8:21).

누가 깨끗한 것을 더러운 것 가운데에서 낼 수 있으리이까? 하나도 없나이다(욥 14:4).

우리는 다 양 같아서 그릇 행하여 각기 제 길로 갔거늘 여호와께서는 우리 모두의 죄악을 그에게 담당시키셨도다(사 53:6).

우리도 전에는 어리석은 자요, 순종하지 아니한 자요, 속은 자요, 여러 가지 정욕과 행락에 종노릇한 자요, 악독과 투기를 일삼은 자요, 가증스러운 자요, 피차 미워한 자였으나(딛 3:3).

8 3예수께서 대답하여 이르시되 "진실로 진실로 네게 이르노니 사람이 거듭나지 아니하면 하나님의 나라를 볼 수 없느니라." 4니고데모가 이르되 "사람이 늙으면 어떻게 날 수 있사옵나이까? 두 번째 모태에 들어갔다가 날 수 있사옵나이까?" 5예수께서 대답하시되 "진실로 진실로 네게 이르노니 사람이 물과 성령으로 나

지 아니하면 하나님의 나라에 들어갈 수 없느니라"(요 3:3-5).

로 아니하고는 누구든지 예수를 주시라 할 수 없느니라(고전 12:3).

그러므로 내가 너희에게 알리노니 하나님의 영으로 말하는 자는 누구든지 예수를 저주할 자라 하지 아니하고 또 성령으

우리가 무슨 일이든지 우리에게서 난 것 같이 스스로 만족할 것이 아니니 우리의 만족은 오직 하나님으로부터 나느니라(고후 3:5).

해설

부패한 사람의 본성

우리는 앞서 하이델베르크 교리문답 제5문을 통해 우리가 하나님의 모든 율법을 완전하게 지킬 수 없다는 사실을 살펴보았습니다. 그 이유는 우리의 본성이 하나님과 이웃을 사랑하기는커녕 미워하는 성향에 물들었기 때문입니다. 그렇다면 하나님이 처음부터 사람을 그렇게 악하고 패역하게 창조하셨는지 의문이 생깁니다. 이어지는 제6-8문은 이 의문을 다룹니다.

제4문	하나님의 율법이 요구하는 두 가지: 하나님 사랑, 이웃 사랑
제5문	사람은 하나님의 율법을 모두 지킬 수 없다.
제6문	하나님이 사람을 악하게 창조하셨기 때문에 율법을 다 지킬 수 없는가?
제7문	하나님이 사람을 의롭게 창조하셨다면 사람 본성의 부패는 어디서 왔는가?
제8문	본성이 부패한 사람은 어떠한 선도 행할 수 없는가?

표9 하이델베르크 교리문답 제4-8문의 구성

1. 하나님은 사람을 악하게 창조하셨는가?

하나님은 천지 만물을 창조하실 때 모든 것을 "보시기에 심히 좋게" 지으셨습니다. 더군다나 사람은 하나님의 형상을 따라 지으셨습니다. "우리의 형상을 따라 우리의 모양대로 우리가 사람을 만들고 그들로 바다의 물고기와 하늘의 새와 가축과 온 땅과 땅에 기는 모든 것을 다스리게 하자"(창 1:26)는 하나님의 말씀에서 알 수 있듯이 "하나님의 형상"은 모든 것을 다스리는 능력과 관계됩니다. 하나님의 형상은 눈과 귀, 코와 입 같은 외형을 말하는 것이 아니라 모든 것을 다스릴 수 있는 내적인 특성과 능력을 의미합니다.

또한 사도 바울은 성도들에게 "하나님을 따라 의와 진리의 거룩함으로 지으심을 받은 새 사람을 입으라"(엡 4:24), "새 사람을 입었으니 이는 자기를 창조하신 이의 형상을 따라 지식에까지 새롭게 하심을 입은 자니라"(골 3:10)라고 말했습니다. 우리는 이 구절들을 통해 하나님의 형상이 의와 거룩함과 지식과 관계된다는 사실을 알 수 있습니다. 하나님은 당신의 형상을 따라 지으신 사람에게만 다른 동물과 차별되는 의와 거룩함과 지식을 주셨습니다. 사람에게만 나타나는 독특한 능력과 특성은 분명히 존재하며, 그 결과 인간은 언어의 동물, 사회의 동물, 유희의 동물, 도구의 동물 등으로 다양하게 정의됩니다. 수많은 생물 중 오직 사람만이 풍성한 지정의(知情意)로 찬란한 문화와 예술과 과학을 이루어갑니다.

하나님은 아담을 만드신 후에 에덴동산으로 이끄시어 다스리며 지키게 하셨습니다. 하나님이 각종 들짐승과 새를 이끌어오시자 아담은 그것들의 이름을 지어주었습니다. 아담은 각 짐승의 본성을 직관으로 파악해 동물들의 이름을 구분되게 지을 수 있었습니다. 동물들은 그를 무서워하지 않았고 아담 역시 동물들을 무서워하지 않고 잘 다스렸습니다. 하나님이 돕는 배필을 마련해주기 위해 아담의 갈빗대로 여자를 만드셨을 때 아담은 "이는 내 뼈 중의 뼈요, 살 중의 살이라"(창 2:23)라고 감탄하며 그녀와 진정한 한 몸이 되었습니다. 그들은 벌거벗었으나 부끄러워하지 않았습니다. 죄를 짓기 전의 아담과 하와에게는 진정한 의와 거룩함과 지식이 있었던 것입니다.

인간은 대소변을 처리하는 화장실도 아름답게 꾸미려고 합니다. 모든 생산물에 미적 가치를 더하기 위해 애쓰고, 문화 예술 분야를 발전시키기 위해 엄청난 예산을 투자하며, 올림픽이나 월드컵 같은 축제에 환호합니다. 사회 복지 제도를 만들어 약한 자를 배려하고, 정치와 경제 제도를 통해 상생의 길을 모색하며, 과학을 발달시켜 미지의 세계를 탐험합니다. 물고기가 배우지 않아도 헤엄을 치고 새가 배우지 않아도 하늘을 날 듯이, 하나님이 심히 좋게 창조하신 사람은 가만히 두어도 이러한 영장(靈長)의 능력을 발휘하는 것입니다.

하나님이 사람에게 더하신 영광이 얼마나 큰지, 시편 8편은 사람을 하나님보다 조금 못하게 하시고 영화와 존귀로 관을 씌우셨다고 말할 정도입니다. 그 결과로 사람은 주의 손으로 만드신 것을 다스릴 수 있습니다. 만물이 사람의 발아래 있는 것입니다. 이 사실을 아는 사람들은 온 땅에 아름다운 이름을 가지신 주님이 영광과 존귀와 권능을 받으시는 것이 합당하다고 찬송할 수밖에 없습니다.

2. 사람 본성의 부패는 어디서 왔는가?

천지 만물을 지으신 하나님은 동방의 에덴에 동산을 창설하셨습니다. 하나님은 아담에게 그 동산을 경작하며 지키게 하셨습니다. 그곳에는 보기에 아름답고 먹기에 좋은 나무들이 있었는데 동산 가운데에는 생명나무와 선악을 알게 하는 나무도 있었습니다. 하나님은 아담에게 "동산 각종 나무의 열매는 네가 임의로 먹되 선악을 알게 하는 나무의 열매는 먹지 말라. 네가 먹는 날에는 반드시 죽으리라"(창 2:16-17)라고 말씀하셨습니다.

앞서 살펴본 것처럼 아담은 성인으로 지음을 받았습니다. 아담은 교육을 받은 적도 없고 땅을 경작해본 경험도 없었지만 마음에 기록된 하나님의 법으로 인해 동산을 경작하며 지킬 수 있었습니다. 하나님은 아무것도 모르는 아담에게 무리한 요구를 하신 것이 아니라 아담의 마음에 하나님이 말씀하신 것을 이해하고 실행할 수 있는 능력을 이미 심어놓으신 것입니다. 에덴동산에 살았던 아담은 어떻게 사는 것이 하나님의 뜻에 따라 사는 것인지를 분명히 알고 있었습니다. 에덴동산 가운데에 있는 생명나무와 선악을 알게 하는 나무는 하나님이 창조자이심을 분명히 알려주었습니다. 아담은 이 나무들을 보면서 자신이 하나님의 피조물이며 하나님의 말씀대로 살 때만 생명이 유지되고 선악을 올바로 알 수 있다는 사실을 확인했습니다.

하나님은 이러한 조건과 환경 속에서 아담에게 선악을 알게 하는 나무의 열매를 먹지 말라고 말씀하셨습니다. 하나님은 다른 아무 말씀도 하지 않고 아무것도 알려주지 않은 상황에서 뜬금없이 선악의 열매를 먹지 말라고 하신 것이 아닙니다. 만일 하나님이 아담에게 지킬 수 없는 조건을 걸었거나 일부러 함정을 파놓은 것이라면 괴팍한 신은 될지 몰라도 생명과 진리와 사랑의 하나님은 절대로 될 수 없을 것입니다.

그런데 간교한 뱀은 하나님의 말씀을 직접 받지 않은 여자에게 "하나님이 참으로 너희에게 동산 모든 나무의 열매를 먹지 말라 하시더냐?"(창 3:1)라고 물었습니다. 이에 여자는 다음과 같이 대답합니다.

2여자가 뱀에게 말하되 "동산 나무의 열매를 우리가 먹을 수 있으나 3동산 중앙에 있는 나무의 열매는 하나님의 말씀에 '너희는 먹지도 말고 만지지도 말라. 너희가 죽을까 하노라' 하셨느니라"(창 3:2-3).

이에 뱀은 거짓말로 여자를 속입니다. 뱀은 그 열매를 먹어도 결코 죽지 않으며 오히려 눈이 밝아져 하나님과 같이 되어 선악을 알게 될 것이라고 말합니다. 그래서 하나님이 선악과를 먹지 못하게 하셨다는 것입니다. 결국 여자는 하나님과 같이 되고 싶은 마음에 그 열매를 따 먹습니다. 그리고 옆에 함께 있던 남편에게도 주었습니다. 아담과 하와는 선악을 알게 하는 나무를 보며 자신은 피조물이고 하나님은 창조주이심을 기억하고 인정해야 했지만 뱀의 유혹을 뿌리치지 못하고 욕심에 이끌려 그 열매를 따 먹은 것입니다.

죄를 지어 타락한 그들은 곧바로 자기들이 벗은 줄을 깨닫고 무화과나무 잎을 엮어 치마로 삼았습니다. 그들은 선악과를 먹기 전에는 벌거벗은 것을 부끄러워하지 않았습니다. 그들은 서로의 벌거벗은 몸을 보아도 죄스러운 연상을 하거나 비교의식에 빠져 우월감이나 열등감을 느끼지 않았습니다. 자신들의 모습을 그대로 받아들이고 누린 것입니다. 그런데 이제는 벌거벗은 몸을 의식하며 별의별 연상과 비교의식 속에서 부끄러움을 느끼게 되었습니다. 그래서 벌거벗은 몸을 숨기고 미화하기 위해 치마를 만들어 입었습니다.

어떻게 보면 이들은 정말 선악을 분별하게 되었다고 말할 수도 있을 것입니다. 하지만 옳은 의미가 아니라 부끄러움과 열등감을 기준으로 하는 나쁜 의미에서 그렇게 되었습니다. 어린 나이에 알지 않아도 될 것을 일찍 접하게 되면 공부에 집중하거나 성실하게 삶을 꾸려나가는 데 방해를 받습니다. 청소년들은 술, 담배, 성, 연애 등을 경험해보지 않아도 됩니다. 이런 것들을 너무 일찍—대다수는 왜곡되게—알면서 제대로 절제하지 못하는 청소년들을 "까졌다"라고 표현하기도 하는데, 바로 이 말이 선악과를 따 먹은 아담과 하와에게 어울리는 것이었습니다.

그런데 하나님은 아담과 하와가 죄를 지은 그날 바로 그들을 찾아오셨습니다. 그들은 하나님의 낯을 피하여 동산 나무 사이에 숨었지만 하나님은 아담을 부르시며 어디 있느냐고 물으셨습니다. 이에 아담은 "내가 동산에서 하나님의 소리를 듣고 내가 벗었으므로 두려워하여 숨었나이다"(창 3:10)라고 답했습니다. 이것이 죽음이 아니고 무엇입니까? 하나님이 아담에게 선악을 알게 하는 나무의 열매를 먹는 날에는 반드시 죽으리라고 하신 말씀 그대로 된 것입니다.

뱀은 선악과를 먹어도 결코 죽지 않을 것이라고 했지만 완전히 틀렸습니다. 에베소서 2:1은 "그는 허물과 죄로 죽었던 너희를 살리셨도다"라고 말합니다. 즉 지금 살아 있는 사람을 "허물과 죄로 죽은 자"라고 말하는 것입니다. 허물과 죄로 죽은 자들은 육적으로는 살아 움직일지 모르지만 영적으로는 분명히 죽은 자들입니다. 꽃병에 꽂힌 꽃이 싱싱해 보이지만 10일 정도 지나면 이내 시들어버리는 것처럼, 죄로 인해 하나님과 단절된 사람 역시 7-80년의 유통기한이 지나면 늙고 병들어 죽어버립니다. 많은 사람이 이 사실을 깨닫지 못하고 천년만년 살 것처럼 착각하고 헛된 욕망에 사로잡혀 불 속으로 돌진하는 불나비처럼 살아갑니다.

하나님이 아담에게 그 나무 열매를 먹었느냐고 물으셨을 때 그는 "하나님이 주셔서 나와 함께 있게 하신 여자 그가 그 나무 열매를 내게 주므로 내가 먹었나이다"(창 3:12)라고 대답했습니다. 물론 아담은 여자가 건네준 것을 받아먹었습니다. 하지만 그는 스스로의 판단과 욕망에 따라 선악과를 먹었습니다. 그런데 여자에게 책임을 전가했습니다. 이런 비열한 태도 역시 영적으로 부패하고 죽은 자의 모습을 보여줍니다. 그 후로 아담의 뒤를 따르는 모든 사람은 자신이 죄의 책임자임을 인정하지 않고 끊임없이 변명을 늘어놓고 있습니다.

"내 뼈 중의 뼈요, 살 중의 살"이라고 하며 아내와 하나 됨을 천명했던 아담은 이제 아내를 탓합니다. 가장 친밀한 인간관계인 부부의 관계가 이렇게 갈라진 후에는 모든 인간관계에 항상 긴장과 갈등이 내포되었습니다. 아무리 친한 관계도 언제든 서로 배신하고 돌아설 수 있다는 사실을 우리는 역사를 통해 잘 알고 있습니다.

하나님은 이어서 여자에게 왜 이렇게 하였느냐고 물으셨는데, 여자 역시 뱀이 자기를 꾀므로 먹었다고 답변했습니다. 여자도 형식적으로는 분명히 뱀이 꾀어서 먹은 것이 맞습니다. 하지만 실제로는 눈이 밝아져 하나님과 같이 되고 싶었고, 그런 마음으로 열매를 보니 먹음직도 하고 보암직도 하고 지혜롭게 할 만큼 탐스럽기도 해서 먹었습니다. 그런데 죄를 지은 이후 부패한 여자는 변명을 늘어놓으며 뱀에게 책임을 떠넘긴 것입니다.

하지만 하나님은 남자와 여자에게 각각 책임을 물으셨습니다. 먼저 여자에게는 "내가 네게 임신하는 고통을 크게 더하리니 네가 수고하고 자식을 낳을 것이며 너는 남편을 원하고 남편은 너를 다스릴 것이니라"(창 3:16)라고 말씀하셨습니다. 죄를 짓기 전에는 부끄러울 것도 없고 요구할 것도 없던 남편과 아내의 관계가 죄를 지은 이후에는 서로에게 무언가를 원하고 서로를 다스리는 관계로 변해버렸습니다. 가장 가까운 관계가 이렇게 적대적으로 변했으니 다른 관계는 말해 무엇하겠습니까? 아담과 하와의 아들인 가인이 동생 아벨을 죽인 사건, 부쩍 높아진 이혼율, 타인은 물론이고 가족끼리 벌이는 갈등과 싸움 등이 모두 아담과 하와의 죄로 인한 부패에서 배태되었습니다. 이 땅 위의 온갖 고소 고발과 폭력, 살인과 전쟁도 바로 거기서 시작되었습니다.

다음으로 아담은 흙으로 돌아갈 때까지 얼굴에 땀을 흘려야 먹을 것을 얻을 수 있게 되었습니다. 땅이 아담으로 말미암아 저주를 받아 가시덤불과 엉겅퀴를 내게 되었기 때문입니다. 그 이후로 사람들은 좋은 땅을 많이 차지하여 이마에 땀을 흘리지 않고 편하게 살기를 바라면서 다른 사람들을 속이고 빼앗고 지배하려고 합니다. 정치, 경제적 갈등과 불평등이 여기서 시작됩니다. 하지만 그렇게 치열하게 살아도 한 줌 흙으로 돌아가는 것이 인간의 불행하고 허무한 운명입니다. 하나님을 모르고 떠난 상태가 이미 죽음이지만, 육체가 흙으로 돌아감으로써 죽음이 완결되는 것입니다.

이렇게 아담 한 사람으로 말미암아 죄가 세상에 들어오고 죄로 말미암아 사망이 들어왔습니다. 아담으로 인해 아담의 모든 후손이 죄 가운데서 사망에 이르게 된 것입니다(롬 5:12). 아담은 죄를 지어서 죄인이지만 그 후손은 죄인으로 태어나 죄를 짓습니다. 사람 본성 자체가 태중에서부터 부패하여 모든 사람이 죄악 중에서 출생합니다(시 51:5). 죄인인 아담과 하와가 죄인인 후손을 낳아 오늘에까지 이르렀습니다. 다시 말하지만 육으로 난 것은 육일 뿐입니다(요 3:6).

3. 전적 부패

지금까지 우리는 죄를 지은 아담의 후손이 죄악 중에 태어나는 부패한 존재임을 살펴보았습니다. 이 부패한 정도에 대하여 창세기 6:5은 "여호와께서 사람의 죄악이 세상에 가득함과 그의 마음으로 생각하는 모든 계획이 항상 악할 뿐"임을 보셨다고 말합니다. 사람은 마음으로 생각하는 모든 계획이 항상 악합니다. 이는 사람이 선을 전혀 행할 수 없다는 말이 아닙니다. 오히려 선을 다소 행하더라도 자신의 이기적인 목적과 욕망이 배제되지 않는다는 것입니다. 즉 사람의 행위 중 100퍼센트 선한 것은 없습니다.

하나님이 노아 당시에 사람들을 지면에서 쓸어버리신 후에 다시는 사람으로 말미암아 땅을 저주하지 않겠다고 하신 이유는 사람의 마음이 계획하는 바가 **어려서부터** 악하기 때문이었습니다. 본성이 부패한 사람에게 기대할 것이 없으므로 하나님은 더 저주하지 아니하시고 모든 생물을 멸하는 심판을 내리지 않기로 작정하신 것입니다.

이것만 보아도 우리는 사람 중 그 누구도 더러운 마음에서 깨끗한 것을 낼 자가 없다는 사실을 알아야 합니다(욥 14:4). 모든 사람은 무리를 벗어나는 양처럼 그릇 행하고 어리석고 부패한 길로 갈 뿐입니다(사 53:6). 사람은 물과 성령으로 거듭나지 않으면 하나님의 거룩한 나라를 볼 수 없습니다. 하나님의 영의 도움 없이 예수님의 존재와 사역의 가치를 깨닫고 예수님을 주님으로 모실 자가 없습니다.

조선의 건국 과정을 노래한 "용비어천가"(龍飛御天歌)는 세종이 목조(穆祖)부터 태종(太宗)에 이르는 여섯 선조의 행적을 칭송한 영웅 서사시입니다. "용이 날아 하늘을 다스린다"는 제목이 의미하는 것처럼 이 책은 여섯 선조를 용에 비유하며 신격화합니다. 여섯 선조의 잘못이나 약점에 대한 기록은 전혀 볼 수 없습니다. 그 대신 그들을 인간의 수준을 넘어서는 존재로 미화하는 내용만 가득합니다.

이에 비해 성경은 인간이 어떤 약점을 가지고 있으며 어떤 죄를 짓는지 숨김없이 서술합니다. 가인이 아벨을 죽인 사건, 노아 시대에 차고 넘쳤던 사람들의 죄, 술에 취해 쓰러진 노아의 모습, 하나님을 대적하며 건축된 바벨성, 목숨을 건사하기 위해 아내를 누이라고 속인 아브라함과 이삭, 며느리를 부당하게 대우한 유다, 요셉을 죽이려고 한 형제들…. 성경은 이스라엘의 위대한 왕 다윗의 간음죄와 살인 교사죄도 그냥 넘어가지 않습니다. 이를 통해 우리는 성경이 사람을 미화하거나 역사를 왜곡하지 않고 사람의 별수 없음을 그대로 보여준다는 사실을 알 수 있습니다. 즉 성경은 사람의 전적 부패를 드러내어 사람이 자기 능력이나 노력으로 스스로 구원받을 수 없음을 명백하게 이야기해주는 것입니다.

01 자신에게 잘못한 사람을 용서한 경험이 있습니까? 용서했을 때와 하지 않았을 때의 마음이 어땠는지 나누어봅시다. 처지를 바꾸어 자신이 다른 사람에게 용서받은 경험도 나누어봅시다.

02 하이델베르크 교리문답 제6-8문을 서로 묻고 답해봅시다. 근거 성구도 함께 살펴봅시다.

03 하나님은 아담과 하와를 어떻게 창조하셨습니까?(창 1:26; 엡 4:24; 골 3:10)

04 사람 본성의 부패는 어디서 왔습니까?(창 3장; 롬 5:12, 18-19)

하이델베르크 교리문답, 삶을 읽다

05 타락한 사람은 너무 부패하여 어떠한 선도 행할 수 없습니까?(창 6:5; 8:21; 욥 14:4; 사 53:6; 요 3:3-5; 딛 3:3)

06 성경은 왜 "용비어천가"와 달리 믿음의 선조들의 죄악을 꾸밈없이 기록해 놓았습니까?

죄에 대한
하나님의 벌

Q 제9문 사람이 지킬 수 없는 율법을 하나님이 요구하신 것은 부당하지 않습니까?

Does not God then do injustice to man, by requiring from him in his law, that which he can not perform?

A 답 아닙니다. 왜냐하면 하나님은 사람이 율법을 지킬 수 있도록 창조하셨는데,[1] 사람이 악마의 유혹과[2] 자신의 고의적 불순종에 의하여[3] 자신과 자신의 모든 후손으로부터 이러한 하나님의 선물을 빼앗았기 때문입니다.[4]

Not at all; for God made man capable of performing it; but man, by the instigation of the devil, and his own wilful disobedience, deprived himself and all his posterity of those divine gifts.

Q 제10문 하나님은 그런 불순종과 반항을 벌하지 않고 내버려두십니까?

Will God suffer such disobedience and rebellion to go unpunished?

A 답 아닙니다. 하나님은 우리의 원죄와 자범죄에 대하여 심히 진노하시고, 죄인들을 의로운 재판에 따라 이 세상에서 그리고 영원히 벌하실 것입니다.[5] 하나님은 이미 "누구든지 율법 책에 기록된 대로 모든 일을 항상 행하지 아니하는 자는 저주 아래에 있는 자"라고 선포하셨습니다.[6]

By no means; but is terribly displeased with our original as well as actual sins; and will punish them in his just judgment temporally and eternally, as he has declared, "Cursed is every one that continueth not in all things, which are written in the book of the law, to do them."

Q 제11문 그러나 하나님은 동시에 자비로우시지 않습니까?

Is not God then also merciful?

A 답 하나님은 정말로 자비로우시지만[7] 동시에 의로우십니다.[8] 그러므로 하나님의 공의는 하나님의 가장 높으신 존엄에 반하여 행해진 죄가 엄하게 벌받는 것을, 즉 몸과 영혼이 영원히 벌 받는 것을 요구합니다.[9]

God is indeed merciful, but also just; therefore his justice requires, that sin which is committed against the most high majesty of God, be also punished with extreme, that is, with everlasting punishment of body and soul.

injustice	부당함, 부당성, 불평등
perform	행하다, 수행하다, 실시하다, 공연하다
instigation	유혹, 부추김, 선동
posterity	후손, 후세, 후대
rebellion	반항, 반란, 모반
temporally	현세적으로, 일시적으로, 세속적으로
declare	선포하다, 선언하다, 공표하다
continueth	(고어, continue의 3인칭 단수)
punishment	벌, 처벌, 형벌

근거 성구

1 하나님을 따라 의와 진리의 거룩함으로 지으심을 받은 새 사람을 입으라(엡 4:24).

2 여호와 하나님이 여자에게 이르시되 "네가 어찌하여 이렇게 하였느냐?" 여자가 이르되 "뱀이 나를 꾀므로 내가 먹었나이다"(창 3:13).

너희는 너희 아비 마귀에게서 났으니 너희 아비의 욕심대로 너희도 행하고자 하느니라. 그는 처음부터 살인한 자요, 진리가 그 속에 없으므로 진리에 서지 못하고 거짓을 말할 때마다 제 것으로 말하나니 이는 그가 거짓말쟁이요, 거짓의 아비가 되었음이라(요 8:44).

3 여자가 그 나무를 본즉 먹음직도 하고

보암직도 하고 지혜롭게 할 만큼 탐스럽기도 한 나무인지라. 여자가 그 열매를 따 먹고 자기와 함께 있는 남편에게도 주매 그도 먹은지라(창 3:6).

4 그러므로 한 사람으로 말미암아 죄가 세상에 들어오고 죄로 말미암아 사망이 들어왔나니 이와 같이 모든 사람이 죄를 지었으므로 사망이 모든 사람에게 이르렀느니라(롬 5:12).

5 "선악을 알게 하는 나무의 열매는 먹지 말라. 네가 먹는 날에는 반드시 죽으리라" 하시니라(창 2:17).

인자를 천대까지 베풀며 악과 과실과 죄를 용서하리라. 그러나 벌을 면제하지는 아니하고 아버지의 악행을 자손 삼사 대까지 보응하리라(출 34:7).

4주는 죄악을 기뻐하는 신이 아니시니 악이 주와 함께 머물지 못하며 5오만한 자들이 주의 목전에 서지 못하리이다. 주는 모든 행악자를 미워하시며 6거짓말하는 자들을 멸망시키시리이다. 여호와께서는 피 흘리기를 즐기는 자와 속이는 자를 싫어하시나이다(시 5:4-6).

여호와는 질투하시며 보복하시는 하나님이시니라. 여호와는 보복하시며 진노하시되 자기를 거스르는 자에게 여호와는 보복하시며 자기를 대적하는 자에게 진노를 품으시며(나 1:2).

하나님의 진노가 불의로 진리를 막는 사람들의 모든 경건하지 않음과 불의에 대하여 하늘로부터 나타나나니(롬 1:18).

누구든지 헛된 말로 너희를 속이지 못하게 하라. 이로 말미암아 하나님의 진노가 불순종의 아들들에게 임하나니(엡 5:6).

한 번 죽는 것은 사람에게 정해진 것이요, 그 후에는 심판이 있으리니(히 9:27).

6 이 율법의 말씀을 실행하지 아니하는 자는 저주를 받을 것이라 할 것이요, 모든 백성은 아멘 할지니라(신 27:26).

무릇 율법 행위에 속한 자들은 저주 아래에 있나니 기록된 바 "누구든지 율법 책에 기록된 대로 모든 일을 항상 행하지 아니하는 자는 저주 아래에 있는 자라" 하였음이라(갈 3:10).

7 여호와께서 그의 앞으로 지나시며 선포하시되 "여호와라, 여호와라! 자비롭고 은혜롭고 노하기를 더디 하고 인자와 진실이 많은 하나님이라"(출 34:6).

8여호와는 긍휼이 많으시고 은혜로우시며 노하기를 더디 하시고 인자하심이 풍부하시도다. 9자주 경책하지 아니하시며 노를 영원히 품지 아니하시리로다(시 103:8-9).

8 그것들에게 절하지 말며 그것들을 섬기지 말라. 나 네 하나님 여호와는 질투하는 하나님인즉 나를 미워하는 자의 죄를 갚되 아버지로부터 아들에게로 삼사 대까지 이르게 하거니와(출 20:5).

거짓 일을 멀리하며 무죄한 자와 의로운 자를 죽이지 말라. 나는 악인을 의롭다 하지 아니하겠노라(출 23:7).

인자를 천대까지 베풀며 악과 과실과 죄를 용서하리라. 그러나 벌을 면제하지는 아니하고 아버지의 악행을 자손 삼사 대까지 보응하리라(출 34:7).

9그런즉 너는 알라. 오직 네 하나님 여호와는 하나님이시요, 신실하신 하나님이시라. 그를 사랑하고 그의 계명을 지키는 자에게는 천 대까지 그의 언약을 이행하시며 인애를 베푸시되 10그를 미워하는 자에게는 당장에 보응하여 멸하시나니 여호와는 자기를 미워하는 자에게 지체하지 아니하시고 당장에 그에게 보응하시느니라. 11그런즉 너는 오늘 내가 네게 명하는 명령과 규례와 법도를 지켜 행할지니라(신 7:9-11).

30"원수 갚는 것이 내게 있으니 내가 갚으리라" 하시고 또다시 "주께서 그의 백성을 심판하리라" 말씀하신 것을 우리가 아노니 31살아계신 하나님의 손에 빠져 들어가는 것이 무서울진저(히 10:30-31).

4주는 죄악을 기뻐하는 신이 아니시니 악이 주와 함께 머물지 못하며 5오만한 자들이 주의 목전에 서지 못하리이다. 주는 모든 행악자를 미워하시며 6거짓말하는 자들을 멸망시키시리이다. 여호와께서는 피 흘리기를 즐기는 자와 속이는 자를 싫어하시나이다(시 5:4-6).

9 45"이에 임금이 대답하여 이르시되 '내가 진실로 너희에게 이르노니 이 지극히 작은 자 하나에게 하지 아니한 것이 곧 내게 하지 아니한 것이니라' 하시리니 46그들은 영벌에, 의인들은 영생에 들어가리라" 하시니라(마 25:45-46).

2여호와는 질투하시며 보복하시는 하나님이시니라. 여호와는 보복하시며 진노하시되 자기를 거스르는 자에게 여호와는 보복하시며 자기를 대적하는 자에게 진노를 품으시며 3여호와는 노하기를 더디 하시며 권능이 크시며 벌 받을 자를 결코 내버려두지 아니하시느니라. 여호와의 길은 회오리바람과 광풍에 있고 구름은 그의 발의 티끌이로다(나 1:2-3).

8하나님을 모르는 자들과 우리 주 예수의 복음에 복종하지 않는 자들에게 형벌을 내리시리니 9이런 자들은 주의 얼굴과 그의 힘의 영광을 떠나 영원한 멸망의 형벌을 받으리로다(살후 1:8-9).

죄에 대한 하나님의 벌

우리는 앞서 하이델베르크 교리문답 제5문에서 사람은 하나님의 율법을 완전하게 지킬 수 없다는 사실을 살펴보았습니다. 그 이유는 하나님이 사람을 악하고 패역하게 창조하셨기 때문이 아니라 첫 조상인 아담과 하와가 타락한 이후로 그 후손이 죄 가운데 태어나기 때문입니다. 결과적으로 제8문은 사람이 너무 부패하여 선을 전혀 행할 수 없고 모든 악에 기울어져 있다고 밝혔는데, 그렇다면 율법을 지키라고 요구하시는 하나님이 부당하신 것은 아닐까요?

하이델베르크 교리문답 제9-11문은 율법을 지키라는 하나님의 요구가 의로우신 하나님의 관점에서 타당하다는 사실을 설명합니다.

세6분	하나님이 사람을 악하게 상소하셨기 때문에 율법를 나 시킬 수 없는가?
제7문	하나님이 사람을 의롭게 창조하셨다면 사람 본성의 부패는 어디서 왔는가?
제8문	아담의 죄로 사람 본성이 부패했다면 사람은 어떠한 선도 행할 수 없는가?
제9문	사람이 선을 행할 수 없어 지킬 수 없는 율법을 하나님이 요구하신 것은 부당하지 않은가?
제10문	하나님은 사람의 불순종을 벌하시지 않고 내버려두시는가?
제11문	하나님이 불순종을 벌하시는데, 하나님은 동시에 자비롭지는 않으신가?

표10 하이델베르크 교리문답 제6-11문의 구성

1. 하나님은 불의한 것을 요구하시는가?

태어날 때부터 본성이 부패한 사람은 어떤 선도 행할 수 없습니다. 그런데 하나님은 이러한 사람에게 율법을 지킬 것을 요구하십니다. 이 요구는 부당하지 않습니까? 하지만 이러한 의문은 마약, 술, 도박에 중독된 자에게 그것을 끊으라고 말하는 것이 부당하지 않으냐고 묻는 것과 같습니다. 중독을 극복하기가 매우 힘들다는 사실은 분명하지만 그렇다고 그들을 중독 상태에 내버려두어야 할까요?

더구나 중독되기 전의 시점에서 생각해보면 논점이 분명해집니다. 그때에도 이미 마약과 술과 도박은 중독성이 있고 몸에 해로우니 하지 말라는 경고가 있었습니다. 그런데 중독자들은 이 경고를 무시하고 유혹에 넘어갔습니다. 중독은 한두 번이 아니라 수많은 시행을 통해 생겨납니다. 중독자들은 여러 차례 유혹에 넘어간 사람들입니다. 그런데 나중에는 교묘하게 현재의 중독 증상으로 자신들의 죄를 가리려고 하는 것입니다.

하나님은 사람을 지을 때 율법을 지킬 수 있게 하셨습니다. 중독자들이 처음부터 중독자가 아닌 것과 마찬가지입니다. 하지만 사람은 사탄의 유혹을 받았고 하나님처럼 되고 싶은 욕망에 이끌려 스스로 불순종했습니다. 사람은 이때 하나님의 율법을 어긴 것입니다. 즉 아담은 하나님의 율법을 지킬 수 있는 상태였는데 고의로 순종하지 않았습니다. 그 결과 아담과 그의 후손은 모두 하나님의 율법을 지킬 수 있는 능력을 잃어버리고 말았습니다.

그런데 여기서 궁금한 한 가지 문제는 아담이 죄를 지어 부패하였는데 왜 아담의 후손까지도 부패한 자들이 되었느냐는 것입니다. 이에 대해 바울은 아담 한 사람 때문에 죄가 세상에 들어와서 모든 사람이 죄를 지었다고 말합니다(롬 5:12). 성경의 관점에 따르면 전 인류에 임한 사망의 저주는 한 사람으로 말미암았으며 아담 안에서 모든 사람이 죽었습니다(고전 15:21-22). 아담에게 전 인류를 대표하는 대표성이 있다고 말하는 것입니다.

"잘되면 제 탓, 못되면 조상 탓"이라는 속담이 있습니다. 왜 사람의 눈은 두 개이고 코는 하나일까요? 조상이 그렇기 때문입니다. 한 사람의 체형과 체질과 소질은 그 부모와 상당히 비슷합니다. 그런데 그중에 남과 비교하여 우월한 것은 자기 자랑으로 삼지만 열등한 것은 조상 탓으로 돌리는 것이 사람들의 성향입니다. 사람은 왜 짐승과 달리 지능이 높아서 언어와 복잡한 도구를 사용할 줄 압니까? 하나님이 하나님의 형상을 따라 아담을 만드셨고 모든 사람은 아담의 후손이기 때문입니다. 그리고 아담의 것은 그대로 우리에게 유전되었습니다. 물론 개인의 환경과 노력이 많은 차이를 만들어내는 부분이 있지만 인간의 본질적인 부분은 조상에게서 물려받는 것이 분명합니다.

아담에게 대표성이 있듯이 예수 그리스도에게도 대표성이 있습니다. 한 사람 예수 그리스도의 은혜로 말미암은 선물이 많은 사람에게 넘쳤습니다(롬 5:15). 아담의 범죄로 많은 사람이 정죄에 이른 것 같이 예수 그리스도의 의로운 행위로 많은 사람이 의롭다 하심을 받습니다. 아담의 죄로 많은 사람이 죄인 되었듯이 한 사람의 순종으로 많은 사람이 의인 되었습니다(롬 5:18-19). 그래서 율법을 지키라는 하나님의 요구는 부당하지 않습니다. 아담은 죄를 지어 부패했고 그 후손도 아담과 같이 죄를 지어 부패했지만 모는 인류에게 율법을 지키라고 요구하는 하나님은 정당하십니다. 그들은 예수 그리스도의 대속의 죽음으로 구원을 받을 수 있기 때문입니다.

2. 하나님은 불순종을 벌하시지 않는가?

TIP

才 재능, 재주, 능력재
勝 이길 뛰어날, 나을승
德 덕, 도덕, 클덕

우리 주변에는 "사람은 참 착한데 야무지지 못하다"라는 평을 듣는 사람들이 있습니다. 어떤 사람은 능력은 뛰어나지만 덕이 없어 재승덕(才勝德)하다는 평을 듣습니다. 한편 정이 많고 인자한 사람은 공의롭고 공명정대하기가 쉽지 않습니다. 그리고 누군가에게 부족한 성품은 언제고 문제를 만들어내 본인과 주변 사람들을 어려움에 빠뜨립니다.

그런데 하나님은 부족한 성품이 하나도 없으십니다. 성령의 열매는 사랑과 희락과 화평과 오래 참음과 자비와 양선과 충성과 온유와 절제입니다(갈 5:22-23). 이때 "성령의 열매"는 단수입니다. 즉 성령의 열매에 아홉 종류가 있는 것이 아니라 아홉 가지 특징이 드러납니다. 이는 사과나 배를 먹으면 단 맛, 신맛, 상큼한 맛 등의 다양한 풍미를 즐길 수 있는 것과 같습니다. 과일의 여러 가지 맛은 구분할 수 있지만 분리되지 않습니다.

하나님의 속성도 마찬가지입니다. 하나님은 지혜롭고, 거룩하고, 은혜롭고, 자비롭고, 오래 참고, 선하심과 진리가 풍성하고, 죄를 용서하고, 공의롭고, 죄를 미워하십니다. 한 분 하나님의 속성에는 이러한 다양한 면들이 있습니다. 각각의 속성은 따로 분리되지 않고 구별될 뿐입니다. 인간 편에서는 하나님의 속성들을 구분해서 이해할 수밖에 없지만 절대적인 관점에서 보면 하나님의 속성은 하나입니다. 완전한 지혜는 거룩함과 공의, 사랑과 은혜 중 어느 것 하나 부족한 것이 없어야 합니다. 하나님의 지혜는 완전합니다. 마찬가지로 하나님은 자비로운 동시에 의로우십니다. 의로움이 없는 자비가 지배하는 사회는 값싼 용서가 만연해 사회의 질서와 권위가 무너질 수밖에 없습니다. 반대로 자비가 없는 공의만 강조하는 사회에서는 구성원들이 공포 때문에 답답해서 행복하게 살아갈 수가 없습니다. 진정한 자비는 공의를 필요로 하고 진정한 공의는 자비를 필요로 합니다.

서로 사랑해서 결혼한 부부가 있는데 어느 한쪽이 간음을 했다고 칩시다. 아내가 간음을 했다면 남편은 아내를 사랑하는 만큼 큰 배신감과 분노를 느낄 것입니다. 만약에 남편이 분노하지 않고 아내의 간음을 그럴 수 있는 일로 여긴다면 어떨까요? 이는 그 남편이 아내를 깊이 사랑하지 않음을 보여줄 뿐입니다. 자녀를 사랑하는 부모는 자녀의 잘못된 행위에 대해서 꾸짖고 옳고 그름이 무엇인지 가르칩니다. 이것만 보아도 자비로움과 의로움은 병행되는 것이지 어느 한쪽만 펼쳐지지 않는다는 사실을 알 수 있습니다.

우리가 하나님의 속성이나 일하심을 생각할 때도 어느 한 면만을 보면 안 됩니다. 하나님의 속성과 일하심은 완전합니다. 하나님은 사람을 사랑하시어 세상을 창조하시고 당신의 형상을 따라 만드신 사람에게 하나님의 율법을 지키게 하셨습니다. 하지만 그들이 불순종하고 반항할 때에는 심히 진노하시고 의로운 재판에 따라 죄인들을 이 세상에서, 그리고 영원히 벌하십니다. 죄인의 몸과 영혼이 영원한 벌을 받는 것이 하나님의 자비와 공의가 드러나는 방식입니다. 하나님이 사람을 무한정 사랑하시는 것과 사람의 불순종에 대해 진노하시는 것은 전혀 모순되지 않습니다. 하나님이 사람에게 진노하시는 것은 사람을 사랑하시기 때문입니다. 배반에 대해 분노하지 않는 사랑은 오히려 불완전한 사랑입니다.

"주는 죄악을 기뻐하는 신이 아니시니"(시 5:4) 당신의 형상대로 만든 사람의 반역에 대해 진노하시는 것이 당연합니다. 사람이 율법에 따라 행하기를 원하시는 하나님은 율법을 지키지 않는 자를 저주하십니다(신 27:26). 질투하는 여호와 하나님은 당신을 미워하는 자의 죄를 갚으십니다(출 20:5). 살아계신 하나님의 손에 빠져 들어가는 것은 무서운 일입니다(히 10:31). 이에 대해 시편 기자는 다음과 같이 노래했습니다.

5오만한 자들이 주의 목전에 서지 못하리이다. 주는 모든 행악자를 미워하시며 6거짓말하는 자들을 멸망시키시리이다. 여호와께서는 피 흘리기를 즐기는 자와 속이는 자를 싫어하시나이다(시 5:5-6).

그런데 이처럼 죄를 미워하시는 하나님은 사람을 사랑하셔서 죄인에게 그 진노를 쏟지 않으시고 예수 그리스도에게 대신 쏟으셨습니다.

하이델베르크 교리문답, 삶을 읽다

하나님의 속성

하나님은 어떤 분이실까요? 하나님의 속성(屬性, attribute) 을 설명하는 방법은 몇 가지가 있습니다. 자연적인 속성 (무한, 영원, 단순, 자존)과 도덕적인 속성(선, 거룩, 지혜)으로 나누는 방법이 있고, 절대적인 속성(무한, 영원, 단순, 자존) 과 상대적인 속성(편재, 전지)으로 나누는 방법도 있습니다. 그중 사람과의 공통 특성인지를 기준으로 "공유적 속성"(共有的 屬性)과 "비공유적 속성"(非共有的 屬性)으로 나누는 방법이 가장 일반적입니다.

> **TIP**
>
> **하나님의 상대적인 속성**
> 이는 창조된 천지 만물을 전제할 때 생각할 수 있는 하나님의 본질적 특성이다.

1. 공유적 속성

사람은 하나님의 형상대로 지음을 받았습니다. 그래서 하나님과 사람 사이에는 공통되는 면이 있습니다. 존재·지혜·권능·거룩·공의·선함·진실이라는 속성이 그렇습니다. 이처럼 하나님과 사람이 함께 갖는 속성을 "공유적 속성"(communicable attributes)이라고 합니다. 반대로 무한성, 영원성, 불변성 등은 하나님만이 가지시는 "비공유적 속성"(incommunicable attributes)입니다.

그런데 여기서 한 가지 주의해야 할 점이 있습니다. 존재·지혜·권능·거룩·공의·선함·진실 등의 공유적 속성이라도 사람의 속성은 무한·영원·불변하지 않다는 사실입니다. "공유적 속성"이지만 하나님과 사람의 수준에는 여전히 큰 차이가 있습니다. 하늘이 땅보다 높은 것보다 더 큰 차이가 하나님과 사람의 공유적 속성 사이에 있습니다. "존재"라는 속성만 해도 하나님은 스스로 계시지만 사람은 하나님이 존재를 주셔서 존재합니다. 존재라는 속성

자체는 공유적이지만 근본적인 면에서는 여전히 비공유적인 것입니다. 따라서 우리는 "공유적 속성"이라는 말 자체가 단지 비공유적 속성만큼 없지는 않기에 붙여진 이름일 뿐이라는 사실을 잘 기억해야 합니다.

2. 비공유적 속성

하나님이 하시는 일을 이해하려면 먼저 하나님이 어떤 분이신지를 이해해야 합니다. 우리의 모든 삶을 살피시고 도우시는 하나님의 섭리를 이해하려면 먼저 하나님이 영원하시고, 전능하시고, 편재하시는 분이라는 사실을 이해해야 합니다. 하나님은 시간을 초월하여 존재하는 영원한 분이시기에 미래를 다 아시고 미래를 규정하십니다. 우리의 시선은 현재의 나쁜 상황에 갇히기 쉽지만 하나님의 계획은 우리의 시선을 벗어나는 곳에서 실행됩니다. 전능하신 하나님에게는 너무 커서 처리하기 힘든 일도 없고, 너무 작아서 관심을 기울이지 못할 일도 없습니다. 또 하나님은 편재하시기에 우리가 골방에서 드리는 기도를 들으시고 어느 곳에서 어떤 어려움을 당하더라도 우리를 도우실 수 있습니다.

이러한 하나님의 속성을 이해하면 할수록 하나님을 향한 우리의 신뢰는 성경적으로 더욱 깊어지게 됩니다. 특히 하나님의 비공유적 속성을 잘 이해할 때 하나님의 작정과 섭리의 사역 등을 깊이 이해할 수 있으므로 여기서는 비공유적(非共有的) 속성에 대해 자세히 살펴보겠습니다.

ㄱ. 무한성(infinity)

무한(無限)의 문자적 뜻은 "한계가 없다"는 것입니다. 무한성은 하나님이 어떤 분이신지를 분명하게 알게 해주는 하나님의 비공유적 속성입니다. 앞서 다루었듯이 존재·지혜·권능·거룩·공의·선함·진실 등의 공유적 속성을 이해할 때도 사람의 공유적 속성에는 한계가 있지만 하나님의 공유적 속성은 무한

성을 가지고 있다는 사실을 기억해야 합니다.

특별히 "공간"의 측면에서도 하나님은 한계가 없으십니다. 이를 하나님의 "광대성"(廣大性, immensity)이라고 합니다. 하나님은 공간을 만드셨기 때문에 공간에 얽매이지 않으십니다. 오히려 공간을 초월하여 존재하십니다. 여기서 하나님이 계시지 않은 곳이 없다는 하나님의 편재성(遍在性, omnipresence)이라는 속성도 이해하게 됩니다. 하나님은 어느 지역에 한 부분으로 계시고 다른 지역에 다른 부분으로 계시지 않습니다. 하나님은 모든 곳에 온전한 존재로 계십니다. 사람은 존재하는 공간과 그 주변 영역에만 존재감을 드러내고 영향을 미칩니다. 그마저도 벽과 같은 차단막이 있으면 많은 제약을 받습니다. 차단막 너머에서 발생하는 일은 알 수 없고 통제할 수도 없습니다.

인공위성은 상공에 떠 있으면서 그 밑에서 발생하는 일들을 실시간으로 관찰할 수 있습니다. 지상에서 몇백 킬로미터로 멀리 떨어져 있기에 인공위성의 존재감과 영향력은 대단합니다. 해상도가 높은 카메라만 장착하면 인공위성의 탐지 범위에 드는 모든 것들을 촬영할 수 있습니다. 그러나 구름이 많이 껴서 하늘에 차단막이 형성되면 그 좋은 카메라도 무용지물이 되어버립니다.

반면 하나님은 영이시므로 공간의 지배를 받지 않으시고 오히려 공간을 만들고 지배하십니다. 공간의 어느 부분이든 하나님의 존재감이 미치지 않는 곳이 없습니다. 또한 하나님이 인식하지 못하시는 공간도 없습니다. 어떤 차단막으로도 하나님의 인식을 방해하거나 존재감을 막지 못합니다. 인공위성이 지구를 관찰하듯, 하나님은 공간을 만드셨기 때문에 공간을 지배하고 빠짐없이 관찰하십니다.

우물가에서 예수님을 만난 사마리아 여인은, 자신의 조상들은 사마리아 산에서 예배해야 한다고 주장하고 유대인들은 예루살렘에서 예배해야 한다고 주장하는 상황에 대해 여쭈어보았습니다. 이에 예수님은 사마리아나 예루살렘이 아니라 "영과 진리"로 예배해야 한다고 가르치셨습니다(요 4:20-24). 하나님은 영이시므로 어느 장소에 매이지 않으십니다. 하나님은 모든 장소를 초월하고 장악하고 지배하는 분이십니다.

하나님의 광대성을 이해하면 교회당만 하나님이 계시는 거룩한 장소가 아니라는 사실을 알게 됩니다. 실로 하나님은 모든 곳에 거룩하게 계십니다. 그러므로 우리는 지켜보는 사람이 없을 때도 편재하시는 하나님이 함께 계시는 줄 알고 거룩함을 유지해야 합니다. 또한 교회당이나 유명한 산에서 기도해야 하나님이 특별히 잘 들으신다는 생각을 넘어서야 합니다. 오히려 우리는 우리가 있는 모든 곳에서 수시로 기도할 줄 알아야 합니다. 이렇게 되면 성(聖)과 속(俗)을 구분하는 이분법에서도 벗어날 수 있습니다.

하나님의 무한성을 보여주는 성구

하나님이 참으로 땅에 거하시리이까? 하늘과 하늘들의 하늘이라도 주를 용납하지 못하겠거든 하물며 내가 건축한 이 성전이오리이까?(왕상 8:27)

7내가 주의 영을 떠나 어디로 가며 주의 앞에서 어디로 피하리이까? 8내가 하늘에 올라갈지라도 거기 계시며 스올에 내 자리를 펼지라도 거기 계시니이다. 9내가 새벽 날개를 치며 바다 끝에 가서 거주할지라도 10거기서도 주의 손이 나를 인도하시며 주의 오른손이 나를 붙드시리이다(시 139:7-10).

여호와께서 이와 같이 말씀하시되 "하늘은 나의 보좌요, 땅은 나의 발판이니 너희가 나를 위하여 무슨 집을 지으랴? 내가 안식할 처소가 어디랴?"(사 66:1)

23여호와의 말씀이니라. 나는 가까운 데에 있는 하나님이요, 먼 데에 있는 하나님은 아니냐? 24여호와의 말씀이니라. 사람이 내게 보이지 아니하려고 누가 자신을 은밀한 곳에 숨길 수 있겠느냐? 여호와가 말하노라. 나는 천지에 충만하지 아니하냐?(렘 23:23-24)

ㄴ. 영원성(eternity)

영원성은 "시간"의 측면에서 한계가 없으신 하나님을 묘사합니다. 공간과 마찬가지로 하나님은 시간에도 얽매이지 않으십니다. 오히려 하나님은 시간을 초월하고 장악하십니다. 시간의 지배를 받지 않으시는 하나님께는 과거와 현재와 미래가 같습니다. 천 년이 하루 같고, 하루가 천 년 같습니다. 문자적으로 천 년이 하루에 해당한다는 것이 아니라 하나님이 천 년이나 만 년을 하루처럼 자유롭게 다루신다는 말입니다.

하나님은 시간 속에 존재하시는 것이 아닙니다. 하나님은 시간 자체를 만드신 분입니다. 시간 속에서 지음을 받은 사람은 시간을 떠나 존재하거나 행동할 수 없지만, 하나님은 시간을 만드셨기 때문에 시간을 초월하여 계십니다. 하나님은 단지 아득한 과거부터 시작해서 먼 미래까지 걸쳐 계시는 것이 아닙니다. 시간 자체를 초월하시기에 "영원히" 계십니다.

물론 성경이 말하는 하나님은 사람들을 대하실 때 사람에게 맞추어 시간 속에서 대화하고 만나주십니다. 하지만 그렇다고 하여 하나님이 시간의 지배를 받아 과거와 현재와 미래의 순서로 존재하고 행동하시는 것은 아닙니다. 유한한 인간은 과거와 현재와 미래의 순서를 벗어나서 생각하는 것이 불가능하지만 하나님은 그 모든 시간을 순간과 영원의 차원에서 동시에 다루실 수 있습니다.

"영원성"을 잘 이해하면 하나님의 작정과 섭리를 이해할 때 큰 도움을 받습니다. 사람들이 예정과 섭리를 잘 받아들이지 못하는 것은, 하나님의 영원성을 자꾸 직선적인 시간 개념 안에서 이해하려고 하기 때문입니다. 우리는 하나님의 영원성이 단순히 아득한 과거와 먼 미래가 아니라 시간의 초월임을 알아야 합니다. 그래야만 하나님이 과거와 현재와 미래의 일을 동시에 설정하시고 사람에게 온전한 독립성을 주시면서도 당신의 뜻을 이루어가시는 분이심을 이해할 수 있습니다.

ㄷ. 불변성(unchangeability, immutability)

노아의 시대에 하나님은 사람 지으신 것을 "한탄하사" 마음에 근심하셨습니다. 또 출애굽 과정에서 이스라엘 백성을 진멸하시겠다고 말씀하셨지만 모세의 설득을 받아들여 마음을 돌이키셨습니다. 요나의 재앙 선포를 듣고 니느웨 사람들이 회개하자 그들에게 내리려던 재앙을 거두기도 하셨습니다. 그래서 하나님이 사람처럼 다양한 감정에 따라 변화하시는 것처럼 보입니다.

그런데 이런 모습은 무한하고 영원하신 하나님이 피조물의 수준에 맞추어 반응해주시는 것일 뿐입니다. 오래 참고, 온유하고, 시기하지 않고, 자기의 유익을 구하지 않는 사랑 자체이신 하나님은 가볍게 미워하거나 진멸하지 않으십니다. 영원하신 하나님에게는 후회와 한탄이 없습니다. 앞의 다양한 표현들은 사람들의 악행이 하나님에게 어떻게 비치는가를 보여주려는 것임을 잘 기억해야 합니다.

자녀를 사랑하는 부모는 자녀가 열심히 공부하도록 다양한 방법을 사용합니다. "몇 등 하면 스마트폰을 사주겠다"라고 유인책을 제공하다가, "내가

하이델베르크 교리문답, 삶을 읽다

너를 낳은 것을 후회한다"라고 위협하기도 합니다. 하지만 자녀에 대한 사랑과 목적은 바뀌지 않습니다. 자녀가 이것을 모르고 부모의 훈계와 협박과 회초리가 싫다며 집을 나가면 안 됩니다.

하나님의 불변성은 하나님의 무한성과 영원성에서 자연스럽게 도출됩니다. 무한하고 영원하신 하나님의 근본 목적과 뜻에는 변경이 전혀 없고 후회나 한탄도 있을 수 없기 때문입니다. 성경에 등장하는 하나님의 변심(?)은 하나님의 영원한 성정과는 별 상관이 없는 대신 사람의 한계와 연약함과는 큰 연관을 갖습니다. 무한하고 영원하고 불변한 하나님이시지만 시간과 공간의 제약을 받는 사람들을 대하실 때는 변하는 모습으로 표현될 수밖에 없는 것입니다. 특히 영원하신 성자 하나님이 사람이 되어 성장하고 고난을 받아 죽으시는 것을 하나님의 변화로 보아서는 안 됩니다.

그렇다고 불변성을 부동성(immobility)으로 오해하면 안 됩니다. 부동성을 하나님의 속성으로 보는 관점은 이신론(deism)에 관계된 것으로, 하나님이 세상의 창조 후에는 어떤 질서에 그 운명을 맡겨놓은 채 뒷짐 지고 바라만 보신다고 여기는 것입니다. 물론 하나님과 피조물의 관계, 특히 사람과의 관계는 변함이 없고 사람을 향한 하나님의 목적과 계획에도 변함이 없습니다. 하지만 하나님은 세상 속에서 일하시기에 그 일하심은 시공간 속에서 어쩔 수 없이 변화의 과정을 포함하게 됩니다.

하나님의 일하심을 보여주는 성구

5여호와께서 사람의 죄악이 세상에 가득함과 그의 마음으로 생각하는 모든 계획이 항상 악할 뿐임을 보시고 6땅 위에 사람 지으셨음을 한탄하사 마음에 근심하시고(창 6:5-6).

11모세가 그의 하나님 여호와께 구하여 이르되 "여호와여! 어찌하여 그 큰 권능과 강한 손으로 애굽 땅에서 인도하여내신 주의 백성에게 진노하시나이까? 12어찌하여 애굽 사람들이 이르기를 여호와가 자기의 백성을 산에서 죽이고 지면에서 진멸하려는 악한 의도로 인도해내었다고 말하게 하시려 하나이까? 주의 맹

렬한 노를 그치시고 뜻을 돌이키사 주의 백성에게 이 화를 내리지 마옵소서."…14여호와께서 뜻을 돌이키사 말씀하신 화를 그 백성에게 내리지 아니하시니라(출 32:11-14).

마음이 굽은 자는 여호와께 미움을 받아도 행위가 온전한 자는 그의 기뻐하심을 받느니라(잠 11:20).

하나님이 그들이 행한 것 곧 그 악한 길에서 돌이켜 떠난 것을 보시고 하나님이 뜻을 돌이키사 그들에게 내리리라고 말씀하신 재앙을 내리지 아니하시니라(욘 3:10).

하나님의 불변하심을 보여주는 성구

26천지는 없어지려니와 주는 영존하시겠고 그것들은 다 옷 같이 낡으리니 의복 같이 바꾸시면 바뀌려니와 27주는 한결같으시고 주의 연대는 무궁하리이다(시 102:26-27).

이 일을 누가 행하였느냐? 누가 이루었느냐? 누가 처음부터 만대를 불러내었느냐? 나 여호와라. 처음에도 나요, 나중 있을 자에게도 내가 곧 그니라(사 41:4).

야곱아! 내가 부른 이스라엘아! 내게 들으라. 나는 그니 나는 처음이요, 또 나는

마지막이라(사 48:12).

나 여호와는 변하지 아니하나니 그러므로 야곱의 자손들아! 너희가 소멸되지 아니하느니라(말 3:6).

11"그것들은 멸망할 것이나 오직 주는 영존할 것이요, 그것들은 다 옷과 같이 낡아지리니 12의복처럼 갈아입을 것이요, 그것들은 옷과 같이 변할 것이나 주는 여전하여 연대가 다함이 없으리라" 하였으나(히 1:11-12).

01 소설이나 영화, 뮤지컬로 "레 미제라블"을 감상해본 적이 있나요? 등장인물 중 자베르와 장 발장의 성격이 어떤지 이야기해봅시다. 또 자신의 성격을 자베르나 장 발장과 비교하면서 설명해봅시다.

02 하이델베르크 교리문답 제9-11문을 서로 묻고 답해봅시다. 근거 성구도 함께 살펴봅시다.

03 사람이 지킬 수 없는 율법을 하나님이 요구하신 것은 부당하지 않은지 이야기해봅시다.

04 아담의 부패성이 후손에게 이어진 이유는 무엇인지, 성경은 이에 대해 무엇이라고 말하는지 이야기해봅시다. 더 나아가 예수 그리스도의 대표성에 대해서도 나누어봅시다.

05 자녀를 사랑하는 부모가 자녀의 잘못을 바로잡는 모습을 생각하면서 사람의 불순종과 반항을 벌하시는 하나님의 성품에 대해 이야기해봅시다.

06 하나님의 속성을 정리해봅시다. 특히 비공유적 속성인 무한성, 영원성, 불변성이 무엇인지 이야기해봅시다.

우리의
구속에 관하여
I

하나님의 의를 만족시킬 중보자

Q 제12문 하나님의 의로운 심판에 의해 이 세상에서 그리고 영원히 형벌을 받아 마땅한 우리가 어떻게 이 형벌을 벗어나 다시 하나님의 인정을 받을 수 있습니까?

Since then, by the righteous judgment of God, we deserve temporal and eternal punishment, is there no way by which we may escape that punishment, and be again received into favour?

A 답 하나님은 그의 의가 만족되기를 바라시므로,[1] 우리는 이 완전한 만족이 우리 자신이나 타자(他者)에 의해 이루어지게 해야 합니다.[2]

God will have his justice satisfied: and therefore we must make this full satisfaction, either by ourselves, or by another.

Q 제13문 그렇다면 우리 스스로 이 만족을 이룰 수 있습니까?

Can we ourselves then make this satisfaction?

A 답 절대 없습니다. 우리는 오히려 날마다 죄를 더할 뿐입니다.[3]

By no means; but on the contrary we daily increase our debt.

on the contrary	그 반대로
debt	죄, 빚, 채무, 부채
deserve	받아 마땅하다, …받을 만하다
escape	벗어나다, 탈출하다, 달아나다
satisfaction	만족, 흡족, 충족

하이델베르크 교리문답, 삶을 읽다

Q 제14문 그러면 단지 피조물로서 우리를 위해 하나님의 의를 만족시킬 자가 있습니까?

Can there be found anywhere, one, who is a mere creature, able to satisfy for us?

A 답 없습니다. 우선 하나님은 사람이 범한 죄 때문에 다른 피조물을 벌하려 하지 않으십니다.[4] 게다가 단지 피조물로서 다른 이들을 구원하기 위해 죄에 대한 하나님의 영원한 진노의 짐을 감당할 수 있는 자가 없습니다.[5]

None; for, first, God will not punish any other creature for the sin which man has committed; and further, no mere creature can sustain the burden of God's eternal wrath against sin, so as to deliver others from it.

Q 제15문 그렇다면 우리는 어떤 중보자 혹은 구원자를 찾아야 합니까?

What sort of a mediator and deliverer then must we seek for?

A 답 참 사람이면서,[6] 완벽하게 의롭고,[7] 모든 피조물보다 더 강력하고, 또한 참 하나님이신 분을 찾아야 합니다.[8]

For one who is very man, and perfectly righteous; and yet more powerful than all creatures; that is, one who is also very God.

creature	피조물, 생물,
mere	단지 …의, 겨우 …의
sustain	감당하다, 견디다, 살아가게 하다
wrath	진노, 분노, 노여움
mediator	중보자, 중재인, 조정관
deliverer	구원자, 해방자, 배달자

근거 성구

1 거짓 일을 멀리하며 무죄한 자와 의로운 자를 죽이지 말라. 나는 악인을 의롭다 하지 아니하겠노라(출 23:7).

모든 영혼이 다 내게 속한지라. 아버지의 영혼이 내게 속함 같이 그의 아들의 영혼도 내게 속하였나니 범죄하는 그 영혼은 죽으리라(겔 18:4).

진실로 네게 이르노니 네가 한 푼이라도 남김이 없이 다 갚기 전에는 결코 거기서 나오지 못하리라(마 5:26).

2 그가 자기 영혼의 수고한 것을 보고 만족하게 여길 것이라. 나의 의로운 종이 자기 지식으로 많은 사람을 의롭게 하며 또 그들의 죄악을 친히 담당하리로다(사 53:11).

3율법이 육신으로 말미암아 연약하여 할 수 없는 그것을 하나님은 하시나니 곧 죄로 말미암아 자기 아들을 죄 있는 육신의 모양으로 보내어 육신에 죄를 정하사 4육신을 따르지 않고 그 영을 따라 행하는 우리에게 율법의 요구가 이루어지게 하려 하심이니라(롬 8:3-4).

3 18하나님은 그의 종이라도 그대로 믿지 아니하시며 그의 천사라도 미련하다 하시나니 19하물며 흙집에 살며 티끌로 터를 삼고 하루살이 앞에서라도 무너질 자이겠느냐?(욥 4:18-19)

2진실로 내가 이 일이 그런 줄을 알거니와 인생이 어찌 하나님 앞에 의로우랴? 3사람이 하나님께 변론하기를 좋아할지라도

천 마디에 한 마디도 대답하지 못하리라(욥 9:2-3).

15하나님은 거룩한 자들을 믿지 아니하시나니 하늘이라도 그가 보시기에 부정하거든 16하물며 악을 저지르기를 물 마심 같이 하는 가증하고 부패한 사람을 용납하시겠느냐?(욥 15:15-16)

우리가 우리에게 죄지은 자를 사하여준 것 같이 우리 죄를 사하여주시옵고(마 6:12).

갚을 것이 없는지라. 주인이 명하여 "그 몸과 아내와 자식들과 모든 소유를 다 팔아 갚게 하라" 하니(마 18:25).

4혹 네가 하나님의 인자하심이 너를 인도하여 회개하게 하심을 알지 못하여 그의 인자하심과 용납하심과 길이 참으심이 풍성함을 멸시하느냐? 5다만 네 고집과 회개하지 아니한 마음을 따라 진노의 날 곧 하나님의 의로우신 심판이 나타나는 그 날에 임할 진노를 네게 쌓는도다(롬 2:4-5).

4 4모든 영혼이 다 내게 속한지라. 아버지의 영혼이 내게 속함 같이 그의 아들의 영혼도 내게 속하였나니 범죄하는 그 영혼은 죽으리라.…20범죄하는 그 영혼은 죽을지라. 아들은 아버지의 죄악을 담당하지 아니할 것이요, 아버지는 아들의 죄

악을 담당하지 아니하리니 의인의 공의도 자기에게로 돌아가고 악인의 악도 자기에게로 돌아가리라(겔 18:4, 20).

14자녀들은 혈과 육에 속하였으매 그도 또한 같은 모양으로 혈과 육을 함께 지니심은 죽음을 통하여 죽음의 세력을 잡은 자 곧 마귀를 멸하시며 15또 죽기를 무서워하므로 한평생 매여 종노릇하는 모든 자들을 놓아주려 하심이니 16이는 확실히 천사들을 붙들어주려 하심이 아니요, 오직 아브라함의 자손을 붙들어주려 하심이라. 17그러므로 그가 범사에 형제들과 같이 되심이 마땅하도다. 이는 하나님의 일에 자비하고 신실한 대제사장이 되어 백성의 죄를 속량하려 하심이라(히 2:14-17).

5 7아무도 자기의 형제를 구원하지 못하며 그를 위한 속전을 하나님께 바치지도 못할 것은 8그들의 생명을 속량하는 값이 너무 엄청나서 영원히 마련하지 못할 것임이니라. 9그가 영원히 살아서 죽음을 보지 않을 것인가?(시 49:7-9)

여호와여! 주께서 죄악을 지켜보실진대 주여, 누가 서리이까?(시 130:3)

누가 능히 그의 분노 앞에 서며 누가 능히 그의 진노를 감당하랴? 그의 진노가 불처럼 쏟아지니 그로 말미암아 바위들이 깨지는도다(나 1:6).

이는 황소와 염소의 피가 능히 죄를 없이 하지 못함이라(히 10:4).

6 사망이 한 사람으로 말미암았으니 죽은 자의 부활도 한 사람으로 말미암는도다(고전 15:21).

그러므로 그가 범사에 형제들과 같이 되심이 마땅하도다. 이는 하나님의 일에 자비하고 신실한 대제사장이 되어 백성의 죄를 속량하려 하심이라(히 2:17).

7 그는 강포를 행하지 아니하였고 그의 입에 거짓이 없었으나 그의 무덤이 악인들과 함께 있었으며 그가 죽은 후에 부자와 함께 있었도다(사 53:9).

하나님이 죄를 알지도 못하신 이를 우리를 대신하여 죄로 삼으신 것은 우리로 하여금 그 안에서 하나님의 의가 되게 하려 하심이라(고후 5:21).

이러한 대제사장은 우리에게 합당하니 거룩하고 악이 없고 더러움이 없고 죄인에게서 떠나계시고 하늘보다 높이 되신 이라(히 7:26).

8 그러므로 주께서 친히 징조를 너희에게 주실 것이라. 보라! 처녀가 잉태하여 아들을 낳을 것이요, 그의 이름을 임마누엘이라 하리라(사 7:14).

이는 한 아기가 우리에게 났고 한 아들을

우리에게 주신 바 되었는데 그의 어깨에는 정사를 메었고 그의 이름은 기묘자라, 모사라, 전능하신 하나님이라, 영존하시는 아버지라, 평강의 왕이라 할 것임이라(사 9:6).

5여호와의 말씀이니라. 보라! 때가 이르리니 내가 다윗에게 한 의로운 가지를 일으킬 것이라. 그가 왕이 되어 지혜롭게 다스리며 세상에서 정의와 공의를 행할 것이며 6그의 날에 유다는 구원을 받겠고 이스라엘은 평안히 살 것이며 그의 이름은 여호와, 우리의 공의라 일컬음을 받으리라(렘 23:5-6).

태초에 말씀이 계시니라. 이 말씀이 하나님과 함께 계셨으니 이 말씀은 곧 하나님이시니라(요 1:1).

3율법이 육신으로 말미암아 연약하여 할 수 없는 그것을 하나님은 하시나니 곧 죄로 말미암아 자기 아들을 죄 있는 육신의 모양으로 보내어 육신에 죄를 정하사 4육신을 따르지 않고 그 영을 따라 행하는 우리에게 율법의 요구가 이루어지게 하려 하심이니라(롬 8:3-4).

조상들도 그들의 것이요 육신으로 하면 그리스도가 그들에게서 나셨으니 그는 만물 위에 계셔서 세세에 찬양을 받으실 하나님이시니라. 아멘(롬 9:5).

해설

하나님의 의를 만족시킬 중보자

앞서 제1부는 사람의 "죄와 비참"을 다루었습니다. 우리가 살펴본 대로 사람은 너무 부패하여 선을 전혀 행할 수 없으며, 공의로우신 하나님은 사람들의 원죄와 자범죄에 대하여 심히 진노하셔서 죄인들을 "이 세상에서 그리고 영원히" 벌하십니다. 마치 사람에게는 전혀 희망이 없는 것처럼 보입니다.

하지만 하이델베르크 교리문답 제12문부터 시작되는 제2부는 "우리의 구속"을 주제로 다룹니다. 이제부터 우리는 하나님의 형벌을 피할 수 없는 사람이 어떻게 하나님의 의로운 심판에서 벗어날 수 있는지 살펴볼 것입니다.

서론부(제1-2문)   **우리의 유일한 위로**

제1부(제3-11문)   **우리의 죄와 비참에 관하여**

제2부(제12-85문)   **우리의 구속에 관하여**
- 중보자의 필요성, 믿음, 사도신경, 삼위일체(제12-24문)
- 성부 하나님과 창조(제25-28문)
- 성자 하나님과 우리의 구속(제29-52문)
- 성령 하나님과 우리의 성화(제53-64문)
- 말씀과 성례(제65-68문)
- 세례(제69-74문)
- 성찬(제75-82문)
- 복음의 선포와 권징(제83-85문)

제3부(제86-129문) 우리의 감사에 관하여

표11 하이델베르크 교리문답의 구조

제9문   사람이 선을 행할 수 없어 지킬 수 없는 율법을 하나님이 요구하신 것은 부당하지 않은가?

제10문 하나님은 사람의 불순종을 벌하지 않고 내버려두시는가?

제11문 불순종을 벌하시는 하나님은 동시에 자비롭지는 않으신가?

제12문 우리는 어떻게 하나님의 형벌에서 벗어나 하나님의 인정을 받을 수 있는가?

제13문 우리는 하나님의 의를 스스로 만족시킬 수 있는가?

제14문 우리가 만족시킬 수 없다면 피조물로서 우리의 죗값을 만족시킬 자가 있는가?

제15문 피조물 중에 없다면 우리는 어떤 구원자를 찾아야 하는가?

표12 하이델베르크 교리문답 제9-15문의 구성

1. 하나님의 의가 만족되는 방법

일반 사회에서도 죄를 지은 사람은 벌을 받습니다. 검찰이 범죄자를 기소하면 법정은 정해진 법률에 따라 판결을 내립니다. 죄인이 잃어버린 권리를 회복하고 다시 자유로워지려면 법이 정한 형벌을 모두 받아야 합니다. 그런데 사회에서는 처벌이 철저하게 시행되지 않는 경우가 종종 생깁니다. 범인이 잡히지 않아 미제사건으로 남는 강력 범죄들이 있습니다. 또 "솜방망이 처벌" 때문에 범인이 잡혀도 억울한 일을 당하는 사람들이 생깁니다.

하나님이 재판하시는 재판정에서는 그런 일이 생기지 않습니다. 하나님은 어떤 검사들보다 더 정확하게 모든 것을 감찰하시기 때문에 모든 사람의 모든 죄가 다 드러납니다. 하나님은 의로우시기에 사람들의 불순종과 죄악에 대하여 심히 진노하시며 "이 세상에서 그리고 영원히" 벌을 내리십니다. 모든 사람은 하나님이 정의롭게 구형하신 형벌을 피할 수 없습니다. 사람이 죄인의 신분에서 벗어나 다시 하나님의 인정을 받으려면 그 형벌이 모두 충분하게 집행되어야 합니다. 그렇게 될 때만 하나님의 의로우심이 만족됩니다.

사람은 죄를 지을 때 몸으로만 짓는 것이 아니라 영혼도 같이 짓습니다. 그래서 하나님의 형벌은 사람의 몸과 영혼 모두에 적용됩니다. 만약에 몸에 대한 형벌로 하나님의 의로우심이 만족된다면 사람이 한 번 죽는 것으로 충분할 수 있겠지만, 영혼에 대해서도 영원한 형벌이 요구되므로 죽음으로도 그 의로우심을 만족시킬 수가 없습니다. 그래서 비신자들은 예수님이 재림하실 때 영원한 형벌을 몸과 영혼으로 받기 위해 부활합니다.

2. 사람들 스스로 하나님의 의를 만족시킬 수 있는가?

의로우신 하나님은 죄에 대한 형벌이 온전하게 집행되는 것을 요구하십니다. 그렇다면 우리가 이 형벌을 스스로 감당하여 하나님의 의를 만족시킬 수 있을까요? 절대 불가능합니다. 왜냐하면 사람은 너무 부패하여 인생을 사는 날

하이델베르크 교리문답, 삶을 읽다

동안 죄를 더해갈 뿐이기 때문입니다.

우리말 속담에 털어서 먼지 안 나는 사람이 없고, 너무 깨끗한 물에는 물고기가 살 수 없다는 말이 있습니다. 이는 그 누구도 완전하게 깨끗한 사람은 없으며 모든 사람이 적당히 오염된 채 사는 존재임을 말해줍니다. 가을 하늘이 얼마나 맑습니까? 그런데 하나님은 하늘도 부정하다고 하십니다(욥 15:15). 맨눈에 깨끗하게 보이는 생수도 현미경 등으로 검사하면 대장균을 비롯한 불순물이 얼마나 많이 섞여 있는지 모릅니다. 하나님은 그 어떤 현미경보다 더 정밀하고 의로우시기에 그 앞에서는 물고기가 살 수 없을 정도로 깨끗한 물도 부정할 뿐입니다.

"저 사람은 법 없이도 살 사람이다"라든지 "저 착한 사람이 천국에 안 가면 누가 천국에 가겠느냐!"라는 말을 들어본 적이 있을 것입니다. 물론 그런 평가를 받는 사람들은 분명히 착하고 양심적인 면이 있습니다. 하지만 우리는 그들이 하나님 앞에서 큰 죄인들이라는 사실을 잊지 말아야 합니다. 천사도 미련하다고 평가하실 수 있는 하나님 앞에서 사람은 얼마나 더 미련하고, 하늘도 더럽다고 여기실 수 있는 그분 앞에서 사람은 얼마나 더 더럽겠습니까? 사람이 형벌을 받아 죗값을 치르며 선행에 힘쓰더라도 하나님 앞에서는 더 큰 죄를 쌓아갈 뿐입니다.

상식을 벗어나 높은 이자를 요구하는 고리대금(高利貸金) 업자들은 채무자들을 무섭게 압박합니다. 어쩔 수 없이 높은 이자로 돈을 빌린 사람은 아무리 열심히 일을 해봐도 이자가 쌓이는 속도가 너무 빨라서 빚의 굴레에서 헤어날 수가 없습니다. 사람들의 선행에도 이런 면이 있습니다. 사람이 선행을 한다고 하지만 그 선행보다 더 많은 악이 동시에 쌓여갑니다. 그래서 사람들은 하루를 살면 하루의 삶만큼 악행과 더러움을 쌓을 뿐이지 절대로 그 이전의 형벌을 해결하는 선행을 쌓는 것이 아닙니다. 사람들은 절대로 스스로 하나님의 의를 만족시키는 삶을 살 수 없습니다.

3. 피조물이 다른 이들의 죗값을 만족시킬 수 있는가?

우리는 하이델베르크 교리문답 제12문을 통해 하나님의 의가 우리 자신이나 타인에 의해서 만족되어야 함을 살펴보았습니다. 하지만 제13문은 우리 자신의 부패성 때문에 우리 스스로 하나님의 의를 만족시킬 수 없다고 말합니다. 그렇다면 다른 피조물 중 하나님의 의를 만족시킬 수 있는 존재가 있을까요?

제14문은 이 질문에 대해 "없다"고 대답합니다. 그 이유는 첫째, 하나님은 사람이 죄를 지으면 그 당사자가 형벌을 받기를 원하시기 때문입니다. 아버지가 신 포도를 먹었는데 아들의 이가 시면 어떨까요? 하나님은 그런 상황을 원하지 않으십니다(겔 18:3). 신 포도를 먹는 자마다 그의 이가 신 것 같이 누구나 자기의 죄악으로 말미암아 죽습니다(렘 31:29-30). 아버지가 그 자식들 때문에 죽임을 당하거나 자식들이 아버지 때문에 죽임을 당하는 일은 없어야 합니다. 성경은 각 사람이 자기 죄로 말미암아 죽임을 당한다고 명백히 말합니다(신 24:16).

연좌제(緣坐制)란 "범죄자와 일정한 친족 관계가 있는 자에게 연대적으로 그 범죄의 형사 책임을 지우는 제도"입니다. 예전에 우리나라에서는 월북자나 사상범의 친족에게 국가 공무원직을 맡기지 않았었습니다. 남북 분단이라는 특수한 상황 때문입니다. 하지만 이러한 관행은 "자기 행위 책임"이라는 형법의 원칙에 어긋날 뿐 아니라 헌법이 보장하는 개인의 기본권을 침해하는 것이었습니다. 그래서 1980년에 헌법은 "모든 국민은 자기의 행위가 아닌 친족의 행위로 인해 불이익한 처우를 받지 아니한다"(제13조 제3항)라고 규정하여 연좌제 제도를 금지했습니다. 이는 성경의 정신에 부합하는 조치였다고 할 수 있습니다.

그런데 다른 피조물이 타인의 죗값을 만족시키는 것이 허용된다고 하더라도 실제로 하나님의 영원한 진노의 짐을 질 존재가 있을까요? 그 짐이 얼마나 무거운지 깨닫는다면 그렇다고 대답할 수는 없을 것입니다. 우리가 앞

하이델베르크 교리문답, 삶을 읽다

서 살펴본 것처럼 아무리 선행을 많이 하는 자라도 그는 동시에 큰 죄를 짓기 때문에 종합적으로는 선이 아니라 악을 쌓게 됩니다. 결국 자신의 죄도 감당할 수가 없는 것입니다. 그런데 어떻게 남의 죄를 감당할 수 있겠습니까?

예수님은 이것을 마태복음 18장에서 1만 달란트 빚진 자의 비유를 들어 설명하셨습니다. 1달란트는 6천 데나리온이고, 1데나리온은 일꾼의 하루 품삯입니다. 하루 일당을 10만 원이라고 하면 한 달란트는 6억 원이고, 만 달란트는 6조 원입니다. 굳이 계산해서 6조 원이지 1만 달란트는 개인이 결코 모을 수 없는 금액을 상징합니다. 사람은 이런 빚을 하나님께 탕감받고도 100데나리온, 즉 1천 만 원을 탕감해주지 않는 어리석고 이기적인 존재입니다.

6자기의 재물을 의지하고 부유함을 자랑하는 자는 7아무도 자기의 형제를 구원하지 못하며 그를 위한 속전을 하나님께 바치지도 못할 것은 8그들의 생명을 속량하는 값이 너무 엄청나서 영원히 마련하지 못할 것임이니라. 9그가 영원히 살아서 죽음을 보지 않을 것인가? 10그러나 그는 지혜 있는 자도 죽고 어리석고 무지한 자도 함께 망하며 그들의 재물은 남에게 남겨두고 떠나는 것을 보게 되리로다. 11그러나 그들의 속 생각에 그들의 집은 영원히 있고 그들의 거처는 대대에 이르리라 하여 그들의 토지를 자기 이름으로 부르도다(시 49:6-11).

시편 49편은 사람의 생명을 속량하는 값이 너무나 엄청나서 누구도 마련할 수 없다고 말합니다. 더구나 하나님의 영원한 진노를 어떻게 해야 풀어드릴 수 있을까요? 사람의 생명을 속량하려는 자는 영원히 살아서 영원히 값을 지불해야 할 것입니다. 그런데 사람은 150년도 살지 못하고 죽습니다. 지혜가 있어도 죽고 어리석어도 죽습니다. 가난한 자들도 빈손으로 가고 부자도 모든 재물을 남겨두고 떠납니다. 자기가 세운 집이 영원할 것 같다는 느낌은 분명한 착각입니다. 이렇게 어리석고 유한한 사람이 어떻게 다른 이를 구할 수 있겠습니까? 자기 자신은 물론이고 다른 이를 구원할 사람은 아무도 없습니다.

4. 어떤 중보자와 구원자를 찾아야 하는가?

죄 가운데 태어나는 사람은 매일 죄를 짓기 때문에 자신의 죄를 해결하기는 커녕 날마다 죄를 더하고 있습니다. 그러므로 중보자와 구원자는 죄를 갖고 태어나거나 살아가면서 죄를 지으면 안 됩니다. 동시에 이 땅을 지배하는 모든 통치와 권세와 능력을 멸하고 사망을 정복하려면 모든 피조물보다 권능이 넘쳐야 합니다(고전 15:24-26).

그런데 사람 중에는 이렇게 할 자가 없습니다. 우리가 앞서 살펴본 것처럼 아담은 죄를 지어서 죄인이지만, 그 후손은 죄인으로 태어나 죄를 짓습니다. 아담과 하와의 후손은 모두가 죄인입니다. 그런 사람이 어떻게 모든 통치와 권세와 능력을 멸하고 사망을 정복할 수 있겠습니까? 그러므로 참된 중보자 혹은 구원자는 참 사람인 동시에 참 하나님이셔야 합니다. 참 하나님이 참 사람이 될 때만 참된 중보자와 구원자가 됩니다. 이에 대한 자세한 내용은 앞으로 더 살펴볼 것입니다.

01   자신의 유머 감각을 평가해봅시다. 그리고 함께 공부하는 조원들을 위해
      유머를 한 가지 펼쳐보시기 바랍니다. 다른 사람을 웃기는 데 실패한 분은
      다음 시간에 간단한 간식을 준비해오시기 바랍니다.

02   하이델베르크교리문답 제12-15문을 서로 묻고 답해봅시다. 근거 성구도
      함께 살펴봅시다.

03   하나님의 의로운 심판에 의한 형벌을 어떻게 벗어날 수 있습니까?

04   사람들은 스스로 하나님의 의를 만족시킬 수 있습니까?

05   피조물이 다른 이들의 죗값을 만족시킬 수 있습니까?

06   우리는 어떤 중보자 혹은 구원자를 찾아야 합니까?

한 인격으로
참 신인이신 중보자

Q 제16문　왜 그는 참 사람인 동시에 완벽하게 의로워야 합니까?

Why must he be very man, and also perfectly righteous?

A 답　하나님의 공의가 죄를 지은 같은 인성이 죄에 대하여 보상하기를 요구하기 때문이고,**1** 자신이 죄인인 자는 타인들을 위해 보상할 수 없기 때문입니다.**2**

Because the justice of God requires that the same human nature which has sinned, should likewise make satisfaction for sin; and one, who is himself a sinner, can not satisfy for others.

Q 제17문　왜 그분은 한 인격으로 또한 참 하나님이셔야 합니까?

Why must he in one person be also very God?

A 답　그분이 자신의 신성의 능력으로**3** 자신의 인성에서**4** 하나님의 진노의 짐을 짊어지고,**5** 우리를 위해 의와 생명을 얻어 회복하시기 위해서입니다.**6**

That he might, by the power of his Godhead sustain in his human nature, the burden of God's wrath; and might obtain for, and restore to us, righteousness and life.

perfectly	완벽하게, 완전히	likewise	똑같이, 마찬가지로
sinner	죄인, 나쁜 사람	require	요구하다, 필요하다, 필요로 하다
restore	회복시키다, 되찾게 하다		

Q **제18문** 그러면 한 인격으로 참 하나님이시면서[7] 동시에 실제로[8] 의로운 사람이 신[9] 중보자는 누구십니까?

Who then is that Mediator, who is in one person both very God, and a real righteous man?

A **답** 우리 주 예수 그리스도이신데,[10] 그는 "하나님으로부터 나와서 우리에게 지혜와 의로움과 거룩함과 구원함이" 되셨습니다.[11]

Our Lord Jesus Christ: "who of God is made unto us wisdom, and righteousness, and sanctification, and redemption."

Q **제19문** 당신은 이것을 어디서 압니까?

Whence knowest thou this?

A **답** 거룩한 복음을 통해서입니다. 이 복음은 하나님 자신이 처음 낙원에서 계 시하셨고,[12] 후에는 족장들과[13] 선지자들을 통해 선포하셨고,[14] 율법의 희 생들과 다른 의식들을 통해[15] 예표하셨고, 최종적으로 자신의 독생자를 통해 이루셨습니다.[16]

From the holy gospel, which God himself first revealed in Paradise; and afterwards published by the patriarchs and prophets, and represented by the sacrifices and other ceremonies of the law; and lastly, has fulfilled it by his only begotten Son.

redemption	구원, 구함	**patriarch**	족장, 가장, 원로
represent	대표하다, 대신하다, 대변하다	**ceremony**	의식, 식, 양식

근거 성구

1 3그는 멸시를 받아 사람들에게 버림받 았으며 간고를 많이 겪었으며 질고를 아 는 자라. 마치 사람들이 그에게서 얼굴을 가리는 것 같이 멸시를 당하였고 우리도

그를 귀히 여기지 아니하였도다. 4그는 실로 우리의 질고를 지고 우리의 슬픔을 당하였거늘 우리는 생각하기를 '그는 징벌을 받아 하나님께 맞으며 고난을 당한다' 하였노라. 5그가 찔림은 우리의 허물 때문이요, 그가 상함은 우리의 죄악 때문이라. 그가 징계를 받으므로 우리는 평화를 누리고 그가 채찍에 맞으므로 우리는 나음을 받았도다(사 53:3-5).

그러므로 한 사람으로 말미암아 죄가 세상에 들어오고 죄로 말미암아 사망이 들어왔나니 이와 같이 모든 사람이 죄를 지었으므로 사망이 모든 사람에게 이르렀느니라(롬 5:12).

사망이 한 사람으로 말미암았으니 죽은 자의 부활도 한 사람으로 말미암는도다(고전 15:21).

14자녀들은 혈과 육에 속하였으매 그도 또한 같은 모양으로 혈과 육을 함께 지니심은 죽음을 통하여 죽음의 세력을 잡은 자 곧 마귀를 멸하시며 15또 죽기를 무서워하므로 한평생 매여 종노릇하는 모든 자들을 놓아주려 하심이니 16이는 확실히 천사들을 붙들어주려 하심이 아니요, 오직 아브라함의 자손을 붙들어주려 하심이라(히 2:14-16).

2 26이러한 대제사장은 우리에게 합당하니 거룩하고 악이 없고 더러움이 없고 죄인에게서 떠나 계시고 하늘보다 높이 되신 이라. 27그는 저 대제사장들이 먼저 자기 죄를 위하고 다음에 백성의 죄를 위하여 날마다 제사 드리는 것과 같이 할 필요가 없으니 이는 그가 단번에 자기를 드려 이루셨음이라(히 7:26-27).

그리스도께서도 단번에 죄를 위하여 죽으사 의인으로서 불의한 자를 대신하셨으니 이는 우리를 하나님 앞으로 인도하려 하심이라. 육체로는 죽임을 당하시고 영으로는 살리심을 받으셨으니(벧전 3:18).

3 이는 한 아기가 우리에게 났고 한 아들을 우리에게 주신 바 되었는데 그의 어깨에는 정사를 메었고 그의 이름은 기묘자라, 모사라, 전능하신 하나님이라, 영존하시는 아버지라, 평강의 왕이라 할 것임이라(사 9:6).

성결의 영으로는 죽은 자들 가운데서 부활하사 능력으로 하나님의 아들로 선포되셨으니 곧 우리 주 예수 그리스도시니라(롬 1:4).

이는 하나님의 영광의 광채시요, 그 본체의 형상이시라. 그의 능력의 말씀으로 만물을 붙드시며 죄를 정결하게 하는 일을 하시고 높은 곳에 계신 지극히 크신 이의 우편에 앉으셨느니라(히 1:3).

4 그가 자기 영혼의 수고한 것을 보고

만족하게 여길 것이라. 나의 의로운 종이 자기 지식으로 많은 사람을 의롭게 하며 또 그들의 죄악을 친히 담당하리로다(사 53:11).

5 네 하나님 여호와는 소멸하는 불이시요, 질투하시는 하나님이시니라(신 4:24).

여호와여, 주께서 죄악을 지켜보실진대 주여! 누가 서리이까?(시 130:3)

누가 능히 그의 분노 앞에 서며 누가 능히 그의 진노를 감당하랴? 그의 진노가 불처럼 쏟아지니 그로 말미암아 바위들이 깨지는도다(나 1:6).

6 5그가 찔림은 우리의 허물 때문이요, 그가 상함은 우리의 죄악 때문이라. 그가 징계를 받으므로 우리는 평화를 누리고 그가 채찍에 맞으므로 우리는 나음을 받았도다.⋯11그가 자기 영혼의 수고한 것을 보고 만족하게 여길 것이라. 나의 의로운 종이 자기 지식으로 많은 사람을 의롭게 하며 또 그들의 죄악을 친히 담당하리로다(사 53:5, 11).

그리스도께서도 단번에 죄를 위하여 죽으사 의인으로서 불의한 자를 대신하셨으니 이는 우리를 하나님 앞으로 인도하려 하심이라. 육체로는 죽임을 당하시고 영으로는 살리심을 받으셨으니(벧전 3:18).

하나님이 세상을 이처럼 사랑하사 독생자를 주셨으니 이는 그를 믿는 자마다 멸망하지 않고 영생을 얻게 하려 하심이라 (요 3:16).

여러분은 자기를 위하여 또는 온 양 떼를 위하여 삼가라. 성령이 그들 가운데 여러분을 감독자로 삼고 하나님이 자기 피로 사신 교회를 보살피게 하셨느니라(행 20:28).

하나님이 죄를 알지도 못하신 이를 우리를 대신하여 죄로 삼으신 것은 우리로 하여금 그 안에서 하나님의 의가 되게 하려 하심이라(고후 5:21).

7 이는 한 아기가 우리에게 났고 한 아들을 우리에게 주신 바 되었는데 그의 어깨에는 정사를 메었고 그의 이름은 기묘자라, 모사라, 전능하신 하나님이라, 영존하시는 아버지라, 평강의 왕이라 할 것임이라(사 9:6).

그의 날에 유다는 구원을 받겠고 이스라엘은 평안히 살 것이며 그의 이름은 여호와 우리의 공의라 일컬음을 받으리라(렘 23:6).

만군의 여호와가 이르노라. 보라! 내가 내 사자를 보내리니 그가 내 앞에서 길을 준비할 것이요, 또 너희가 구하는 바 주가 갑자기 그의 성전에 임하시리니 곧 너희가 사모하는 바 언약의 사자가 임하실 것이라(말 3:1).

율법이 육신으로 말미암아 연약하여 할 수 없는 그것을 하나님은 하시나니 곧 죄로 말미암아 자기 아들을 죄 있는 육신의 모양으로 보내어 육신에 죄를 정하사(롬 8:3).

조상들도 그들의 것이요, 육신으로 하면 그리스도가 그들에게서 나셨으니 그는 만물 위에 계셔서 세세에 찬양을 받으실 하나님이시니라. 아멘(롬 9:5).

때가 차매 하나님이 그 아들을 보내사 여자에게서 나게 하시고 율법 아래에 나게 하신 것은(갈 4:4).

또 아는 것은 하나님의 아들이 이르러 우리에게 지각을 주사 우리로 참된 자를 알게 하신 것과 또한 우리가 참된 자 곧 그의 아들 예수 그리스도 안에 있는 것이니 그는 참 하나님이시요, 영생이시라(요일 5:20).

8 큰 소리로 불러 이르되 "여자 중에 네가 복이 있으며 네 태중의 아이도 복이 있도다"(눅 1:42).

6거기 있을 그때에 해산할 날이 차서 7첫 아들을 낳아 강보로 싸서 구유에 뉘었으니 이는 여관에 있을 곳이 없음이러라(눅 2:6-7).

그의 아들에 관하여 말하면 육신으로는 다윗의 혈통에서 나셨고(롬 1:3).

조상들도 그들의 것이요, 육신으로 하면 그리스도가 그들에게서 나셨으니 그는 만물 위에 계셔서 세세에 찬양을 받으실 하나님이시니라. 아멘(롬 9:5).

오히려 자기를 비워 종의 형체를 가지사 사람들과 같이 되셨고(빌 2:7).

14자녀들은 혈과 육에 속하였으매 그도 또한 같은 모양으로 혈과 육을 함께 지니심은 죽음을 통하여 죽음의 세력을 잡은 자 곧 마귀를 멸하시며…17그러므로 그가 범사에 형제들과 같이 되심이 마땅하도다. 이는 하나님의 일에 자비하고 신실한 대제사장이 되어 백성의 죄를 속량하려 하심이라(히 2:14, 17).

우리에게 있는 대제사장은 우리의 연약함을 동정하지 못하실 이가 아니요, 모든 일에 우리와 똑같이 시험을 받으신 이로되 죄는 없으시니라(히 4:15).

9 그는 강포를 행하지 아니하였고 그의 입에 거짓이 없었으나 그의 무덤이 악인들과 함께 있었으며 그가 죽은 후에 부자와 함께 있었도다(사 53:9).

여호와의 말씀이니라. 보라! 때가 이르리니 내가 다윗에게 한 의로운 가지를 일으킬 것이라. 그가 왕이 되어 지혜롭게 다스리며 세상에서 정의와 공의를 행할 것이며(렘 23:5).

천사가 대답하여 이르되 "성령이 네게 임하시고 지극히 높으신 이의 능력이 너를 덮으시리니 이러므로 나실 바 거룩한 이는 하나님의 아들이라 일컬어지리라"(눅 1:35).

너희 중에 누가 나를 죄로 책잡겠느냐? 내가 진리를 말하는데도 어찌하여 나를 믿지 아니하느냐?(요 8:46)

우리에게 있는 대제사장은 우리의 연약함을 동정하지 못하실 이가 아니요, 모든 일에 우리와 똑같이 시험을 받으신 이로되 죄는 없으시니라(히 4:15).

이러한 대제사장은 우리에게 합당하니 거룩하고 악이 없고 더러움이 없고 죄인에게서 떠나 계시고 하늘보다 높이 되신 이라(히 7:26).

오직 흠 없고 점 없는 어린 양 같은 그리스도의 보배로운 피로 된 것이니라(벧전 1:19).

그리스도께서도 단번에 죄를 위하여 죽으사 의인으로서 불의한 자를 대신하셨으니 이는 우리를 하나님 앞으로 인도하려 하심이라. 육체로는 죽임을 당하시고 영으로는 살리심을 받으셨으니(벧전 3:18).

그가 우리 죄를 없애려고 나타나신 것을 너희가 아나니 그에게는 죄가 없느니라 (요일 3:5).

10 "보라! 처녀가 잉태하여 아들을 낳을 것이요, 그의 이름은 임마누엘이라 하리라" 하셨으니 이를 번역한즉 "하나님이 우리와 함께 계시다" 함이라(마 1:23).

오늘 다윗의 동네에 너희를 위하여 구주가 나셨으니 곧 그리스도 주시니라(눅 2:11).

하나님은 한 분이시요, 또 하나님과 사람 사이에 중보자도 한 분이시니 곧 사람이신 그리스도 예수라(딤전 2:5).

크도다, 경건의 비밀이여! 그렇지 않다 하는 이 없도다. 그는 육신으로 나타난 바 되시고 영으로 의롭다 하심을 받으시고 천사들에게 보이시고 만국에서 전파되시고 세상에서 믿은 바 되시고 영광 가운데서 올려지셨느니라(딤전 3:16).

오직 우리가 천사들보다 잠시 동안 못하게 하심을 입은 자 곧 죽음의 고난 받으심으로 말미암아 영광과 존귀로 관을 쓰신 예수를 보니 이를 행하심은 하나님의 은혜로 말미암아 모든 사람을 위하여 죽음을 맛보려 하심이라(히 2:9).

11 너희는 하나님으로부터 나서 그리스도 예수 안에 있고 예수는 하나님으로부터 나와서 우리에게 지혜와 의로움과 거룩함과 구원함이 되셨으니(고전 1:30).

12 "내가 너로 여자와 원수가 되게 하고 네 후손도 여자의 후손과 원수가 되게 하리니 여자의 후손은 네 머리를 상하게 할

것이요, 너는 그의 발꿈치를 상하게 할 것이니라" 하시고(창 3:15).

13 "너를 축복하는 자에게는 내가 복을 내리고 너를 저주하는 자에게는 내가 저주하리니 땅의 모든 족속이 너로 말미암아 복을 얻을 것이라" 하신지라(창 12:3).

"'또 네 씨로 말미암아 천하 만민이 복을 받으리니 이는 네가 나의 말을 준행하였음이니라' 하셨다" 하니라(창 22:18).

네 자손을 하늘의 별과 같이 번성하게 하며 이 모든 땅을 네 자손에게 주리니 네 자손으로 말미암아 천하 만민이 복을 받으리라(창 26:4).

네 자손이 땅의 티끌 같이 되어 내가 서쪽과 동쪽과 북쪽과 남쪽으로 퍼져나갈지며 땅의 모든 족속이 너와 네 자손으로 말미암아 복을 받으리라(창 28:14).

규가 유다를 떠나지 아니하며 통치자의 지팡이가 그 발 사이에서 떠나지 아니하기를 실로가 오시기까지 이르리니 그에게 모든 백성이 복종하리로다(창 49:10).

14 1내가 붙드는 나의 종, 내 마음에 기뻐하는 자 곧 내가 택한 사람을 보라. 내가 나의 영을 그에게 주었은즉 그가 이방에 정의를 베풀리라. 2그는 외치지 아니하며 목소리를 높이지 아니하며 그 소리를 거리에 들리게 하지 아니하며 3상한 갈대를 꺾지 아니하며 꺼져가는 등불을 끄지 아니하고 진실로 정의를 시행할 것이며 4그는 쇠하지 아니하며 낙담하지 아니하고 세상에 정의를 세우기에 이르리니 섬들이 그 교훈을 앙망하리라(사 42:1-4).

그가 이르시되 "네가 나의 종이 되어 야곱의 지파들을 일으키며 이스라엘 중에 보전된 자를 돌아오게 할 것은 매우 쉬운 일이라. 내가 또 너를 이방의 빛으로 삼아 나의 구원을 베풀어서 땅 끝까지 이르게 하리라"(사 49:6).

이사야 53장.

5여호와의 말씀이니라. 보라! 때가 이르리니 내가 다윗에게 한 의로운 가지를 일으킬 것이라. 그가 왕이 되어 지혜롭게 다스리며 세상에서 정의와 공의를 행할 것이며 6그의 날에 유다는 구원을 받겠고 이스라엘은 평안히 살 것이며 그의 이름은 여호와 우리의 공의라 일컬음을 받으리라(렘 23:5-6).

32이 언약은 내가 그들의 조상들의 손을 잡고 애굽 땅에서 인도하여내던 날에 맺은 것과 같지 아니할 것은 내가 그들의 남편이 되었어도 그들이 내 언약을 깨뜨

TIP

- 창 22:18은 아브라함에게 하신 말씀이다.
- 창 26:4는 이삭에게 하신 말씀이다.
- 창 28:14은 야곱에게 하신 말씀이다.

렸음이라. 여호와의 말씀이니라. 33그러나 그날 후에 내가 이스라엘 집과 맺을 언약은 이러하니 곧 내가 나의 법을 그들의 속에 두며 그들의 마음에 기록하여 나는 그들의 하나님이 되고 그들은 내 백성이 될 것이라. 여호와의 말씀이니라(렘 31:32-33).

18주와 같은 신이 어디 있으리이까? 주께서는 죄악과 그 기업에 남은 자의 허물을 사유하시며 인애를 기뻐하시므로 진노를 오래 품지 아니하시나이다. 19다시 우리를 불쌍히 여기셔서 우리의 죄악을 발로 밟으시고 우리의 모든 죄를 깊은 바다에 던지시리이다. 20주께서 옛적에 우리 조상들에게 맹세하신 대로 야곱에게 성실을 베푸시며 아브라함에게 인애를 더하시리이다(미 7:18-20).

22모세가 말하되 "주 하나님이 너희를 위하여 너희 형제 가운데서 나 같은 선지자 하나를 세울 것이니 너희가 무엇이든지 그의 모든 말을 들을 것이라. 23누구든지 그 선지자의 말을 듣지 아니하는 자는 백성 중에서 멸망 받으리라" 하였고 24또한 사무엘 때부터 이어 말한 모든 선지자도 이때를 가리켜 말하였느니라(행 3:22-24).

그에 대하여 모든 선지자도 증언하되 "그를 믿는 사람들이 다 그의 이름을 힘입어 죄 사함을 받는다" 하였느니라(행 10:43).

이 복음은 하나님이 선지자들을 통하여 그의 아들에 관하여 성경에 미리 약속하신 것이라(롬 1:2).

옛적에 선지자들을 통하여 여러 부분과 여러 모양으로 우리 조상들에게 말씀하신 하나님이(히 1:1).

15 레위기 1-7장.

모세를 믿었더라면 또 나를 믿었으리니 이는 그가 내게 대하여 기록하였음이라 (요 5:46).

1율법은 장차 올 좋은 일의 그림자일 뿐이요, 참 형상이 아니므로 해마다 늘 드리는 같은 제사로는 나아오는 자들을 언제나 온전하게 할 수 없느니라.…7"이에 내가 말하기를 '하나님이여! 보시옵소서. 두루마리 책에 나를 가리켜 기록된 것과 같이 하나님의 뜻을 행하러 왔나이다'" 하셨느니라(히 10:1, 7).

16 그리스도는 모든 믿는 자에게 의를 이루기 위하여 율법의 마침이 되시니라 (롬 10:4).

이같이 율법이 우리를 그리스도께로 인도하는 초등교사가 되어 우리로 하여금 믿음으로 말미암아 의롭다 함을 얻게 하려 함이라(갈 3:24).

4때가 차매 하나님이 그 아들을 보내사

여자에게서 나게 하시고 율법 아래에 나게 하신 것은 5율법 아래에 있는 자들을 속량하시고 우리로 아들의 명분을 얻게 하려 하심이라(갈 4:4-5).

이것들은 장래 일의 그림자이나 몸은 그리스도의 것이니라(골 2:17).

이 모든 날 마지막에는 아들을 통하여 우리에게 말씀하셨으니 이 아들을 만유의 상속자로 세우시고 또 그로 말미암아 모든 세계를 지으셨느니라(히 1:2).

해설

한 인격으로 참 신인(神人)이신 중보자

우리가 의로우신 하나님 앞에 서려면 모든 죄가 반드시 해결되어야 합니다. 하지만 죄 가운데 태어나는 사람은 하나님의 형벌을 전혀 감당할 수 없습니다. 또 어떤 피조물도 우리를 위해 첫값을 치러줄 수 없습니다. 그렇다면 우리는 죄 가운데서 멸망할 수밖에 없을까요? 그렇지 않습니다. 자비로우신 하나님은, 참 사람이면서 완벽하게 의롭고 모든 피조물보다 더 강력하며 무엇보다 그 자신이 참 하나님이신 구원자를 우리에게 허락해주셨습니다. 하이델베르크 교리문답 제16-19문은 그 구원자가 누구인지를 분명하게 밝혀줍니다.

하이델베르크 교리문답, 삶을 읽다

표13 하이델베르크 교리문답 제12-19문의 구성

1. 그분은 왜 참 사람이어야 하는가?

에덴동산에서 하나님의 말씀을 어기고 죄를 지은 자는 천사나 다른 영적 존재가 아닌 "사람"이었습니다. 죄에 대한 보상은 죄를 지은 자가 감당해야 합니다. 사람이 죄를 지었으면 사람이, 천사가 죄를 지었으면 천사가 죗값을 치러야 합니다. 맨 처음에 사람이 죄를 지었으므로 사람이 죄에 대하여 보상해야 합니다. 그러므로 사람들의 죗값을 치르러 오시는 중보자와 구원자는 반드시 사람이어야 합니다. 사람의 형체를 잠시 취하는 존재이어서도 안 되고, 사람인 척하는 존재이어서도 안 됩니다. 하나님은 죄를 지은 인성이 죄에 대하여 보상하기를 요구하십니다.

2. 그분은 왜 또한 의로워야 하는가?

의롭지 않은 사람이 죽으면 그는 자신의 죗값을 지고 죽은 것에 불과합니다. 의롭지 않은 자는 절대로 타인의 죗값을 위해 죽을 수 없습니다. 자신의 죗값도 다 치르지 못하고 죽기 때문에 죽은 이후에도 부활하여 영원한 심판을 받기까지 합니다. 그러므로 타인을 위한 중보자와 구원자가 되려면 의로워야 합니다. 아무 죄도 없는 의인만이 죽을 때 자신의 죗값이 아니라 타인의 죗값 때문에 죽는 것입니다. 하이델베르크 교리문답 제16문의 근거 성구들은 예수 그리스도가 우리와 똑같은 사람이되 죄가 없는 의로운 사람으로서 고난 받으셨다는 사실을 말해줍니다.

3. 그분은 왜 한 인격으로 참 사람이면서 참 하나님이어야 하는가?

앞서 살펴본 대로 죄를 지은 인성이 죄에 대하여 보상하는 것이 하나님의 공의에 맞으므로, 타인의 중보자와 구원자는 참 사람이어야 합니다. 그런데 "참 사람"이라는 조건만으로는 부족합니다. 왜냐하면 하나님이 죄에 대해 내리시는 형벌이 너무나 무겁기 때문입니다. 하나님은 첫 사람 아담에게 선악과를 따 먹으면 반드시 죽는다고 말씀하셨습니다. 그 이후로 모든 인간은 죄에 종노릇하면서 살아 있을 때는 비참을 맛보다가 끝내 한 줌의 흙으로 돌아갑니다. 이런 인간들의 중보자와 구원자는 이들을 대신하여 고난을 받고 죽어야 합니다. 이때 임하는 하나님의 진노를 짊어질 수 있는 인간이 누구겠습니까? 인성의 능력으로는 그 일을 결코 감당할 수 없습니다. 신성의 능력이 필요합니다. 그래서 중보자와 구원자는 참 사람이면서 동시에 참 하나님이어야 합니다.

또 중보자와 구원자는 고난과 죽음만 감당하는 것이 아니라 죽음 자체를 이기고 부활하여 인간들을 위하여 의와 생명을 회복할 수 있어야 합니다. 이런 일 역시 인성의 능력으로는 불가능하고 신성의 능력으로만 가능합니다. 그간 인류 역사에는 십자가에서 고통을 받고 죽은 이들이 많았습니다. 하지만 그 누구도 부활하여 의와 생명을 회복하지 못했습니다.

예를 들어 2011년 5월에 경북 문경의 어느 채석장에서는 십자가형을 흉내 내어 자살한 남자의 시체가 발견되었습니다. 그는 머리에 가시관을 쓰고 흰 속옷만 입은 채 양손과 발에 구멍을 내 십자가에 박아놓은 못에 걸었습니다. 오른쪽 옆구리에는 칼로 찌른 상처도 있었습니다. 누가 보아도 예수님의 죽음을 연상시키는 장면이었지만 그는 부활하지 않았습니다. 이혼한 부인과 자식 2명이 있었지만 연락을 끊고 지내던 58세의 택시 기사가 왜 그런 죽음을 선택했는지는 정확히 알 수 없습니다. 하지만 그의 죽음이 다른 사람의 의와 생명을 회복하지 못한 것은 확실합니다.

신성의 능력이 없이 인성으로만 하나님의 진노의 잔을 받아 마실 자, 그리고 죽음에서 부활하여 우리를 위하여 의와 생명을 회복할 자는 아무도 없습니다. 반드시 신성의 능력이 함께 있어야 합니다. 그래서 우리를 위한 참된 중보자와 구원자는 한 인격에 인성과 신성이 동시에 존재하는 자입니다. "근거 성구" **3**번은 예수 그리스도가 단순히 사람이 아니라 하나님이심을 말합니다. **4**, **5**, **6**번 성구들은 예수 그리스도가 신성의 능력으로 하나님의 진노의 짐을 짊어지시고 의와 생명을 회복하신 것에 대하여 말합니다.

4. 참 하나님이시며 참 사람이신 중보자는 누구인가?

지금까지 우리의 구원자가 참 하나님과 참 사람이어야 함을 살펴보았습니다. 그렇다면 그분은 실제로 누구십니까? 바로 우리 주 예수 그리스도이십니다! 그 근거는 다음과 같습니다.

첫째, 예수 그리스도는 하나님이십니다. 이사야 9:6은 메시아가 "전능하신 하나님"이시고 "영존하시는 아버지"이심을 말합니다. "근거 성구" **7**번은 모두 예수님이 하나님이심을 증언합니다.

둘째, 예수 그리스도는 실제로 사람이십니다. "근거 성구" **8**번은 모두 예수님이 사람이시라고 말합니다. 누가복음 2:6-7은 아기 예수님을 구유에 뉘었다고 말하는데 이것은 예수님이 실제로 사람으로 태어나신 과정을 겪으셨다는 뜻입니다. 로마서 1:3은 예수님이 사람으로는 다윗의 혈통을 통해 태어났다고 말합니다. 빌립보서 2:7은 하나님이신 예수 그리스도가 사람들처럼 되었다고 말합니다. 히브리서 2:14은 예수님이 사람들과 같은 모양으로 혈과 육을 함께 지녔다고 말합니다.

셋째, 예수 그리스도는 실제로 사람이시되 의로우십니다. 우리가 앞서 살펴본 것처럼 아담의 후손은 모두 죄 속에서 잉태되어 죄인으로 태어납니다. 그렇다면 예수님도 죄인일까요? 예수님은 죄 속에서 잉태되지 않으시고 성령으로 잉태되셨습니다. 그래서 그는 거룩하시며 모든 일에 우리와 똑같이 시험을 받되 죄는 없으십니다(눅 1:35; 히 7:26). 그분의 흠 없고 점 없는 피로 우리가 구속을 받습니다(벧전 1:19).

예수 그리스도는 참 하나님이시고 참 사람이시며 의로우시기 때문에 고난을 받고 십자가에서 죽으실 때 우리의 죗값을 모두 치르실 수 있었습니다. 그래서 우리에게 지혜와 의로움과 거룩함과 구원함이 되십니다. 이 땅에서 예수 그리스도를 제외하면 그 어떤 존재도 온전한 지혜와 의로움과 거룩함과 구원함이 되지 못합니다. 모두 부족함이 있습니다. 오직 예수 그리스도만 온전하십니다.

5. 이러한 것을 어디서 알 수 있는가?

한 인격으로 참 하나님과 참 사람이신 예수 그리스도가 유일한 중보자와 구원자가 되신다는 것은 처음에 낙원에서 계시되었습니다.

> 내가 너로 여자와 원수가 되게 하고 네 후손도 여자의 후손과 원수가 되게 하리니 여자의 후손은 네 머리를 상하게 할 것이요, 너는 그의 발꿈치를 상하게 할 것이니라(창 3:15).

아담과 하와는 이 말씀을 듣고서 가인과 아벨이 태어났을 때 뱀의 머리를 상하게 할 그 후손이 태어난 것인지 기대했을 것입니다. 그런데 가인이 아벨을 죽이는 일이 발생했으니 얼마나 충격이 컸겠습니까? 가인이 아벨을 죽였지만 가인이 그런 행위를 한 더 근본적인 원인이 바로 자신들의 죄임을 알았기 때문에 몸서리치며 후회하고 한탄했을 것입니다.

하나님은 아브라함을 부르시며 "너를 축복하는 자에게는 내가 복을 내리고 너를 저주하는 자에게는 내가 저주하리니 땅의 모든 족속이 너로 말미암아 복을 얻을 것이라"(창 12:3)고 말씀하셨습니다. 땅의 모든 족속이 아브라함처럼, 사랑이 풍성하신 하나님의 일방적인 사랑과 은혜로 택함을 받아 구원받는 복을 얻는다는 것입니다. 그리고 이런 복을 받는 일은 당연히 여자의 후손인 예수 그리스도를 통해 이루어집니다. 아브라함과 그 후손은 이러한 메시아를 기다리며 하나님의 구원을 바랐습니다.

똑같은 약속과 축복의 말씀이 아브라함의 아들 이삭에게도 주어졌습니다.

네 자손을 하늘의 별과 같이 번성하게 하며 이 모든 땅을 네 자손에게 주리니 네 자손으로 말미암아 천하 만민이 복을 받으리라(창 26:4).

아브라함의 손자 야곱도 "네 자손이 땅의 티끌 같이 되어 네가 서쪽과 동쪽과 북쪽과 남쪽으로 퍼져나갈지며 땅의 모든 족속이 너와 네 자손으로 말미암아 복을 받으리라"(창 28:14)라는 축복의 말씀을 받았습니다. 이삭과 야곱은 이 말씀을 성공과 번영에 초점을 맞추는 관점에서 자신들의 후손이 다른 민족들보다 더 강한 나라를 이 땅 위에 세운다는 의미로 받아들이지 않았습니다. 아담에게 말씀하신 그 여자의 후손이 중보자와 구원자가 되는 나라를 바라보았습니다. 그래서 아브라함은 자신이 살던 고향을 떠나 하나님이 지시하신 땅으로 기꺼이 갔고, 이삭과 야곱도 하나님과 동행하기를 힘쓰며 인생을 살아갔습니다.

"근거 성구" 13번에는 "규가 유다를 떠나지 아니하며 통치자의 지팡이가 그 발 사이에서 떠나지 아니하기를 실로가 오시기까지 이르리니 그에게 모든 백성이 복종하리로다"(창 49:10)라는 구절이 있습니다. 이는 야곱이 죽기 전에 열두 아들에게 유언하면서 유다에게 말해준 내용입니다. 여기서 규(圭)는 왕권을 나타내는 상징물로 지팡이(scepter)와 비슷한 물건입니다. "규가 유다를 떠나지 않는다"는 것은 유다 지파가 계속해서 왕위를 이어간다는 의미입니다. 이 유언에 대하여 히브리서 기자는 "믿음으로 야곱은 죽을 때에 요셉의 각 아들에게 축복하고 그 지팡이 머리에 의지하여 경배"했다고 말합니다(히 11:21). 야곱은 사사로운 감정이 아니라 믿음으로 유언을 했습니다. 즉 야곱은 자신의 후손들이 여자의 후손인 그리스도를 통하여 구원받을 것인데, 그 여자의 후손이 유다 지파를 통해서 온다고 예언한 것입니다.

하나님은 아브라함과 이삭과 야곱과 같은 족장들만이 아니라 선지자들에게도 복음을 계시하셨습니다. "근거 성구" 14번은 하나님이 여러 선지자에게 주신 말씀들이 얼마나 예수 그리스도를 통한 영원한 하나님 나라에 집중되어 있는가를 잘 보여줍니다. 이사야 42:1-4은 여자의 후손이 무력을 사용해 지배하고 성복하는 리더십이 아니라, 정의에 바탕을 두고 섬기고 돌보는 리더십을 나타낼 것임을 보여줍니다. 또한 이사야 53장은 그가 사람들을 위해 고난을 받고 죽을 것임을 보여줍니다. 예레미야 31:32-33은 끝내 사람들의 하나님이 되시어 구원을 베푸시는 하나님의 사역에 대해 말합니다. 사도행전 3:22-24은 모세와 사무엘을 비롯한 모든 선지자가 예수 그리스도를 가리켰다고 말합니다.

그러므로 우리는 구약성경이나 신약성경에서 무엇보다 먼저 하나님이 사람들을 위하여 행하시는 구원 사역을 볼 줄 알아야 합니다. 아브라함과 이삭과 야곱, 야곱의 열두 아들은 인생의 허무와 비참을 경험하면서 하나님의 영원한 나라를 바라보게 되었습니다. 그들은 이 땅 위의 명예와 물질에 관심을 두지 않았습니다. 요셉은 애굽의 총리가 되었어도 애굽에 소망을 두지 않았습니다. 그는 자신의 해골을 애굽에서 나갈 때 반드시 가지고 나가라고 유언했습니다. 오직 하나님 나라를 기다리면서 그 하나님 나라를 주실 그리스도를 바란 것입니다.

구약성경에 율법으로 제시된 각종 제사와 여러 의식도 모두 예수 그리스도를 예표합니다. 성전에서 바치는 소나 양 자체는 결코 사람들의 죄를 없애주지 못합니다. 하지만 그것들은 앞으로 오실 그리스도를 상징한다는 측면에서 아주 중요했습니다. 즉 구약의 백성은 희생 제물을 바치며 예수 그리스도를 바라본 것입니다. 따라서 구약의 백성들도 오직 은혜로만 구원받음을 확신했다고 말해도 틀리지 않습니다.

01 "7번 방의 선물"이란 영화를 보셨다면 어떤 내용인지 말해봅시다. 여러분
은 사람들을 만나면 선물이 됩니까, 부담이 됩니까? 여러분은 어떤 면에
서 다른 사람들에게 선물이나 부담이 되는지, 또 다른 사람에게 선물이 되
기 위해서는 어떤 노력을 해야 하는지 나누어봅시다.

02 하이델베르크 교리문답 제16-19문을 서로 묻고 답해봅시다. 근거 성구도
함께 살펴봅시다.

03 하나님의 의를 만족시킬 중보자 혹은 구원자가 참 사람이면서 완벽하게
의로워야 하는 이유는 무엇입니까?

04 구원자는 왜 한 인격으로 참 사람이면서 참 하나님이어야 합니까?

05 예수 그리스도가 어떻게 구원자의 조건을 만족시키시는지 이야기해봅시다.

믿음과 사도신경

Q 제20문 그렇다면 모든 사람이 아담 안에서 멸망한 것처럼 모든 사람이 그리스도에 의하여 구원받습니까?

Are all men then, as they perished in Adam, saved by Christ?

A 답 아닙니다.[1] 참된 믿음으로 그리스도에게 접붙임 되어 그분의 모든 유익을 받는 자들만입니다.[2]

No; only those who are ingrafted into him, and, receive all his benefits, by a true faith.

Q 제21문 참된 믿음이란 무엇입니까?

What is true faith?

A 답 참된 믿음이란 하나님이 그의 말씀으로 우리에게 계시하신 모든 것은 참되다고 인정하는 확실한 지식일 뿐만 아니라,[3] 성령이[4] 복음에 의해[5] 내 마음에 일으키신 강한 신뢰입니다.[6] 즉 타인들만이 아니라 나에게도[7] 죄의 용서와 영원한 의와 구원이 값없이, 하나님에 의해, 순전히 은혜로,[8] 오직 그리스도의 공로 때문에 주어진 것에 대한 지식과 신뢰입니다.[9]

True faith is not only a certain knowledge, whereby I hold for truth all that God has revealed to us in his word, but also an assured confidence, which the Holy Ghost works by the gospel in my heart; that not only to others, but to me also, remission of sin, everlasting righteousness and salvation, are freely given by God, merely of grace, only for the sake of Christ's merits.

Q 제22문 그러면 그리스도인은 무엇을 믿어야 합니까?

What is then necessary for a Christian to believe?

A 답 복음에서 우리에게 약속된 모든 것인데,**10** 우리의 보편적이고 의심할 여지 없는 기독교 믿음의 조항들[사도신경]이 요약하여 가르쳐줍니다.

All things promised us in the gospel, which the articles of our catholic undoubted Christian faith briefly teach us.

Q 제23문 이 조항들[사도신경]은 무엇입니까?

What are these articles?

A 답 나는 전능하신 아버지 하나님, 천지의 창조주를 믿습니다. 나는 그의 유일하신 아들, 우리 주 예수 그리스도를 믿습니다. 그는 성령으로 잉태되어 동정녀 마리아에게서 나시고, 본디오 빌라도에게 고난을 받아 십자가에 못 박혀 죽으시고 (지옥에 내려가셨으며) 장사된 지 사흘 만에 죽은 자 가운데서 다시 살아나셨으며, 하늘에 오르시어 전능하신 아버지 하나님 우편에 앉아계시다가, 거기로부터 살아 있는 자와 죽은 자를 심판하러 오십니다. 나는 성령을 믿으며, 거룩한 공교회와 성도의 교제와 죄를 용서받는 것과 몸의 부활과 영생을 믿습니다. 아멘.

I believe in God the Father, Almighty, Maker of heaven and earth: And in Jesus Christ, his only begotten Son, our Lord: Who was conceived by the Holy Ghost, born of the Virgin Mary: Suffered under Pontius Pilate; was crucified, dead, and buried: He descended into hell: The third day he rose again from the dead: He ascended into heaven, and sitteth at the right hand of God the Father Almighty: From thence he shall come to judge the quick and the dead: I believe in the Holy Ghost: I believe a holy catholic church: the communion of saints: The forgiveness of sins: The resurrection of the body: And the life everlasting.

perish	멸망하다, 죽다, 사라지다	ingraft	…을 접붙이기하다, 붙어넣다
confidence	신뢰, 확신, 신임	remission	용서, 사면, 완화
article	조항, 기사, 논문	undoubted	의심할 여지 없는, 진짜의, 확실한
catholic	보편적인, 치우치지 않는, 편협하지 않은	descend	내려가다, 하강하다, 감소하다
ascend	오르다, 상승하다, 승진하다	resurrection	부활, 되살아남

근거 성구

1 생명으로 인도하는 문은 좁고 길이 협착하여 찾는 자가 적음이라(마 7:14).

청함을 받은 자는 많되 택함을 입은 자는 적으니라(마 22:14).

2 그의 아들에게 입 맞추라. 그렇지 아니하면 진노하심으로 너희가 길에서 망하리니 그의 진노가 급하심이라. 여호와께 피하는 모든 사람은 다 복이 있도다(시 2:12).

믿고 세례를 받는 사람은 구원을 얻을 것이요, 믿지 않는 사람은 정죄를 받으리라(막 16:16).

영접하는 자 곧 그 이름을 믿는 자들에게는 하나님의 자녀가 되는 권세를 주셨으니(요 1:12).

16하나님이 세상을 이처럼 사랑하사 독생자를 주셨으니 이는 그를 믿는 자마다 멸망하지 않고 영생을 얻게 하려 하심이라.…18그를 믿는 자는 심판을 받지 아니하는 것이요, 믿지 아니하는 자는 하나님의 독생자의 이름을 믿지 아니하므로 벌써 심판을 받은 것이니라.…36아들을 믿는 자에게는 영생이 있고 아들에게 순종하지 아니하는 자는 영생을 보지 못하고 도리어 하나님의 진노가 그 위에 머물러 있느니라(요 3:16, 18, 36).

곧 예수 그리스도를 믿음으로 말미암아 모든 믿는 자에게 미치는 하나님의 의니 차별이 없느니라(롬 3:22).

17또한 가지 얼마가 꺾이었는데 돌감람나무인 네가 그들 중에 접붙임이 되어 참감람나무 뿌리의 진액을 함께 받는 자가 되었은즉 18그 가지들을 향하여 자랑하지 말라. 자랑할지라도 네가 뿌리를 보전하는 것이 아니요, 뿌리가 너를 보전하는 것이니라. 19그러면 네 말이 "가지들이 꺾인 것은 나로 접붙임을 받게 하려 함이라" 하리니, 20옳도다. 그들은 믿지 아니하므로 꺾이고 너는 믿으므로 섰느니라. 높은 마음을 품지 말고 도리어 두려워하라(롬 11:17-20).

2그들과 같이 우리도 복음 전함을 받은 자이니 들은 바 그 말씀이 그들에게 유익하지 못한 것은 듣는 자가 믿음과 결부시키지 아니함이라. 3이미 믿는 우리들은 저 안식에 들어가는도다. 그가 말씀하신 바와 같으니 "내가 노하여 맹세한 바와 같이 그들이 내 안식에 들어오지 못하리라' 하셨다" 하였으나 세상을 창조할 때부터 그 일이 이루어졌느니라(히 4:2-3).

온전하게 되셨은즉 자기에게 순종하는 모든 자에게 영원한 구원의 근원이 되시고(히 5:9).

우리는 뒤로 물러가 멸망할 자가 아니요, 오직 영혼을 구원함에 이르는 믿음을 가진 자니라(히 10:39).

믿음이 없이는 하나님을 기쁘시게 하지 못하나니 하나님께 나아가는 자는 반드시 그가 계신 것과 또한 그가 자기를 찾는 자들에게 상 주시는 이심을 믿어야 할지니라(히 11:6).

3 1믿음은 바라는 것들의 실상이요, 보이지 않는 것들의 증거니…7믿음으로 노아는 아직 보이지 않는 일에 경고하심을 받아 경외함으로 방주를 준비하여 그 집을 구원하였으니 이로 말미암아 세상을 정죄하고 믿음을 따르는 의의 상속자가 되었느니라. 8믿음으로 아브라함은 부르심을 받았을 때에 순종하여 장래의 유업으로 받을 땅에 나아갈새 갈 바를 알지 못하고 나아갔으며 9믿음으로 그가 이방의 땅에 있는 것 같이 약속의 땅에 거류하여 동일한 약속을 유업으로 함께 받은 이삭 및 야곱과 더불어 장막에 거하였으니 10이는 그가 하나님이 계획하시고 지으실 터가 있는 성을 바랐음이라(히 11:1, 7-10).

오직 믿음으로 구하고 조금도 의심하지 말라. 의심하는 자는 마치 바람에 밀려 요동하는 바다 물결 같으니(약 1:6).

4 예수께서 대답하여 이르시되 "바요나

시몬아! 네가 복이 있도다. 이를 네게 알게 한 이는 혈육이 아니요, 하늘에 계신 내 아버지시니라"(마 16:17).

예수께서 대답하시되 "진실로 진실로 네게 이르노니 사람이 물과 성령으로 나지 아니하면 하나님의 나라에 들어갈 수 없느니라"(요 3:5).

두아디라 시에 있는 자색 옷감 장사로서 하나님을 섬기는 루디아라 하는 한 여자가 말을 듣고 있을 때 주께서 그 마음을 열어 바울의 말을 따르게 하신지라(행 16:14).

기록된 바 "내가 믿었으므로 말하였다" 한 것 같이 우리가 같은 믿음의 마음을 가졌으니 우리도 믿었으므로 또한 말하노라(고후 4:13).

이것이 너희의 간구와 예수 그리스도의 성령의 도우심으로 나를 구원에 이르게 할 줄 아는 고로(빌 1:19).

5 베드로가 이 말을 할 때에 성령이 말씀 듣는 모든 사람에게 내려오시니(행 10:44).

두아디라 시에 있는 자색 옷감 장사로서 하나님을 섬기는 루디아라 하는 한 여자가 말을 듣고 있을 때 주께서 그 마음을 열어 바울의 말을 따르게 하신지라(행 16:14).

내가 복음을 부끄러워하지 아니하노니 이 복음은 모든 믿는 자에게 구원을 주시는 하나님의 능력이 됨이라. 먼저는 유대인에게요, 그리고 헬라인에게로다(롬 1:16).

그러므로 믿음은 들음에서 나며 들음은 그리스도의 말씀으로 말미암았느니라(롬 10:17).

하나님의 지혜에 있어서는 이 세상이 자기 지혜로 하나님을 알지 못하므로 하나님께서 전도의 미련한 것으로 믿는 자들을 구원하시기를 기뻐하셨도다(고전 1:21).

6 17기록된 바 "내가 너를 많은 민족의 조상으로 세웠다" 하심과 같으니 그가 믿은 바 하나님은 죽은 자를 살리시며 없는 것을 있는 것으로 부르시는 이시니라. 18 아브라함이 바랄 수 없는 중에 바라고 믿었으니 이는 "네 후손이 이 같으리라" 하신 말씀대로 많은 민족의 조상이 되게 하려 하심이라. 19그가 백 세나 되어 자기 몸이 죽은 것 같고 사라의 태가 죽은 것 같음을 알고도 믿음이 약하여지지 아니하고 20믿음이 없어 하나님의 약속을 의심하지 않고 믿음으로 견고하여져서 하나님께 영광을 돌리며 21약속하신 그것을 또한 능히 이루실 줄을 확신하였으니 (롬 4:17-21).

그러므로 우리가 믿음으로 의롭다 하심

을 받았으니 우리 주 예수 그리스도로 말미암아 하나님과 화평을 누리자(롬 5:1).

사람이 마음으로 믿어 의에 이르고 입으로 시인하여 구원에 이르느니라.(롬 10:10).

우리가 그 안에서 그를 믿음으로 말미암아 담대함과 확신을 가지고 하나님께 나아감을 얻느니라(엡 3:12).

그러므로 우리는 긍휼하심을 받고 때를 따라 돕는 은혜를 얻기 위하여 은혜의 보좌 앞에 담대히 나아갈 것이니라(히 4:16).

7 이제 후로는 나를 위하여 의의 면류관이 예비되었으므로 주 곧 의로우신 재판장이 그날에 내게 주실 것이며 내게만 아니라 주의 나타나심을 사모하는 모든 자에게도니라(딤후 4:8).

8 77주의 백성에게 그 죄 사함으로 말미암는 구원을 알게 하리니 78이는 우리 하나님의 긍휼로 인함이라. 이로써 돋는 해가 위로부터 우리에게 임하여(눅 1:77-78).

그리스도 예수 안에 있는 속량으로 말미암아 하나님의 은혜로 값없이 의롭다 하심을 얻은 자 되었느니라(롬 3:24).

한 사람이 순종하지 아니함으로 많은 사람이 죄인 된 것 같이 한 사람이 순종하심으로 많은 사람이 의인이 되리라(롬

5:19).

사람이 의롭게 되는 것은 율법의 행위로 말미암음이 아니요, 오직 예수 그리스도를 믿음으로 말미암는 줄 알므로 우리도 그리스도 예수를 믿나니 이는 우리가 율법의 행위로써가 아니고 그리스도를 믿음으로써 의롭다 함을 얻으려 함이라. 율법의 행위로써는 의롭다 함을 얻을 육체가 없느니라(갈 2:16).

7이는 그리스도 예수 안에서 우리에게 자비하심으로써 그 은혜의 지극히 풍성함을 오는 여러 세대에 나타내려 하심이라. 8너희는 그 은혜에 의하여 믿음으로 말미암아 구원을 받았으니 이것은 너희에게서 난 것이 아니요, 하나님의 선물이라. 9행위에서 난 것이 아니니 이는 누구든지 자랑하지 못하게 함이라(엡 2:7-9).

9 복음에는 하나님의 의가 나타나서 믿음으로 믿음에 이르게 하나니 기록된 바 "오직 의인은 믿음으로 말미암아 살리라" 함과 같으니라(롬 1:17).

또 하나님 앞에서 아무도 율법으로 말미암아 의롭게 되지 못할 것이 분명하니 이는 "의인은 믿음으로 살리라" 하였음이라(갈 3:11).

"나의 의인은 믿음으로 말미암아 살리라. 또한 뒤로 물러가면 내 마음이 그를 기뻐하지 아니하리라" 하셨느니라(히 10:38).

10 19"그러므로 너희는 가서 모든 민족을 제자로 삼아 아버지와 아들과 성령의 이름으로 세례를 베풀고 20내가 너희에게 분부한 모든 것을 가르쳐 지키게 하라. 볼지어다. 내가 세상 끝날까지 너희와 항상 함께 있으리라" 하시니라(마 28:19-20).

이르시되 "때가 찼고 하나님의 나라가 가까이 왔으니 회개하고 복음을 믿으라" 하시더라(막 1:15).

오직 이것을 기록함은 너희로 예수께서 하나님의 아들 그리스도이심을 믿게 하려 함이요, 또 너희로 믿고 그 이름을 힘입어 생명을 얻게 하려 함이니라(요 20:31).

해설

믿음과 사도신경

사람의 죄 문제를 해결할 수 있는 중보자는 참 사람이면서 동시에 참 하나님이신 우리 주 예수 그리스도뿐입니다. 성경의 증언대로 모든 사람의 죄를 짊어지고 십자가에서 죽으신 예수님은 죽음 자체를 멸망시킬 정도로 능력이 있으십니다. 그렇다면 모든 사람이 예수 그리스도를 통하여 구원받을 수 있을까요? 예수님은 모든 사람에게 구원의 길을 열어놓으셨습니다. 하지만 모든 사람이 구원의 길로 들어서는 것은 아닙니다.

하이델베르크 교리문답 제20-23문은 성경의 가르침에 따라 참된 믿음을 가진 자가 구원에 이른다는 사실을 명시하고 그 믿음의 내용이 무엇인지에 대해 설명합니다.

제16문 그 구원자는 왜 참 사람이어야 하고, 또한 완벽하게 의로워야 하는가?
제17문 그 구원자는 왜 한 인격에서 또한 참 하나님이어야 하는가?
제18문 한 인격으로 참 하나님이면서 동시에 참 사람인 중보자는 누구이신가?
제19문 우리는 이것을 복음을 통하여 안다.
제20문 모든 사람이 아담 안에서 멸망한 것처럼 모든 사람이 그리스도에 의하여 구원받는가?
제21문 참된 믿음이란 무엇인가?
제22문 그리스도인은 보편적이고 확실한 사도신경을 믿어야 한다.
제23문 사도신경의 내용

표14 하이델베르크 교리문답 제16-23문의 구성

하이델베르크 교리문답, 삶을 읽다

1. 모든 사람이 그리스도에 의하여 구원받는가?

앞서 살펴보았듯이 모든 사람이 아담의 죄로 인해 죄 속에서 잉태되어 죄인으로 태어납니다. 그리고 예수님은 죄가 없으신 의로운 분이시지만 죄인들의 짐을 대신 지시고 십자가에서 죽으셨습니다. 그렇다면 참된 중보자와 구원자이신 예수 그리스도에 의하여 모든 죄인이 구원을 받을까요? 성경은 모든 죄인이 구원을 받는 것이 아니라 참된 믿음으로 그리스도에게 접붙임 된 자들만 구원을 받는다고 가르칩니다.

많은 사람이 2015년에 유행했던 메르스(MERS, 중동호흡기증후군)를 기억할 것입니다. 메르스가 위험했던 이유는 마땅한 치료제가 없기 때문이었습니다. 만약 당시에 어떤 의사가 완벽한 치료제를 개발했다고 칩시다. 환자 중 그 의사의 권고를 신뢰하여 의사가 제공하는 치료를 받아들이는 환자들은 완치되었을 것입니다. 하지만 아무리 좋은 치료제도 환자가 거부하면 아무 소용이 없습니다.

마찬가지로 예수 그리스도가 사람들의 구원에 필요한 모든 사역을 완수하여 모든 유익을 준비해놓았을지라도 사람들이 그것을 참된 믿음으로 받아들이지 않으면 아무 소용이 없습니다. 그리스도가 획득하신 유익을 거부하는 자들은 구원받지 못합니다. 오직 그리스도가 십자가에서 고난을 받고 죽으며 획득하신 모든 유익을 참된 믿음으로 받아들이는 자라야 구원을 받습니다.

성경은 구원받는 자들이 그리스도에게 접붙임 되어 그리스도의 모든 유익을 그들 자신의 것으로 받는 자들이라고 설명합니다. 접붙임은 서로 다른 두 개의 식물을 하나의 개체로 만드는 것입니다. 식물 하나는 뿌리를 그대로 남겨두어 생명을 유지하며 영양분을 공급하도록 합니다. 그리고 그 식물에 접붙이고자 하는 나무를 연결시킵니다. 뿌리를 가진 대목(臺木, rootstock)이 자라는 방식과 형태에 따라 접붙임 되는 접수(接穗, scion)의 성장 방식과 형태도 결정됩니다. 구원받는 자들은 예수 그리스도에게 접붙임 되어 그리스도의 생명과 영양을 공급받는 것입니다. 누구든지 참된 믿음으로 예수 그리스도에게 접붙임 되어야 그리스도의 생명과 유익을 전달받을 수 있습니다. 떨어져 있으면 아무 소용이 없습니다.

> 17또한 가지 얼마가 꺾이었는데 돌감람나무인 네가 그들 중에 접붙임이 되어 참 감람나무 뿌리의 진액을 함께 받는 자가 되었은즉 18그 가지들을 향하여 자랑하지 말라. 자랑할지라도 네가 뿌리를 보전하는 것이 아니요, 뿌리가 너를 보전하는 것이니라. 19그러면 "네 말이 가지들이 꺾인 것은 나로 접붙임을 받게 하려 함이라" 하리니, 20옳도다. 그들은 믿지 아니하므로 꺾이고 너는 믿으므로 섰느니라. 높은 마음을 품지 말고 도리어 두려워하라(롬 11:17-20).

믿음으로 참감람나무에 접붙임 되어 뿌리의 진액을 받는 자만 설 수 있습니다. 이는 예수님의 포도나무 가지 비유에서도 잘 드러납니다.

> 4내 안에 거하라. 나도 너희 안에 거하리라. 가지가 포도나무에 붙어 있지 아니하면 스스로 열매를 맺을 수 없음 같이 너희도 내 안에 있지 아니하면 그러하리라. 5나는 포도나무요, 너희는 가지라. 그가 내 안에, 내가 그 안에 거하면 사람이 열매를 많이 맺나니 나를 떠나서는 너희가 아무것도 할 수 없음이라(요 15:4-5).

믿음으로 예수 그리스도에게 붙어 있는 자만 생명의 열매를 맺을 수 있습니다. 가지 혼자서는 절대로 스스로 열매를 맺을 수 없습니다. 하이델베르크 교리문답 제20문의 근거 성구들을 자세히 살펴보면 믿음으로 받는 유익이 무엇인지 확인할 수 있습니다.

2. 참된 믿음이란 무엇인가?

성경에 대략 230회 정도 등장하는 "믿음"은 성경이 다루는 주요 단어 중 하나입니다. 그런데 성경에 있는 어떤 단어의 뜻을 제대로 파악하려면 전후 문맥을 살피고 성경 전체의 가르침에 견주어 살펴보아야 합니다. 믿음도 마찬가지입니다. 성경 본문의 상황에 따라 믿음의 기원, 믿음의 역할, 믿음의 종류 등이 다양하게 다루어집니다. 여기서는 성경의 가르침에 따라 믿음을 정의하고 그 기원과 역할, 종류와 요소에 대하여 살펴보겠습니다.

ㄱ. 믿음의 정의

하이델베르크 교리문답 제21문은 "참된 믿음이란 하나님이 그의 말씀으로 우리에게 계시하신 모든 것은 참되다고 인정하는 확실한 지식"이라고 가르칩니다. 그런데 우리는 먼저 어떤 것을 참되다고 인정하는 행위 자체가 쉬운 일이 아니라는 사실을 기억해야 합니다. 거기에는 "인식"과 "분별"이라는 고도의 정신 활동이 수반되기 때문입니다. 이는 사람을 제외한 생물에게는 불가능한, 초월적 영역에 속하는 활동들입니다.

　　개나 고양이에게 무엇을 보라고 손으로 가리켜보십시오. 가리키는 대상을 보지 않고 손을 쳐다봅니다. 짐승에게는 일반적으로 추상적 방향성이 없기 때문입니다. 짐승에게는 가리키는 방향을 짐작해서 보는 행위 자체가 초월이고 이적입니다. 또한 짐승의 세계에는 정의, 정직, 범죄, 배신 등의 개념도 없습니다. 이런 개념들을 가르치는 것이 불가능합니다.

　　그런데 짐승에게만 이런 인식의 한계가 있는 것이 아닙니다. 사람에게도 인식의 한계가 있습니다. 사람의 눈은 가시광선(可視光線, visible light)만 구분할 수 있습니다. 빛이 프리즘을 통과하면 빨주노초파남보의 일곱 가지 색이 나타납니다. 하지만 무지개 색깔 바깥에도 빛이 존재합니다. 빨간색 빛보다 파장이 긴 빛을 적외선(赤外線)이라고 하고, 보라색 빛보다 파장이 짧은 빛을

TIP

赤 붉을 적
紫 자줏빛 자

헤르츠(Hertz)
진동수를 나타내는 국제
단위로서 1초 동안의 진동
횟수다.

자외선(紫外線)이라고 하는데 이는 사람이 맨눈으로 구분할 수 없는 광선입니다.

소리도 마찬가지입니다. 우리의 청각으로 감지할 수 없는 영역의 음파들이 있습니다. 사람의 귀로 들을 수 있는 범위의 주파수를 가청주파수(可聽周波數, audible frequency)라고 합니다. 사람은 20-2만 헤르츠(Hz) 정도에 해당하는 소리만 들을 수 있습니다. 진동수가 2만 헤르츠 이상인 음파는 "초음파"(超音波)라고 부르는데 박쥐는 이 초음파를 이용해서 사물을 인식합니다. 그래서 어두운 밤에도 동굴과 나무 사이를 헤집고 날아다닐 수 있습니다. 박쥐처럼 초음파를 활용할 수 있는 사람이 있다면 더 많은 정보를 받아들여 판단과 행동이 더 자유로워질 것입니다.

사람은 시각과 청각만이 아니라 인지 능력과 계산 능력, 지혜 등에서도 한계를 가지고 있습니다. 어려운 수학 개념은 아무리 공부를 많이 해도 잘 이해하지 못하는 사람들이 있기 마련입니다. 논리적인 개념뿐 아니라 윤리적인 개념에 대한 사람들의 이해도 제각각입니다. 철이 안 든 사람은 철이 든 사람들의 행동거지(行動擧止)를 잘 이해하지 못합니다.

그런데 인지 능력이나 계산 능력, 지혜 등은 개인차가 있어도 인간이 공통으로 가지고 있는 능력입니다. 미련한 사람도 지혜가 부족할 뿐이지 지혜가 전혀 없는 것은 아닙니다. 그런데 "믿음"은 그렇지 않습니다. 믿음이 있는 사람과 없는 사람은 분명하게 다릅니다. 천국, 부활, 대속(代贖), 예수 그리스도는 눈에 보이지 않습니다. 하지만 믿음이 있는 사람들은 이것들의 존재를 분명하게 인식합니다. 눈이 나빠 칠판의 글씨가 보이지 않던 학생이 안경을 쓰고 잘 보게 되듯이, 믿음이 없던 사람에게 믿음이 생기면 전에 알지 못했던 신앙의 존재와 개념을 이해하고 수용하게 됩니다.

그래서 히브리서 11:1은 "믿음은 바라는 것들의 실상이요, 보이지 않는 것들의 증거"라고 말합니다. 그리스도인들은 눈에 보이지 않는 천국과 예수님에 대해 확신합니다. 그 확신의 증거가 바로 믿음이라는 말입니다. 믿음은 일종의 인식 수단으로서 그리스도인들은 그것을 통해 천국과 예수님을 확실하게 인식하게 됩니다. 성경은 이에 대해 믿음의 선진들이 믿음으로써 증거를 얻었다고 기록합니다(히 11:2).

칼뱅주의 신학자 루이스 벌코프는 **"믿음은 외적 증거나 논리적 증명에 의존하지 않고 즉각적이고 직접적인 통찰력에 의존하는 명확한 지식"**이라고 정의했습니다.[1] 일반적으로 사람들은 외적인 증거가 있어야 옳고 그름을 판단할 수 있습니다. 검찰은 증거가 있어야 범죄자를 기소할 수 있고 학생들은 논리적 근거가 있어야 어떤 개념을 이해할 수 있습니다. 그런데 사람에게 믿음이 있으면 외적 증거나 논리적 증거에 의존하지 않고, 즉각적이고 직접적인 통찰력에 의존하여 판단할 수 있게 됩니다.

사실 통찰과 직관은 매우 중요합니다. 수학이나 문학을 접할 때도, 사회생활을 영위하며 삶을 꾸려나갈 때도 통찰과 직관은 상당히 중요한 역할을 합니다. 운동선수들도 타고난 감각이 없으면 아무리 열심히 훈련하고 기술을 닦더라도 세계적인 수준에 이르지 못합니다. 학문, 예술, 운동 분야에서도 감각과 통찰과 직관이 중요하다면 눈에 보이지 않는 하나님과 천국, 구원과 부활 등을 이해하고자 할 때는 "즉각적이고 직접적인 통찰력"이 얼마나 중요하겠습니까? 그런데 "타고난 감각"은 어떻게 논리적으로 설명하여 전달하기가 힘듭니다. 이는 배우거나 훈련한다고 해서 생기는 것이 아닙니다. 오직 하나

1　"It[faith] is frequently used to denote the positive knowledge that does not rest on external evidence nor on logical demonstration, but on an immediate and direct insight." Louis Berkhof, *Systematic Theology* (Edinburgh: The Banner of Truth Trust, 1996), 181. 합동신학대학원대학교의 송인규 교수는 이 문장을 다음과 같이 번역한다. "이 말[믿음]은 외적 증거나 논리적 증명에 의존하지 않고 즉각적이고 직접적인 통찰력에 의존하는 명확한 지식을 나타내는 데 자주 사용된다."

님의 도우심으로 생겨납니다. 우리는 이렇게 즉각적이고 직접적인 통찰력으로 획득한 지식은 허상이 아니라 명확한 지식이라는 사실을 잘 기억해야 합니다.

ㄴ. 믿음의 기원

다시 한 번 말하지만 믿음은 사람의 힘으로 생겨나지 않습니다. 부모는 자식을 가르침으로써 지식과 지혜를 어느 정도 전수해줄 수 있습니다. 하지만 믿음은 그렇게 할 수 없습니다. "즉각적이고 직접적인 통찰력에 의존하는 명확한 지식"은 오직 하나님만이 주실 수 있습니다. 그래서 믿음의 기원은 전적으로 **하나님**이십니다.

믿음은 성령 하나님이 택함을 받은 자들에게 은혜로 주시는 선물입니다. 예를 들어 베드로는 예수님께 "주는 그리스도시요, 살아계신 하나님의 아들이시니이다"(마 16:16)라고 고백했습니다. 이때 예수님은 "이를 네게 알게 한 이는 혈육이 아니요, 하늘에 계신 내 아버지시니라"(마 16:17)라고 말씀하셨습니다. 믿음의 기원이 혈육이 아님을 분명하게 밝히신 것입니다. 더 나아가 예수님은 니고데모에게 사람이 물과 성령으로 나시 아니하면 하나님의 나라에 들어갈 수 없다고 말씀하셨습니다. 성령으로 믿음을 갖게 된 사람만이 하나님의 나라에 대한 개념과 가치를 깨닫게 된다는 것입니다. "근거 성구" **4**번은 모두 믿음의 기원이 하나님께 있음을 말해줍니다.

그렇다면 하나님은 사람들에게 믿음을 주실 때 어떤 수단을 사용하실까요? "근거 성구" **5**번은 모두 사람이 전하는 **복음**(말씀)을 통해 믿음이 생긴다고 말합니다. 백부장 고넬료와 그의 친척, 그의 가까운 친구들이 성령을 받았을 때는 베드로가 그들에게 복음을 전한 때였습니다(행 10:44). 자색 옷감 장사를 하던 루디아는 바울의 말을 전해 듣고 마음을 열었습니다. 그래서 그와 그 집이 다 세례를 받고 바울 일행을 청하여 자기 집에 머물게 했습니다(행

16:14-15). 하나님은 복음이 선포될 때에 사람의 마음을 열어 주님을 받아들이게 하십니다. 즉 믿음의 기원이 하나님께 있는 것입니다.

로마서 1:16은 "이 복음은 모든 믿는 자에게 구원을 주시는 하나님의 능력이 됨이라. 먼저는 유대인에게요, 그리고 헬라인에게로다"라고 말합니다. 이 말씀대로 믿음을 통해 복음을 받아들인 사람은 구원을 받습니다. 복음이 하나님의 능력이 되는 것입니다. 여기에는 구약 시대의 유대인이 먼저 해당되고, 신약 시대의 이방인—헬라인으로 대표되는—도 해당됩니다.

한편 로마서 10:17은 "그러므로 믿음은 들음에서 나며 들음은 그리스도의 말씀으로 말미암았느니라"라고 말합니다. 이 말씀대로 믿음은 복음을 들을 때 생깁니다. 그리고 그 듣는 내용은 그리스도의 말씀, 즉 **복음**입니다. 이는 복음을 들을 때 믿음이 생긴다는 사실을 분명히 밝혀줍니다.

고린도전서 1:21은 "하나님의 지혜에 있어서는 이 세상이 자기 지혜로 하나님을 알지 못하므로 하나님께서 전도의 미련한 것으로 믿는 자들을 구원하시기를 기뻐하셨도다"라고 말합니다. 이 말씀은 세상 사람들이 스스로의 힘(지혜)으로 하나님을 알지 못하므로 누군가 하나님의 말씀, 즉 복음을 전하는 전도를 해야 한다는 사실을 말해줍니다. 그러면 성령 하나님은 그 전도를 통해 그 사람에게 믿음을 주시어 복음을 받아들이게 하십니다. 하나님은 복음을 전하는 전도라는 미련한 방법을 통하여 믿는 자들을 구원하기를 기뻐하십니다.

ㄷ. 믿음의 역할

시력이 나쁜 사람이 안경을 쓰면 사물을 선명하게 볼 수 있습니다. 망원경을 이용하면 먼 곳을 볼 수 있고, 현미경을 이용하면 맨눈으로 볼 수 없는 미세한 존재들도 확인할 수 있습니다. 마찬가지로 믿음이라는 새로운 인식 수단을 장착한 그리스도인은 예전에 인식하지 못했던 여러 가지를 새롭게 인식하게 됩니다. 먼저 사람의 기록물이라고 여기던 성경을 하나님의 말씀으로 받아들이게 됩니다. 그리고 하나님의 말씀에 따라 예전에 희미하게 알던 것들을 확실히 알게 됩니다.

여기서는 이 과정을 좀 더 자세하게 살펴보겠습니다. 이를 위해 믿음이 없는 보통 사람이 하나님에 대하여 아는 것이 무엇인지 살핀 후 그리스도인이 믿음을 통해 하나님에 대하여 알게 되는 것이 무엇인지 알아보겠습니다. 그리고 거기서 한 걸음 나아가 하나님의 말씀이 기록된 성경에 대해 살펴보겠습니다.

① 신자와 불신자 모두에게 허락된 "일반계시"(general revelation) 하나님은 일반계시를 통해 신자나 불신자 모두에게 당신을 드러내 보이십니다. 일반계시를 통해 드러나는 하나님은 어떤 분이실까요? 첫째, 천체의 운동이나 계절의 순환, 바다와 산천, 몸의 신비 등을 통해 드러나는 **창조자 하나님**입니다. 자연의 신비 앞에서는 불신자들도 창조주를 긍정하기 마련입니다.

둘째, 역사를 통해 드러나는 **섭리자 하나님**입니다. 사람들은 인류 역사를 살피고 여러 가지 경험을 겪으며 사필귀정(事必歸正)과 인과응보(因果應報)의 원리가 유효하다는 사실을 확인합니다. 그 가운데서 살아 역사하는 신의 존재에 대해 막연히 느끼는 것입니다.

셋째, 양심을 통해 드러나는 **심판자 하나님**입니다. 착한 일에 힘쓰는 사람은 마음이 편하고, 악한 일을 행하는 사람은 죄책감을 느낍니다. 사람들은 이러한 마음의 상태를 통해 심판자 하나님에 대해 막연히 느끼게 됩니다.

이처럼 신자와 불신자 모두에게 알려진 하나님에 대한 계시를 **일반계시**라고 합니다. 창세로부터 하나님의 영원하신 능력과 신성이 그 만드신 만물에 분명히 보여 알게 됩니다(롬 1:20). 그런데 사람들이 미련하고 욕심이 많아 하나님을 영화롭게도 아니하며 감사하지도 아니하고, 썩어지지 아니하는 하나님의 영광을 썩어질 사람과 새와 짐승과 기어 다니는 동물 모양의 우상으로 바꾸었습니다(롬 1:21-23). 일반계시만으로는 하나님을 제대로 알지 못하고 오히려 우상 숭배로 향하게 됩니다.

② 신자에게만 허락된 특별계시(special revelation) 하나님을 막연하게 느끼면서도 우상 숭배로 향하는 어리석은 인간에게 성령님이 믿음을 주시면 큰 변화가 생깁니다. 그제야 인간은 하나님을 똑바로 인식하게 되는 것입니다. 전에는 흐릿하던 창조자와 섭리자와 심판자 하나님에 대한 지식이 또렷해집니다. 그리고 일반계시로는 알 수 없었던 **구원자 하나님**에 대해서도 깨닫게 됩니다. 예수 그리스도가 고난을 받고 십자가에 죽으심으로써 사람들의 죗값이 없어지며 구원받는다는 것을 알게 됩니다. 이처럼 하나님이 당신의 백성에게만 주시는 계시를 특별계시라고 합니다.

성경에 보면 하나님의 특별계시는 여러 가지 방법을 통해 주어진다는 것을 알 수 있습니다. 제비뽑기도 특별계시의 수단입니다. 요나를 태우고 다시스로 가던 배의 선원들은 제비를 뽑아 폭풍이 요나 때문인 것을 알았고, 여호수아는 제비를 뽑아 아간의 죄를 밝혀냈습니다. 우림과 둠밈도 정확한 사용 방법은 성경에 나와 있지 않지만 제비뽑기와 비슷한 방식으로 활용했을 것으로 보입니다. 또 꿈과 환상과 이상과 기적도 하나님의 뜻을 알려주는 수단입니다.

③ 특별계시의 기록인 성경 음악과 그림은 언어보다 더 강렬하게 이미지를 전달합니다. 하지만 구체적으로, 혼동되지 않게 전달하기에는 어려움이 있습니다. 지금 이 책에 있는 내용을 음악과 그림으로 어떻게 정확히 표현하겠습니까? 그래서 하나님은 특별계시를 음악이나 그림이 아닌 언어를 통해 전달하셨습니다. 언어는 말과 문자로 나뉘는데, 말은 문자보다 더 친근하고 생생하지만 망각과 변형의 위험이 있습니다. 그래서 하나님은 특별계시가 문자로

기록되게 하셨습니다. 이것이 곧 **성경**입니다.

　정리하자면 일반계시만으로는 어리석은 사람들이 하나님을 제대로 알기 어렵기 때문에 하나님은 믿음을 통하여 특별계시를 주셨습니다. 그리고 말로 이루어진 특별계시는 망각과 변형의 위험이 있기 때문에 글로 기록된 성경이 우리에게 주어졌습니다. 즉 성경은 특별계시가 기록된 것입니다.

특별계시의 기록을 보여주는 성구

3모세가 와서 여호와의 모든 말씀과 그의 모든 율례를 백성에게 전하매 그들이 한 소리로 응답하여 이르되 "여호와께서 말씀하신 모든 것을 우리가 준행하리이다." 4모세가 여호와의 모든 말씀을 기록하고 이른 아침에 일어나 산 아래에 제단을 쌓고 이스라엘 열두 지파대로 열두 기둥을 세우고(출 24:3-4).

25그 날에 여호수아가 세겜에서 백성과 더불어 언약을 맺고 그들을 위하여 율례와 법도를 제정하였더라. 26여호수아가 이 모든 말씀을 하나님의 율법책에 기록하고(수 24:25-26).

사무엘이 나라의 제도를 백성에게 말하고 책에 기록하여 여호와 앞에 두고 모든 백성을 각기 집으로 보내매(삼상 10:25).

20먼저 알 것은 성경의 모든 예언은 사사로이 풀 것이 아니니 21예언은 언제든지 사람의 뜻으로 낸 것이 아니요, 오직 성령의 감동하심을 받은 사람들이 하나님께 받아 말한 것임이라(벧후 1:20-21).

15또 우리 주의 오래 참으심이 구원이 될 줄로 여기라. 우리가 사랑하는 형제 바울도 그 받은 지혜대로 너희에게 이같이 썼고 16또 그 모든 편지에도 이런 일에 관하여 말하였으되 그중에 알기 어려운 것이 더러 있으니 무식한 자들과 굳세지 못한 자들이 다른 성경과 같이 그것도 억지로 풀다가 스스로 멸망에 이르느니라(벧후 3:15-16).

---

④ **믿음이 하는 역할**　앞서 살펴본 것처럼 믿음을 갖게 되면 특별계시가 기록된 성경을 모두 하나님의 말씀으로 받아들이게 됩니다. "하나님이 그의 말씀으로 우리에게 계시하신 모든 것은 참되다고 인정하는" 마음이 생기는 것입

니다. 신자는 성경을 통해서 창조자, 섭리자, 심판자, 구원자 하나님을 받아들입니다. 특히 이성을 통한 일반계시로는 도저히 알 수 없던 **구원자 하나님**에 대해서 믿음을 통해 새롭게 알게 됩니다. 그러므로 믿음의 주요한 역할은 구원자 하나님을 알고 받아들이게 하는 것입니다. 믿음을 갖게 된 사람은 자신을 포함한 인간들이 얼마나 큰 죄인인가를 알고, 이로 인해 얼마나 비참한 상황에 빠졌는가를 깨닫게 됩니다. 또 십자가의 대속의 죽음을 통해 구원을 주신 예수 그리스도를 받아들이고 의지하게 됩니다.

다시 말해 신자는 믿음을 통하여 자신이 죄인으로서 비참한 상태에 있다는 것과, 그 상태를 벗어날 방법은 오직 그리스도의 생애와 죽음을 통한 대속의 사역뿐이라는 것을 깨닫습니다. 그리스도의 대속을 통해 죄가 용서되고 영원한 의와 구원을 얻게 된다는 사실을 깨닫는 것입니다. 그래서 믿음이 있는 사람은 그리스도와 그리스도의 의를 받아들이고 의지합니다. 즉 믿음의 주요한 역할은 죄의 용서와 영원한 의와 구원을 위해서 오직 그리스도만을 받아들이고 의지하게 하는 것입니다.

ㄹ. 믿음의 세 가지 요소: 지적 요소(지식), 감정적 요소(동의), 의지적 요소(신뢰)

앞서 밝혔지만 믿음이라는 단어는 개역개정판 성경에서 대략 230번 정도 사용됩니다. 그것도 한 가지 의미로만 사용되지 않고 다양한 의미로 사용됩니다. 그래서 우리는 전후 문맥을 살펴 각각의 경우가 어떤 용례에 해당하는지 분별할 수 있어야 합니다. 여기서는 믿음에 세 가지 요소와 네 가지 종류가 있음을 살펴봄으로써 이 분별을 돕도록 하겠습니다.

① 지적 요소(지식) 사람이 어떤 결정을 내릴 때 느낌이나 욕구도 중요하지만 그 결정으로 인한 결과가 무엇일지 알려주는 **지식**은 더욱 중요합니다. 지식 없이 내리는 결정은 모험이나 환상에 지나지 않습니다. 누군가가 예수님을 믿는다고 할 때는 자신의 죄와 비참, 그리고 죄의 용서와 해결 및 구원이 무

엇인지에 대한 지식이 있어야 합니다. 물론 처음 믿음을 가질 때는 그 지식이 얕을 수밖에 없습니다. 믿음의 지적 요소인 지식은 신앙생활을 해나가며 성장하기 마련입니다. 신앙생활에서 지식의 요소가 약하면 신비주의나 샤머니즘에 빠지기 쉬우니 주의해야 합니다.

② 감정적 요소(동의) 사람은 어떤 결정을 내릴 때 지식만을 사용하지 않습니다. 그 결정이 감정에 와 닿아 동의가 되어야 합니다. 그 결정이 실제로 중요하게 여겨지고 자신의 것으로 받아들여져야 합니다.

　　믿음의 감정적 요소인 동의는 지적 요소인 지식과 쉽게 구분이 되지 않습니다. 대체로 지식이 생기면 감정도 생기기 때문입니다. 그래서 하이델베르크 교리문답 제21문은 믿음이 "우리에게 계시하신 모든 것은 참되다고 인정하는 확실한 지식"이라고 말하여 지적 요소와 감정적 요소를 같이 묶어 표현합니다. 그런데 머리로는 알면서 마음으로는 동의가 되지 않는 경우가 있으므로 양자는 분명히 구별됩니다. 지식은 비교적 수동적이고 이론적이지만 동의는 비교적 능동적이고 이행적이라는 면에서 차이가 있습니다.

③ 의지적 요소(신뢰) 길거리를 가다가 문이 열린 차를 보고 충동적으로 차를 훔쳐 달아난 전과자가 있었습니다. 그는 감옥에서 이런 행위를 반성하고 앞으로는 그렇게 하지 않겠다고 동의도 했습니다. 그런데 감옥에서 나온 후 다시 문이 열린 차를 보자 충동을 참지 못했습니다. 그에게는 자신의 지식과 감정을 강하게 밀고 나갈 의지가 없었던 것입니다.

　　믿음은 지식과 동의의 차원을 넘어서 영혼의 방향을 바꾸어 지식과 감정이 가리키는 방향으로 나아가야 진짜입니다. 지식과 감정을 자신의 것으로 만들어 예전의 방향과는 다른 방향으로 완전히 돌아서야 합니다. 이처럼 의지적 요소인 **신뢰**까지 있을 때 그리스도인은 하나님의 말씀에 따라 생각하고 느끼고 행동할 수 있습니다. 사는 방향이 완전히 바뀌는 것입니다. 하이델베르크 교리문답 제21문은 이 요소를 가리켜 "성령이 복음에 의해 내 마음에 일으키신 강한 신뢰"라고 표현합니다.

　지식과 동의와 신뢰는 분리되지 않고 구별됩니다. 믿음에는 이 세 요소가 분리되지 않고 복합적으로 작용합니다. 따라서 그리스도인의 믿음은 사람의 지성이나 감성이나 의지에 따로 머물지 않고 사람의 인격 전체에 머뭅니다.

ㅁ. 믿음의 네 가지 종류: 역사적 믿음, 이적적 믿음, 일시적 믿음, 구원적 믿음

① 역사적 믿음　역사적 믿음은 실제로 벌어진 사건을 역사적 사실로 인정하는 믿음입니다. 이 역사적 사실이 자신에게 어떤 영적·도덕적·실존적 의미가 있는지는 상관이 없습니다. 예수님이 오병이어로 오천 명을 먹이시는 이적을 옆에서 지켜본 사람은 그 사건을 역사적으로 인정할 수밖에 없습니다. 그런데 그 이적이 자신의 구원과 어떤 관계가 있는지 깨닫지 못하고 예수님을 단순히 이적을 행하시는 분으로만 안다면 그 믿음은 구원에 이르는 믿음이 아니라 역사적 믿음에 지나지 않습니다.

　사도행전을 보면 사마리아 백성은 마술사 시몬이 하나님의 능력을 받았다고 생각해 그를 따랐습니다. 빌립은 이런 사마리아에서 전도하며 표적과 큰 능력을 행했는데 이때 마술사 시몬을 비롯한 많은 남녀가 세례를 받게 되었습니다. 그런데 시몬은 사도들이 안수할 때 성령이 내리는 것을 보고 돈으로 그 권능을 사고자 했습니다. 이에 베드로는 시몬을 호되게 책망합니다.

　　20네가 하나님의 선물을 돈 주고 살 줄로 생각하였으니 네 은과 네가 함께 망할지어다. 21하나님 앞에서 네 마음이 바르지 못하니 이 도에는 네가 관계도 없고 분깃 될 것도 없느니라(행 8:20-21).

　베드로의 지적처럼 시몬은 빌립과 사도들의 사역을 보았지만 역사적 믿음에만 머물렀습니다. 그러므로 사도행전 8:13의 "시몬도 믿고"라는 구절에 나오는 "믿음"은 역사적 믿음으로 이해해야 합니다. 성경에 나오는 믿음이라고 해서 모두 구원에 이르는 참된 믿음으로 해석하면 안 됩니다.

② 이적적 믿음 이적적 믿음은 본인이 이적을 행할 수 있다고 여기거나 하나님이 자기를 위하여 이적을 행하신다고 여기는 믿음입니다. 예수님의 제자들은 아들에게 들린 귀신을 내쫓아달라는 어떤 사람의 부탁을 들어주지 못했습니다. 예수님은 제자들이 귀신을 쫓아내지 못한 이유를 "너희 믿음이 작은 까닭이니라"(마 17:20)라고 말씀하셨습니다. 이 경우의 믿음은 이적적 믿음이 약하다는 것이지 예수님을 믿는 구원적 믿음이 약하다는 뜻은 아닙니다.

누가복음 17장에서 나병 환자 10명은 예수님께 자기들을 불쌍히 여겨달라고 말했습니다. 그들에게는 예수님이 자기들의 병을 고치실 것이라는 이적적 믿음이 있었습니다. 그런데 예수님의 능력으로 병이 나은 이후에는 9명이 예수님을 떠나버렸습니다. 오직 한 사람만이 하나님께 영광을 돌리고 예수님의 발아래에 엎드려 감사를 표현했습니다. 예수님은 "너의 믿음이 너를 구원하였느니라"(눅 17:19)라고 말씀하시며 그를 칭찬하셨습니다. 그의 이적적 믿음은 구원에 이르는 믿음에까지 이르렀던 것입니다.

하지만 다른 9명은 예수님이 이적을 행하실 수 있다는 믿음에서 멈추었습니다. 자신이 이적을 행하거나 이적을 경험해도 영적·도덕적·실존적 의미를 발견하지 못하면 단순히 이적적 믿음이나 역사적 믿음에 머물 수밖에 없습니다. 심지어 예수님은 주의 이름으로 귀신을 쫓아내고 많은 권능을 행해도 천국에 들어가지 못할 수 있다고 경고하셨습니다(마 7:21-23). 우리는 이적적 믿음이 늘 진정한 구원적 믿음에 이르는 것이 아님을 기억하고 주의해야 할 것입니다.

③ 일시적 믿음 일시적 믿음이란 한동안 강해 보이지만 곧 시들어버리는 믿음입니다. 일시적 믿음이라는 명칭은 마태복음 13장의 씨 뿌리는 비유에서

나왔습니다. 흙이 얕은 돌밭에 뿌려진 씨는 곧 싹이 나나 해가 돋은 후에 타서 뿌리가 없으므로 말라버립니다. 이것은 말씀을 듣고 즉시 기쁨으로 받으나 그 속에 뿌리가 없어서 잠시 견디다가 말씀으로 말미암아 환난이나 박해가 일어나면 곧 넘어지는 믿음을 나타냅니다(마 13:20-21).

처음에 활기차게 신앙생활을 시작하지만 얼마 되지 않아 그만두는 이들이 있습니다. 그들을 위선적이라고만 할 수 없는 이유는 그들조차도 자신이 믿음을 가지고 있다고 착각하기 때문입니다. 그들은 최소한 신앙생활을 하는 동안에는 나름 분명한 확신 속에 있습니다. 그런데 그것이 중생한 영혼에서 나온 것이 아닌, 인간적 차원의 확신인지라 환난이나 박해가 발생하면 믿음을 저버립니다. 그래서 우리는 교회에서 직분자를 세울 때 일시적 믿음을 가진 자가 세워지지 않도록 신중해야 하고, 특히 새로 입교한 자는 검증을 위해서라도 당분간 직분자로 세워서는 안 됩니다.

④ 진정한 구원적 믿음 구원에까지 이르는 믿음이 진정한 믿음입니다. 하나님은 거듭난 사람에게 믿음의 씨앗이라고 부를 수 있는 새로운 지식과 확신을 주십니다. 거듭난 사람은 이 믿음의 씨앗에 의하여 예전과는 다르게 느끼고 지향하며 행동합니다. 그래서 성경이 알려주는 대로 자신이 복음을 통해 그리스도에 의해 구원을 받은 자라고 확신합니다. 즉 사람들이 죄의 용서와 영원한 의와 구원을 하나님으로부터 받는데 어떠한 공로도 없이, 값없이(freely), 순전히 은혜로(merely of grace), 오직 그리스도의 공로 때문에 받는다고 확신하는 것입니다.

인간의 의식은 항상 일정한 대상을 지향합니다. 아담의 타락 이후에 인간의 의식은 하나님이 아니라 죄와 자신을 지향합니다. 모든 소리와 장면을 균일하게 녹음하고 녹화하는 전자 기기와 달리 사람은 자기가 듣고자 하는 것만을 듣고, 보고자 하는 것만을 봅니다. 하지만 중생자의 의식은 믿음의 씨앗이 성장함에 따라 사람이 본래 지향해야 할 바를 찾아갑니다. 유아에게서는 인간의 특성이 강하게 드러나지 않지만 경험과 교육이 쌓이면 점점 달라지 듯이, 중생자도 처음에는 그리스도인의 특성이 잘 드러나지 않지만 하나님이 심으신 믿음의 씨앗이 성장하면 생각과 행동에 변화가 생깁니다. 그는 점점 성경이 말하는 내용을 전인격으로 지향하고 추구하게 됩니다.

3. 그러면 그리스도인은 무엇을 믿는가?

우리는 하이델베르크 교리문답 제21문을 통해서 참된 믿음이 무엇인지 살 펴보았습니다. 이어지는 제22문은 그렇다면 우리가 무엇을 믿어야 하는지 묻습니다. 그 답은 복음에서 우리에게 약속된 모든 것이 요약된 "사도신경"입니다. 사도신경은 사도들이 직접 만든 것은 아니지만, 후세 사람들이 사도들의 가르침을 정리하고 요약한 것임은 분명합니다. 현재와 비슷한 형태는 4, 5세 기부터 존재했는데 교회에서 세례를 받으려는 자가 자신의 신앙이 무엇인지 고백하는 용도로 사용되었습니다. 사도신경은 간단하지만 성부와 성자와 성 령에 대하여 각각 핵심이 되는 내용을 잘 담고 있어 예배 때 함께 고백하기에 알맞습니다. 그래서 지금도 많은 교회들이 예배 중에 사도신경으로 신앙을 고백하고 있습니다.

4. 사도신경의 내용은 무엇인가?

사도신경의 내용은 제23문에 나옵니다. 그런데 사도신경에는 약간씩 다른 몇 가지 유형들이 존재합니다. 특히 "지옥에 내려가시고"(He descended into hell)라는 부분은 신앙고백의 내용이 처음 등장하는 210년경 자료와 이어지 는 자료에는 보이지 않다가 4세기의 자료에서 처음 발견됩니다. 그리고 6세 기 이후에도 대다수 기록물에는 등장하지 않았습니다. 하지만 서방교회의 "공인된 원문"(*Forma Recepta*)은 이 구절을 받아들여 기재했습니다.

우리말 사도신경에는 "지옥에 내려가시고"(He descended into hell)라는 부분이 없습니다. 1887년에 조선 땅을 처음 밟은 언더우드(H. G. Underwood, 1859-1916) 선교사는 7년 후인 1894년에 사도신경을 우리말로 번역했습니다. 그는 "지옥에 내려가시고"(He descended into hell)라는 부분도 포함시켜 번역했지만 1908년에 발간된 "합동 찬송가"에 사도신경을 넣을 때는 그 부분을 빼자는 일부 교단의 주장이 반영되었습니다. 우리는 이 구절을 다루는 하이델베르크 교리문답 제44문을 통해 그 내용을 자세히 살펴볼 수 있을 것입니다.

심화 연구

내적 인식 원리와 외적 인식 원리

예전에 저희 집에 진돗개가 한 마리 있었습니다. 그런데 어느 날 TV 프로그램 "동물의 세계"에서 사자가 나왔습니다. 우리 개가 다른 동물을 잡아먹는 사자를 보고 어떤 반응을 보일지 궁금해진 저는 저만큼 있던 진돗개를 부르며 TV를 손으로 가리켰습니다. 그 진돗개는 고양이를 보면 잡아먹을 듯 달려들곤 했고 실제로 어떤 고양이를 다치게 한 적도 있었습니다. 그 사나운 진돗개는 사자를 보라는 제 말에 어떤 반응을 보였을까요? 사자를 보고 경계하며 짖었을까요, 아니면 뒷걸음쳤을까요?

예상과는 달리 우리 진돗개는 TV를 가리키는 제 손만 쳐다보았습니다. 개와 같은 짐승에게는 방향성이 없기 때문입니다. 손이 가리키는 방향을 짐작해서 쳐다보는 보는 것이 짐승에게는 이적이고 초월이고 신비입니다. 사람이 너무나 평범하게 갖는 이성과 감성의 인식 능력이 동물에게는 없는 것입니다.

불신자들에게 예수님을 믿으라고 전하면 그들은 예수님은 보지 않고 쓸데없는 것들로 시비를 겁니다. 어떤 사람은 일부 교회에서 발생한 여러 가지 문제에 대해 지적합니다. 신이 있으면 보여달라고 도발적으로 요구하는 사람도 있습니다. 그들에게는 예수님을 볼 수 있는 방향성이 없기에 비본질적인 것을 문제삼으며 본질을 회피하는 것입니다.

그렇다면 신자들은 어떻게 보이지 않는 예수님을 인식할 수 있습니까? 그것은 **믿음**이라는 인식 수단이 있기 때문입니다. 시력이 나쁜 사람이 안경을 쓰면 잘 볼 수 있는 것처럼, 믿음이 생기면 인식하지 못하던 것들을 인식할 수 있습니다. 눈에 보이지 않는 하나님과 천국, 거룩의 가치 등이 실재한다는 사실을 깨닫게되는 것입니다. 그래서 "믿음은 바라는 것들의 실상이요, 보이지 않는 것들의 증거"입니다(히 11:1). 믿음이 있으면 바라는 것들을 실상처럼, 보이지 않는 것들을 분명한 증거가 있는 것처럼 여기게 됩니다. 히브리서 11장은 믿음을 통해 새로운 인식을 갖게 된 신앙의 선배들이 어떠한 삶을 살았는지를 웅변적으로 말해줍니다.

사람은 동물과 구별되는 이성과 감성의 인식 수단을 갖고 있습니다. 신자는 거기에 덧붙여 불신자와 구별되는 믿음이라는 인식 수단을 갖고 있습니다. 신자는 이 믿음 때문에 히브리서 11장에 나오는 믿음의 선배들처럼 구별된 삶을 살게 됩니다. 신자는 이성과 감성을 초월하는 믿음에 근거하여 모든 것들을 바라보고 판단합니다. 일반인의 내적 인식 원리는 이성과 감성이지만 신자의 내적 인식 원리는 믿음입니다. 불신자는 이성에 따라 판단하지만 신자는 "믿음에 의한" 이성에 따라 판단합니다.

또한 일반인의 외적 인식 원리는 경험과 전통과 학문과 법률 등이지만 신자의 외적 인식 원리는 **성경**입니다. 일반인은 무엇을 판단할 때 경험과 전통과 학문과 법률 등을 앞세워 판단합니다. 하지만 신자는 하나님의 말씀이 계시되어 기록된 성경에 근거하여 옳고 그름을 판단합니다. 간통을 예로 들면 일반인은 2015년 2월 26일에 헌법재판소에서 간통죄가 위헌으로 판결이 났기 때문에 간통을 더 이상 죄로 여기지 않습니다. 하지만 신자는 십계명의 제7계명이 간음하지 말라고 정해놓았기에 중죄로 여깁

니다. 국가의 형법은 간통죄를 죄로 다루지 않아도 성경의 가르침에 따라 간음하지 않으려고 노력하는 것입니다.

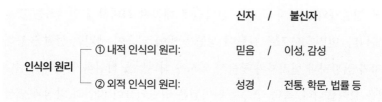

표15 인식의 두 가지 원리

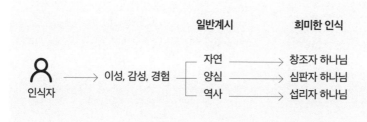

표16 하나님에 대한 일반인들의 희미한 인식

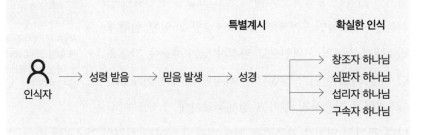

특별계시　　　　　　　확실한 인식

인식자 → 성령 받음 → 믿음 발생 → 성경 → 창조자 하나님
→ 심판자 하나님
→ 섭리자 하나님
→ 구속자 하나님

표17 하나님에 대한 신자들의 확실한 인식

　　앞의 "표16"은 일반인이 자연과 양심과 역사라는 일반계시를 통하여 창조자와 심판자와 섭리자 되시는 하나님에 대하여 희미하게 인식하는 것을 보여줍니다. 반면 "표17"은 사람이 성령을 받아 믿음이 생기면 성경을 통해 창조자와 심판자와 섭리자와 구속자 되시는 하나님을 확실히 인식하게 된다는 것을 보여줍니다. 특히 구속자 하나님은 일반인들이 자연과 양심과 역사라는 일반계시를 통해서는 흐릿하게나마도 인식할 수 없다는 사실을 기억해야 합니다.

01 여러분은 말을 조리 있고 생동감 있게 하는 편입니까, 아니면 지루하게 하는 편입니까? 대화를 할 때 일방적으로 발표하는 편입니까, 아니면 상대방의 의견과 반응을 살피며 말을 주고받는 편입니까? 자신이 말하는 방식의 장·단점을 이야기해보고 개선할 점이 있다면 어떤 것인지 생각해봅시다.

02 하이델베르크 교리문답 제20-23문을 서로 묻고 답해봅시다. 근거 성구도 함께 살펴봅시다.

03 모든 사람이 그리스도에 의하여 구원을 받습니까?

04 믿음을 정의해보고 그 기원은 어디에 있는지 말해봅시다.

05   내적 인식 원리인 믿음이 하는 역할은 무엇입니까?

06   믿음의 세 가지 요소를 설명해봅시다.

07   믿음의 네 가지 종류를 구분해봅시다.

08   그리스도인이 믿어야 하는 내용을 담은 사도신경을 암송해봅시다.

사도신경의 구분과 삼위일체

Q 제24문 이 조항들[사도신경]은 어떻게 구분됩니까?

How are these articles divided?

A 답 세 부분으로 구분됩니다. 첫째, 성부 하나님과 우리의 창조, 둘째, 성자 하나님과 우리의 구속, 셋째, 성령 하나님과 우리의 성화입니다.

Into three parts; the first is of God the Father, and our creation; the second of God the Son, and our redemption; the third of God the Holy Ghost, and our sanctification.

Q 제25문 오직 한[1] 신적인 본질만이 계시다고 하면서 당신은 왜 성부와 성자와 성령을 말합니까?

Since there is but one only divine essence, why speakest thou of Father, Son, and Holy Ghost?

A 답 왜냐하면 하나님은 말씀으로 자신을 그렇게 계시하시어,[2] 구별되는 이 세 위격이 한 분의 유일한 참된 영원한 하나님이라고 하기 때문입니다.

Because God has so revealed himself in his word, that these three distinct persons are the one only true and eternal God.

divide	구분하다, 나누다, 분리하다	divine	신의, 신성한
essence	본질, 핵심, 정수	distinct	다른, 뚜렷한, 독특한

근거 성구

1 이스라엘아! 들으라. 우리 하나님 여호와는 오직 유일한 여호와이시니(신 6:4).

이스라엘의 왕인 여호와, 이스라엘의 구원자인 만군의 여호와가 이같이 말하노라. 나는 처음이요 나는 마지막이라. 나 외에 다른 신이 없느니라(사 44:6).

나는 여호와라. 나 외에 다른 이가 없나니 나밖에 신이 없느니라. 너는 나를 알지 못하였을지라도 나는 네 띠를 동일 것이요(사 45:5).

4그러므로 우상의 제물을 먹는 일에 대하여는 우리가 우상은 세상에 아무것도 아니며 또한 하나님은 한 분밖에 없는 줄 아노라.…6그러나 우리에게는 한 하나님 곧 아버지가 계시니 만물이 그에게서 났고 우리도 그를 위하여 있고 또한 한 주 예수 그리스도께서 계시니 만물이 그로 말미암고 우리도 그로 말미암아 있느니라(고전 8:4, 6).

하나님도 한 분이시니 곧 만유의 아버지시라. 만유 위에 계시고 만유를 통일하시고 만유 가운데 계시도다(엡 4:6).

2 2땅이 혼돈하고 공허하며 흑암이 깊음 위에 있고 하나님의 영은 수면 위에 운행하시니라. 3하나님이 이르시되 "빛이 있으라" 하시니 빛이 있었고(창 1:2-3).

여호와의 말씀으로 하늘이 지음이 되었으며 그 만상을 그의 입 기운으로 이루었도다(시 33:6).

여호와께서 내 주에게 말씀하시기를 "내가 네 원수들로 네 발판이 되게 하기까지 너는 내 오른쪽에 앉아 있으라" 하셨도다(시 110:1).

"너희는 내게 가까이 나아와 이것을 들으라. 내가 처음부터 비밀히 말하지 아니하였나니 그것이 있을 때부터 내가 거기에 있었노라" 하셨느니라. 이제는 주 여호와께서 나와 그의 영을 보내셨느니라(사 48:16).

주 여호와의 영이 내게 내리셨으니 이는 여호와께서 내게 기름을 부으사 가난한 자에게 아름다운 소식을 전하게 하려 하심이라. 나를 보내사 마음이 상한 자를 고치며 포로된 자에게 자유를, 갇힌 자에게 놓임을 선포하며(사 61:1).

16예수께서 세례를 받으시고 곧 물에서 올라오실새 하늘이 열리고 하나님의 성령이 비둘기 같이 내려 자기 위에 임하심을 보시더니 17하늘로부터 소리가 있어 말씀하시되 "이는 내 사랑하는 아들이요, 내 기뻐하는 자라" 하시니라(마 3:16-17).

그러므로 너희는 가서 모든 민족을 제자

로 삼아 아버지와 아들과 성령의 이름으로 세례를 베풀고(마 28:19).

천사가 대답하여 이르되 "성령이 네게 임하시고 지극히 높으신 이의 능력이 너를 덮으시리니 이러므로 나실 바 거룩한 이는 하나님의 아들이라 일컬어지리라"(눅 1:35).

주의 성령이 내게 임하셨으니 이는 가난한 자에게 복음을 전하게 하시려고 내게 기름을 부으시고 나를 보내사 포로 된 자에게 자유를, 눈먼 자에게 다시 보게 함을 전파하며 눌린 자를 자유롭게 하고(눅 4:18).

보혜사, 곧 아버지께서 내 이름으로 보내실 성령 그가 너희에게 모든 것을 가르치고 내가 너희에게 말한 모든 것을 생각나게 하리라(요 14:26).

내가 아버지께로부터 너희에게 보낼 보혜사 곧 아버지께로부터 나오시는 진리의 성령이 오실 때에 그가 나를 증언하실 것이요(요 15:26).

32이 예수를 하나님이 살리신지라. 우리가 다 이 일에 증인이로다. 33하나님이 오른손으로 예수를 높이시매 그가 약속하신 성령을 아버지께 받아서 너희가 보고 듣는 이것을 부어주셨느니라(행 2:32-33).

주 예수 그리스도의 은혜와 하나님의 사랑과 성령의 교통하심이 너희 무리와 함께 있을지어다(고후 13:13).

너희가 아들이므로 하나님이 그 아들의 영을 우리 마음 가운데 보내사 아빠 아버지라 부르게 하셨느니라(갈 4:6).

이는 그로 말미암아 우리 둘이 한 성령 안에서 아버지께 나아감을 얻게 하려 하심이라(엡 2:18).

5우리를 구원하시되 우리가 행한 바 의로운 행위로 말미암지 아니하고 오직 그이 긍휼하심을 따라 중생의 씻음과 성령의 새롭게 하심으로 하셨나니 6우리 구주 예수 그리스도로 말미암아 우리에게 그 성령을 풍성히 부어주사(딛 3:5-6).

사도신경의 구분과 삼위일체

여러 조항으로 구성된 사도신경은 그리스도인이 가진 믿음의 내용이 무엇인지 체계적으로 이야기해줍니다. 하이델베르크 교리문답 제24문은 성부 하나님, 성령 하나님, 성자 하나님이 우리의 신앙에 어떻게 관계되는지가 사도신경에 드러난다고 밝힙니다. 그리고 제25문은 제24문에서 드러난 삼위일체 하나님이 기독교가 말하는 한 하나님 개념과 배치되지 않는지 점검합니다.

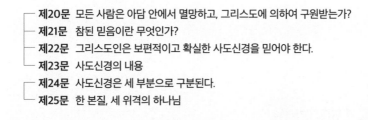

제20문 모든 사람은 아담 안에서 멸망하고, 그리스도에 의하여 구원받는가?
제21문 참된 믿음이란 무엇인가?
제22문 그리스도인은 보편적이고 확실한 사도신경을 믿어야 한다.
제23문 사도신경의 내용
제24문 사도신경은 세 부분으로 구분된다.
제25문 한 본질, 세 위격의 하나님

표18 하이델베르크 교리문답 제20-25문의 구성

1. 사도신경은 어떻게 나뉘는가?

사도신경에는 "믿는다"는 말이 세 번 나옵니다. 사도신경은 이에 따라 크게 세 부분으로 나뉩니다. "전능하신 아버지 하나님, 천지의 창조주를 믿는다"는 내용은 성부 하나님과 우리의 창조를 다룹니다. "그의 유일하신 아들을 믿는다"는 내용은 성자 하나님과 우리의 구속을 다룹니다. "성령을 믿는다"는 내용은 성령 하나님과 우리의 성화를 다룹니다. 하이델베르크 교리문답은 성부와 성자와 성령이 하시는 일을 각각 우리의 창조와 구원과 성화로 요약해 표현했습니다. 제2문에서 살펴본 것처럼 사도신경과 관련된 하이델베르크 교리문답은 아래의 구조로 되어 있습니다.

제23문	사도신경의 내용
제24문	사도신경의 구조
제25문	삼위일체
제26-28문	성부 하나님과 창조
제29-52문	성자 하나님과 우리의 구속
제53-64문	성령 하나님과 우리의 성화
제65-68문	성례에 대하여
제69-74문	세례에 대하여
제75-82문	성찬에 대하여

표19 하이델베르크 교리문답의 구조

7 한 본질, 세 위격의 하나님

하이델베르크 교리문답 제25문은 삼위일체에 대하여 다룹니다. 삼위일체 하나님의 존재 양식은 한 본질, 세 위격(one essence, three persons)으로 표현할 수 있습니다. 하나님은 본질에서 하나이시고 위격에서 셋이십니다. 성부와 성자와 성령은 본질에서 같습니다. 그런데 위격에 있어서는 셋으로 각각의 독특성이 있습니다. 우리는 먼저 성경이 성자와 성령께 성부와 같은 신성을 돌리는 성구들을 살펴보고, 이어서 성부와 성자와 성령의 관계에 대해서 살펴보겠습니다.

ㄱ. 성자와 성령께 돌려지는 신성

성경에는 성자와 성령께 성부와 똑같은 신성을 돌리는 구절들이 많습니다. 이러한 구절들을 통해 우리는 성자와 성령이 성부와 똑같은 하나님임을 알 수 있습니다. 성부와 성자와 성령은 한 본질의 하나님이십니다. 모두 영원하시고 무한하시고 불변하십니다. 본질이란 면에서 성부와 성자와 성령은 같습니다. 모두가 태어나거나 만들어지지 않고 스스로 존재하십니다.

예수 그리스도의 신성을 보여주는 성구

이는 한 아기가 우리에게 났고 한 아들을 우리에게 주신 바 되었는데 그 어깨에는 정사를 메었고 그 이름은 기묘자라, 모사라, 전능하신 하나님이라, 영존하시는 아버지라, 평강의 왕이라 할 것임이라(사 9:6).

5여호와의 말씀이니라. 보라! 때가 이르리니 내가 다윗에게 한 의로운 가지를 일으킬 것이라. 그가 왕이 되어 지혜롭게 다스리며 세상에서 정의와 공의를 행할 것이며 6그의 날에 유다는 구원을 받겠고 이스라엘은 평안히 살 것이며 그의 이름은 여호와 우리의 공의라 일컬음을 받으리라(렘 23:5-6).

1태초에 말씀이 계시니라. 이 말씀이 하나님과 함께 계셨으니 이 말씀은 곧 하나님이시니라. 2그가 태초에 하나님과 함께 계셨고 3만물이 그로 말미암아 지은 바 되었으니 지은 것이 하나도 그가 없이는 된 것이 없느니라(요 1:1-3).

주 예수 그리스도의 은혜와 하나님의 사랑과 성령의 교통하심이 너희 무리와 함께 있을지어다(고후 13:13).

6그는 근본 하나님의 본체시나 하나님과 동등됨을 취할 것으로 여기지 아니하시고 7오히려 자기를 비워 종의 형체를 가지사 사람들과 같이 되셨고 8사람의 모양으로 나타나사 자기를 낮추시고 죽기까지 복종하셨으니 곧 십자가에 죽으심이라(빌 2:6-8).

또 아는 것은 하나님의 아들이 이르러 우리에게 지각을 주사 우리로 참된 자를 알게 하신 것과 또한 우리가 참된 자 곧 그의 아들 예수 그리스도 안에 있는 것이니 그는 참 하나님이시요, 영생이시라(요일 5:20).

성령 하나님의 신성을 보여주는 성구

그가 그곳 이름을 맛사 또는 므리바라 불렀으니 이는 이스라엘 자손이 다투었음이요 또는 그들이 여호와를 시험하여 이르기를 여호와께서 우리 중에 계신가 안 계신가 하였음이더라(출 17:7).

7그러므로 성령이 이르신 바와 같이 오늘 너희가 그의 음성을 듣거든 8광야에서 시험하던 날에 거역하던 것 같이 너희 마음을 완고하게 하지 말라. 9거기서 너희 열조가 나를 시험하여 증험하고 사십 년 동안 나의 행사를 보았느니라(히 3:7-9).

3베드로가 이르되 "아나니아야! 어찌하여 사탄이 네 마음에 가득하여 네가 성령을 속이고 땅 값 얼마를 감추었느냐? 4땅이 그대로 있을 때에는 네 땅이 아니며 판 후에도 네 마음대로 할 수가 없더냐? 어찌하여 이 일을 네 마음에 두었느냐? 사람에게 거짓말한 것이 아니요, 하나님께로다"(행 5:3-4).

TIP

출 17:7의 "여호와"를 히 3:7-9은 "성령"이라고 말한다.

예언은 언제든지 사람의 뜻으로 낸 것이 아니요, 오직 성령의 감동하심을 받은 사람들이 하나님께 받아 말한 것임이라(벧후 1:21).

7내가 주의 영을 떠나 어디로 가며 주의 앞에서 어디로 피하리이까? 8내가 하늘에 올라갈지라도 거기 계시며 스올에 내 자리를 펼지라도 거기 계시니이다(시 139:7-8).

누가 여호와의 영을 지도하였으며 그의 모사가 되어 그를 가르쳤으랴?(사 40:13)

누가 주의 마음을 알았느냐? 누가 그의 모사가 되었느냐?(롬 11:34)

TIP

롬 11:34은 사 40:13의 여호와의 영을 "주"로, 즉 하나님으로 호칭한다.

그러므로 너희는 가서 모든 민족을 제자로 삼아 아버지와 아들과 성령의 이름으로 세례를 베풀고(마 28:19).

ㄴ. 성부와 성자와 성령의 영원한 존재 방식

성부와 성자와 성령은 본질에서는 같지만, 위격에 있어서는 각각의 독특성이 있습니다. 세 위격은 모두 태어나거나 만들어지지 않았습니다. 성부, 성자, 성령 모두 스스로 영원히 존재하십니다. 그런데 세 위격의 관계에서는 어떤 위격이 다른 위격으로 말미암아 존재합니다. 세 위격 간에 기원의 여부가 존재하는 것입니다. 그런데 성부가 성자의 기원이라고 할지라도 이 기원은 **영원한 기원**이라는 점을 명심해야 합니다. 성부가 성자를 낳으시는데 "영원히" 낳으십니다. 일반적으로 시간 속에서 사람이 아들이 낳으면 그 아들은 부모보다 늦게 존재합니다. 이렇게 시간 속에서 생각하면 성부가 성자를 낳았으니 성자는 성부보다 늦게 존재하게 되어 존재하시지 않았던 때가 있었던 것처럼 되어버립니다. 그런데 성부가 성자를 낳되 시간을 초월해 영원으로부터 낳으셨으니 성자는 성부보다 늦게 존재하신 것이 아닙니다. 이는 성부와 성자로부터 영원히 나오시는 성령께도 그대로 적용됩니다.

① 성부의 영원한 존재 방식: 기원이 없음 성부는 성자와 성령과의 위격 관계에서 근원이 되십니다. 성부는 기원이 없습니다. 성부는 성자나 성령으로 말미암아 존재하시지 않고, 스스로 존재하십니다. 성부는 이렇게 성자와 성령의 근원이 되시기 때문에 성경에서 세 위격의 대표로 표현됩니다. 그래서 하나님이란 말로 성부를 의미하는 경우들이 자주 있습니다.

② 성자의 영원한 존재 방식: 성부로부터 나심 하이델베르크 교리문답 제33문은 그리스도만이 하나님의 영원한 아들이시라고 말합니다. 성부가 성자를 영원히 낳으셨기 때문입니다. 물론 성부가 성자를 낳으셨다고 해서 엄마가 아이를 낳듯이 배 속에 잉태하여 낳았다는 것은 아닙니다. 성경은 성부가 성자를 낳은 것이 정확히 어떤 의미인지 설명하지 않습니다. 우리는 성경이 자세히 설명하지 않으므로 그냥 이 수준에 만족해야 합니다. 이것이 성경이 말하는 만큼 말하는 것이고, 멈추는 곳에서 멈추는 것입니다.

성부가 성자를 낳되 영원히 낳으셨기 때문에 절대로 성자는 존재하시지 않았던 때가 없습니다. 아리우스(Arius, 250?-336)는 성부가 성자를 낳았다는 것과 예수님을 독생자라고 부르는 것을 근거로 성자는 존재하시지 않았던 때가 있었다고 주장했습니다. 이는 성자가 영원하지 않으며 따라서 완전한 하나님이 아니라는 주장이었습니다. 아리우스가 보기에 성자는 모든 피조물보다 먼저 존재했고 성자로 인해서 만물이 만들어졌지만 성부보다는 열등한 존재였습니다. 아리우스가 이렇게 잘못된 주장을 펼친 것은 성부가 영원으로부터 성자를 낳은 것을 이해하지 못했기 때문이고, 성부가 성자를 낳았다는 것은 단지 위격 간의 관계에 대한 표현임을 이해하지 못하고 성부와 성자의 본질에 대한 표현으로 오해했기 때문입니다.

아래에는 성자가 성부의 영원한 아들임을 보여주는 성구를 정리해놓았습니다. 우리는 성부가 성자를 영원히 낳은 것과 성자가 마리아를 통해 2천 년 전에 사람이 되신 것을 구별할 줄 알아야 합니다. 성부가 성자를 낳는 것은 시간을 초월하여 영원히 이루어진 일이고, 성자가 마리아에게 태어난 것은 성자 하나님이 특정한 역사적 시기에 사람이 되신 사건입니다.

성자가 성부의 영원한 아들이심을 보여주는 성구

내가 영을 전하노라. 여호와께서 내게 이르시되 "너는 내 아들이라. 오늘날 내가 너를 낳았도다"(시 2:7).

때가 차매 하나님이 그 아들을 보내사 여자에게서 나게 하시고 율법 아래 나게 하신 것은 (갈 4:4).

천사가 대답하여 가로되 "성령이 네게 임하시고 지극히 높으신 이의 능력이 너를 덮으시리니 이러므로 나실 바 거룩한 자는 하나님의 아들이라 일컬으리라"(눅 1:35).

말씀이 육신이 되어 우리 가운데 거하시매 우리가 그 영광을 보니 아버지의 독생자의 영광이요, 은혜와 진리가 충만하더라(요 1:14).

하나님이 세상을 이처럼 사랑하사 독생자를 주셨으니 이는 저를 믿는 자마다 멸망치 않고 영생을 얻게 하려 하심이니라(요 3:16).

TIP

갈 4:4의 "하나님이 그 아들을"이란 구절에서 하나님과 예수님이 영원한 아버지와 아들이 됨을 알 수 있고, "여자에게서 나게 하시고"란 구절에서 그 아들이 마리아에게서 태어나 사람이 되신 것을 알 수 있다.

하나님의 사랑이 우리에게 이렇게 나타 난 바 되었으니 하나님이 자기의 독생자 를 세상에 보내심은 그로 말미암아 우리 를 살리려 하심이라(요일 4:9)

③ 성령의 영원한 존재 방식: 성부와 성자로부터 나오심 성부가 성자를 영원히 낳으신다면, 성령은 성부와 성자로부터 영원히 나오십니다. 성부가 성자를 낳으신 것이 엄마가 아이를 배 속에 잉태하여 낳듯 하는 것이 아니고 우리가 그 정확한 의미와 형태를 모르는 것처럼 성령이 성부와 성자로부터 나오시 는 것이 정확히 어떤 의미와 형태인지도 알 수 없습니다. 성경은 그 나오심에 대하여 자세히 설명하지 않고 그냥 나오신다고 말할 뿐입니다.

성령이 성부와 성자로부터 나오되 영원히 나오시기 때문에 절대로 성령 이 존재하지 않으셨던 때는 없습니다. 나오기 전에는 존재하지 않은 것이 아 니냐는 질문은 시간 속에서만 가능한 질문입니다. 하지만 성령이 나오시는 것은 시간 속에서가 아니라 "영원히"입니다. 성령이 성부와 성자와 영원히 어 떤 관계인지를 살펴볼 때 성령이 성부와 성자로부터 나오신다고 하는 것입 니다. 그러므로 성령은 절대로 성부와 성자보다 열등하지 않습니다. 나중에 존재하지도 않습니다. 성령이 성부만이 아니라 성자로부터도 나오신다고 말 하는 것은 성부와 성자가 서로 본질에 있어 동등하다는 뜻도 됩니다. 성령이 성부에게서만 나오신다고 하면 성부 중심설에 빠지기 쉽습니다. 이는 성부와 성자와 성령의 본질보다 성부의 위격에 강조를 두는 실수입니다.

다음 글 상자에 성령이 성부와 성자로부터 나오심을 보여주는 성구들을 정리해놓았습니다. 우리는 성령이 성부와 성자로부터 영원히 나오신 것과 성 령이 예수 그리스도의 승천 이후 오순절 때 이 땅에 오신 것을 구별할 줄 알 아야 합니다. 전자는 시간을 초월하여 영원히 이루어진 일이고 후자는 시간 속에서 2천 년 전에 이루어진 일입니다.

성령이 성부와 성자로부터 나오심을 보여주는 성구

내가 아버지께로부터 너희에게 보낼 보혜사 곧 아버지께로부터 나오시는 진리의 성령이 오실 때에 그가 나를 증언하실 것이요(요 15:26).

만일 너희 속에 하나님의 영이 거하시면

너희가 육신에 있지 아니하고 영에 있나니 누구든지 그리스도의 영이 없으면 그리스도의 사람이 아니라(롬 8:9).

너희가 아들이므로 하나님이 그 아들의 영을 우리 마음 가운데 보내사 아빠 아버지라 부르게 하셨느니라(갈 4:6).

TIP

롬 8:9에서는 성령을 하나님의 영과 그리스도의 영이라고 부른다.

심화 연구

분리되지 않는 삼위의 사역

성부와 성자와 성령은 위격에 있어서는 독특성을 갖고 구별이 되지만 본질에 있어서는 같습니다. 그래서 성부가 갖는 무한·영원·불변·자존(自存) 등의 속성을 성자와 성령도 그대로 갖습니다. 한 본질이신 성부와 성자와 성령은 속성도 같은 것입니다. 한 본질과 속성을 가지시므로 각 위격이 하시는 일도 다른 두 위격과 분리된 채 따로 하시는 것이 아닙니다. 각 위격의 일에 다른 두 위격들도 동시에 같은 질과 내용으로 참여하십니다. 이 세상의 창조와 구원에 있어서 한 목적과 한 뜻과 한 계획이 삼위 안에 있습니다. 그러므로 성경에서 성부나 성자나 성령의 한 위격만 언급되더라도 다른 두 위격이 거기서 배제되는 것이 아닙니다. 한 본질, 한 속성, 한 목적, 한 뜻과 계획 속에서 다른 두 위격도 기본적으로 참여하신다고 보아야 합니다.

반면 같은 일에 세 위격이 모두 참여하신다고 하여 한 위격에게 그 일이 특별히 돌려지지 않는 것도 아닙니다. 성경을 통해서 각 위격이 주도적으로 하시는 일을 살펴보면 작정과 창조와 섭리는 성부가, 사람이 되어 고난을 받고 죽고 부활하여 구원을 획득하시는 일은 성자가, 성자가 그렇게 획득하신 구원을 신자들의 소유가 되도록 흔들림 없이 신자에게 적용하시는 일은 성령이 하십니다.

성경에서 사람이 되어 고난을 받고 죽으신 분은 성자 하나님이므로 성육신과 죽음과 부활로 대표되는 구원의 획득은 성자 하나님께 돌려지는 것이 자연스럽습니다. 그런데 성자 하나님이 이러한 일들을 하실 때도 성부와 성령이 같이하신다는 것입니다. 그리스도의 성육신과 죽음과 부활에 성부와 성령도 각자의 방식으로 참여하십니다. 이를 가리켜 "외부를 향한 삼위 하나님의 사역은 분리되지 않는다"(opera Trinitatis ad extra non sunt divisa)라고 합니다.[1]

예를 들어 각 위격이 창조에 어떻게 참여하는지 살펴봅시다. 요한복음 1:3은 "만물이 그로 말미암아 지은 바 되었으니 지은 것이 하나도 그가 없이는 된 것이 없느니라"(Through him all things were made; without him nothing was made that has been made)라고 말합니다. 성자의 창조 참여가 "말미암아"(through)라는 전치사로 표현되었습니다. 반면 창세기 1:2—"땅이 혼돈하고 공허하며 흑암이 깊음 위에 있고 하나님의 영은 수면 위에 운행하시니라"—은 창조에 참여하신 성령에 대해 말해줍니다.

네덜란드의 개혁주의 신학자 헤르만 바빙크(Herman Bavinck, 1854-1921)

---

1 Augustinus, "The Trinity," in *The Fathers of the Church*, vol. 45(Washington: The Catholic University of America Press, 1963), I.iv.7. 아우구스티누스는 "성부와 성자와 성령은 분리할 수 없으며 분리되지 않은 채 역사하신다"(*pater et filius et spiritus sanctus, sicut inseparabiles sunt, ita inseparabiliter operentur*)라고 말한다.

는 모든 은혜가 성부로부터, 성자를 통하여, 성령 안에서(from the Father, through the Son, in the Holy Spirit) 주어진다고 말합니다.[2] 성경에 나오는 성부와 성자와 성령이 어떤 일에 참여하시는 것을 종합적으로 살펴보면 성부는 주도적이기 때문에 기원과 근원임을 알려주는 전치사(from)를 부여합니다. 성자는 창조에 참여하신 방식에서도 알 수 있는 것처럼 "통하여"라는 의미의 전치사(through)가 적합합니다. 성령은 성경 전체에서 "안에서"라는 의미의 전치사(in)와 함께 자주 등장합니다.

> 하나님의 성령을 근심하게 하지 말라. 그 **안에서** 너희가 구원의 날까지 인 치심을 받았느니라(엡 4:30).

> 너희 중에 이와 같은 자들이 있더니 주 예수 그리스도의 이름과 우리 하나님의 성령 **안에서** 씻음과 거룩함과 의롭다 하심을 받았느니라(고전 6:11).

삼위가 어떤 일을 하실 때 성부는 "기원"(from)으로, 성자는 "말미암아"(through)로, 그리고 성령은 "안에서"(in)로 참여하십니다. 그런데 삼위의 내적인 존재와 관계는 삼위의 밖을 향한 사역에 반영됩니다. 성부와 성자와 성령의 영원한 관계에서 성부는 성자를 낳으시고, 성령은 성부와 성자로부터 나오시기 때문에 성부는 성자와 성령의 기원과 근원이시고, 성자는 성령의 기원과 근원이십니다. 그래서 삼위의 밖을 향한 사역에서도 성부는 기원과 근원의 의미를 밝혀주는 "…로부터"(from)가 어울리고, 성자와 성령은 각

---

2   Herman Bavinck, *Reformed Dogmatics: Sin and Salvation in Christ*, vol 3, trans. the Dutch Reformed Translation Society(Michigan, Baker Academic, 2006), 2145. "All the grace that is extended to the creation after the fall comes to it from the Father, through the Son, in the Holy Spirit."

각 "통하여"(through)와 "안에서"(in)가 어울립니다. 세 위격의 영원한 존재와 관계를 다루는 "내재적 삼위일체"(Immanent Trinity)가 시간 속에서 세 위격의 사역을 다루는 "경륜적 삼위일체"(Economic Trinity)에 반영되는 것입니다.

성경 전체를 살펴 각 위격에게 어떤 전치사를 돌리는 것이 맞느냐에 대한 의견은 조금씩 차이가 날 수 있습니다. 예를 들어 제임스 어셔(James Ussher, 1581-1656)는 "성부는 자신으로부터, 아들 안에서, 성령에 의하여 모든 것을 합니다. 성자는 성부로부터 성령에 의하여 합니다. 성령은 성부와 성자로부터 합니다"라고 말하여 바빙크와 다른 전치사를 사용했습니다.[3]

하지만 외부를 향한 삼위일체 하나님의 사역은 분리되지 않는다는 강조는 양보할 수 없습니다. 이에 대한 이해가 확실하면 구약성경에 나오는 "하나님"을 성부로만 보지 않게 됩니다. 특별히 어떤 위격이라고 언급되지 않는 한 하나님은 삼위일체 하나님으로 보아야 합니다. 성자와 성령을 배제하면 안 됩니다. 아브라함을 부르신 하나님, 벧엘에서 야곱에게 나타나신 하나님이 성자 하나님이실 수 있습니다. 노아 시대에 하나님은 사람의 죄악이 온 땅에 가득하고 사람의 생각이 항상 악한 것을 보시고 사람 지으신 것을 한탄하셨습니다. 그때 성자 하나님도 한탄하셔서 그 악한 사람들을 위해서 스스로 사람이 되시어 십자가에서 죽으신 것입니다. 성령 하나님도 그때 같이 한탄하셨고, 그래서 지금도 우리 안에 내주하시며 말할 수 없는 탄식으로 우리를 위하여 친히 간구하시는 것입니다. 성부와 성자와 성령은 영원·무한·불변하시기 때문에 시간을 초월해 구약과 신약 시대에 같이 계시고 어디에서나 같이 계시며 불변하게 모든 일에 참여하십니다. 영원·무한·불변하신 성부와 성자와 성령은 한 뜻과 한 계획과 한 구원과 한 사역을 갖고 계십니다.

---

3   제임스 어셔의 주장은 James Ussher, *A Body of Divinity: or the Sum and Substance of Christian Religion*(London: Printed by R. J. for Jonathan Robinson, 1702), 78을 참고하라.

1. 성경에 나오는 하나님에 대한 말씀들의 분류

성경에는 하나님에 대한 표현들이 많이 나옵니다. 그런데 그중 어떤 것은 하나님의 본질에 대한 것이고, 어떤 것은 세 위격의 관계에 대한 표현이며, 어떤 것은 피조물과의 관계를 다루는 표현입니다. 성경에 나오는 하나님에 대한 표현들이 이 세 가지 중 어디에 속하는지를 알아야 말씀을 정확하게 해석할 수 있습니다.

ㄱ. 하나님의 본질에 대하여

다음 성구들은 하나님의 본질이 어떠한지를 보여줍니다. 주로 하나님의 본질과 속성이 무엇인지 밝히는 성구들은 성부와 성자와 성령께 그대로 적용됩니다.

"이스라엘의 지존자는 거짓이나 변개함이 없으시니 그는 사람이 아니시므로 결코 변개하지 않으심이니이다" 하니(삼상 15:29).

산이 생기기 전, 땅과 세계도 주께서 조성하시기 전 곧 영원부터 영원까지 주는 하나님이시니이다(시 90:2).

여호와는 은혜로우시며 긍휼이 많으시며 노하기를 더디 하시며 인자하심이 크시도다(시 145:8).

ㄴ. 성부와 성자와 성령의 관계에 대하여

이번에 다룰 성구들은 세 위격의 관계에 관한 것입니다. 요한복음 3:16에서 "하나님"은 성부를, "독생자"는 성자를 나타내는데, 성부는 성자를 시간 속에서 낳는 것이 아니라 영원 속에서 낳으십니다. 그런데 아리우스는 이 구절도 하나님의 본질을 나타내는 것으로 보았습니다. 그래서 성자의 본질은 태어나

는 것이고, 따라서 태어나기 전에는 존재하지 않았다고 보았습니다. 하나님
의 본질에 관한 말씀과 위격 간의 관계에 관한 말씀을 구분하는 것은 이처럼
매우 중요합니다.

하나님이 세상을 이처럼 사랑하사 독생자를 주셨으니(요 3:16).

하나님께서 어느 때에 천사 중 누구에게 "너는 내 아들이라. 오늘 내가 너를 낳았
다" 하셨으며 또 다시 "나는 그에게 아버지가 되고 그는 내게 아들이 되리라" 하
셨느냐?(히 1:5)

내가 아버지께로부터 너희에게 보낼 보혜사 곧 아버지께로부터 나오시는 진리의
성령이 오실 때에 그가 나를 증언하실 것이요(요 15:26).

히브리서 1:5의 "오늘 내가 너를 낳았다"라는 말씀도 성부가 성자를 영원
히 낳으신다는 위격 간의 관계를 말하고, "나는 그에게 아버지가 되고 그는
내게 아들이 되리라"라는 말씀도 성부와 성자의 위격 간의 관계가 영원히 아
버지와 아들의 관계라는 것을 말해줍니다. 여기서도 성자가 태어나기 전에는
존재하지 않았다고 생각하면 안 됩니다. "낳는다"는 것은 위격 간의 관계를
뜻하는 말이지 절대로 성부와 성자의 본질에 대한 말이 아니기 때문입니다.

요한복음 15:26에서 "내가"는 성자를 의미하고, "아버지께로부터"는 성부
를 의미하고, "보혜사"와 "진리의 성령"은 성령을 의미합니다. 이 말씀도 위격
간의 관계를 보여줍니다.

이 책 176쪽과 178쪽에서 정리한 "성자가 성부의 영원한 아들이심을 보
여주는 성구"와 "성령이 성부와 성자로부터 나오심을 보여주는 성구" 역시 세
위격의 관계를 말해줍니다.

ㄷ. 하나님과 피조물과의 관계에 대하여

아우구스티누스(Aurelius Augustinus, 354-430)는 다음과 같이 말했습니다.

성부와 성자와 성령은 시간적 운동이나 시간, 공간의 간격 없이 모든 피조물 위에 있지만, 시간과 공간에서 표현될 때에는 본질이 다른 피조물로, 특히 물질적인 피조물로, 분리할 수 없이 나타낼 수는 없다. 우리가 우리의 음성으로 성부와 성자와 성령이라고 부를 때 우리는 시간적 간격을 두지 않을 수 없으며 그 간격을 그 이름의 음절들이 채운다.[4]

아우구스티누스의 지적대로 우리는 앞서 성부와 성자와 성령은 본질이 동일하시므로 전능하신 삼위일체 신으로서, 분리할 수 없는 일체로서 역사하신다는 것을 살펴보았습니다. 그런데도 성부와 성자와 성령이 시간과 공간에서 표현될 때에는 분리될 수밖에 없습니다. 사람은 성부와 성자와 성령을 발음할 때 한번에 발음하지 못하고 따로따로 발음하게 됩니다. 그렇다고 해서 성부와 성자와 성령이 분리되는 것이 아니니, 피조물의 세계에서 나타나는 세 위격의 현상을 보고서 세 위격의 본질과 관계를 유추하면 안 된다는 것은 여전히 유효합니다.

처녀 마리아에게서 나신 분은 성부나 성령이 아니라 성자 하나님입니다. 십자가에 달려 죽으신 분도 성부나 성령이 아니라 성자입니다. 그렇다고 해서 성부와 성령이 이 일에 같이하시지 않았던 것은 아닙니다. 또 예수님이 요한에게 세례를 받으실 때 "너는 내 사랑하는 아들이라"라는 소리가 난 것과 세 제자가 그와 함께 산에 있었을 때 "내가 이미 영광스럽게 하였고 또다시

---

4   Augustinus, "The Trinity," in *The Fathers of the Church*, vol. 45(Washington: The Catholic University of America Press, 1963), IV.xxi.30.

영광스럽게 하리라"라는 소리가 난 것은 삼위일체가 하신 일이 아니라 성부가 성자에게 하신 것입니다. 그렇다고 해서 성부 홀로 한 것이 아니라 성자와 성령도 그 일에 같이하셨습니다. "성부의 음성과 성자의 육신과 성령의 비둘기를 각기 세 위격에 돌리지만, 사실은 전 삼위일체가 함께 성부의 음성과 성자의 육신과 성령의 비둘기를 만드는 것입니다."[5]

그러므로 우리는 성경에 하나님에 대한 말 중 어느 한 위격이 물질적인 피조물과의 관계에서 나타날 때, 이것을 그 위격만의 일로 돌리면 안 되고 다른 두 위격의 일로도 돌려야 합니다. 이것이 바로 성경에 나오는 하나님에 대한 말 중 피조물과의 관계에 따른 것들을 해석하는 방법입니다. 아우구스티누스는 "그 자체로 분리될 수 없는 삼위일체가 보이는 피조물의 형태를 통해 분리되어 나타날 수 있고, 또한 성부 혹은 성자 혹은 성령이 나타나신 것이라고 고유하게 분류할 수 있는 것들에 대해서도 삼위일체의 분리되지 않는 역사하심이 있는 것이다"라고 말합니다. 그래서 그는 "삼위일체의 역사는 분리할 수 없으므로, 이때도 성자와 성령의 역사가 없이 음성이 들렸다고 말하는 것이 아니라, 이런 말씀이 성부의 위격만을 계시하는 방법으로 들렸다고 말하는 것이다. 마치 삼위일체가 처녀에게서 인간의 형체를 지으셨으나, 그 형체는 성자의 위격뿐인 것과 같다. 보이지 않는 삼위일체 하나님이 성자의 보이는 위격만을 창조하신 것이다"라고 주장합니다.[6] 우리는 세 위격이 분리되어 이 땅에서 계시될 때 보이지 않는 다른 두 위격이 동시에 참여하셨음을 꼭 알아야 합니다.

---

5   인용문은 아우구스티누스의 말이다. "The whole Trinity together produced the voice of the Father, the flesh of the Son, and the dove of the Holy Spirit, although each is referred to one particular person"(Augustinus, IV.xxi.30).

6   Augustinus, II.x.18.

2. 잘못된 삼위일체론들

ㄱ. 양태론(樣態論, Modalism)

저는 교회에서 목사라 불리고, 신학교에서 교수라 불리고, 집에 들어가면 아빠나 여보라고 불립니다. 저는 한 사람이지만 제가 처한 위치와 상황에 따라 다양한 호칭으로 불립니다. 이러한 식으로 성부, 성자, 성령을 잘못 이해하는 이들이 있습니다. 그들은 한 하나님이 구약 시대에는 성부 하나님으로, 신약 시대에는 성자 하나님으로, 예수 그리스도의 승천 이후에는 성령 하나님으로 활동한다고 봅니다. 같은 물이 상황에 따라 고체와 액체와 기체로 바뀌듯이 말입니다. 한 하나님이 양태를 바꾸어 나타난다고 보는 양태론은 잘못된 일신론에 해당합니다.

ㄴ. 삼신론(三神論, tri-theism)

"한 본질, 세 위격"으로 표현되는 삼위일체에서 한 본질이 잘못 강조되면 양태론이 되고, 세 위격이 잘못 강조되면 삼신론이 됩니다. 삼신론은 세 신이 독립적으로 존재하면서 서로 의논하고 협력한다고 보는 관점입니다. 그런데 한 본질이 강조되지 않으므로 이 세 신은 언제든지 다른 생각과 활동을 할 수 있습니다. 철수와 상국이와 영희는 사람이란 면에서는 같지만 독립적인 인격체로 세 사람인데, 성부와 성자와 성령을 그런 관계로 생각하는 것입니다. 그러나 우리는 성부와 성자와 성령은 하나님만이 가지시는 무한·영원·불변·자존과 같은 신적 속성을 가진 한 본질임을 명심해야 합니다. 삼위의 밖을 향한 사역은 절대로 분리되지 않습니다. 한 본질이 아닌 세 위격만을 강조해 세 하나님을 상정하는 삼신론은 잘못된 관점입니다.

ㄷ. 아리우스의 종속설

아리우스는 성경에 나오는 하나님에 대한 표현들을 모두 하나님의 본질에 관한 것으로 보았습니다. 그래서 "독생자"(요 3:16), "내가 너를 낳았다"(히 1:5)라는 성경 구절이 성자의 본질을 말한다고 생각했습니다. 앞서도 다루었지만 이 구절들을 본질이란 관점에서 보면 성자의 본질은 태어나는 것이고 태어나기 전에는 존재하지 않았다는 의미가 됩니다. 성부의 본질은 낳는 것으로 영원하지만 성자는 영원하지 않게 됩니다. 따라서 자연스럽게 성자는 성부보다 못한 존재가 되어 성자 종속설이 등장하게 됩니다. 이러한 종속설에는 성령 종속설도 있습니다. 성령을 인격으로 보지 않고 단순히 하나님의 영혼이나 기운 정도로 생각하는 것입니다. 종속설은 오직 성부 하나님만 참된 하나님이시고 성자나 성령은 성부에 종속된 존재로 보는 것으로서 온전한 삼위일체론과는 거리가 멉니다.

3. 필리오쿠에(*filioque*): 성자로부터도

앞서 우리는 성령이 성부와 성자로부터 나오시는 것을 살펴보았습니다. 그런데 동방교회는 성령이 성부로부터만 나오신다고 보면서 성자로부터 나오시는 것을 부인합니다. 이것이 중요한 요인이 되어 서방교회와 동방교회는 1054년에 분리되었습니다. 서방과 동방으로 분리되기 전에 교회는 원래 "니케아—콘스탄티노플 신경"(Nicene-Constantinopolitan Creed, 381년)에서 성령의 존재 방식에 대해 다음처럼 말했습니다.

> 그리고 생명의 주이시고 생명을 주시는 성령을 믿습니다. 성령은 성부로부터 나오시고, 성부와 성자와 함께 경배와 영광을 받으시고, 선지자들을 통해 말씀하셨습니다(And in the Holy Ghost, the Lord and Giver of life, who proceeds from the Father, who with the Father and the Son together is worshiped and glorified, who

spake by the prophets).

서방교회는 나중에 성령이 "성자에게서도"(and the Son) 나오신다고 고백하였습니다. 이것을 라틴어로 "필리오쿠에"(filioque)라고 합니다. 필리오쿠에는 "아들에게서"에 해당하는 "필리오"와 "…도"에 해당하는 "쿠에"가 합쳐진 단어입니다. 서방교회의 이런 주장에는 다음 성구들이 근거가 되었습니다.

성령이 성부와 성자로부터 나오심을 보여주는 성구

내가 아버지께로부터 너희에게 보낼 보혜사 곧 아버지께로부터 나오시는 진리의 성령이 오실 때에 그가 나를 증언하실 것이요(But when the Comforter is come, whom I will send unto you from the Father, even the Spirit of truth, which proceedeth from the Father, he shall testify of me. KJV, 요 15:26).

만일 너희 속에 하나님의 영이 거하시면 너희가 육신에 있지 아니하고 영에 있나니 누구든지 그리스도의 영이 없으면 그리스도의 사람이 아니라(롬 8:9).

너희가 아들이므로 하나님이 그 아들의 영을 우리 마음 가운데 보내사 아빠 아버지라 부르게 하셨느니라(갈 4:6).

우리는 요한복음 15:26의 "아버지께로부터 나오시는 진리의 성령"이란 구절을 통해 성령이 성부로부터 영원히 나오신다는 사실을 분명히 알 수 있습니다. 그러나 어느 구절에서도 성령이 성자로부터 나오신다는 직접적인 언급은 없습니다. 그런데 로마서 8:9은 성령을 "하나님의 영"(the Spirit of God)으로 표현하면서 "그리스도의 영"(the Spirit of Christ)이라고도 부릅니다. 또 갈라디아서 4:6은 성령을 "아들의 영"(the Spirit of the Son)이라고 표현합니다. 서방교회는 여기에 근거하여 성부의 영, 그리고 성자의 영인 성령은 성부만이 아니라 성자로부터도 영원히 나오신다고 말합니다. 성부와 성자가 동일

하이델베르크 교리문답, 삶을 읽다

본질이기 때문에 성령이 성부로부터 나온다면 성자로부터도 나오신다고 본 것입니다.

또한 요한복음 15:26의 "내가 아버지께로부터 너희에게 보낼 보혜사"라는 구절에서 예수 그리스도는 성령을 이 땅의 신자들에게 보내시는 분임을 알 수 있습니다. 그런데 서방교회는 이 땅에서 예수 그리스도가 성령을 보내신다는 것은 성자와 성령의 영원한 위격적 관계를 나타내는 것이라고 봅니다. 즉 경륜적 삼위일체는 내재적 삼위일체의 반영이라는 것입니다. 그래서 예수 그리스도가 성령을 보내신다면 성자는 영원히 성령을 나오게 하는 분이 되십니다.

그래서 서방교회는 "성자에게서도"(and the Son)라는 구절을 제3차 톨레도 교회 회의(589년)에서 처음 수용했습니다. 그리고 교황 베네딕토 8세(Benedictus VIII, 1012-1024 재위)는 1013년에 이 구절이 삽입된 니케아-콘스탄티노플 신경을 최종 승인하였습니다.

이에 반하여 동방교회는 절차의 정당성을 문제 삼으며 니케아-콘스탄티노플 공의회에서 처음 정한 대로 하자고 주장했습니다. 그리고 신학적으로는 요한복음 15:26에서 예수 그리스도가 성령을 보내는 "보내심"(sending)과 성령이 성부로부터 나오는 "나오심"(proceeding)은 같은 차원이 아니라고 주장했습니다. 보내심은 시간 속에서 이루어지는 구원 사역의 차원이고, 나오심은 삼위의 영원한 내재적 관계의 차원이라는 것이었습니다. 또 로마서 8:9과 갈라디아서 4:6에 있는 "그리스도의 영"(the Spirit of Christ)과 "아들의 영"(the Spirit of the Son)도 구원의 경륜에만 적용해야지 성자와 성령의 영원한 내재적 관계에 적용하면 안 된다고 보았습니다. 즉 경륜적 삼위일체와 내재적 삼위일체에 큰 차이가 있다고 본 것입니다.

동방교회의 이러한 입장은 삼위일체를 본질이 아닌 성부의 위격에서 출발하는 것으로 보는 경향 때문에 발생합니다. 서방교회는 신적 존재의 근원을 본질(essence)에서 찾는데, 동방교회는 성부의 위격에서 찾기 때문에 성자가 성령의 근원이 되는 것을 받아들이기 힘들어합니다. 서방교회는 성부와 성자가 성령의 이중 근원이 되는 것이 오히려 요한복음 10:30의 "나와 아버지는 하나이니라"(I and my Father are one. KJV)라는 말씀에 맞다고 봅니다. 즉 서방교회는 하나(one)라는 단어가 위격으로서 하나가 아니라 본질로서 하나라고 보는 것입니다.

정리하면 필리오쿠에는 성부와 성자가 같은 본질을 지녔다는 것을 나타내는 것으로서 내재적 삼위일체와 경륜적 삼위일체가 큰 차이 없이 통일된다는 것을 나타내주는 중요한 용어입니다.

참고로 서방교회는 이탈리아, 스페인, 포르투갈, 프랑스 등과 같은 서유럽에 속한 나라들에 기반을 두기 때문에 "서방"이라는 이름을 얻었습니다. 이탈리아 로마에 있는 바티칸 교황청의 지배를 받기 때문에 로마 가톨릭이라고도 불리는데 주요 문서들은 로마 제국의 언어인 라틴어로 기록되었습니다. 종교개혁 역시 주로 서방교회를 배경으로 이루어졌기 때문에 개신교 교리는 서방교회의 교리에 가깝다고 할 수 있습니다. 서유럽 국가들은 정치와 산업, 문화와 군사 영역에서 확장 정책을 펼쳐 아메리카와 아시아, 오스트레일리아와 뉴질랜드 등으로 지배 영토를 넓혔습니다. 그 흐름을 따라 서방교회도 자연스럽게 그 지역들까지 확장되었습니다.

동방교회는 동유럽에 속하는 폴란드, 체코, 루마니아, 불가리아, 그리스, 러시아, 우크라이나, 벨라루스 등에 기반을 두기 때문에 "동방"이라는 이름을 얻었습니다. 서방교회가 로마 가톨릭이라고 불리듯이 동방교회는 그리스 정교회라고도 불리는데 동방교회의 주요 문서들이 그리스어로 되어 있기 때문입니다. 정교회(正敎會, Orthodox Church)라는 명칭은 동방교회가 자신들이 정통 교리와 전통을 갖고 있다는 자부심으로 사용하는 이름입니다. 동방교회는 서방교회에 비하여 널리 퍼지는 못했는데 동유럽이 계속해서 이슬람과 몽골 제국 등의 침입을 받고 20세기 초에는 공산주의에 큰 영향을 받았기 때문입니다.

01 리더와 조력자가 가져야 할 덕목과 능력이 무엇인지 나누어봅시다. 여러분은 리더와 조력자(helper) 중 어디에 적합합니까? 자신의 성향과 소질을 성찰하고 나누어봅시다.

02 하이델베르크 교리문답 제24-25문을 서로 묻고 답해봅시다. 근거 성구도 함께 살펴봅시다.

03 사도신경은 어떻게 구분이 됩니까?

04 예수 그리스도와 성령의 신성을 보여주는 성경 구절들을 살펴봅시다.

05   성자가 성부의 영원한 아들이심을 보여주는 성구들을 살펴봅시다.

06   성령이 성부와 성자로부터 나오심을 보여주는 성구들을 살펴봅시다.

07   잘못된 삼위일체론을 설명하고 기독교의 삼위일체론에서 중요한 것은 무
     엇인지 이야기해봅시다.

전능하신
하나님의 창조

Q 제26문 "나는 전능하신 아버지 하나님, 천지의 창조주를 믿습니다"라고 말할 때 당신은 무엇을 믿습니까?

What believest thou when thou sayest, "I believe in God the Father, Almighty, Maker of heaven and earth?"

A 답 우리 주 예수 그리스도의 영원하신 아버지, 무(無)로부터 하늘과 땅과 그 속에 있는 모든 것을 창조하시고[1] 그의 영원한 계획과 섭리로 그것들을 보존하고 다스리시는[2] 그분이 그의 아들 그리스도로 말미암아 나의 하나님과 나의 아버지 되심을 믿습니다.[3] 나는 그를 전적으로 신뢰하여, 영·육에 필요한 모든 것을 나에게 채워주시며[4] 눈물 골짜기에서 그가 나에게 보내는 무슨 악한 것일지라도 선으로 바꾸어주실 것을 전혀 의심하지 않습니다.[5] 그분은 전능하신 하나님이시기에 능히 그렇게 하실 수 있고,[6] 신실하신 아버지이시기에 기꺼이 그렇게 하십니다.[7]

That the eternal Father of our Lord Jesus Christ (who of nothing made heaven and earth, with all that is in them; who likewise upholds and governs the same by his eternal counsel and providence) is for the sake of Christ his Son, my God and my Father; on whom I rely so entirely, that I have no doubt, but he will provide me with all things necessary for soul and body and further, that he will make whatever evils he sends upon me, in this valley of tears turn out to my advantage; for he is able to do it, being Almighty God, and willing, being a faithful Father.

believest	(고어, believe의 2인칭 단수)	sayest	(고어, say의 2인칭 단수)
almighty	전능자	uphold	보존하다, 유지하다
eternal	영원한	providence	섭리, 신의 뜻
advantage	선, 유익, 이점, 혜택		

근거 성구

1 창세기 1-2장.

이는 엿새 동안에 나 여호와가 하늘과 땅과 바다와 그 가운데 모든 것을 만들고 일곱째 날에 쉬었음이라. 그러므로 나 여호와가 안식일을 복되게 하여 그날을 거룩하게 하였느니라(출 20:11).

하나님의 영이 나를 지으셨고 전능자의 기운이 나를 살리시느니라(욥 33:3).

욥기 38-39장.

여호와의 말씀으로 하늘이 지음이 되었으며 그 만상을 그의 입 기운으로 이루었도다(시 33:6).

"나는 빛도 짓고 어둠도 창조하며 나는 평안도 짓고 환난도 창조하나니 나는 여호와라. 이 모든 일들을 행하는 자니라" 하였노라(사 45:7).

그들이 듣고 한마음으로 하나님께 소리를 높여 이르되 "대주재여! 천지와 바다와 그 가운데 만물을 지은 이시요"(행 4:24).

이르되 "여러분이여! 어찌하여 이러한 일을 하느냐? 우리도 여러분과 같은 성정을 가진 사람이라. 여러분에게 복음을 전하는 것은 이런 헛된 일을 버리고 천지와 바다와 그 가운데 만물을 지으시고 살

아계신 하나님께로 돌아오게 함이라"(행 14:15).

2 27이것들은 다 주께서 때를 따라 먹을 것을 주시기를 바라나이다. 28주께서 주신즉 그들이 받으며 주께서 손을 펴신즉 그들이 좋은 것으로 만족하다가 29주께서 낯을 숨기신즉 그들이 떨고 주께서 그들의 호흡을 거두신즉 그들은 죽어 먼지로 돌아가나이다. 30주의 영을 보내어 그들을 창조하사 지면을 새롭게 하시나이다(시 104:27-30).

오직 우리 하나님은 하늘에 계셔서 원하시는 모든 것을 행하셨나이다(시 115:3).

참새 두 마리가 한 앗사리온에 팔리지 않느냐? 그러나 너희 아버지께서 허락하지 아니하시면 그 하나도 땅에 떨어지지 아니하리라(마 10:29).

모든 일을 그의 뜻의 결정대로 일하시는 이의 계획을 따라 우리가 예정을 입어 그 안에서 기업이 되었으니(엡 1:11).

이는 하나님의 영광의 광채시요, 그 본체의 형상이시라. 그의 능력의 말씀으로 만물을 붙드시며 죄를 정결하게 하는 일을 하시고 높은 곳에 계신 지극히 크신 이의 우편에 앉으셨느니라(히 1:3).

3 영접하는 자 곧 그 이름을 믿는 자들에게는 하나님의 자녀가 되는 권세를 주셨으니(요 1:12).

너희는 다시 무서워하는 종의 영을 받지 아니하고 양자의 영을 받았으므로 우리가 아빠 아버지라고 부르짖느니라(롬 8:15).

5율법 아래에 있는 자들을 속량하시고 우리로 아들의 명분을 얻게 하려 하심이라. 6너희가 아들이므로 하나님이 그 아들의 영을 우리 마음 가운데 보내사 아빠 아버지라 부르게 하셨느니라. 7그러므로 네가 이 후로는 종이 아니요, 아들이니 아들이면 하나님으로 말미암아 유업을 받을 자니라(갈 4:5-7).

그 기쁘신 뜻대로 우리를 예정하사 예수 그리스도로 말미암아 자기의 아들들이 되게 하셨으니(엡 1:5).

4 네 짐을 여호와께 맡기라. 그가 너를 붙드시고 의인의 요동함을 영원히 허락하지 아니하시리로다(시 55:22).

25그러므로 내가 너희에게 이르노니 목숨을 위하여 무엇을 먹을까, 무엇을 마실까, 몸을 위하여 무엇을 입을까 염려하지 말라. 목숨이 음식보다 중하지 아니하며 몸이 의복보다 중하지 아니하냐? 26공중의 새를 보라. 심지도 않고 거두지도 않

고 창고에 모아들이지도 아니하되 너희 하늘 아버지께서 기르시나니 너희는 이것들보다 귀하지 아니하냐?(마 6:25-26)

22또 제자들에게 이르시되 "그러므로 내가 너희에게 이르노니 너희 목숨을 위하여 무엇을 먹을까 몸을 위하여 무엇을 입을까 염려하지 말라. 23목숨이 음식보다 중하고 몸이 의복보다 중하니라. 24까마귀를 생각하라. 심지도 아니하고 거두지도 아니하며 골방도 없고 창고도 없으되 하나님이 기르시나니 너희는 새보다 얼마나 더 귀하냐?"(눅 12:22-24)

5 우리가 알거니와 하나님을 사랑하는 자 곧 그의 뜻대로 부르심을 입은 자들에게는 모든 것이 합력하여 선을 이루느니라(롬 8:28).

6 여호와께 능하지 못한 일이 있겠느냐? 기한이 이를 때에 내가 네게로 돌아오리니 사라에게 아들이 있으리라(창 18:14).

너희가 노년에 이르기까지 내가 그리하겠고 백발이 되기까지 내가 너희를 품을 것이라. 내가 지었은즉 내가 업을 것이요, 내가 품고 구하여내리라(사 46:4).

또 제자들에게 이르시되 "그러므로 내가 너희에게 이르노니 너희 목숨을 위하여 무엇을 먹을까, 몸을 위하여 무엇을 입을까 염려하지 말라"(눅 12:22).

그뿐 아니라 또한 우리 곧 성령의 처음 익은 열매를 받은 우리까지도 속으로 탄식하여 양자 될 것 곧 우리 몸의 속량을 기다리느니라(롬 8:23).

유대인이나 헬라인이나 차별이 없음이라. 한 분이신 주께서 모든 사람의 주가 되사 그를 부르는 모든 사람에게 부요하시도다(롬 10:12).

7 25그러므로 내가 너희에게 이르노니 목숨을 위하여 무엇을 먹을까, 무엇을 마실까, 몸을 위하여 무엇을 입을까 염려하지 말라. 목숨이 음식보다 중하지 아니하며 몸이 의복보다 중하지 아니하냐? 26공중의 새를 보라. 심지도 않고 거두지도 않고 창고에 모아들이지도 아니하되 너희 하늘 아버지께서 기르시나니 너희는 이것들보다 귀하지 아니하냐? 27너희 중에 누가 염려함으로 그 키를 한 자라도 더할 수 있겠느냐? 28또 너희가 어찌 의복을 위하여 염려하느냐? 들의 백합화가 어떻게 자라는가 생각하여보라. 수고도 아니하고 길쌈도 아니하느니라. 29그러나 내가 너희에게 말하노니 솔로몬의 모든 영광으로도 입은 것이 이 꽃 하나만 같지 못하였느니라. 30오늘 있다가 내일 아궁이에 던져지는 들풀도 하나님이 이렇게 입히시거든 하물며 너희일까 보냐? 믿음이 작은 자들아! 31그러므로 염려하여 이르기를 무엇을 먹을까, 무엇을 마실까, 무엇을 입을까 하지 말라. 32이는 다 이방인들이 구하는 것이라. 너희 하늘 아버지께서 이 모든 것이 너희에게 있어야 할 줄을 아시느니라. 33그런즉 너희는 먼저 그의 나라와 그의 의를 구하라. 그리하면 이 모든 것을 너희에게 더하시리라. 34그러므로 내일 일을 위하여 염려하지 말라. 내일 일은 내일이 염려할 것이요, 한 날의 괴로움은 그 날로 족하니라(마 6:25-34).

9너희 중에 누가 아들이 떡을 달라 하는데 돌을 주며 10생선을 달라 하는데 뱀을 줄 사람이 있겠느냐? 11너희가 악한 자라도 좋은 것으로 자식에게 줄 줄 알거든 하물며 하늘에 계신 너희 아버지께서 구하는 자에게 좋은 것으로 주시지 않겠느냐?(마 7:9-11)

전능하신 하나님의 창조

앞서 하이델베르크 교리문답 제25문은 하나님의 존재에 대한 서술로서 세 위격으로 계시는 하나님이 한 분이심을 다루었습니다. 이어지는 제26문은 성부 하나님의 **사역 전반**과 **창조**에 관하여, 제27문은 하나님의 **섭리**에 관하여, 제28문은 하나님의 **창조와 섭리가 주는 유익**에 관하여 말합니다.

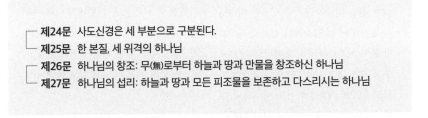

제24문 사도신경은 세 부분으로 구분된다.
제25문 한 본질, 세 위격의 하나님
제26문 하나님의 창조: 무(無)로부터 하늘과 땅과 만물을 창조하신 하나님
제27문 하나님의 섭리: 하늘과 땅과 모든 피조물을 보존하고 다스리시는 하나님

표20 하이델베르크 교리문답 제24-27문의 구성

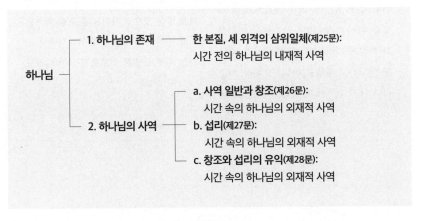

하나님
1. 하나님의 존재 —— 한 본질, 세 위격의 삼위일체(제25문):
시간 전의 하나님의 내재적 사역

2. 하나님의 사역
a. 사역 일반과 창조(제26문):
시간 속의 하나님의 외재적 사역
b. 섭리(제27문):
시간 속의 하나님의 외재적 사역
c. 창조와 섭리의 유익(제28문):
시간 속의 하나님의 외재적 사역

표21 하나님의 존재와 사역

1. 우리 주 예수 그리스도의 영원하신 아버지

하이델베르크 교리문답 제26문이 다루는 사도신경의 첫 문장에는 "전능하신 아버지 하나님"이란 구절이 있습니다. "아버지"는 관계적인 용어입니다. 전능하신 아버지 하나님은 과연 누구의 아버지일까요? 제26문은 전능하신 하나님이 "우리 주 예수 그리스도의 아버지"라고 말해줍니다. 그리고 "영원하신" 아버지입니다. 이것은 바로 앞 문답에서 살펴본 것처럼 성부와 성자의 관계가 시간 속에서 이루어진 것이 아니라 시간을 초월하여 이루어졌다는 의미입니다. 단 그 관계가 아버지와 아들의 관계와 같다는 것입니다. 우리는 앞 문답에서 삼위일체에 대하여 정리하였기 때문에 이 구절을 이렇게 쉽게 이해할 수 있습니다.

2. 무(無)로부터 하늘과 땅과 그 속에 있는 모든 것을 만드셨고

무에서 유를 만드는 창조는 하나님만이 하실 수 있습니다. 사람은 무엇을 만들 때 기존의 재료가 있어야만 합니다. 절대로 무(無)에서 무언가를 만들어낼 수는 없습니다. 끊임없이 새로운 생명력을 뿜어내는 자연의 순환도 기존의 것들을 이용한 것이지 절대로 무에서 유(有)가 나오는 것이 아닙니다. 하나님이 사람과 동식물이 살 수 있는 기본 환경과 그들이 이용할 수 있는 재료를 창조해주셨기 때문에 사람과 동식물은 생존하며 활동할 수 있고, 지구의 자연환경도 순환하며 작동되는 것입니다.

하나님이 하늘과 땅을 만드셨다는 것은 단순히 하늘과 땅만이 아니라 사람과 동식물에 필요한 모든 것을 만드셨다는 의미입니다. 태양계에는 수성, 금성, 지구, 화성, 목성, 토성, 천왕성, 해왕성 등의 행성들이 있습니다. 그중 태양에 가까운 4개의 행성은 암석으로 이루어져 있고 목성부터 해왕성까지는 가스와 얼음덩어리로 되어 있습니다. 암석이나 얼음덩어리에서 어떻게 사람이 살 수 있겠습니까? 더군다나 가스는 말할 것도 없습니다. 최첨단 우주

선도 가스로 된 별에는 착륙조차 할 수 없습니다. 그러므로 하나님이 하늘과 땅을 만드셨다는 것에는 사람이 편하게 생활할 수 있는 안정적인 기본 환경도 만드셨다는 의미가 담겨 있습니다.

지구 대기의 산소 비율은 조금만 높아도 화재가 나기 쉽고, 조금만 낮아도 사람이 호흡할 수 없습니다. 지구가 태양에 조금만 더 가까이 가거나 조금만 더 멀리 떨어져도 지구에는 어떤 생물도 살 수 없을 것입니다. 지금 이 순간에도 지구는 초속 50미터로 자전을 하고, 초속 30킬로미터로 태양 주변을 공전하고 있습니다. 1초에 30킬로미터를 움직이는 속도니 얼마나 빠릅니까? 게다가 태양은 태양계에 있는 모든 행성을 거느리고 또 다른 천체를 중심점 삼아 초속 200킬로미터의 속도로 공전하고 있습니다. 이렇게 거대한 물체들이 어떻게 이런 엄청난 속도로 움직일까요? 그것도 일정한 속도와 위치를 유지하면서 입체적으로 움직입니다. 지구가 너무 빨리 자전하여 하루의 시간이 24시간이 안 된 적이 없고, 지구가 태양을 너무 빨리 돌아 1년이 365일이 안 된 적이 없습니다. 지구의 자전과 공전만 생각해도 창조의 신비가 얼마나 큰지 감탄하게 됩니다.

1977년에 미국 나사(NASA)는 목성과 토성 및 부속 위성들을 탐사할 목적으로 우주선 보이저 호를 발사했습니다. 보이저 호는 지구를 기준으로 초속 17킬로미터의 속도로 쉬지 않고 날아갔습니다. 초속 17킬로미터면 음속의 약 50배이고 총알 속도의 약 17배입니다. 보이저 호는 약 400킬로미터 떨어진 서울과 부산을 50초 안에 왕복할 수 있습니다. 그런 빠른 속도로 휴게소에 들르지도 않고 36년간 날면서 임무를 마치고 2013년에는 겨우 태양계를 벗어났습니다. 드디어 인류가 항성간(interstellar) 공간의 문을 두드린 것입니다.

보이저 호의 경우만 보더라도 태양계와 우주가 얼마나 큰지 잘 알게 됩니다. 그런데 하나님은 그 우주를 얼마나 정교하게 운용하시는지 모릅니다. 하나님이 6일 동안 창조하신 후에 지으신 그 모든 것을 보시니 보시기에 심히 좋았습니다. 하나님이 보시기에 심히 좋았으니 그 창조하신 것의 수준이 얼마나 높았겠습니까? 그래서 지구는 창조된 이후 일정한 속도로 꾸준히 자전과 공전을 하는 것이고, 그 넓은 우주의 별들도 질서에 맞게 움직이는 것입니다.

욥기 5:9-10은 하나님이 기이한 일을 셀 수 없이 행하신다며 예를 드는데 "비를 땅에 내리시고 물을 밭에 보내신다"고 말합니다. 여러분은 비가 땅에 내리고 빗물이 밭으로 흘러드는 것이 기이하게 느껴지십니까? 대다수는 너무나 평범한 자연 현상으로 치부할 것입니다.

그렇다면 이스라엘 백성이 광야에서 먹었던 만나에 대해 생각해봅시다. 처음 만나가 내리자 이스라엘 백성은 하나님이 베푸신 이적에 감사하며 찬양했습니다. 그런데 계속해서 만나만 먹게 되자 이들은 "이제는 우리의 기력이 다하여 이 만나 외에는 보이는 것이 아무것도 없도다"(민 11:6)라고 불평하며 애굽에서 먹던 생선과 오이와 참외와 부추와 파와 마늘을 그리워했습니다. 대폭 양보하여 이들이 광야에서 거주하던 40년간 만나를 이적으로 여기며 감사했다고 칩시다. 하지만 광야에서 태어난 자녀들은 어떨까요? 그들은 만나가 내리는 것을 평범한 자연 현상으로 여길 것입니다. 왜냐하면 태어날 때부터 만나가 내리고 있었기 때문입니다.

마찬가지입니다. 수많은 자연 현상이 실제로는 이적이고 신비입니다. 그런데 사람들은 태어나기 전부터 존재해온 것에 대해서는 당연하게 여기며 놀라지 않습니다. 감사와 경외감을 상실하는 것입니다. 우리는 자연(自然)이 절대로 당연히 존재하고 작동하는 것이 아니라 하나님의 능력으로 인해 존재하고 작동한다는 사실을 기억해야 합니다.

우리가 흔히 경험하는 이슬, 바람, 비, 눈, 태양이 바로 이적이고 신비입니다. 민수기 11:9은 "밤에 이슬이 진영에 내릴 때에 만나도 함께 내렸더라"라고 말합니다. 만나만 기이한 이적이 아니라 이슬도 기이한 이적입니다. 사실 지금도 이슬을 먹고 사는 동식물이 얼마나 많은지 모릅니다.

욥기에 기록된 대로 물이 밭으로 흘러 식물이 자라는 것도 기이한 일입니다. 만나는 잠을 자는 하룻밤 사이에 내리지만 밭의 작물은 4-5개월 만에 거둡니다. 밭의 작물은 농부가 심고 거두기 때문에 농부가 기르는 것 같지만 실은 하나님이 기르시는 것입니다. 어떻게 보면 농부는 농사에서 아주 작은 일을 맡을 뿐입니다. 비가 내리지 않으면, 태양이 비추지 않으면, 대기순환이 없으면, 밭의 흙이 사막화되면, 새들이 씨앗을 다 먹어버리면 농부의 모든 수고가 수포로 돌아가기 때문입니다.

햇빛과 물과 이산화탄소는 광합성의 3요소입니다. 생물학자들은 광합성의 3요소를 발견했지만, 햇빛과 물과 이산화탄소가 모여 광합성을 이루게 된 근본 원인은 여전히 모릅니다. 햇빛과 물과 이산화탄소가 모여 광합성이라는 작용이 일어나도록 설정하시고 이것을 통해 식물이 자라게 하시는 분은 바로 하나님이십니다. 씨앗을 심고 물을 준다고 하여 사람이 식물을 자라게 하는 것은 아닙니다. 씨앗과 물을 주신 분이 하나님이시고 토양과 비와 햇빛과 물과 바람 등을 주신 분도 하나님이시기 때문입니다. "그런즉 심는 이나 물 주는 이는 아무것도 아니로되 오직 자라게 하시는 이는 하나님뿐이니라"(고전 3:7)라는 말씀이 전적으로 옳습니다. 그리스도인은 매사에 이런 근본적인 원인을 생각할 줄 알아야 합니다. 현상과 가까운 원인만 살펴서는 안 됩니다.

고대 중국의 기(杞) 나라 사람이 하늘이 무너지고 땅이 꺼질까 봐 걱정한

데서 기우(杞憂)라는 말이 나왔습니다. 그래서 기우는 "지나친 걱정"이나 "쓸데없는 걱정"을 뜻합니다. 그런데 정말로 땅이 꺼질 것을 걱정하는 것은 지나치고 쓸데없는 걱정일까요? 그렇지 않습니다. 목성과 토성은 주로 수소 기체로 이루어진 행성입니다. 지구처럼 단단한 토양과 암석이 없어서 정말 땅이 꺼질 수도 있습니다. 지구의 반지름은 무려 6,370킬로미터입니다. 지구의 중심에 가서 닿으

려면 단단한 대지를 뚫고 들어간 후 뜨거운 맨틀을 지나가야 합니다. 이런 지구를 만드신 것이 기이한 일이 아니고 무엇이겠습니까?

과학자들은 우주 공간보다 지구 내부에 대하여 알기가 더 힘들다고 말합니다. 지구 내부를 관측하기가 쉽지 않기 때문입니다. 암석 연구를 위해서 현재까지 가장 깊이 뚫은 구멍의 깊이는 12킬로미터에 지나지 않습니다. 이 깊이까지만 들어가도 온도와 압력을 견디기 어렵습니다. 그러니 6,370킬로미터까지 들어가면 온도와 압력이 얼마나 높겠습니까? 과학자들은 화산 분출물과 지진파를 분석하여 지구의 가장 깊은 곳의 온도가 섭씨 5-6천 도라고 추정합니다. 이는 태양 표면 온도와 비슷한 수준입니다. 지구의 내부 온도가 태양과 비슷하다니 얼마나 신기한지 모릅니다. 이런 지구의 땅이 꺼지지 않는 것은 정말 기이한 일이 아닐까요? 기 나라 사람의 걱정이 절대로 지나치고 쓸데없는 걱정이 아닌 듯합니다. 우리 주변에는 그냥 평범한 일상으로 받아들여지지만 신기하고 기이한 일이 널려 있음을 알아야 합니다. 하나님의 영원하신 능력과 신성이 만물에 신비하게 새겨져 있는 것입니다.

ㄱ. 일차적 창조와 이차적 창조

일차적 창조는 하나님이 무로부터 만들어내신 것을 말하고, 이차적 창조는 본질에 있어 적합하지 않은 재료로 만드신 것을 말합니다. 하나님이 흙으로 사람을 지으신 것(창 2:7), 아담의 갈빗대로 하와를 지으신 것(창 2:22) 등이 이차적 창조에 속합니다. 흙과 갈빗대가 사람을 창조하는 데 사용되었다는 것은 재료가 중요한 것이 아니라, 부적합한 재료로도 창조하시는 하나님의 능력이 중요함을 보여줍니다.

ㄴ. 자신의 권능의 말씀으로 심히 좋게

하나님은 전능하시기 때문에 창조에 대한 하나님의 뜻과 지혜는 무한합니다.

그리고 그 뜻과 지혜가 실제의 창조로 펼쳐질 때 사람들처럼 막대한 노동력과 시간을 쓰시는 것도 아닙니다. 하나님이 뜻하시고 펼치시면 그대로 됩니다. 빛이 있으라 하시니 빛이 있었고, 뭍이 드러나라 하시니 그대로 되었습니다. 하나님의 전능하신 능력이 그대로 반영되었기 때문에 창조된 천지와 만물은 하나님이 보시기에 심히 좋았습니다(창 1:31). 완벽하신 하나님의 눈에 심히 좋았으니 얼마나 좋게 이루어졌겠습니까?

창세기 2:1은 "천지와 만물이 다 이루어지니라"라고 말합니다. 사람이 만든 모든 것들에는 흠과 하자가 있습니다. 그래서 "다 이루어지니라"라는 표현은 전능하신 하나님만이 하실 수 있습니다. 하나님은 다 이루셨기 때문에 일곱째 날에 안식하셨습니다. 더 해야 할 일이 남아 있다면 안식할 수 없습니다. 일곱째 날을 "복되게 하사 거룩하게" 하신 하나님은 창조의 모든 일을 완벽하게 마치시고 안식하셨습니다. 하나님이 이스라엘 백성에게 안식일을 지키라고 하신 것은 하나님의 전능하심에 근거한 명령입니다. 모든 것을 다 이루시는 하나님을 믿고, 사람 스스로 무언가를 할 수 있다는 생각을 버리고 안식하라는 것입니다.

하나님이 말씀으로 창조하셨다는 것은 하나님의 전능하심이 무한히 펼쳐졌다는 의미입니다. 그래서 유한한 사람은 만물의 최종 원인과 원리를 파악할 수 없습니다. 사람들은 물리학과 생물학과 철학 등을 통해서 사물의 존재와 활동의 원인이나 원리를 파악하려고 꾸준히 시도해왔습니다. 그런 노력의 결과 원자와 세포를 발견해내기도 했습니다. 그리고 원자를 쪼개고 세포를 더 분석하면 생명과 물질의 원리를 파악할 수 있으리라 기대했습니다. 또 세포의 핵에 있는 디옥시리보핵산(DNA)을 분석하면 사람의 본질을 알 수 있으리라 여겼습니다. 하지만 원자와 세포를 쪼개면 쪼갤수록 더 신비하고 모호한 세계가 나타났습니다. 이것은 우주 공간에서도

TIP

DNA(deoxyribonucleic acid)
유전자의 본체를 이루는 핵산

하이델베르크 교리문답, 삶을 읽다

마찬가지입니다. 빛도 빨아들인다는 블랙홀은 얼마나 신비합니까? 그런데 블랙홀을 연구하면 할수록 알게 되는 것만큼이나 모르는 것도 많아집니다.

이 모든 현상은 하나님이 말씀으로 만물을 만드셨기 때문이고, 하나님의 무한하고 전능하신 능력이 창조에서 드러났기 때문입니다. 사람이 노동력과 시간과 지혜를 들여 만든 것들은 모두 원인과 결과가 있습니다. 오래 연구하면 파악해내지 못할 것이 없습니다. 기발한 것도 많지만 신비하지는 않습니다. 그런데 하나님이 만드신 천지와 만물은 신비 자체입니다. 사람에게 모두 개방해놓아도 그 원인과 결과를 다 파악하지 못합니다. 사람은 가까운 원인과 결과만을 간신히 알 뿐입니다. 겨우 그 정도를 알고서 기고만장해지는 존재가 사람입니다.

우리는 사람들이 자연이나 일상이라고 부르는 것이 이적이자 신비라는 사실을 반드시 기억해야 합니다. 비와 눈이 내리고, 대기순환이 이루어지고, 낙엽이 썩어 나무의 양분이 되는 것이 최첨단 기술보다 기이한 일입니다. 전능하신 하나님은 말씀으로 세상을 창조하셨고 하나님의 영원하신 능력과 신성이 만드신 만물에 분명히 보여 알려졌습니다. 우리는 신앙이 깊어질수록 그 능력과 신성을 더 잘 알아보고 더욱 감사하며 찬양해야 합니다.

창조자와 피조물 사이에 있는 극복할 수 없는 간극을 온전히 인정합시다. 하나님이 믿음을 통해 계시해주셔야만 비로소 진리를 아는 존재가 사람임을 깊이 받아들입시다. 천지 만물의 원인과 목적이 하나님께 있습니다. 하나님은 당신 자신을 근거로, 당신 자신의 영광을 위하여 이 세상을 창조하셨습니다. 이것이 하나님의 말씀으로 창조하시되 무에서 모든 것을 창조하셨다는 의미입니다.

ㄷ. 엿새 동안에

하나님은 엿새에 걸쳐 천지와 만물을 창조하셨습니다. 엿새가 걸린 이유는 창조할 것이 너무 많아 절대적인 시간이 필요했기 때문이 아닙니다. 하나님은 권능의 말씀으로 단 하루 만에 천지와 만물을 창조하실 수도 있습니다. 하지만 우리가 잘 알지 못하는 하나님의 뜻과 지혜로 엿새에 걸쳐 창조하셨습니다. 아래의 표는 엿새 동안에 창조하신 것이 무엇인지 보여주는데, 첫째와 넷째, 둘째와 다섯째, 셋째와 여섯째 날이 서로 연관이 있습니다.

첫째 날	넷째 날
• 천지와 빛의 창조 • 빛과 어둠의 분리	• 광명체들의 창조 • 광명체들로 낮과 밤을 주관하게 하심
둘째 날	다섯째 날
• 물과 물의 분리로 궁창을 있게 하심 • 궁창을 하늘이라 부르심	• 물속의 짐승과 하늘을 나는 새의 창조 • 복을 주시며 생육하고 번성하라고 하심
셋째 날	여섯째 날
• 물과 뭍의 분리 • 뭍을 땅이라, 모인 물을 바다라 부르심 • 땅으로 채소와 나무를 내게 하심	• 땅의 가축과 짐승과 기는 것의 창조 • 사람의 창조 • 복을 주시며 생육하고 번성하고 다스리라 하심

표22 천지 창조의 과정

첫째 날에 빛을 창조하시고, 넷째 날에 광명체들을 창조하신 것은 모순이 아닙니다. 빛 자체와 빛을 발산하는 광명체는 차이가 있습니다. 태양은 빛 자체가 아닙니다. 빛은 부싯돌에서도 나오고, 구름과 구름이 부딪쳐도 요란한 천둥과 함께 번개 빛이 나옵니다. 생명과 생명체도 구분됩니다. 하나님이 각 사람과 동식물에 생명을 주셔서 생명체가 되었습니다. 사람이나 개, 장미꽃 등은 생명체이기는 하지만 생명 자체는 아닙니다. 하나님이 이들에게서 생명을 거두어가시면 무생물이 되어버립니다. 사람은 생명과 죽음이 정확히 무엇인지 알지 못합니다. 하나님이 생명을 주셔서 우리 각 사람이 생명체가 될 뿐입니다. 그렇듯 빛이 정확히 무엇인지 알지 못합니다. 단지 하나님이 광명체가 빛을 내도록 하셔서 광명체가 빛을 낼 뿐입니다.

ㄹ. 사람의 창조

우리는 앞서 하이델베르크 교리문답 제6문을 통해 하나님이 사람을 하나님의 형상으로 지으셨음을 살펴보았습니다. 하나님의 형상이란 에베소서 4:24에 따르면 의와 거룩함이고, 골로새서 3:10에 따르면 지식입니다. 사람에게는 남다른 능력과 성향이 주어져서 언어의 동물, 사회의 동물, 유희의 동물, 도구의 동물 등 다양한 이름으로 불릴 수 있습니다. 사람에게 이러한 능력과 성향이 있는 것은 절대로 노력의 결과가 아닙니다. 하나님이 일방적으로 주신 은혜의 선물입니다. 사람이 모든 만물을 다스리는 영장(靈長)이 될 수 있는 것은 영장이 되는 능력, 즉 지정의(知情意)를 갖고 태어나기 때문입니다. 사람의 지정의는 물고기의 비늘이나 새의 날개처럼 하나님이 주신 것입니다.

창세기 2:7은 "여호와 하나님이 땅의 흙으로 사람을 지으시고 생기를 그 코에 불어넣으시니 사람이 생령이 되니라"라고 말합니다. 또한 사람이 혼자 사는 것이 좋지 않다고 보신 하나님은 아담의 갈빗대로 여자를 만드시어 돕는 배필이 되게 하셨습니다. 여자를 본 아담은 "내 뼈 중의 뼈요, 살 중의 살이라"(창 2:23)라고 말했습니다. 이 말은 자기 뼈로부터 나온 뼈이고 자기 살로부터 나온 살이란 뜻입니다. 즉 자기와 본질이 같다는 것입니다. 그러므로 여자가 갈빗대로 지음 받았다고 해서 아담보다 뒤떨어지는 것이 아닙니다. 남자와 여자가 평등한 이유는 아담이 겨우 흙에서 지어졌기 때문이고, 남자나 여자나 모두 하나님의 사랑의 권능으로 지어졌기 때문이며, 그 사랑의 권능으로 인해 아담의 뼈와 살이 바로 여자의 뼈와 살이 되기 때문입니다.

그래서 하나님은 "이러므로 남자가 부모를 떠나 그의 아내와 합하여 둘이 한 몸을 이룰지로다"(창 1:24)라고 말씀하셨습니다. 여자의 뼈와 살은 아담의 뼈와 살로부터 나왔으므로 남자와 여자는 다르지 않고 한 본질이기 때문에 한 몸이 되어야 합니다.

하나님은 사람을 만드신 후에 복을 주시며 "생육하고 번성하여 땅에 충만하라. 땅을 정복하라. 바다의 물고기와 하늘의 새와 땅에 움직이는 모든 생물을 다스리라"(창 1:28)라고 말씀하셨습니다. 그런데 사람이 생육하고 번성하여 땅에 충만하려면 사람이 살 수 있는 환경이 설정되어 있어야 합니다. 그래서 하나님은 천지와 만물을 만드시어 사람이 살 수 있는 완벽한 환경을 설정하신 후에 마지막으로 사람을 만드셨습니다. 이것만 보아도 하나님이 사람을 얼마나 사랑하시는가를 알 수 있습니다. 하나님은 이어서 "내가 온 지면의 씨 맺는 모든 채소와 씨 가진 열매 맺는 모든 나무를 너희에게 주노니 너희의 먹을거리가 되리라"(창 1:29)라고 말씀하셨습니다. 하나님은 먹을거리까지 모두 준비하신 후에 사람을 만드신 것입니다.

다른 모든 피조물은 사람을 위하여 존재합니다. 그래서 천하보다 귀한 것이 사람입니다. 사람은 장애인이든, 과부와 고아이든, 이방인이든 상관없이 사람이라는 존재 자체로 귀합니다. 사람은 국적이나 인종, 민족이나 빈부귀천에 상관없이, 그리고 물리적 생산력에 상관없이 하나님의 형상을 지녔다는 사실 자체로 소중한 존재입니다. 사람은 누구든지 기본적인 존중과 대우를 받아야 합니다. 이것이 인권(人權)의 참된 개념입니다. 사람의 기원과 가치에 대하여 성경적인 이해를 가진 사회는 사람을 더욱 존중히 여기는 문화가 형성되고, 자연스럽게 제도와 법도 거기에 맞추어집니다. 그래서 어떻게 보면 기독교를 주된 종교로 갖는 사회와 국가에서 사람을 위한 문화와 제도와 법이 잘 갖추어진 것도 당연하다고 할 수 있습니다.

3. 그의 영원한 계획과 섭리로 그것들을 보존하고 다스리신다

하나님은 시간을 초월한 영원한 계획과 섭리로 천지 만물을 보존하고 다스리십니다. 하나님이 보존하고 다스리시기 때문에 각 성도는 어떠한 상황에서도 하나님을 전적으로 신뢰합니다. 하나님이 영·육에 필요한 모든 것을 채워 주실 것을 믿기에 눈물의 골짜기를 걸을 때도 선한 결과를 기대할 수 있습니다. 이에 대해서는 하이델베르크 교리문답 제27문과 제28문에서 자세히 살펴볼 것입니다.

4. 그리스도로 말미암아 나의 하나님과 나의 아버지이시다

예수 그리스도는 성부의 영원하신 아들입니다. 성부의 아들로서 본질이 같은 하나님이십니다. 사람의 아들이 사람이듯이 하나님의 아들은 하나님입니다. 그렇다면 사람인 우리 성도들은 어떻게 하나님의 아들이 될까요? 예수 그리스도를 통해서 될 수 있습니다. 하나님이신 예수님이 사람이 되시어 우리의 죄를 짊어지고 고난을 받으며 죽으셨기 때문입니다. 그리스도로 말미암아 성도들은 하나님의 자녀로 입양됩니다. 이에 대해서는 하이델베르크 교리문답 제32문과 제33문에서 자세히 살펴볼 것입니다.

삼위일체 하나님의 창조

앞서 우리는 외부를 향한 삼위일체 하나님의 사역이 분리되지 않음을 살펴보았습니다. 하나님의 모든 은혜는 성부로부터, 성자를 통하여, 성령 안에서 (from the Father, through the Son, in the Holy Spirit) 주어집니다. 창조의 사역도 마찬가지로 성부로부터, 성자를 통하여, 성령 안에서 이루어집니다. 태초에 천지를 창조하신 하나님은 삼위일체 하나님이십니다. 창조의 일에 성자도 성령도 참여하시지만, 성경은 전체적으로 창조를 성부의 일로 돌립니다. 창조는 만물에 기원을 부여하는 것이므로 성부에게 속하는 것이 자연스럽습니다. 삼위의 영원한 내재적 관계에서 성부가 성자와 성령의 근원이기 때문에 밖을 향한 삼위의 사역에서도 성부는 근원과 기원에 해당하는 사역을 하십니다.

삼위일체의 창조를 보여주는 성구

태초에 하나님이 천지를 창조하시니라 (창 1:1).

누가 손바닥으로 바닷물을 헤아렸으며 뼘으로 하늘을 쟀으며 땅의 티끌을 되에 담아보았으며 접시저울로 산들을, 막대저울로 언덕들을 달아보았으랴?(사 40:12)

네 구속자요, 모태에서 너를 지은 나 여호와가 이같이 말하노라. 나는 만물을 지은 여호와라. 홀로 하늘을 폈으며 나와 함께한 자 없이 땅을 펼쳤고(사 44:24).

내가 땅을 만들고 그 위에 사람을 창조하였으며 내가 내 손으로 하늘을 펴고 하늘의 모든 군대에게 명령하였노라(사 45:12).

성부의 창조를 보여주는 성구

그러나 우리에게는 한 하나님 곧 아버지가 계시니 만물이 그에게서 났고 우리도 그를 위하여 있고 또한 한 주 예수 그리스도께서 계시니 만물이 그로 말미암고 우리도 그로 말미암아 있느니라(고전 8:6).

이 모든 날 마지막에는 아들을 통하여 우리에게 말씀하셨으니 이 아들을 만유의 상속자로 세우시고 또 그로 말미암아 모든 세계를 지으셨느니라(히 1:2).

"우리 주 하나님이여! 영광과 존귀와 권능을 받으시는 것이 합당하오니 주께서 만물을 지으신지라. 만물이 주의 뜻대로 있었고 또 지으심을 받았나이다" 하더라(계 4:11).

성자의 창조를 보여주는 성구

여호와의 말씀으로 하늘이 지음이 되었으며 그 만상을 그의 입 기운으로 이루었도다(시 33:6).

여호와께서 그 조화의 시작 곧 태초에 일하시기 전에 나를 가지셨으며(잠 8:22).

내가 그 곁에 있어서 창조자가 되어 날마다 그의 기뻐하신 바가 되었으며 항상 그 앞에서 즐거워하였으며(잠 8:30).

만물이 그로 말미암아 지은 바 되었으니 지은 것이 하나도 그가 없이는 된 것이 없느니라(요 1:3).

그러나 우리에게는 한 하나님 곧 아버지가 계시니 만물이 그에게서 났고 우리도 그를 위하여 있고 또한 한 주 예수 그리스도께서 계시니 만물이 그로 말미암고 우리도 그로 말미암아 있느니라(고전 8:6).

만물이 그에게서 창조되되 하늘과 땅에서 보이는 것들과 보이지 않는 것들과 혹은 왕권들이나 주권들이나 통치자들이나 권세들이나 만물이 다 그로 말미암고 그를 위하여 창조되었고(골 1:16).

성령의 창조를 보여주는 성구

땅이 혼돈하고 공허하며 흑암이 깊음 위에 있고 하나님의 영은 수면 위에 운행하시니라(창 1:2).

하나님의 영이 나를 지으셨고 전능자의 기운이 나를 살리시느니라(욥 33:4).

여호와의 말씀으로 하늘이 지음이 되었으며 그 만상을 그의 입 기운으로 이루었도다(시 33:6).

주의 영을 보내어 그들을 창조하사 지면을 새롭게 하시나이다(시 104:30).

천사가 대답하여 이르되 "성령이 네게 임하시고 지극히 높으신 이의 능력이 너를 덮으시리니 이러므로 나실 바 거룩한 이는 하나님의 아들이라 일컬어지리라"(눅 1:35).

하이델베르크 교리문답, 삶을 읽다

01 각자의 MBTI(마이어브릭스 성격 유형 지표)를 알고 있으면 이야기해봅시다. 성격이 외향적인지 내향적인지, 정보를 인식하는 방식이 직관형인지 감각형인지, 무언가를 판단하고 결정할 때 주로 따르는 것이 감정인지 이성인지, 삶의 방식이 판단형인지 인식형인지 이야기해보고 자기 성격의 장단점이 무엇인지도 나누어봅시다.

02 하이델베르크 교리문답 제26문을 서로 묻고 답해봅시다. 근거 성구도 다시 한 번 살펴봅시다.

03 "전능하신 아버지 하나님"은 "우리 주 예수 그리스도"의 영원하신 아버지이시고, 하나님은 그 그리스도로 말미암아 우리의 하나님과 우리의 아버지가 되십니다. 이 사실이 우리에게 어떤 의미가 있는지 이야기해봅시다.

04   하나님이 무(無)로부터 하늘과 땅, 그리고 그 속에 있는 모든 것을 만드셨습니다. 하나님의 창조와 관련하여 일차적 창조와 이차적 창조를 구분해봅시다.

05   하나님이 "말씀"으로 세상을 창조하셨다는 것은 어떤 의미인지 나누어봅시다.

06   하나님은 왜 사람을 제일 마지막으로 창조하셨습니까?

07   성부와 성자와 성령의 창조를 보여주는 성구들을 다시 한 번 살펴보면서 창조가 삼위일체 하나님의 사역임을 확인해봅시다.

하나님의 섭리와 그 유익

Q 제27문 하나님의 섭리란 무엇입니까?

What dost thou mean by the providence of God?

A 답 하나님의 전능하고 편재(遍在)하신 능력입니다.[1] 하나님은 이것에 의해 마치 자신의 손으로 하듯 하늘과 땅과 모든 피조물을 보존하고 다스리십니다.[2] 따라서 약초와 풀, 비와 가뭄,[3] 풍년과 흉년, 양식과 음료, 건강과 질병, 부와 가난, 그뿐 아니라 모든 것은[4] 우연히 오는 것이 아니라, 그의 아버지 같은 손길로 임합니다.[5]

The almighty and everywhere present power of God; whereby, as it were by his hand, he upholds and governs heaven, earth, and all creatures; so that herbs and grass, rain and drought, fruitful and barren years, meat and drink, health and sickness, riches and poverty, yea, and all things come, not by chance, but be his fatherly hand.

Q 제28문 하나님이 모든 것을 창조하시고 섭리로 여전히 붙드심을 아는 것은 우리에게 어떤 유익이 됩니까?

What advantage is it to us to know that God has created, and by his providence does still uphold all things?

A 답 우리는 재난 속에서 인내하고[6] 번영 속에서 감사하며[7] 이 후로 우리 앞에 닥칠 어떠한 일에 대해서도 우리의 신실한 하나님 아버지께 확실한 신뢰를 둘 수 있습니다.[8] 어떠한 피조물도 우리를 그의 사랑에서 끊을 수 없는데, 모든 피조물이 그의 장중에 확고히 있어 그의 뜻이 아니면 조금도 움직일 수 없기 때문입니다.[9]

하이델베르크 교리문답, 삶을 읽다

That we may be patient in adversity; thankful in prosperity; and that in all things, which may hereafter befall us, we place our firm trust in our faithful God and Father, that nothing shall separate us from his love; since all creatures are so in his hand, that without his will they cannot so much as move.

providence	섭리, 신의 뜻	**herb**	약초, 허브
drought	가뭄, 한발, 고갈	**barren**	불모의, 메마른, 불임의
uphold	붙들다, 유지하다, 지키다	**adversity**	재난, 불운, 역경
prosperity	번영, 번창		

근거 성구

1 15자기의 계획을 여호와께 깊이 숨기려 하는 자들은 화 있을진저 그들의 일을 어두운 데에서 행하며 이르기를 "누가 우리를 보랴? 누가 우리를 알랴?" 하니 16너희의 패역함이 심하도다. 토기장이를 어찌 진흙 같이 여기겠느냐? 지음을 받은 물건이 어찌 자기를 지은 이에게 대하여 이르기를 "그가 나를 짓지 아니하였다" 하겠으며 빚음을 받은 물건이 자기를 빚은 이에게 대하여 이르기를 "그가 총명이 없다" 하겠느냐?(사 29:15-16)

23여호와의 말씀이니라. 나는 가까운 데에 있는 하나님이요, 먼 데에 있는 하나님은 아니냐? 24여호와의 말씀이니라. 사람이 내게 보이지 아니하려고 누가 자신을 은밀한 곳에 숨길 수 있겠느냐? 여호와가 말하노라. 나는 천지에 충만하지 아니하냐?(렘 23:23-24)

또 내게 이르시되 "인자야! 이스라엘 족속의 장로들이 각각 그 우상의 방안 어두운 가운데에서 행하는 것을 네가 보았느냐? 그들이 이르기를 '여호와께서 우리를 보지 아니하시며 여호와께서 이 땅을 버리셨다' 하느니라"(겔 8:12).

25또 무엇이 부족한 것처럼 사람의 손으로 섬김을 받으시는 것이 아니니 이는 만민에게 생명과 호흡과 만물을 친히 주시는 이심이라. 26인류의 모든 족속을 한 혈통으로 만드사 온 땅에 살게 하시고 그들의 연대를 정하시며 거주의 경계를 한정하셨으니 27이는 사람으로 혹 하나님을 더듬어 찾아 발견하게 하려 하심이로되 그는 우리 각 사람에게서 멀리 계시지 아니하도다. 28우리가 그를 힘입어 살며 기동하며 존재하느니라. 너희 시인 중 어떤 사람들의 말과 같이 우리가 그의 소생이라 하니(행 17:25-28).

2 이는 하나님의 영광의 광채시요, 그 본체의 형상이시라. 그의 능력의 말씀으로 만물을 붙드시며 죄를 정결하게 하는 일을 하시고 높은 곳에 계신 지극히 크신 이의 우편에 앉으셨느니라(히 1:3).

3 또 너희 마음으로 '우리에게 이른 비와 늦은 비를 때를 따라 주시며 우리를 위하여 추수 기한을 정하시는 우리 하나님 여호와를 경외하자' 말하지도 아니하니(렘 5:24).

"그러나 자기를 증언하지 아니하신 것이 아니니 곧 여러분에게 하늘로부터 비를 내리시며 결실기를 주시는 선한 일을 하사 음식과 기쁨으로 여러분의 마음에 만족하게 하셨느니라" 하고(행 14:17).

4 가난한 자와 부한 자가 함께 살거니와 그 모두를 지으신 이는 여호와시니라(잠 22:2).

예수께서 대답하시되 "이 사람이나 그 부모의 죄로 인한 것이 아니라 그에게서 하나님이 하시는 일을 나타내고자 하심이라"(요 9:3).

5 제비는 사람이 뽑으나 모든 일을 작정하기는 여호와께 있느니라(잠 16:33).

말하는 이는 너희가 아니라 너희 속에서 말씀하시는 이 곧 너희 아버지의 성령이시니라(마 10:20).

29참새 두 마리가 한 앗사리온에 팔리지 않느냐? 그러나 너희 아버지께서 허락하지 아니하시면 그 하나도 땅에 떨어지지 아니하리라. 30너희에게는 머리털까지 다 세신 바 되었나니(마 10:29-30).

6 21이르되 "내가 모태에서 알몸으로 나왔사온즉 또한 알몸이 그리로 돌아가올지라. 주신 이도 여호와시요, 거두신 이도 여호와시오니 여호와의 이름이 찬송을 받으실지니이다" 하고 22이 모든 일에 욥이 범죄하지 아니하고 하나님을 향하여 원망하지 아니하니라(욥 1:21-22).

내가 잠잠하고 입을 열지 아니함은 주께서 이를 행하신 까닭이니이다(시 39:9).

3다만 이뿐 아니라 우리가 환난 중에도 즐거워하나니 이는 환난은 인내를, 4인내는 연단을, 연단은 소망을 이루는 줄 앎이로다(롬 5:3-4).

3이는 너희 믿음의 시련이 인내를 만들어 내는 줄 너희가 앎이라. 4인내를 온전히 이루라. 이는 너희로 온전하고 구비하여 조금도 부족함이 없게 하려 함이라(약 1:3-4).

7 네가 먹어서 배부르고 네 하나님 여호와께서 옥토를 네게 주셨음으로 말미암

아 그를 찬송하리라(신 8:10).

범사에 감사하라. 이것이 그리스도 예수 안에서 너희를 향하신 하나님의 뜻이니라(살전 5:18).

8 네 짐을 여호와께 맡기라. 그가 너를 붙드시고 의인의 요동함을 영원히 허락하지 아니하시리로다(시 55:22).

38내가 확신하노니 사망이나 생명이나 천사들이나 권세자들이나 현재 일이나 장래 일이나 능력이나 39높음이나 깊음이나 다른 어떤 피조물이라도 우리를 우리 주 그리스도 예수 안에 있는 하나님의 사랑에서 끊을 수 없으리라(롬 8:38-39).

9 여호와께서 사탄에게 이르시되 "내가 그의 소유물을 다 네 손에 맡기노라. 다만 그의 몸에는 네 손을 대지 말지니라." 사탄이 곧 여호와 앞에서 물러가니라(욥 1:12).

여호와께서 사탄에게 이르시되 "내가 그를 네 손에 맡기노라. 다만 그의 생명은 해하지 말지니라"(욥 2:6).

왕의 마음이 여호와의 손에 있음이 마치 봇물과 같아서 그가 임의로 인도하시느니라(잠 21:1).

25또 무엇이 부족한 것처럼 사람의 손으로 섬김을 받으시는 것이 아니니 이는 만민에게 생명과 호흡과 만물을 친히 주시는 이심이라. 26인류의 모든 족속을 한 혈통으로 만드사 온 땅에 살게 하시고 그들의 연대를 정하시며 거주의 경계를 한 정하셨으니 27이는 사람으로 혹 하나님을 더듬어 찾아 발견하게 하려 하심이로되 그는 우리 각 사람에게서 멀리 계시지 아니하도다. 28우리가 그를 힘입어 살며 기동하며 존재하느니라. 너희 시인 중 어떤 사람들의 말과 같이 우리가 그의 소생이라 하니(행 17:25-28).

해설

하나님의 섭리와 그 유익

우리는 하이델베르크 교리문답의 구조에 따라 사도신경의 내용을 살펴보고 있습니다. 앞서 살펴본 대로 사도신경의 첫 문장은 하나님에 대한 신앙을 고백합니다. 하나님은 천지를 창조하시고 "영원한 계획과 섭리로" 보존하고 다스리시는 분이십니다.

여기에 이어서 하이델베르크 교리문답 제27문은 하나님의 섭리가 무엇인지 말해줍니다. 그리고 제28문은 하나님의 창조와 섭리를 깨달은 사람이 누릴 수 있는 유익이 무엇인지를 묻고 답합니다. 사실 이런 구성은 조직신학의 "신론"의 구성과 비슷합니다. 신론은 하나님이 누구신지를 설명하기 위해 하나님의 "존재"와 "사역" 두 분야를 다룹니다. 이는 하이델베르크 교리문답의 구성에서도 분명하게 드러나는 주제입니다.

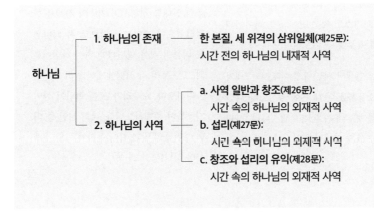

표23 하이델베르크 교리문답의 신론

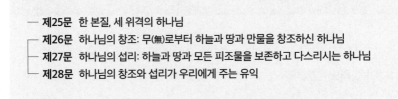

표24 하이델베르크 교리문답 제25-28문의 구성

하이델베르크 교리문답, 삶을 읽다

1. 섭리: 하나님의 전능하시고 편재하신 능력

애굽의 총리가 된 요셉은 양식을 구하러 온 형들에게 이렇게 말했습니다.

> 4나는 당신들의 아우 요셉이니 당신들이 애굽에 판 자라. 5당신들이 나를 이곳에
> 팔았다고 해서 근심하지 마소서. 한탄하지 마소서. 하나님이 생명을 구원하시려
> 고 나를 당신들보다 먼저 보내셨나이다(창 45:4-5).

요셉은 형들이 자기를 판 당시에는 자기를 죽이려고까지 했던 형들이 얼마나 미웠겠습니까? 그런데 시간이 흘러 자기가 애굽의 총리가 되었기 때문에 아버지 야곱과 온 식구들을 기근에서 구할 수 있게 되었다는 사실을 깨달았습니다. 그래서 "이리로 보낸 이는 당신들이 아니요, 하나님"이시라고 고백했습니다(창 45:8). 그는 자신을 향한 하나님의 섭리를 깨달은 것입니다.

ㄱ. 전능성

섭리를 이해하려면 먼저 하나님은 전능하시고 편재하신 분으로서 사람과는 전혀 다른 속성을 갖고 계시다는 것을 알아야 합니다. 사람들이 하나님의 창조나 섭리를 잘못 받아들이는 이유는 하나님의 속성을 잘 이해하지 못하기 때문입니다. 많은 사람이 하나님을 사람보다 조금 더 능력이 뛰어난 존재로 생각하기 때문에 시간을 초월하여 일하시는 하나님의 섭리를 부인합니다. 그런데 하나님과 피조물 사이에는 하늘이 땅보다 높은 것보다, 동이 서에서 먼 것보다 더 큰 질적 차이가 있습니다.

하나님은 전능하셔서 말씀으로 만물을 창조하셨습니다. 하나님이 원하시고 명령하시면 무에서 존재가 생성됩니다. 이는 하나님이 전능하시기에 가능합니다. 창조도 하나님의 속성을 먼저 이해해야만 온전히 이해할 수 있습니다. 전능성이라는 하나님의 속성을 모르면 무에서 만물이 나온다는 개념도

납득할 수 없고, 단번에 성숙하게 만들 수 있다는 가능성도 모른 채 진화론을 택하게 됩니다.

창조주 하나님은 아브라함을 택하시며 그를 많은 민족의 조상으로 세우시겠다고 하셨습니다. 사실 아브라함이나 그의 후손이나 모두 하나님의 자녀가 될 자격이 없는 자들입니다. 그런데 하나님은 오직 사랑과 은혜로 그들을 구원해주셨습니다. 이것은 창조처럼 없는 것을 있는 것으로 부르신 사건으로서 죽어 마땅한 자들을 살리신 것이나 마찬가지입니다.

기록된 바 "내가 너를 많은 민족의 조상으로 세웠다" 하심과 같으니 그가 믿은 바 하나님은 죽은 자를 살리시며 없는 것을 있는 것으로 부르시는 이시니라(롬 4:17).

하나님은 아브라함에게 말씀하신 것을 그대로 이루셨습니다. 이는 말씀으로 세상을 창조하신 것과 같은 차원의 역사였습니다. 하나님은 뜻하시고 말씀하신 것을 시간 속에서 이루어내시는 전능하신 분입니다.

천사 가브리엘은 마리아에게 그녀가 성령으로 잉태되어 아들을 낳게 될 것이라고 말해주었습니다. 마리아가 자기는 남자를 알지 못한다고 하자 천사는 엘리사벳도 늙어서 아들을 배었다며 "대저 하나님의 모든 말씀은 능하지 못하심이 없느니라"(눅 1:37)라고 말했습니다. 하나님이 뜻하시고 말씀하신 것은 그대로 된다는 말입니다. 이처럼 하나님은 시간 속에서 모든 것을 보존하고 다스리시며 당신의 뜻과 말씀을 온전히 이루십니다.

하나님의 전능성을 보여주는 성구

하나님이 빼앗으시면 누가 막을 수 있으며 무엇을 하시나이까 하고 누가 물을 수 있으랴?(욥 9:12)

하이델베르크 교리문답, 삶을 읽다

오직 우리 하나님은 하늘에 계셔서 원하시는 모든 것을 행하셨나이다(시 115:3).

네 구속자요, 모태에서 너를 지은 나 여호와가 이같이 말하노라. "나는 만물을 지은 여호와라. 홀로 하늘을 폈으며 나와 함께한 자 없이 땅을 펼쳤고"(사 44:24).

슬프도소이다. 주 여호와여! 주께서 큰 능력과 펴신 팔로 천지를 지으셨사오니 주에게는 할 수 없는 일이 없으시니이다 (렘 32:17).

예수께서 그들을 보시며 이르시되 "사람으로는 할 수 없으나 하나님으로서는 다 하실 수 있느니라"(마 19:26).

내가 복음을 부끄러워하지 아니하노니 이 복음은 모든 믿는 자에게 구원을 주시는 하나님의 능력이 됨이라. 먼저는 유대인에게요, 그리고 헬라인에게로다(롬 1:16).

오직 부르심을 받은 자들에게는 유대인이나 헬라인이나 그리스도는 하나님의 능력이요, 하나님의 지혜니라(고전 1:24).

ㄴ. 편재성(遍在性)

하나님은 전능하셔서 만민에게 생명과 호흡과 만물을 친히 주셨습니다(행 17:25). 그뿐 아니라 하나님은 만물이 존재하는 시간과 공간 자체도 만드셨습니다. 그래서 시간과 공간의 지배를 받지 않고 오히려 시간과 공간을 지배하고 장악하며 초월하십니다.

하나님이 편재하시다고 하여 하나님의 오른발은 수성에 있고 왼발은 해왕성에 있는 것이 아닙니다. 사람은 공간의 제약을 받습니다. 우리가 어떤 강의실에 있으면 그 강의실이 아주 넓지 않은 한 그곳에서 무슨 일이 벌어지는지 알 수 있습니다. 하지만 다른 강의실에서 벌어지는 일은 알 수 없습니다. 인간이 감지할 수 있는 공간의 영역은 정해져 있으며 칸막이나 어떤 차단물이 있으면 그것에 방해를 받기 마련입니다.

그러나 전능하신 하나님은 공간 자체를 만드시고 만물을 조성하신 분으로서 그 어떤 것에도 방해를 받지 않으십니다. 그래서 어디에나 계실 수 있고 모든 공간을 장악하실 수 있습니다. 어떤 방해물도 하나님의 존재와 인식을 차단하지 못합니다. 공간을 초월하여 계시는 분이 어떻게 공간의 제약을 받겠습니까?

> 여호와의 말씀이니라. 사람이 내게 보이지 아니하려고 누가 자신을 은밀한 곳에 숨길 수 있겠느냐? 여호와가 말하노라. 나는 천지에 충만하지 아니하냐?(렘 23:24)

하나님은 천지에 충만하십니다. 하나님은 모든 공간에 존재의 일부가 흩어진 형태로 편재하시는 것이 아니라 하나님의 전 존재 자체가 모든 공간에 충만하게 계시는 형태로 편재하십니다. 그래서 우리는 하나님이 당신의 자녀들과 늘 함께 계시어 그들의 희로애락에 마음을 쓰고 계시다는 사실을 믿을 수 있습니다.

하나님의 편재성은 하나님이 모든 피조물을 아실 뿐 아니라 보존하고 다스리신다는 주장의 근거입니다. 아무리 많은 피조물이 아무리 넓게 퍼져서 아무리 복잡한 행동을 하더라도 하나님은 그들을 돌보는 데 전혀 어려움을 겪지 않으십니다. 그리고 하나님은 오히려 그들의 행동을 하나님의 뜻대로 이끌어가십니다. 이것이 바로 하나님의 섭리입니다.

하나님의 편재성을 보여주는 성구

하나님이 참으로 땅에 거하시리이까? 하늘과 하늘들의 하늘이라도 주를 용납하지 못하겠거든 하물며 내가 건축한 이 성전이오리이까?(왕상 8:27)

7내가 주의 영을 떠나 어디로 가며 주의 앞에서 어디로 피하리이까? 8내가 하늘에 올라갈지라도 거기 계시며 스올에 내 자리를 펼지라도 거기 계시니이다. 9내가 새벽 날개를 치며 바다 끝에 가서 거주할지라도 거기서도 10주의 손이 나를 인도하시며 주의 오른손이 나를 붙드시리이다(시 139:7-10).

여호와께서 이와 같이 말씀하시되 "하늘은 나의 보좌요, 땅은 나의 발판이니 너

회가 나를 위하여 무슨 집을 지으랴? 내가 안식할 처소가 어디랴?"(사 66:1)

23여호와의 말씀이니라. 나는 가까운 데에 있는 하나님이요, 먼 데에 있는 하나님은 아니냐? 24여호와의 말씀이니라. 사람이 내게 보이지 아니하려고 누가 자신을 은밀한 곳에 숨길 수 있겠느냐? 여호와가 말하노라. 나는 천지에 충만하지 아니하냐?(렘 23:23-24)

48그러나 지극히 높으신 이는 손으로 지은 곳에 계시지 아니하시나니 선지자가

말한 바 49"주께서 이르시되 '하늘은 나의 보좌요 땅은 나의 발등상이니 너희가 나를 위하여 무슨 집을 짓겠으며 나의 안식할 처소가 어디냐?'"(행 7:48-49)

27"이는 사람으로 혹 하나님을 더듬어 찾아 발견하게 하려 하심이로되 그는 우리 각 사람에게서 멀리 계시지 아니하도다. 28우리가 그를 힘입어 살며 기동하며 존재하느니라. 너희 시인 중 어떤 사람들의 말과 같이 우리가 그의 소생이라" 하니 (행 17:27-28).

ㄷ. 영원성

하나님은 공간에 있어 무한하시어 편재하실 뿐만 아니라 시간에 있어서도 무한하시어 영원하십니다. 우리는 앞서 하나님의 편재성이란 하나님이 거인처럼 넓은 공간을 차지하는 것이 아니라 공간에 충만하시어 공간 자체를 모두 인식하고 지배하시는 것임을 살펴보았습니다. 하나님의 영원성도 하나님이 과거와 현재와 미래에 동시에 존재하여 서로 정보를 주고받으며 가장 적합한 결정과 행동을 하신다는 의미가 아닙니다. 하나님은 과거와 현재와 미래라는 시간 자체를 만드시고 각 시간에 있어야 할 일을 정하신 분입니다. 시간을 초월하여 모든 시간에 충만한 분이십니다. 그러므로 하나님은 시간의 영향을 받지 않으시고 시간을 지배하면서 각 시간을 하나님의 뜻대로 주장하십니다.

영원은 먼 과거나 먼 미래가 아닙니다. 아무리 먼 과거나 미래도 유한한 시간에 지나지 않습니다. 하나님은 무한하신 분으로서 시간을 초월하여 계십

니다. 시간을 초월한 영원하신 분이므로 하루가 천 년 같습니다. 그분께는 과거와 현재와 미래가 차이가 없습니다. 하나님은 절대로 사람처럼 과거에서 현재를 거쳐 미래로 가는 순차에 따라 존재하거나 생각하거나 행동할 필요가 없으십니다. 과거와 현재와 미래를 초월하여 지켜보시고 모두 인식하시므로 모든 것을 합하여 선을 이루어가실 수 있습니다. 하나님의 편재성과 영원성은 각각 공간과 시간에 대한 하나님의 속성이지만 질적으로는 같다고 할 수 있습니다.

하나님의 영원성을 보여주는 성구

또 이르시되 "나는 네 조상의 하나님이니 아브라함의 하나님, 이삭의 하나님, 야곱의 하나님이니라." 모세가 하나님 뵈옵기를 두려워하여 얼굴을 가리매(출 3:6).

2산이 생기기 전, 땅과 세계도 주께서 조성하시기 전 곧 영원부터 영원까지 주는 하나님이시니이다. 3주께서 사람을 티끌로 돌아가게 하시고 말씀하시기를 "너희 인생들은 돌아가라" 하셨사오니 4주의 목전에는 천 년이 지나간 어제 같으며 밤의 한순간 같을 뿐임이니이다(시 90:2-4).

여호와여! 주는 영원히 계시고 주에 대한 기억은 대대에 이르리이다(시 102:12).

사랑하는 자들아! 주께는 하루가 천 년 같고 천 년이 하루 같다는 이 한 가지를 잊지 말라(벧후 3:8).

주 하나님이 이르시되 "나는 알파와 오메가라. 이제도 있고 전에도 있었고 장차 올 자요, 전능한 자라" 하시더라(계 1:8).

2. 천지와 만물을 보존하고 다스리신다

저는 2001년에 구입해서 타던 자동차를 2015년에 교체했습니다. 그 차는 고맙게도 14년 동안 별다른 고장 없이 잘 움직여주었습니다. 10년 넘게 타도 잘 굴러가는 차가 많은데 새로 산 자동차가 몇 달, 몇 년 지나지 않아 잔고장이 생기더니 끝내 움직이지 않는 상태가 되어버린다면 소비자는 상당히 불편할 것입니다.

만일 하나님이 천지와 만물을 창조하셨는데 한순간, 혹은 몇 년 동안만 보시기에 심히 좋게 작동되다가 고장이 나버린다면 어떨까요? 우리는 불편한 정도가 아니라 생명을 유지할 수 없을 것입니다. 지구가 정확히 24시간 만에 한 바퀴를 돌지 않고 갑자기 늦어지거나 빨라진다면, 또 지구가 태양 주변을 갑자기 늦게 돈다면 어떨까요? 중력과 기후의 대변동으로 끔찍한 재앙을 맞닥뜨리게 될 것입니다.

따라서 하나님이 지으신 천지와 만물이 보시기에 심히 좋았다는 것은 그 순간에만 좋았다는 것이 아니라 그 이후에도 잘 유지되고 작동되었다는 뜻입니다. 창조와 섭리는 분리되지 않습니다. 하나님이 무에서 천지 만물을 만드신 것이 창조라면 섭리는 그 천지 만물을 계속해서 보존하고 다스리시는 것입니다. 창조는 섭리가 진행되게 하는 근거이고, 섭리는 창조한 것이 펼쳐지는 장입니다. 창조가 섭리를 통하여 계속 이어지는 것입니다.

그런데 창조는 하나님이 무에서 천지 만물을 만드신 것이고 섭리는 그 만들어진 것이 펼쳐지는 장이므로 섭리에는 창조에 없는 요소가 있습니다. 그것은 만들어진 피조물의 행동입니다. 즉 하나님은 섭리를 통하여 천지 만물을 보존하고 다스리실 때 피조물의 행동을 주장하시며 그 뜻을 이루어가십니다. 하나님의 섭리를 더 잘 이해하기 위해 보존과 통치와 협력에 대하여 각각 살펴보겠습니다.

ㄱ. 보존(preservation): 존재에 관한 것

하나님은 창조하신 천지 만물이 손상되거나 기능이 떨어지지 않도록 그 질과 내용을 유지하는 방식으로 섭리하십니다. 창조주 하나님은 창조 시에 보기 좋았던 상태가 변하지 않게 온 존재를 붙드십니다. 지구의 자전과 공전을 비롯한 자연 현상들은 사실 절대로 "자연적인" 것이 아닙니다.

팽이는 아무리 힘차게 돌려도 채찍질을 하지 않으면 1분이 지나기 전에 휘청거립니다. 지구 같은 거대한 피조물도 계속해서 움직이려면 엄청난 에너지가 있어야 합니다. 그 에너지는 거저 생길까요? 그렇지 않습니다. 이 세상에는 공짜가 없습니다. 그렇다면 지구를 비롯한 수많은 천체는 어떻게 계속해서 운동할 수 있을까요? 여러 가지 이론으로 현상을 설명할 수는 있겠지만 궁극적으로는 다른 이유를 댈 수 없습니다. 오직 하나님이 창조하신 피조물을 보존하시기 때문이라는 설명만이 그 질문에 합당한 대답입니다. 하나님은 말씀으로 천지 만물을 창조하실 때 엄청난 힘과 질서를 부여하셨고 지금도 여전히 그 힘과 질서가 유지되도록 섭리하십니다.

하나님은 자연환경만이 아니라 다양한 동식물을 만드시고 마지막에 사람도 만드셨습니다. 특히 사람은 하나님의 형상을 따라 만드셨습니다. 하나님은 동식물과 사람도 보존하시어 하나님이 선사하신 특성과 능력이 사라지지 않게 하셨습니다. 그래서 사람은 창조된 이후부터 지금까지 하나님의 형상을 입은 존재로서 여타 동물과는 근본적으로 다른 삶을 영위합니다. 물론 사람은 죄로 인해 저주를 받아 가시덤불과 엉겅퀴를 내는 땅을 갈아야 하고 인생의 비참을 경험해야 합니다. 하지만 이는 절대로 하나님이 천지 만물과 사람을 잘 보존하지 못하시기 때문에 발생한 문제가 아닙니다.

앞서 살펴본 것처럼 비가 땅에 내리는 것과 빗물이 밭으로 흘러 곡물이 자라는 등의 자연 현상 자체가 너무나 놀라운 일입니다. 우리가 흔히 말하는 자연과 일상이 이미 이적이고 신비이자 초월입니다. 하나님이 만물을 보존하시지 않으면 그런 자연과 일상은 전혀 불가능합니다. 우리는 하나님이 지금 이 순간에도 친히 만물을 붙들고 계시다는 사실을 기억하며 그에 합당한 감사를 올려드려야 할 것입니다.

이신론을 주장하는 사람들은 하나님이 창조 때 이 세상에 작동 원리를 부여하셨고 천지 만물이 그 원리에 따라 자동으로 운행되게 하셨다고 말합니

하이델베르크 교리문답, 삶을 읽다

다. 물론 그들의 관점도 창조주 하나님의 엄청난 능력을 강조하는 것일 수 있습니다. 하지만 이런 주장은 어떤 "작동 원리"를 신적 수준으로 올려놓는 유물론으로 변질할 위험이 있고, 더 나아가 하나님이 작은 일들은 돌보지 않으신다는 잘못된 신념을 만들어냅니다. 또한 작동 원리 이외에 하나님의 개입을 허용하지 않아 기적과 특별계시 등을 부인하게 합니다. 그리고 결국에 이 신론은 사람의 힘으로 스스로 구원을 추구하는 펠라기우스주의나 반(半)펠라기우스주의와 연결됩니다.

하지만 하나님이 이 세상을 보존하실 때는 단순히 작동 원리만 유지되게 하시는 것이 아니라 다양한 상황에 맞서 적절하게 대응하시면서 모든 피조물과 그 행동이 하나님의 뜻에 협력하게 하십니다. 그래서 루이스 벌코프는 보존을 다음과 같이 정의합니다.

> [보존은] 하나님의 계속적 사역이다. 하나님은 이것에 의하여 창조하신 사물들을 유지하시고 사물들에 부여하신 특성들과 능력들도 더불어 유지하신다(continuous work of God by which He maintains the things which He created, together with the properties and powers with which He endowed them).

보존에 대해 말하는 성구

베냐민에 대하여는 일렀으되 "여호와의 사랑을 입은 자는 그 곁에 안전히 살리로다. 여호와께서 그를 날이 마치도록 보호하시고 그를 자기 어깨 사이에 있게 하시리로다"(신 33:12).

그가 그의 거룩한 자들의 발을 지키실 것이요, 악인들을 흑암 중에서 잠잠하게 하시리니 힘으로는 이길 사람이 없음이로다(삼상 2:9).

오직 주는 여호와시라. 하늘과 하늘들의 하늘과 일월성신과 땅과 땅 위의 만물과 바다와 그 가운데 모든 것을 지으시고 다

보존하시오니 모든 천군이 주께 경배하나이다(느 9:6).

여호와께서 집을 세우지 아니하시면 세우는 자의 수고가 헛되며 여호와께서 성을 지키지 아니하시면 파수꾼의 깨어 있음이 헛되도다(시 127:1).

참새 두 마리가 한 앗사리온에 팔리지 않느냐? 그러나 너희 아버지께서 허락하지 아니하시면 그 하나도 땅에 떨어지지 아니하리라(마 10:29).

사람이 감당할 시험 밖에는 너희가 당한 것이 없나니 오직 하나님은 미쁘사 너희가 감당하지 못할 시험 당함을 허락하지 아니하시고 시험당할 즈음에 또한 피할 길을 내사 너희로 능히 감당하게 하시느니라(고전 10:13).

ㄴ. 통치(government): 인도에 관한 것

하나님은 천지 만물을 보존하시며 동시에 통치하십니다. 벌코프는 통치가 "하나님의 계속된 행동이며 하나님은 이것에 의하여 신적인 목적의 성취를 확보하시기 위하여 만물을 목적론적으로 다스리신다"(continued activity of God whereby He rules all things teleologically so as to secure the accomplishment of the divine purpose)라고 정의했습니다. 하나님이 신정한 보존사가 되시려면 통치자일 수밖에 없습니다.

"다스림"이라는 단어를 통해서 알 수 있는 것처럼 섭리에서 통치는 하나님의 왕 되심에 대한 것입니다. 하나님은 우리를 사랑하시는 아버지이시면서 동시에 만물을 다스리시는 왕이십니다. 자녀를 사랑하는 아버지는 자녀가 장성하도록 보호하고 가르치는 왕의 능력도 있어야 합니다. 성경은 전체에 걸쳐서 하나님을 아버지만이 아니라 왕으로도 묘사합니다. 사랑은 있는데 권능이 없다면 진정한 아버지일 수 없습니다. 만물을 권능과 뜻대로 잘 다스리어 끝내 자신의 목적을 성취하는 왕이야말로 진정한 아버지인 것입니다.

하나님은 전능하신 능력으로 하늘과 땅과 모든 나라와 민족과 각 개인을 영원히 통치하십니다. 하나님이 다스리시지 않는 영역과 대상이 없고 하나님의 통치에 대적할 자도 없습니다. 그래서 세상이 보존되고 흔들리지 않으며, 제대로 굴러갑니다(시 93:1). 하나님은 약초와 풀, 비와 가뭄, 풍년과 흉년, 양식과 음료, 건강과 질병, 부와 가난을 통제하십니다. 이것들은 절대로 우연히 오거나 하나님이 당황하실 정도로 과다하게 오지 않습니다. 하나님은 죄의 시작과 과정과 결과도 통치하십니다. 죄를 억제하고 심판을 통해 경고하며 종결지으시는 하나님은 때로 죄를 허용하시어 악인을 처벌하기도 하십니다. 때로는 선인에게도 죄를 허용하시어 연단하시고 동시에 하나님의 영광을 드러내기도 하십니다. 하나님은 빛과 어둠, 복과 화도 만들고 다스리십니다. 빛도 짓고 어둠도 창조하며 평안도 짓고 환난도 창조하는 여호와는 그 모든 일을 행하시는 분입니다(사 45:7). 그리고 우리는 하나님의 통치를 통해 하나님의 주권과 사랑을 더욱 붙들게 됩니다. 믿음이 자라는 것입니다.

ㄷ. 협력(concurrence, cooperation): 활동에 관한 것

하나님이 천지 만물을 창조하실 때는 피조물의 협력이 필요하지 않으셨습니다. 피조물이 아예 존재하지도 않았기 때문입니다. 그런데 창조 이후에는 피조물들이 자신의 특성과 능력에 따라 살아가게 되었습니다. 특히 하나님의 형상으로 만들어진 사람은 자기의 뜻과 지혜에 따라 삶을 꾸려가기 시작했습니다.

하나님의 섭리에서 "협력"이란 하나님이 당신의 뜻을 이루어가실 때 피조물들의 독자적인 움직임을 담아내는 것을 말합니다. 이에 대해 벌코프는 협력이란 "신적인 능력이 모든 부수적인 능력들과 함께하는 것이며, 이는 그들이 미리 설정된 작동 법칙에 따라 정확히 그들이 하는 만큼 행하게 하는 것"(the cooperation of the divine power with all subordinate powers, according to the pre-established laws of their operation, causing them to act and to act precisely as they do)이라고 설명했습니다.

사람과 하나님이 협력한다면 하나님이 50퍼센트를 감당하시고 나머지 50퍼센트는 사람이 감당하는 식으로 하는 것일까요? 그렇지 않습니다. 그런 방식은 하나님과 사람 모두를 반쪽으로 만드는 결과를 불러올 뿐입니다. 사람과 하나님의 협력에서는 사람도 100퍼센트를 감당하고 하나님도 100퍼센트를 감당하십니다. 많은 사람이 자기의 뜻과 지혜와 능력에 따라 자유롭게 인생을 살아갑니다. 그래도 하나님은 그 자유로운 인간의 모든 행위를 하나님의 뜻을 이루어가는 데 사용하실 수 있습니다. 하나님은 100퍼센트의 자발성과 참여도로 독립적으로 행동하는 사람의 행위를 섭리의 틀에 담아내시어 하나님의 뜻을 이루시는 것입니다.

하나님을 "제1원인" 혹은 "먼 원인"이라고 하면 피조물은 "제2원인" 혹은 "가까운 원인"이라고 할 수 있습니다. 보통 사람은 먼 원인을 인지하기 어렵습니다. 사람의 눈에는 가까운 원인만 관찰되기 쉽습니다. 그래서 먼 원인의 관점에서는 필연인 것이 우연으로 비치는 경우가 많습니다. 하지만 섭리를 염두에 두면 제1원인은 제2원인을 무시하거나 종속시키지 않고 오히려 그 독립성을 보상하면서도 제1원인의 필연적인 결과를 노출한다는 사실을 알 수 있습니다. 그래서 믿음으로 섭리를 확신하는 사람은, 제2원인의 관점에서는 도저히 해결될 수 없는 상황에서도 때가 되면 제1원인이 작동할 것을 알기에 담대하게 어려움을 이겨낼 수 있습니다.

북이스라엘의 아합 왕은 나봇에게 누명을 씌워 죽이고 그의 포도원을 탈취했습니다. 이에 하나님은 예언자 엘리야를 보내어 "개들이 나봇의 피를 핥은 곳에서 개들이 네 피 곧 네 몸의 피도 핥으리라"(왕상 21:19)라고 예언하게 하셨습니다. 이 예언은 그대로 성취되었을까요? 시간이 흘러 아합 왕은 유다의 여호사밧 왕과 연합하여 아람과 전쟁을 벌였습니다. 이때 아합은 엘리야의 예언이 두려웠는지 왕이 아닌 일반 장수로 변장하고 참전했습니다. 아니나 다를까 아람 왕은 지휘관 32명에게 특별히 아합 왕을 집중 공격하라고 명령했습니다. 물론 이들의 공격은 아합의 변장으로 무위에 그쳤습니다.

그렇다면 엘리야의 예언이 실현되지 않았을까요? 그렇지 않습니다. 어떤 사람이 무심코 당긴 화살이 아합 왕의 갑옷 "솔기"를 맞혔기 때문입니다(왕상 22:34). 게다가 그는 치료만 빨리 받았어도 죽지 않았을 것입니다. 하지만 그 날 전투가 얼마나 치열했는지 그는 치료를 받지 못한 채 저녁까지 적을 막다가 과다출혈로 죽었습니다. 전투가 끝나고 그의 피가 바닥에 고인 병거를 사마리아 못에서 씻자 개들이 그 피를 핥았습니다. 하나님이 말씀하신 대로 이루어진 것입니다(왕상 22:38).

아합 왕, 여호사밧 왕, 아람 왕과 지휘관 32명, 전쟁에 참여한 병사들은 자유롭게 자기의 뜻과 의지에 따라 인생을 살았습니다. 아합과 여호사밧은 자유롭게 개전을 결의했고 아람 왕은 자유롭게 이들과 맞서 싸웠습니다. 그리고 실제 전투는 정말 많은 사람의 자유로운 의사 결정이 거미줄처럼 얽히고설킨 사건이었습니다. 그런데 하나님은 이 모든 것을 통합하시어 당신의 뜻을 이루셨습니다. 그는 무심코 날아간 화살 하나를 통해 아합을 죽이셨습니다. 그 화살은 사람에게는 우연이지만 하나님에게는 필연이었습니다.

하나님은 이렇게 피조물과 협력하십니다. 심지어 사탄의 활동도 하나님의 섭리에서 배제되지 않습니다. 욥기 1장에서 사탄은 욥의 모든 소유물을 치면 욥이 틀림없이 하나님을 향해 욕을 할 것이라고 말했습니다. 이에 하나님은 사탄에게 욥의 소유물을 모두 맡기셨습니다(욥 1:12). 사탄은 곧 여호와 앞에서 물러나 욥의 소유물을 치기 시작했습니다. 스바 사람은 욥의 소와 나귀를 탈취하고 칼로 욥의 종들을 죽였습니다. 하늘에서는 불이 떨어져 양과 종들을 살라버렸습니다. 갈대아 사람은 세 무리를 지어 낙타를 빼앗고 종들을 죽였습니다. 스바 사람과 갈대아 사람은 독립적으로 자유롭게 생각하고 결정하여 욥의 재산을 탈취하고 종들을 죽였습니다. 사탄은 욥을 시험에 빠뜨리겠다는 생각으로 허락된 범위 안에서 독자적으로 행동했습니다. 하지만 그들은 모두 욥을 연단하시고자 하는 하나님의 섭리 아래에 있었습니다. 물론 스바 사람이나 갈대아 사람은 자신들의 의지로 100퍼센트 자유롭게 죄를 지었으므로 자신들의 죄에 대해 책임을 져야 합니다. 섭리를 말한다고 하여 사람들이 지은 죄의 책임까지 하나님께 돌아가는 것은 아닙니다.

사람도 일하고 사탄도 일하며 하나님도 일하십니다. 그런데 일하는 차원이 다릅니다. 목적과 수단에서 큰 차이가 납니다. 섭리하시는 하나님은 사람과 사탄이 자유롭게 일하는 것까지 모두 사용하시어, 즉 협력하여 하나님의 뜻을 이루어가십니다. 십자가에서 죽으실 때 "다 이루었다"(요 19:30)라고 말씀하신 예수님도 사람들과 협력하여 당신의 일을 성취하셨습니다.

협력에 대해 말하는 성구

당신들이 나를 이곳에 팔았다고 해서 근심하지 마소서. 한탄하지 마소서. 하나님이 생명을 구원하시려고 나를 당신들보다 먼저 보내셨나이다(창 45:5).

11여호와께서 그에게 이르시되 "누가 사람의 입을 지었느냐? 누가 말 못 하는 자나 못 듣는 자나 눈 밝은 자나 맹인이 되게 하였느냐? 나 여호와가 아니냐? 12이제 가라. 내가 네 입과 함께 있어서 할 말을 가르치리라"(출 4:11-12).

네 하나님 여호와를 기억하라. 그가 네게 재물 얻을 능력을 주셨음이라. 이같이 하심은 네 조상들에게 맹세하신 언약을 오늘과 같이 이루려 하심이니라(신 8:18).

여호와께서 여호수아에게 이르시되 "그들로 말미암아 두려워하지 말라. 내일 이 맘때에 내가 그들을 이스라엘 앞에 넘겨 주어 몰살시키리니 너는 그들의 말 뒷발의 힘줄을 끊고 그들의 병거를 불사르라" 하시니라(수 11:6).

참새 두 마리가 한 앗사리온에 팔리지 않느냐? 그러나 너희 아버지께서 허락하지 아니하시면 그 하나도 땅에 떨어지지 아니하리라(마 10:29).

"그러나 자기를 증언하지 아니하신 것이 아니니 곧 여러분에게 하늘로부터 비를 내리시며 결실기를 주시는 선한 일을 하사 음식과 기쁨으로 여러분의 마음에 만

하이델베르크 교리문답, 삶을 읽다

3. 하나님의 창조와 섭리를 아는 유익

아합이 나봇에게 하나님과 왕을 저주했다는 누명을 씌워 죽이고 포도원을 빼앗았을 때 나봇의 가족은 어떤 심정이었을까요? 갑자기 가장을 잃고 재산도 잃었으며 하나님의 신실한 자녀라는 명성과 신뢰마저 잃었습니다. 나봇의 가족이 하나님의 창조와 섭리를 믿지 않는다면 억울함과 복수심에 치를 떨며 살 수밖에 없습니다.

그런데 하나님의 창조와 섭리를 믿으면 하나님이 언젠가 원수를 갚아주실 것을 확신하게 됩니다. 원수 갚는 것은 하나님께 맡기고 자신들의 삶을 더 알차게 누리며 살아갈 수 있습니다. 실제로 아합은 우연히 날아온 화살에 맞아 죽었고, 그의 아내 이세벨과 자식들 70명도 모두 비참한 최후를 맞이했습니다(왕하 9:33; 10:7). 하나님의 섭리를 믿으면 악을 악으로 갚지 않고 선으로 악을 이길 수 있습니다. 하나님이 친히 원수를 갚아주신다는 말씀을 붙들게 되는 것입니다(롬 12:17-21).

형들에 의해 노예로 팔려 바로의 친위대장 보디발의 집으로 간 요셉의 심정은 어떠했을까요? 배신감과 외로움이 사무쳤겠지만 신세타령만 하고 있었다면 그는 절대로 보디발의 가정 총무가 될 수 없었을 것입니다. 또 보디발의 아내에게 모함을 당해 감옥에 갇혔을 때도 연속되는 불행에 억울해하면서 원망만 하고 있었다면 간수장이 감옥의 제반 사무를 요셉에게 맡기지 않았을 것입니다. 요셉은 그런 어려운 상황들을 하나님에 대한 믿음으로 경쾌하게 이겨냈습니다. 상황이 호전될 것을 기대하며 자신을 어려움에 빠지게 하신 하나님의 뜻이 있을 것이라고 생각했습니다. 이 믿음은 자신이 애굽의 총리가 되었을 때 양식을 사러 온 형들을 보면서 확인되었습니다. 그래서 그는 형들을 기꺼이 용서할 수 있었습니다.

욥은 하나님의 섭리를 믿었기 때문에 재산을 다 잃었을 때 "내가 모태에서 알몸으로 나왔사온즉 또한 알몸이 그리로 돌아가올지라. 주신 이도 여호와시요 거두신 이도 여호와시오니 여호와의 이름이 찬송을 받으실지니이다"(욥 1:21)라고 고백했습니다. 그는 발바닥에서 정수리까지 종기가 나서 질그릇 조각으로 몸을 긁으면서도 "우리가 하나님께 복을 받았은즉 화도 받지 아니하겠느냐?"(욥 2:10)라고 말하며 입술로 범죄하지 않았습니다. 이러한 태도를 가진 자는 다시 건강이 회복되고 재산이 갑절로 되었을 때도 교만하지 않고 하나님께 감사할 수 있습니다.

하나님의 창조와 섭리를 믿는 자는 재난 속에서도 포기하지 않고 인내하며 번영 속에서도 교만하지 않고 겸손히 감사할 수 있습니다. 그의 앞에 어떠한 일이 닥쳐도 그 일이 끝내 해결되고 그 시간도 지나갈 줄 알기에 신실하신 하나님 아버지를 확실히 신뢰할 수 있습니다. 우리를 자녀 삼으신 하나님은 우리에 대한 사랑의 끈을 절대로 놓지 않으십니다. 그 어떠한 피조물도 우리를 향한 하나님의 사랑을 끊을 수 없습니다. 그래서 우리는 모든 사람에게 오래 참고 항상 선을 따르며 항상 기뻐하고 쉬지 않고 기도하며 범사에 감사할 수 있습니다(살전 5:14-18).

5젊은 자들아! 이와 같이 장로들에게 순종하고 다 서로 겸손으로 허리를 동이라. 하나님은 교만한 자를 대적하시되 겸손한 자들에게는 은혜를 주시느니라. 6그러므로 하나님의 능하신 손 아래에서 겸손하라. 때가 되면 너희를 높이시리라. 7너희 염려를 다 주께 맡기라. 이는 그가 너희를 돌보심이라(벧전 5:5-7).

7스스로 속이지 말라. 하나님은 업신여김을 받지 아니하시나니 사람이 무엇으로 심든지 그대로 거두리라. 8자기의 육체를 위하여 심는 자는 육체로부터 썩어질 것을 거두고 성령을 위하여 심는 자는 성령으로부터 영생을 거두리라. 9우리가 선을 행하되 낙심하지 말지니 포기하지 아니하면 때가 이르매 거두리라(갈 6:7-9).

4. 과거와 현재와 미래에 걸친 목적들과 의미들을 동시에 섭리하시는 하나님

흉년이 들어 모압으로 가서 살던 나오미는 남편과 두 아들을 잃고 며느리 룻과 베들레헴으로 돌아왔습니다. 불쌍한 시어머니를 봉양해야 하는 룻은 먹을 것을 얻기 위해 추수하는 밭에 나갔습니다. 그때 룻은 "우연히" 보아스의 밭에 들어갔고, "마침" 보아스는 베들레헴에서부터 와서 일꾼들을 살피고 격려했습니다(룻 2:3-4).

이는 늙은 시어머니를 버리지 않고, 또 시어머니의 하나님을 자신의 하나님으로 고백한 룻을 위한 하나님의 섭리였습니다. "우연히"와 "마침"을 통하여 룻이 보아스라는 좋은 남편을 만나게 하셨고 보아스는 나오미의 가문이 대를 이어 끊어지지 않게 했습니다. 그리고 보아스와 룻 사이에 태어난 아들은 오벳으로서 나중에 다윗 왕의 할아버지가 될 사람이었습니다. 그래서 룻기는 다음과 같은 족보로 끝납니다.

18베레스의 계보는 이러하니라. 베레스는 헤스론을 낳고 19헤스론은 람을 낳았고 람은 암미나답을 낳았고 20암미나답은 나손을 낳았고 나손은 살몬을 낳았고 21살몬은 보아스를 낳았고 보아스는 오벳을 낳았고 22오벳은 이새를 낳고 이새는 다윗을 낳았더라(룻 4:18-22).

성경에서 룻기 앞에 있는 사사기는 "그때에 이스라엘에 왕이 없으므로 사람이 각기 자기의 소견에 옳은 대로 행하였더라"(삿 21:25)라는 구절로 끝납니다. 그때에 이스라엘에 왕이 없었다는 구절은 사사기 17:6, 18:1, 19:1에도 나옵니다. 여호와를 왕으로 모시어 하나님의 말씀을 자신의 판단과 실행의 근거로 삼아야 할 이스라엘 백성이 그만큼 하나님을 잊은 채 살아간 것입니다.

그런데도 하나님은 그들을 여전히 사랑하시어 룻기의 사건들을 통해 다윗을 준비하셨습니다. 사무엘상에서 이스라엘의 왕이 된 다윗은 백성들을 잘 이끌어 하늘에 계신 참된 왕, 하나님을 바라보게 했습니다. 룻기는 단순히 착하게 산 룻이 인생 역전을 이룬 이야기가 아니라 사사기와 사무엘상 중간에 있는 책으로서 왕이 없는 이스라엘에 참된 왕이 어떻게 준비되었는가를 보여주고 있습니다.

앞에 소개한 족보는 마태복음 1:3-6에도 그대로 나옵니다. "아브라함과 다윗의 자손 예수 그리스도의 계보라"라고 시작되는 마태복음의 족보는 하나님이 아브라함과 그 후손을 하나님의 자녀로 삼아주시는 것과 예수 그리스도를 통해 구속을 이루시는 것을 동시에 보여줍니다. "태초에 하나님이 천지를 창조하시니라"라는 말로 시작하는 창세기 1장이 천지와 만물의 창조를 보여준다면, 마태복음 1장은 그렇게 창조된 세상이 죄로 일그러졌을 때 하나님이 아브라함과 다윗의 계보를 통하여 예수 그리스도를 준비하시어 우리를 하나님의 자녀로 삼는 구속을 보여줍니다. 즉 창세기 1:1은 창조를 말하고 마태복음 1:1은 재창조를 말합니다.

하나님은 룻의 우연한 발걸음을 통하여 룻과 보아스와 나오미에게 여러 기쁨을 주셨고 동시에 다윗의 할아버지 오벳도 태어나게 하셨습니다. 룻의 우연한 발걸음에는 이처럼 몇 가지 목적과 의미가 담겨 있습니다. 가까운 미래만이 아니라 예수 그리스도까지 이어지는 먼 미래와 왕이 없는 사사 시대의 상황이라는 과거도 담겨 있습니다. 하나님은 한 사건을 통하여 과거와 현재와 미래에 걸친 여러 목적과 의미들을 동시에 섭리하시는 것입니다.

이러한 섭리의 중첩(重疊)성은 요셉에게서도 드러납니다. 형들은 요셉을 팔았지만 하나님은 그들의 잘못을 사용하시어 요셉을 애굽의 총리가 되게 하셨습니다. 요셉이 애굽의 총리가 되었기 때문에 야곱과 그의 후손들은 기근을 피해 큰 민족으로 성장할 수 있었습니다. 동시에 형들과 요셉은 사필귀정을 체험하며 하나님이 역사의 주체이심을 배웠습니다. 하나님은 각 사람의 선하고 악한 행위를 모두 사용하시어 그들이 하나님의 말씀이 참되다는 것을 배우게 하십니다. 그리고 동시에 하나님의 계획도 이루어가십니다. 그래서 하나님을 사랑하는 자 곧 그의 뜻대로 부르심을 입은 자들에게는 모든 것이 합력하여 선을 이룹니다(롬 8:28). 하나님이 모든 것을 종합적으로 사용하시어 하나님의 종합적인 목적을 이루시기 때문입니다.

심화 연구

작정과 예정과 섭리

하이델베르크 교리문답은 섭리는 명시적으로 다루지만 작정과 예정은 다루지 않습니다. 섭리는 앞서 살펴본 것처럼 창조 이후에 하나님이 하시는 일입니다. 작정과 예정은 창조 전에 하나님이 어떻게 창조와 섭리를 행하시겠다고 정하시는 것입니다. 웨스트민스터 소요리문답은 제7문에서 "하나님의 작정은 그의 뜻의 계획에 따른 그의 영원한 목적으로, 이로 말미암아 자기 자신의 영광을 위하여 일어나는 일은 무엇이든지 미리 정하셨습니다"(The decrees of God are, his eternal purpose, according to the counsel of his will, whereby, for his own glory, he hath fore-ordained whatsoever comes to pass)라고 말합니다. 그리고 제8문에서 "하나님은 자신의 작정을 창조와 섭리의 사역에서 실행하십니다"(God executes his decrees in the works of creation and providence)라고 말합니다. 즉 작정은 시간 전에 삼위 하나님이 창조와 섭리를 어떻게 하시겠다고 정하시는 것입니다. 바꾸어 말하면 작정은 창조와 섭리로 실행됩니다. 참고로 웨스트민스터 소요리문답에서 신론에 해당하는 내용은 다음과 같이 구성됩니다.

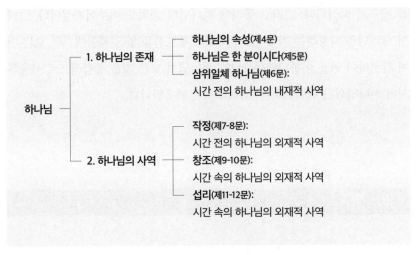

표25 웨스트민스터 소요리문답의 신론

1. 작정(decrees)과 예정(predestination)의 구분

작정 중 사람과 천사와 같은 이성적인 피조물(reasonable creatures)에 관한 것을 예정이라고 합니다. 하나님은 당신의 자녀가 되어 영생에 이르도록 인류 중에서 일부를 선택하십니다. 하나님의 선택은 **순전히 하나님의 자유로운 은혜와 사랑으로 인한 것**이지(out of his mere free grace and love), 절대로 택함을 받은 자들의 신앙이나 선행이나 견디어냄을 미리 보았기 때문이 아닙니다 (without any foresight of faith, or good works, or perseverance). 하나님이 이런 선택을 하시게 하는 원인이나 조건이 사람이나 피조물에게는 전혀 없습니다. 오직 하나님의 자유로운 은혜와 사랑만이 궁극적 원인입니다.

하이델베르크 교리문답, 삶을 읽다

표26 예정과 작정

2. 절대예정(칼뱅주의)과 조건예정(아르미니우스주의)

하나님은 어떤 사람들을 하나님의 자녀로 예정하실 때 순전히 하나님의 은혜와 사랑으로 하십니다. 하나님은 에서와 야곱을 임신한 리브가에게 큰 자가 어린 자를 섬길 것이라고 말씀하셨는데 그 이유에 대해 바울은 다음과 같이 말합니다.

> 그 자식들이 아직 나지도 아니하고 무슨 선이나 악을 행하지 아니한 때에 택하심을 따라 되는 하나님의 뜻이 행위로 말미암지 않고 오직 부르시는 이로 말미암아 서게 하려 하사(롬 9:11).

하나님은 일부러 그들이 태어나기 전에 말씀하셨습니다. 하나님이 야곱을 사랑하고 에서를 미워하신 것은 인간의 어떤 행위에 따른 것이 아니었습니다. 오직 하나님의 자유로운 은혜와 사랑과 뜻이 있을 뿐입니다. 이처럼 하나님의 주권적 선택이 강조된 예정 개념을 "절대예정"이라고 합니다.

이에 반하여 조건예정은 하나님이 전지하시어 미래의 일까지 모두 아시므로 어떤 사람의 신앙이나 선행이나 인내 등을 미리 보고서 예정하신다는 개념입니다. 그런데 여기서 하나님은 사람의 행위에 따라 예정하시는 것이므로 사람이 자신의 구원 여부를 스스로 결정하는 것과 다르지 않습니다. 사람이 자신의 구원을 결정할 수 있는 조건을 갖추는 셈이 되는 것입니다.

칼뱅주의는 사람이 전적으로 타락하여 스스로 하나님을 알거나 믿을 수 없다고 보기에 하나님의 전적 은혜를 강조합니다. 반면 아르미니우스주의는 사람의 부분 타락을 주장하기에 사람이 스스로 하나님을 알거나 믿을 수 있다고 여깁니다. 그래서 사람의 결단과 열심을 강조합니다. 칼뱅주의를 택한 대표적 교단은 장로교와 칼뱅주의 침례교이고, 아르미니우스주의를 택한 대표적 교단은 감리교, 구세군, 나사렛, 성결교, 오순절 교단 등입니다.

3. 칼뱅주의 5대 교리 "튤립"(TULIP)

프랑스의 종교개혁가 칼뱅은 사람이 전적으로 부패하여 스스로 하나님을 믿을 수 있는 능력이 없고 오직 하나님의 순전한 은혜와 사랑으로만 구원을 받을 수 있다고 보았습니다. 그런데 네덜란드의 아르미니우스(Jacob Arminius, 1560-1609)는 사람이 타락하기는 했지만 선을 행하거나 믿음을 가질 수 없을 만큼 타락하지는 않았다고 보았습니다. 아르미니우스를 따르던 46명의 목사들은 그가 죽은 다음 해인 1610년에 5개 조항으로 작성된 "항의문"(Remonstrance)을 네덜란드 의회에 제출하여 칼뱅주의 교리를 다음처럼 수정해달라고 요청했습니다.

① 인간의 무능력: 인간은 타락하였으므로 믿음과 선행을 위해서는 하나님의 은혜가 필요하지만 전적 타락과 전적 무능력 상태에 있는 것은 아니다.
② 조건적 선택: 하나님은 개인의 신앙 여부를 미리 보시고서(豫知) 선택 여부를 결정하신다. 따라서 개인의 신앙을 조건으로 하여 하나님의 선택이 이루어진다.

하이델베르크 교리문답, 삶을 읽다

③ 보편적 대속: 믿는 자만 구원을 받지만 그리스도는 모든 인류를 구원하고 속죄하기 위해 죽으셨다.

④ 항력적 은혜: 성령의 역사로 사람의 중생과 회개가 이루어지지만 사람이 성령의 은혜를 거부할 수 있다.

⑤ 은혜로부터의 타락 가능성: 한 번 믿었다고 하여 계속 믿음이 유지되는 것이 아니고 은혜의 자리에서 떨어져 구원을 상실할 수 있다.

네덜란드 의회는 네덜란드 목사들만이 아니라 독일, 스위스, 영국 등의 개혁교회 대표자들도 참여하는 도르트 회의(Synod of Dort)를 1618년 11월에 소집했습니다. 그리고 이듬해 5월까지 7개월 동안 154번의 회의를 열어 이 문제를 다루었습니다. 그 결과 아르미니우스를 추종하던 항론파들의 주장은 거부되고 아래와 같은 칼뱅주의 5대 교리가 채택되었습니다. 칼뱅주의 5대 교리는 영어 첫 글자만 따서 보통 "튤립"(TULIP)이라고 불립니다.

① Total Depravity: 인간의 전적 부패

② Unconditional Election: 무조건적 선택

③ Limited Atonement: 제한 속죄

④ Irresistible Grace: 불가항력적 은혜

⑤ Perseverance of Saints: 성도의 견인

5대 교리는 어느 하나가 무너지면 다른 네 가지도 자동적으로 함께 무너집니다. 인간이 전적으로 부패하였기 때문에 하나님은 사람을 선택하실 때 아무 조건도 보지 않으시고 오직 순전한 은혜와 사랑으로만 선택하십니다. 예수님은 택하신 자들의 죗값을 위하여 죽으셨고 택하신 자들은 하나도 잃어버리지 않으셨습니다(요 6:39; 17:12; 18:9). 하나님이 선택하시어 자녀로 부

르시는 은혜를 주시면 사람은 항거하지 못하고 마음의 강퍅함이 무너져 내려 하나님의 자녀가 됩니다. 그리고 하나님은 택하신 자를 절대로 버리시지 않고 끝까지 하나님의 자녀로 붙들어주십니다.

하나님의 은혜와 사랑으로 인한 선택을 보여주는 성구

10그뿐 아니라 또한 리브가가 우리 조상 이삭 한 사람으로 말미암아 임신하였는데 11그 자식들이 아직 나지도 아니하고 무슨 선이나 악을 행하지 아니한 때에 택하심을 따라 되는 하나님의 뜻이 행위로 말미암지 않고 오직 부르시는 이로 말미암아 서게 하려 하사 12리브가에게 이르시되 "큰 자가 어린 자를 섬기리라" 하셨나니 13기록된 바 "내가 야곱은 사랑하고 에서는 미워하였다" 하심과 같으니라(롬 9:10-13).

16그런즉 원하는 자로 말미암음도 아니요, 달음박질하는 자로 말미암음도 아니요, 오직 긍휼히 여기시는 하나님으로 말미암음이니라. 17성경이 바로에게 이르시되 "내가 이 일을 위하여 너를 세웠으니 곧 너로 말미암아 내 능력을 보이고 내 이름이 온 땅에 전파되게 하려 함이라" 하셨으니 18그런즉 하나님께서 하고자 하시는 자를 긍휼히 여기시고 하고자 하시는 자를 완악하게 하시느니라(롬 9:16-18).

4곧 창세 전에 그리스도 안에서 우리를 택하사 우리로 사랑 안에서 그 앞에 거룩하고 흠이 없게 하시려고 5그 기쁘신 뜻대로 우리를 예정하사 예수 그리스도로 말미암아 자기의 아들들이 되게 하셨으니(엡 1:4-5).

하나님이 우리를 구원하사 거룩하신 소명으로 부르심은 우리의 행위대로 하심이 아니요, 오직 자기의 뜻과 영원 전부터 그리스도 예수 안에서 우리에게 주신 은혜대로 하심이라(딤후 1:9).

춘화현상(春化現象, vernalization)

봄이 되면 흐드러지게 피는 노란색의 개나리와 진분홍의 진달래꽃은 미처 다 가시지 않은 겨울의 우중충한 회색에 화려함을 더하는 아름다운 꽃들이다. 그런데 이 꽃들은 추운 겨울이 없는 지역에서는 가지와 잎이 무성할지라도 꽃은 피지 않는다고 한다. 개나리, 국화, 아이리스, 백합, 튤립, 라일락, 목련, 진달래, 벚꽃 등은 반드시 저온 기간을 거쳐야만 꽃이 피는데, 이를 춘화현상이라고 한다.

또 보리, 밀, 귀리와 같은 맥류(麥類)는 가을에 파종하면 이듬해 이삭이 밖으로 출현하는 출수(出穗)가 정상적으로 이루어지지만, 봄 늦게 파종하면 잎만 무성하게 자라고 이삭이 생기지 않는다. 이것을 좌지현상(座止現象)이라고 한다. 잎만 자라다 출수하지 못하고 주저앉는다고 해서 붙여진 이름이다.

> **TIP**
>
> **좌지현상**
> **(座止現象, hibernalism)**
> 저온 과정을 거치지 못해 춘화처리가 안 된 식물이 출수하지 못하는 현상.

저온을 거쳐야만 꽃이 피고 열매가 맺히는 자연 현상은 우리의 인생도 어둡고 힘든 과정을 거쳐야 성숙한다는 교훈을 말해주는 듯하다. 사람은 여러 가지 경험을 통해 자라가지만 특히 눈물 나는 일들을 겪으며 생각이 깊어지고 마음이 넓어진다. 마음 쓰린 실패와 좌절을 맛보지 않으면 사람은 겸손을 모르고 인생의 깊은 의미도 깨닫지 못한다. 소중한 것을 잃어버릴 때만 소중한 것의 가치를 비로소 알게 되는 법이다.

야곱은 외삼촌 밑에서 20년간 갖은 고생을 하며 성숙해졌다. 철부지 요셉도 형들에게 배신당하고 보디발의 아내에게 누명을 쓰면서, 또 감옥에 갇히는 경험을 통해서 하나님의 섭리를 이해하는 깊음에 이르렀다. 다윗도 사울의 추적을 피해 13년 동안이나 도망 다니며 이스라엘을 이끌 그릇으로 만들어져 갔다.

신자들은 하나님의 섭리를 믿는 사람들이다. 그래서 낮아진 때, 힘든 때를 더욱 잘 견딜 줄 알아야 한다. 아무리 절망스러운 상황도 영원히 지속되지는 않으며 다시 일어서서 힘차게 도약할 때가 반드시 찾아온다. 우리는 욥기 5:9-10에서 비가 땅에 내리는 것과 물이 밭으로 흐르는 것이 하나님이 행하시는 큰일과 기인한 일임을 살펴보았다. 그리고 거기서 바로 이어지는 11절은 하나님이 낮은 자를 높이 드시고 애곡하는 자를 일으키사 구원에 이르게 하신다고 말한다.

땅에 버려진 물이 수증기가 되어 하늘로 올라가 구름이 만들어진다. 그 구름은 비가 되어 땅에 내리고 밭으로 흘러간다. 이러한 큰일과 기이한 일을 행하시는 하나님은 모든 사람의 선과 악을 모두 기억하고 감찰하시어 때가 되면 그에 대한 보응을 받게 하신다. 그래서 하나님은 교활한 자의 계교를 꺾으시고 간교한 자가 자기의 계략에 빠지게 하신다(욥 5:12-13). 비가 내리는 것과 악한 자가 벌을 받는 것은 똑같이 하나님이 집행하시는 일이다. 그 모든 것이 하나님의 섭리 속에서 이루어지는 일들이다.

보통 사람들도 다음과 같은 격언이나 명구를 소중히 여긴다. "하늘이 무너져도 솟아날 구멍이 있다", "호랑이에게 물려가도 정신만 차리면 살아날 수 있다", "이 시간도 지나가리라", "내일은 내일의 태양이 뜰 것이다", "피할 수 없으면 즐겨라." 신자들은 누구보다 이러한 격언과 명구를 잘 이해하고, 살아 계셔서 섭리하시는 하나님을 기억하며 그 내용들에 확신을 가져야 한다. 신자들은 일반인보다 더욱 낙천적이고 긍정적이고 적극적이어야 한다. 쓰디쓴 실패의 한가운데에서도 희망을 잃지 않고 하나님을 바라보며 너욱 경쾌하게 그 순간을 이겨내고 버텨야 한다. 그렇게 다져지는 기간이 길고 깊을수록 인생의 꽃은 더 아름답게 필 것이다.

01 여러분은 앞에 나가서 발표를 잘하는 편입니까? 아니면 무대에 설 때마다 원래의 실력이 발휘되지 않습니까? 만약 무대공포증이 있다면 그 이유는 무엇일까요? 무대공포증을 극복하는 방법이나, 준비한 것을 회중 앞에서 잘 표현하는 방법이 있다면 서로 나누어봅시다

02 하이델베르크 교리문답 제27-28문을 서로 묻고 답해봅시다. 근거 성구 도 함께 살펴봅시다.

03 하나님의 섭리를 이해하려면 먼저 하나님에 대해 알아야 합니다. 하나님 의 전능성과 편재성과 영원성을 보여주는 성구들을 묵상하면서 하나님의 속성에 대하여 이야기해 봅시다.

04 창조주 하나님이 창조하신 것들을 내팽개치고 무관심하다면 그 창조를 올바른 창조라고 할 수 있습니까? 하나님의 창조가 올바로 유지되어야 한 다는 측면에서 섭리의 3요소인 보존과 협력과 통치를 설명해봅시다.

05 사람도 일하고, 사탄도 일하고, 하나님도 일하시는데 목적과 방법에 있어 차원이 다르다는 측면에서 욥기 1장의 사건을 설명해봅시다.

06 하나님의 창조와 섭리를 아는 유익이 무엇인지 나누어봅시다.

07 룻기의 내용을 정리해봅시다. 과거와 현재와 미래에 걸친 목적들과 의미들을 동시에 섭리하시는 하나님은 어떻게 역사하셨습니까?

08 춘화현상과 좌지현상이란 무엇입니까? 여러분의 생애에서 겨울과 같은 시기가 있었다면 그 의미는 무엇인지 이야기해봅시다.

하이델베르크 교리문답, 삶을 읽다

유일한 구원자 예수님

Q 제29문 하나님의 아들은 왜 "예수", 즉 구원자라고 불립니까?

Why is the Son of God called "Jesus," that is a Saviour?

A 답 그가 우리를 구원하시고 우리를 우리의 죄로부터 건지시기 때문입니다.[1] 또한 우리가 다른 어떤 것에서도 구원을 찾아서는 안 되고 구원을 발견할 수도 없기 때문입니다.[2]

Because he saveth us, and delivereth us from our sins; and likewise, because we ought not to seek, neither can find salvation in any other.

Q 제30문 그렇다면 자기들의 구원과 안녕을 성인(聖人)들이나, 자기 자신, 혹은 그 밖의 다른 것에서 찾는 이들은 유일한 구원자 예수님을 믿는 것입니까?

Do such then believe in Jesus the only Saviour, who seek their salvation and welfare of saints, of themselves, or anywhere else?

A 답 아닙니다. 그들은 비록 말로 예수님을 자랑해도 행위로는 유일한 구조자와 구원자이신 예수님을 부인하기 때문입니다.[3] 예수님은 완벽한 구원자가 아니든지, 아니면 참된 믿음으로 이 구원자를 영접하는 자들은 그들의 구원에 필요한 모든 것을 그분에게서만 찾아야 하든지, 이 둘 중 하나만 진실입니다.[4]

They do not; for though they boast of him in words, yet in deeds they deny Jesus the only deliverer and Saviour; for one of these two things must be true, that either Jesus is not a complete Saviour; or that they, who by a true faith receive this Saviour, must find all things in him necessary to their salvation.

delivereth	(deliver의 3인칭 단수)	ought to…	…해야 한다.
seek	찾다, 추구하다, 모색하다	welfare	안녕, 행복, 복지
deny	부인하다, 거부하다	complete	완벽한, 완전한, 완성된
boast	자랑하다, 뽐내다, 호언장담하다		

근거 성구

1 "아들을 낳으리니 이름을 예수라 하라. 이는 그가 자기 백성을 그들의 죄에서 구원할 자이심이라" 하니라(마 1:21).

그러므로 자기를 힘입어 하나님께 나아가는 자들을 온전히 구원하실 수 있으니 이는 그가 항상 살아계셔서 그들을 위하여 간구하심이라(히 7:25).

2 나 곧 나는 여호와라. 나 외에 구원자가 없느니라(사 43:11).

나는 포도나무요, 너희는 가지라. 그가 내 안에, 내가 그 안에 거하면 사람이 열매를 많이 맺나니 나를 떠나서는 너희가 아무것도 할 수 없음이라(요 15:5).

"다른 이로써는 구원을 받을 수 없나니 천하 사람 중에 구원을 받을 만한 다른 이름을 우리에게 주신 일이 없음이라" 하였더라(행 4:12).

하나님은 한 분이시요, 또 하나님과 사람 사이에 중보자도 한 분이시니 곧 사람이신 그리스도 예수라(딤전 2:5).

또 증거는 이것이니 하나님이 우리에게 영생을 주신 것과 이 생명이 그의 아들 안에 있는 그것이니라(요일 5:11).

3 그리스도께서 어찌 나뉘었느냐? 바울이 너희를 위하여 십자가에 못 박혔으며 바울의 이름으로 너희가 세례를 받았느냐?(고전 1:13)

30너희는 하나님으로부터 나서 그리스도 예수 안에 있고 예수는 하나님으로부터 나와서 우리에게 지혜와 의로움과 거룩함과 구원함이 되셨으니 31기록된 바 "자랑하는 자는 주 안에서 자랑하라" 함과 같게 하려 함이라(고전 1:30-31).

율법 안에서 의롭다 함을 얻으려 하는 너희는 그리스도에게서 끊어지고 은혜에서 떨어진 자로다(갈 5:4).

4 이는 한 아기가 우리에게 났고 한 아들을 우리에게 주신 바 되었는데 그의 어깨에는 정사를 메었고 그의 이름은 기묘자라, 모사라, 전능하신 하나님이라, 영존

하시는 아버지라, 평강의 왕이라 할 것임이라(사 9:6).

우리가 다 그의 충만한 데서 받으니 은혜 위에 은혜러라(요 1:16).

19아버지께서는 모든 충만으로 예수 안에 거하게 하시고 20그의 십자가의 피로 화평을 이루사 만물 곧 땅에 있는 것들이나 하늘에 있는 것들이 그로 말미암아 자기와 화목하게 되기를 기뻐하심이라(골 1:19-20).

너희도 그 안에서 충만하여졌으니 그는

모든 통치자와 권세의 머리시라(골 2:10).

믿음의 주요, 또 온전하게 하시는 이인 예수를 바라보자. 그는 그 앞에 있는 기쁨을 위하여 십자가를 참으사 부끄러움을 개의치 아니하시더니 하나님 보좌 우편에 앉으셨느니라(히 12:2).

그가 빛 가운데 계신 것 같이 우리도 빛 가운데 행하면 우리가 서로 사귐이 있고 그 아들 예수의 피가 우리를 모든 죄에서 깨끗하게 하실 것이요(요일 1:7).

해설

유일한 구원자 예수

하이델베르크 교리문답 제26-28문은 사도신경 중 성부 하나님에 대한 내용을 다루었습니다. 다음 부분인 제29-52문은 성자 하나님에 대하여 다룹니다. 사도신경의 상당 부분이 성자 하나님에 대한 내용이기 때문에 하이델베르크 교리문답도 많은 문항을 할애하여 성자 하나님에 대하여 이야기합니다.

그중 하이델베르크 교리문답 제29문은 성자 하나님을 다루는 첫 번째 문항입니다. 여기서 우리는 우리의 구원자이신 예수님의 이름이 무슨 뜻인지 살펴볼 것입니다. 예수님은 우리의 유일한 구원자가 되십니다. 우리는 예수님이 아닌 다른 그 무엇에서도 우리의 구원과 안녕을 발견할 수 없습니다.

표27 사도신경의 구조와 하이델베르크 교리문답 제29문의 위치

제27문 하나님의 섭리: 하늘과 땅과 모든 피조물을 보존하고 다스리시는 하나님
제28문 하나님의 창조와 섭리가 우리에게 주는 유익
제29문 하나님의 아들은 왜 "예수", 즉 구원자라고 불리는가?
제30문 자신의 구원을 다른 곳에서 찾는 이들은 예수님을 믿지 않는 이들이다.

표28 하이델베르크 교리문답 제27-30문의 구성

1. 하나님의 아들은 왜 예수인가?

먼저 "예수"라는 이름의 뜻이 무엇인지 살펴보겠습니다. 그 뜻은 "아들을 낳으리니 이름을 예수라 하라. 이는 그가 자기 백성을 그들의 죄에서 구원할 자이심이라"(마 1:21)라는 말씀에 잘 드러납니다. 요셉과 마리아는 "예수"라는 이름을 마음대로 짓지 않고 하나님이 가르쳐주신 대로 지었습니다. "예수"라는 말에는 "죄에서 구원한다"는 뜻이 있습니다. 원래 구약에서 "예수"에 해당하는 이름은 "여호수아"(수 1:1; 슥 3:1)입니다.

　하나님의 아들이신 그리스도에게 "예수"라는 이름이 주어진 이유는 그가 우리를 죄에서 건져 구원하시는 분이기 때문입니다. 구체적으로 우리는 무엇

으로부터 구원을 받는 것일까요? 먼저 늙음, 병듦, 죽음과 같은 인간의 필연적인 소멸 과정으로부터 구원을 받아야 합니다. 그리고 더 나아가 사회의 불평등과 가난과 분열과 전쟁 등으로부터도 구원을 받아야 합니다. 앞서 살펴본 것처럼 이러한 인간의 소멸 과정과 비참 및 사회의 부조리는 모두 사람의 죄에 기인합니다. 그래서 사람이 구원을 받는다는 것은 사람이 죄로부터 건짐을 받는다는 말과 같은 의미입니다. 그래서 우리에게 구원을 베푸실 분은 오직 죄를 해결하실 수 있는 예수 그리스도뿐이십니다.

2. 구원을 예수님이 아닌 다른 것에서 찾을 수 있나?

많은 사람이 예수 그리스도가 아닌 다른 것을 통해 구원을 받을 수 있다고 생각합니다. 어떤 사람들은 과학에서 그 답을 찾습니다. 과학이 발달하면 장애와 질병, 노화와 죽음에서 벗어날 수 있으리라 기대합니다. 하지만 솔직하게 생각해보면 의료 기술의 발달은 사람의 평균 수명을 연장시킬지 모르지만 정말 행복한 삶을 보장해주는지는 확신할 수 없습니다.

중병에 걸려 오늘내일하는 노인들을 당장 죽지 않게 하는 오늘날의 기술은 정말 놀라울 정도로 수순이 높습니다. 하지만 과학 기술이 행복한 삶의 바탕이 되는 건강을 얼마만큼 보장해줄 수 있을까요? 지금도 수많은 병원에서 중환자들이 침대에 누워서 의식이 없는 상태로 3년, 5년 수명만 연장하고 있습니다. 본인의 상태나 뜻에 상관없이 수치상으로만 연장된 수명은 오히려 많은 사람에게 고통을 안겨줍니다. 그래서 오늘날 곳곳에서 품격 있게, 자연스럽게 죽을 권리를 주장하는 목소리들이 들려옵니다.

또 다른 사람들은 교육을 통해 사람의 심성을 선하게 만들 수 있다고 믿습니다. 그들은 현대 사회가 안고 있는 수많은 사회 문제의 해결책도 양질의 교육에 있다고 생각합니다. 그런데 인간에 대한 낙관적 견해를 가진 대표적인 사람들이 바로 공산주의자들이었습니다. 그들은 사상 교육을 받은 사람은 공동체를 위해 자신의 노동력을 아낌없이 쏟아내고 필요한 만큼만 소비할 것으로 기대했습니다. 하지만 인간의 욕심은 끊임없이 솟아나는 샘 같아서 어떤 사상 교육으로도 통제할 수 없습니다. 개인적인 이익을 위해서라면 잠을 설쳐가며 열심히 일하지만 공동의 이익을 위한 공동 작업에는 눈치를 보며 뒤로 빠지는 게 사람입니다. 공산주의를 채택한 나라들의 생산성이 형편없었다는 것은 역사적으로 분명하게 드러난 사실입니다.

한편 인간의 노력으로 신적 경지에 이르고자 하는 대표적 종교가 불교입니다. 사람이 해탈에 이를 수 있다고 보는 불교 역시 사람의 가능성에 대하여 낙관적입니다. 그래서 불교는 득도하기 위한 다양한 수련과 노력을 강조합니다. 더 나아가 타 종교에 대하여 관용적인 태도를 보이기도 합니다. 산의 정상은 하나이지만 오르는 길은 여러 가지라고 보기 때문입니다. 그들이 보기에 불교는 그 길들 중에서 가장 효과적인 길일 뿐입니다.

이에 비해 기독교는 배타적입니다. 진리에 대해서만은 독단적일 수밖에 없습니다. 그것은 사람이 올라야 하는 산의 정상은 사람의 노력으로 오를 수 없는, 정복 불가능의 정상이라고 보기 때문입니다. 사람은 극한의 조건을 자랑하는 에베레스트 산도 얼마든지 오를 수 있습니다. 물론 아무나 오를 수는 없지만 체력과 의지가 있다면 못해볼 것도 없습니다. 그런데 누군가가 올라야 하는 산이 화성에 있다고 해봅시다. 어떻게 그 산에 오를 수 있겠습니까? 설령 오르더라도 우주선과 우주복 같은 최첨단 과학의 도움이 없이는 불가능할 것입니다.

기독교가 지향하는 산의 정상, 즉 진리와 구원의 정상은 너무나 높고 멀어서 절대로 사람의 힘으로 오를 수 없습니다. 오직 예수 그리스도의 도움이 있어야 오를 수 있습니다. 예수 그리스도가 사람의 죄를 용서해주시지 않는 한 늙음과 병과 죽음, 모든 인생의 비참과 부조리에서 벗어날 사람은 아무도 없습니다. 예수 그리스도가 아닌 다른 것에서 구원을 찾는 사람은 처음에는 의욕적으로 시작할지 모르지만 시간이 흐를수록 분명한 한계를 경험하며 실망과 좌절감에 빠집니다. 그리고 그 끝에는 자포자기, 냉소주의, 쾌락주의, 미학주의, 실용주의 등이 기다리고 있습니다. 세상의 학문과 사상과 예술도 바로 이런 결과물에 지나지 않을 때가 많습니다.

예수님 이외에 다른 곳에서 구원을 찾는 이들은 기독교가 말하는 구원의 정도가 얼마나 높은지 알지 못합니다. 또한 비참으로 점철되어 소멸로 마감하는 인생의 질곡이 죄로 인한 것임을 모릅니다. 하지만 예수님은 "나는 포도나무요, 너희는 가지라. 그가 내 안에, 내가 그 안에 거하면 사람이 열매를 많이 맺나니 나를 떠나서는 너희가 아무것도 할 수 없음이라"(요 15:5)라고 말씀하셨습니다. 포도나무에서 떨어진 가지는 스스로 열매를 맺을 수 없습니다. 생명이 끊어졌기에 얼마 지나지 않아 시들어버릴 뿐입니다. 줄기에서 떨어진 가지가 어떻게 다시 열매를 맺겠습니까? 사람이 스스로 구원을 획득하려는 모습은 떨어진 포도나무 가지가 스스로 열매를 맺으려는 것과 같습니다.

3. 자기 자신이나 다른 곳에서 구원을 찾는 이들은 예수님을 믿는 것인가?

제가 아는 어떤 신학생의 아버지는 교회를 다니면서도 매년 "토정비결"을 통해 자신의 운세를 알아보았습니다. 또 어려움이 닥친 어떤 성도는 새벽에 교회당에 나와 기도를 하고 날이 밝으면 점집을 찾아다니기도 합니다. 그리스도인이라는 사람 중에도 손주의 이름을 지으러 작명가를 찾아가거나 결혼을 앞둔 자녀의 궁합을 알아보러 무당을 찾는 이들이 있습니다. 이들을 진정한 그리스도인이라고 할 수 있을까요?

엄밀하게 말하면 그들은 여호와 하나님도 믿고 점쟁이, 귀신의 말도 믿는 사람들입니다. 그들은 전능하신 하나님을 제대로 믿는다면 도저히 할 수 없는 우상 숭배를 범하는 자들입니다. 그들의 최종적 관심은 영원한 생명이나 진리에 있지 않습니다. 단지 당면한 문제를 해결하며 무사안일(無事安逸), 만

사형통(萬事亨通)한 삶을 살아가기를 바랄 뿐입니다.

그런데 이런 우상 숭배는 비단 오늘날 한국 교회만의 문제가 아닙니다. 사무엘도 이스라엘 백성에게 다음과 같이 말했습니다.

> 만일 너희가 전심으로 여호와께 돌아오려거든 이방 신들과 아스다롯을 너희 중에서 제거하고 너희 마음을 여호와께로 향하여 그만을 섬기라. 그리하면 너희를 블레셋 사람의 손에서 건져내시리라(삼상 7:3).

그 옛날 사무엘 시대에도 하나님의 백성인 이스라엘 사람들이 여호와가 아니라 이방 신들을 섬기는 잘못을 저질렀습니다. 엘리야도 갈멜 산에서 바알의 선지자 450명과 영적 대결을 벌일 때 이스라엘 백성에게 다음과 같이 일갈했습니다.

> 너희가 어느 때까지 둘 사이에서 머뭇머뭇하려느냐? 여호와가 만일 하나님이면 그를 따르고 바알이 만일 하나님이면 그를 따를지니라(왕상 18:21).

북이스라엘이 멸망한 후에는 이런 우상 숭배가 더 노골적으로 자행되었습니다. 앗수르 왕은 북이스라엘을 멸망시킨 후에 바벨론과 구다와 아와와 하맛과 스발와임에서 사람을 옮겨다가 사마리아 여러 성읍에서 살게 했습니다. 그 사람들은 곧 이스라엘의 제사장에게 여호와 경외하는 법을 배웠습니다. 하지만 그들은 동시에 자기들이 섬기던 신들도 계속해서 섬겼습니다. 바벨론 사람들은 우상인 숙곳브놋을 만들었고 굿 사람들은 네르갈을 만들었습니다. 하맛 사람들은 아시마를 만들었고 스발와임 사람들은 그 자녀를 불살라 그들의 신에게 바쳤습니다(왕하 17:24-33).

이들은 여호와를 경외한다고 하면서 자기 민족의 풍속에 따라 다른 신들도 섬겼습니다. 다시 한 번 강조하지만 그들에게 신앙의 모습이 없던 것은 아닙니다. 다만 그들이 여호와를 섬긴 것은 외형적 신앙에 불과했습니다. 삶이 뒷받침되는 참된 신앙이 아니라 삶과 동떨어진 예전만 중시하는 형식적 신앙이었습니다. 그러니 그들이 여호와의 율례와 법도와 율법과 계명을 준행할 리 없었습니다(왕하 17:34). 그들은 인생의 근본 문제가 무엇인지를 생각하지 않았고 하나님을 무시하면서 죄를 짓는 행위의 무게도 알지 못했습니다. 결과적으로 그들은 유월절과 희생 제사가 가리키는 예수 그리스도를 바라볼 수 없었습니다. 오늘날 우리의 신앙도 양다리를 걸치고 머뭇머뭇하는 모습이라면 이는 예수님을 유일한 구원자로 바라보지 않는다는 명백한 증거입니다.

한편 율법 안에서 의롭다 함을 얻으려 하는 자들도 예수 그리스도를 부인하는 자들입니다. 초기 교회 시대에도 여전히 할례를 받아야 한다고 주장하는 이들이 있었습니다. 바울과 바나바가 안디옥 교회에 머물 때 어떤 사람들이 유대에서 내려왔습니다. 그들은 예수를 믿어도 모세의 법대로 할례를 받지 아니하면 능히 구원을 받지 못한다고 주장했습니다(행 15:1). 그와 비슷하게 지금도 "하나님의 교회 안상홍 증인회"는 유월절을 지켜야 구원을 받는다고 주장합니다. 또 정통 교회 안에 있으면서도 구약의 율법을 신비화하며 그것을 지켜야 한다고 주장하는 무리가 있습니다. 하지만 그들은 모두 그리스도가 우리에게 자유를 주셨다는 사실을 모르는 자들입니다. 여전히 할례를 받고 유월절을 지켜야 한다고 주장하는 자들은 율법 전체를 행할 의무를 지게 하려는 것입니다. 그들은 그리스도의 유익을 모르는 자들로서 그리스도에게서 끊어지고 은혜에서 떨어진 자들입니다(갈 5:1-4).

구약의 율법을 무분별하게 강조하며 지켜야 한다고 주장하는 자들은 모두 예수님을 완벽한 구원자로 여기지 않는 것입니다. 예수님만으로는 부족하다고 느끼기에 자신의 미래를 책임져줄 다른 무언가를 찾습니다. 그들은 기독교적인 삶의 양식에서 벗어나 점, 사주팔자, 궁합을 보기도 하고 세상의 요구에 몸과 마음을 맡긴 채 세상 사람들과 전혀 다를 바 없이 살아가기도 합니다. 또 그와는 정반대로 교회 생활에 심취한 상태에서 할례나 유월절을 지켜야 한다는 유혹에 빠져들기도 합니다. 하지만 참된 믿음으로 예수 그리스도를 영접한 자들은 우리의 구원에 필요한 모든 것이 예수님께만 있음을 알고 오직 그분만을 믿습니다.

개유불성이라고?

어려서부터 신앙생활을 하던 나는 중학교 2학년이 되면서 하나님의 존재에 대해 의구심을 갖기 시작했다. 나는 어디서 왔고 무엇을 위해 살며 어디로 가는가? 저 광활한 우주는 끝이 있는가? 이에 대한 기독교의 천편일률적인 답은 무책임하게 느껴졌다. 태초에 대한 설명 없이, 갑자기 태초에 하나님이 천지를 창조하셨다는 말은 과정에 대한 설명 없이 결과를 믿으라는 강요처럼 느껴졌다. 또한 하나님이 왜 선악과를 만들어서 아담과 하와로 죄를 짓게 하셨는지 이해할 수 없었다. 아담의 죄로 모든 사람이 죄인이 된다는 것도 연좌제와 비슷한 야만의 법 같았다.

고민이 깊어가던 나는 마침내 중학교를 졸업하며 교회를 떠나게 되었다. 그런데 그 이후 교회로 다시 돌아오기까지 나를 따라다니며 힘들게 한 것이 있었다. 그것은 다름 아닌 허무감이었다. 모든 인간이 죽는다면 그 무엇이 가치 있단 말인가? 열심히 공부하다가 얼핏 인물을 보이도, 길을 걷다가 천진난만한 아이의 웃음소리를 들어도, 한창 무르익은 분위기의 파티장에서도 그 모든 것이 지나간 후의 쓸쓸함을 생각하면 가슴이 시리고 아팠다. 때와 장소를 가리지 않고 찾아드는 그 허무감은 마음 한구석을 도려내는 고통을 안겨주었고 그 고통이 찾아올 때면 나는 하던 일을 멈추고 한동안 앓아야만 했다.

출구 없는 방에 갇힌 나는 출구를 찾아 몸부림쳤다. 많은 책을 통해 다양한 사상을 접해보았다. 하지만 그럴수록 새롭게 얻게 된 것은 허무의 다양한 모습들뿐이었다. 그 많은 책이 모두 교묘하게 인생의 근본 문제를 회피한 채 부수적인 것들을 다루기 바빴다. 고민을 거듭하던 나는 세상에 미련을 두지 않고 출가한 스님들이 선택한 불교에 진리가 있을 것 같다는 느낌이 들었다.

그래서 불교에 입문했다. 불교에는 그간 내가 깊이 고민하던 바를 간결하게 표현한 문구가 있었다. 불교에서 바뀌지 않는 세상의 근본 원칙으로 제시하며 도장(印)에 비유하는 "삼법인"(三法印)이 바로 그것이었다.

첫째, 제행무상(諸行無常)은 모든 것(諸行)이 늘 같지 않고 변한다는 뜻이다. 세간의 모든 현상은 항상 변화한다. 고요히 상주(常住)하거나 영원불변한 사물은 아무것도 없다. 인간의 삶도 생로병사(生老病死), 즉 태어나서 늙고 병들어 죽기 마련이다.

둘째, 제법무아(諸法無我)다. 여기서 법(法)은 사물, 물건, 존재를 뜻하고, 아(我)는 이합집산(離合集散)이 없으며 변화생멸(變化生滅)이 없는 실체를 뜻한다. 따라서 제법무아란 세상에는 단일하고 독립적이며 자아 결정적인 영원한 사물이 없으며, 모든 사물은 인연의 화합으로 이루어져 상대적이고 임시적이라는 뜻이다.

셋째, 일체개고(一切皆苦)는 모든 것이 괴로움이라는 뜻이다. 이는 앞의 제행무상과 제법무아에서 자연스레 도출되는 결론이다. 정해진 것이나 절대적이고 영원한 것이 없는 이 세상은 즐거움과 기쁨이 아니라 불안과 공허로 가득 차 있다.

이 얼마나 정확하고 명확한 논리인가! 고민하던 바를 간결하게 요약해준 불교의 개념에 매료된 나는 올바른 곳을 찾아왔다는 안도감을 느꼈다. 불교의 현실 인식은 나의 고민을 정리해주었고 불교의 방대한 사상 체계는 앞으로 내가 사고할 방향까지 제시해주는 것 같았다. 그래서 나는 많은 시간과 정열을 불교에 바쳤다. 법문을 듣기 위해 스님들을 열심히 찾아다니며 진리에 대한 강한 자신감과 희망으로 하루하루를 살아갔다. 조금만 더 하면 진리를 잡을 수 있을 듯하여 독경과 참선과 선문답 등에 열을 올렸다.

그러나 그렇게 1-2년의 시간이 흘러도 손에 잡힐 듯했던 진리는 여전히 잡히지 않았고 오히려 멀어지는 느낌마저 들었다. 혹시 불교도 가짜가 아닌가 하는 불안감이 엄습해왔다. 상대적인 안정감이 흔들리기 시작했다. 진리는 정말로 존재하는지, 사람이 그 진리를 깨달을 수 있는지에 대한 의문이 꿈틀 꿈틀 비집과 나왔다. 불교는 현상에 대한 인식은 정확하지만 그 현상을 극복할 진리에 대해서는 모호한 태도를 취하는 듯했다.

그때 의기소침한 나에게 큰 위안이 되는 불교의 가르침이 하나 있었다. 그것은 "개유불성"(皆有佛成)으로, 일체중생이 모두 부처가 될 수 있다(一切 衆生 皆當作佛)는 의미였다. 부처의 성품을 가리키는 "불성"(佛性)이란 성불(成佛)의 원인, 근거, 가능성을 뜻한다. 더러워진 거울을 깨끗이 닦으면 다시 잘 보이는 것처럼 누구나 욕심과 무명(無明)으로 더러워진 불성을 잘 닦아내면 부처가 되는 길이 열린다는 것이다. 불성의 존재를 믿기 때문에 불교 신도들은 "성불하세요!"라는 말로 인사를 나눈다. 산난한 인사 한마니에 불교의 핵심이 들어 있었다. 나도 이 말에 용기를 얻어 수도에 정진하였다.

그렇게 또 1-2년의 시간이 흘러갔다. 하지만 도를 닦으면 닦을수록 마음을 채우는 것은 인생의 무상함에 대한 한숨뿐이었다. 살을 도려내는 고통을 안겨주는 허무감은 수도 기간에 비례하듯이 점점 더 커질 뿐이었다. 심지어 나는 현실에 대한 적나라한 인식으로 나 자신을 학대할 것이 아니라 현실에 대한 의도적인 무시와 무관심으로 치열한 허무의 고통에서 벗어나고 싶은 마음이 들기도 했다. 봄날 따스한 햇볕을 받으며 아무 생각 없이 즐겁게 소꿉놀이를 하는 아이처럼 지내고 싶은 마음이 간절해졌다.

그렇게 시간은 흘러갔다. 모든 논리와 사상에 염증을 느끼며, 허무감의 근

하이델베르크 교리문답, 삶을 읽다

본 원인인 죽음을 어떻게 해보지 못한 채 대학과 군대를 그럭저럭 마치고 취직까지 했다. 하지만 회사의 과장과 부장을 보며, 아침마다 타고 오르는 엘리베이터를 앞으로 1-20년간 더 타야만 그 자리에 오를 수 있다고 생각하니 숨이 막혔다. 인생의 허망함을 가슴에 품고 사는 나에게 직장 생활에 열을 올릴 동기가 존재할 리 없었다.

그렇게 스물일곱 살이 된 어느 날, 나는 어느 40대 집사님의 집에서 우연히 책을 한 권 집어 들어 읽기 시작했다. 놀랍게도 그때 하나님이 실재하신다고 느껴지기 시작했다. 마음이 뜨거워지면서 중학교 때 배운 찬양도 다시 부르고 싶어졌다. 그 집사님은 나에게 복음을 전해주었고 기독교 서적들을 아낌없이 빌려주었다.

나는 그 책들을 읽으며 여러 번 하나님의 존재를 인정하고 싶었다. 하지만 내가 허무감에 지쳐서 그런 것은 아닌지 성찰하며 냉철하게 점검했다. 정확한 이유 없이 하나님의 존재를 인정해서는 안 된다고 스스로 다그친 이유는, 내가 그리스도인이 될지라도 정확한 근거 위에서 그렇게 되고 싶었기 때문이었다. 단지 마음이 뜨거워져서 하나님의 존재를 인정하는 것은 그간 나의 고군분투에 대한 올바른 대접이 아닌 것 같았다.

그런데도 마음은 자꾸 뜨거워졌고 하나님께 찬양을 올려드리고 싶다는 생각이 계속 들었다. 나는 하나님을 알게 되는 과정을 그린 신앙 간증 서적들을 자세하게 살펴보았다. 다른 사람들은 어떤 이유로 그리스도인이 되었는지 정확한 이유를 알아보기 위해서였다. 하지만 그 누구도 하나님을 알게 되는 순간을 정확한 원인과 결과로 설명하는 경우는 없었다. 하나님을 알기까지 방황하면서 충격적인 사건을 겪으며 여러 가지 고생을 하는 데 비해 하나님을 아는 과정은 순간이었고 명확한 인과관계가 성립되지 않는데도 믿는 경우가 많았던 것이다.

나는 그때까지 하나님을 아는 데는 반드시 논리와 합리성이 뒷받침되어야 한다고 고집했었지만 그제야 믿음이 논리를 초월한다는 사실을 깨달았다. 예전에는 비논리와 비상식으로 여겨졌던 성경이 마음에 와 닿고 믿어지는 것을 이성으로 막을 수는 없었다. 하나님은 사람의 인식이 넘어설 수 없는 한계를 아시고 "믿음"이라는 선물을 주셨다. 성난 파도와 같이 밀려드는 믿음의 물결에 나는 더 저항하지 못하고 예수 그리스도를 주님으로 받아들였다. 믿음으로 하나님을 전적으로 인정하게 된 것이었다.

파스칼(Blaise Pascal, 1623-1662)은 "신이 없는 인간의 비참과 신이 있는 인간의 축복"을 증명하려고 "사상"이란 뜻의 『팡세』를 썼다. 그 역시 오직 하나님의 불러주심만이 유일한 길이라고 말한다.

아! 인간들이여, 너의 비참을 치료하는 방법을 네 자신 속에서 찾는 것은 헛일이다. 너의 모든 지식은 네 자신 속에서는 진리도 행복도 찾아볼 수 없다는 것을 깨닫게 하는 데 지나지 않는다. 철학자들은 그것을 너에게 약속했지만 그 약속을 지키지 못했다. 그들은 너의 참된 행복이 무엇이며 너의 참된 상태가 무엇인지 알지 못하고 있다. 저들도 알지 못하는 너의 불행의 치료법을 어떻게 너에게 제공할 수 있겠는가?…만일 당신이 신과 결합되어 있다면, 그것은 신의 은혜에 의한 것이지 당신의 본성에 의한 것이 아니다. 당신이 겸손해졌다면 그것은 회개에 의한 것이지 본성에 의한 것이 아니다.

예수 그리스도를 떠나서 신을 구하고 끝까지 자연 속에 머물러 있는 자는 자기를 만족시키는 빛을 전혀 발견하지 못하는 것이든가, 혹은 중개자 없이 그를 알고 신을 받드는 수단을 자기가 만들어내고 있는 것이든가 그 어느 쪽일 것이다. 그래서 그들은 무신론 아니면 이신론에 빠지게 된다. 그러나 그리스도교는 이 두 가지 주장을 거의 똑같이 혐오한다. 예수 그리스도 없이는 세계가 존재하지 않을 것이다.

그렇게 주님을 인정하자 세상이 줄 수 없는 평안이 나에게 찾아왔다. 허무감으로 인해 항상 마음 한구석이 텅 빈 것 같았는데 주님을 인정한 순간부터 그 영적 공간이 채워지는 것을 느낄 수 있었다. 하나님은 죄와 비참 속에서 허무하게 죽어가는 우리를 위해 독생자 예수님을 십자가에 내놓으셨다. 오직 그것만이 우리가 하나님의 자녀가 되는 유일한 길이기 때문이다. 예수님만이 길이고 진리이고 생명이시다. **예수님으로 말미암지 않고는** 아버지께 갈 자가 없다(요 14:6). 결코 인간의 힘으로 진리를 얻을 수 없다. "개유불성"이 아니라 오직 예수님으로 말미암을 뿐이다!

01   자신에게 중독 증상이 있는지 성찰해봅시다. 좋은 것에 중독되었는지, 나쁜 것에 중독되었는지 생각해보고 중독 증상이 심한지, 심하지 않은지도 생각해봅시다. 혹시 극복해야 할 중독 증상이 있다면 거기에서 벗어나는 지혜와 노하우를 들어봅시다.

02   하이델베르크 교리문답 제29-30문을 서로 묻고 답해봅시다. 근거 성구도 함께 살펴봅시다.

03   "예수"라는 이름의 뜻은 무엇입니까? 하나님의 아들은 왜 "예수"라고 불리는지 생각해봅시다.

04 구원을 예수님이 아닌 다른 것에서 찾을 수 있습니까? 자기 자신이나 다른 것에서 구원을 찾는 이들은 예수님을 믿는 것입니까?

05 불교의 "삼법인"과 "개유불성"에 대해 설명하고 자신이 에수님을 믿게 된 과정을 이야기해봅시다.

그리스도와 그리스도인의 뜻

Q 제31문 그분은 왜 "그리스도", 즉 기름 부음을 받은 자라고 불립니까?

Why is he called "Christ," that is anointed?

A 답 그는 하나님 아버지로부터 임명받으시고 성령으로 기름 부음을 받으셨기 때문입니다.[1] 그는 우리에게 최고의 선지자와 교사가 되시어[2] 우리의 구속에 관한 하나님의 비밀스러운 경륜과 뜻을 충분히 계시해주셨습니다.[3] 그리고 우리의 유일한 대제사장이 되시어[4] 자신의 몸을 단번에 바치는 희생으로 우리를 구속하셨고[5] 우리를 위해 아버지께 계속적인 간구를 하십니다.[6] 또한 우리의 영원한 왕이 되시어 그의 말씀과 영으로 우리를 통치하시고, 우리를 위해 구입하신 구원 속에 우리가 있도록 지키고 보존하십니다.[7]

Because he is ordained of God the Father, and anointed with the Holy Ghost, to be our chief Prophet and Teacher, who has fully revealed to us the secret counsel and will of God concerning our redemption; and to be our only High Priest, who by the one sacrifice of his body, has redeemed us, and makes continual intercession with the Father for us; and also to be our eternal King, who governs us by his word and Spirit, and who defends and preserves us in that salvation, he has purchased for us.

Q 제32문 그런데 당신은 왜 그리스도인이라 불립니까?[8]

But why art thou called a Christian?

A 답 나는 믿음으로 그리스도의 한 지체이고[9] 그래서 그의 기름 부음의 동참자이기 때문입니다.[10] 나는 그의 이름을 고백하고[11] 나 자신을 그에게 감사

의 산 제물로 드리며**12** 또한 이생에서 자유롭고 선한 양심으로 죄와 사탄
에 대항하여 싸우고**13** 이후에는 모든 피조물을 그와 영원히 다스립니다.**14**

Because I am a member of Christ by faith, and thus am partaker of his anointing; that
so I may confess his name, and present myself a living sacrifice of thankfulness to
him: and also that with a free and good conscience I may fight against sin and Satan
in this life and afterwards I reign with him eternally, over all creatures.

ordain	임명하다, 정하다, 명령하다	anoint	기름을 바르다, 선정하다
intercession	탄원, 중재, 중개	purchase	구매하다, 구입하다, 사다
partaker	참여자, 공유하는 사람, 분담자	confess	고백하다, 인정하다, 시인하다
conscience	양심, 의식, 도덕심		

근거 성구

1 왕은 정의를 사랑하고 악을 미워하시
니 그러므로 하나님 곧 왕의 하나님이 즐
거움의 기름을 왕에게 부어 왕의 동료보
다 뛰어나게 하셨나이다(시 45:7).

주 여호와의 영이 내게 내리셨으니 이는
여호와께서 내게 기름을 부으사 가난한
자에게 아름다운 소식을 전하게 하려 하
심이라. 나를 보내사 마음이 상한 자를
고치며 포로된 자에게 자유를, 갇힌 자에
게 놓임을 선포하며(사 61:1).

21 백성이 다 세례를 받을새 예수도 세례
를 받으시고 기도하실 때에 하늘이 열리
며 22 성령이 비둘기 같은 형체로 그의 위
에 강림하시더니 하늘로부터 소리가 나

기를 "너는 내 사랑하는 아들이라. 내가
너를 기뻐하노라" 하시니라(눅 3:21-22).

주의 성령이 내게 임하셨으니 이는 가난한
자에게 복음을 전하게 하시려고 내게 기름
을 부으시고 나를 보내사 포로 된 자에게
자유를, 눈먼 자에게 다시 보게 함을 전
파하며 눌린 자를 자유롭게 하고(눅 4:18).

하나님이 나사렛 예수에게 성령과 능력
을 기름 붓듯 하셨으매 그가 두루 다니시
며 선한 일을 행하시고 마귀에게 눌린 모
든 사람을 고치셨으니 이는 하나님이 함
께하셨음이라(행 10:38).

"주께서 의를 사랑하시고 불법을 미워하셨

으니 그러므로 하나님 곧 주의 하나님이 즐거움의 기름을 주께 부어 주를 동류들 보다 뛰어나게 하셨도다" 하였고(히 1:9).

2 네 하나님 여호와께서 너희 가운데 네 형제 중에서 너를 위하여 나와 같은 선지자 하나를 일으키시리니 너희는 그의 말을 들을지니라(신 18:15).

보라! 내가 그를 만민에게 증인으로 세웠고 만민의 인도자와 명령자로 삼았나니 (사 55:4).

모세가 말하되 "주 하나님이 너희를 위하여 너희 형제 가운데서 나 같은 선지자 하나를 세울 것이니 너희가 무엇이든지 그의 모든 말을 들을 것이라"(행 3:22).

이스라엘 자손에 대하여 하나님이 "너희 형제 가운데서 나와 같은 선지자를 세우리라" 하던 자가 곧 이 모세라(행 7:37).

3 내 아버지께서 모든 것을 내게 주셨으니 아버지 외에는 아들을 아는 자가 없고 아들과 또 아들의 소원대로 계시를 받는 자 외에는 아버지를 아는 자가 없느니라 (마 11:27).

본래 하나님을 본 사람이 없으되 아버지 품속에 있는 독생하신 하나님이 나타내셨느니라(요 1:18).

이제부터는 너희를 종이라 하지 아니하리니 종은 주인이 하는 것을 알지 못함이라. 너희를 친구라 하였노니 내가 내 아버지께 들은 것을 다 너희에게 알게 하였음이라(요 15:15).

4 여호와는 맹세하고 변하지 아니하시리라. 이르시기를 "너는 멜기세덱의 서열을 따라 영원한 제사장이라" 하셨도다(시 110:4).

5 그들은 맹세 없이 제사장이 되었으되 오직 예수는 자기에게 말씀하신 이로 말미암아 맹세로 되신 것이라. 주께서 맹세하시고 뉘우치지 아니하시리니 "네가 영원히 제사장이라" 하셨도다(히 7:21).

12염소와 송아지의 피로 하지 아니하고 오직 자기의 피로 영원한 속죄를 이루사 단번에 성소에 들어가셨느니라.…14하물며 영원하신 성령으로 말미암아 흠 없는 자기를 하나님께 드린 그리스도의 피가 어찌 너희 양심을 죽은 행실에서 깨끗하게 하고 살아계신 하나님을 섬기게 하지 못하겠느냐?…28이와 같이 그리스도도 많은 사람의 죄를 담당하시려고 단번에 드리신 바 되셨고 구원에 이르게 하기 위하여 죄와 상관없이 자기를 바라는 자들에게 두 번째 나타나시리라(히 9:12, 14, 28).

12오직 그리스도는 죄를 위하여 한 영원한 제사를 드리시고 하나님 우편에 앉으사…14그가 거룩하게 된 자들을 한 번의 제사로 영원히 온전하게 하셨느니라(히 10:12, 14).

6 누가 정죄하리요? 죽으실 뿐 아니라 다시 살아나신 이는 그리스도 예수시니 그는 하나님 우편에 계신 자요, 우리를 위하여 간구하시는 자시니라(롬 8:34).

그러므로 자기를 힘입어 하나님께 나아가는 자들을 온전히 구원하실 수 있으니 이는 그가 항상 살아계셔서 그들을 위하여 간구하심이라(히 7:25).

그리스도께서는 참 것의 그림자인 손으로 만든 성소에 들어가지 아니하시고 바로 그 하늘에 들어가사 이제 우리를 위하여 하나님 앞에 나타나시고(히 9:24).

나의 자녀들아! 내가 이것을 너희에게 씀은 너희로 죄를 범하지 않게 하려 함이라. 만일 누가 죄를 범하여도 아버지 앞에서 우리에게 대언자가 있으니 곧 의로우신 예수 그리스도시라(요일 2:1).

7 내가 나의 왕을 내 거룩한 산 시온에 세웠다 하시리로다(시 2:6).

시온의 딸아! 크게 기뻐할지어다. 예루살렘의 딸아! 즐거이 부를지어다. 보라! 네 왕이 네게 임하시나니 그는 공의로우시며 구원을 베푸시며 겸손하여서 나귀를 타시나니 나귀의 작은 것 곧 나귀 새끼니라(슥 9:9).

"시온 딸에게 이르기를 '네 왕이 네게 임하나니 그는 겸손하여 나귀, 곧 멍에 메는 짐승의 새끼를 탔도다' 하라" 하였느니라(마 21:5).

예수께서 나아와 말씀하여 이르시되 "하늘과 땅의 모든 권세를 내게 주셨으니"(마 28:18).

영원히 야곱의 집을 왕으로 다스리실 것이며 그 나라가 무궁하리라(눅 1:33).

내가 그들에게 영생을 주노니 영원히 멸망하지 아니할 것이요, 또 그들을 내 손에서 빼앗을 자가 없느니라(요 10:28).

10내가 또 들으니 하늘에 큰 음성이 있어 이르되 "이제 우리 하나님의 구원과 능력과 나라와 또 그의 그리스도의 권세가 나타났으니 우리 형제들을 참소하던 자 곧 우리 하나님 앞에서 밤낮 참소하던 자가 쫓겨났고 11또 우리 형제들이 어린 양의 피와 자기들이 증언하는 말씀으로써 그를 이겼으니 그들은 죽기까지 자기들의 생명을 아끼지 아니하였도다"(계 12:10-11).

8 만나매 안디옥에 데리고 와서 둘이 교회에 일 년간 모여 있어 큰 무리를 가르쳤고 제자들이 안디옥에서 비로소 그리스도인이라 일컬음을 받게 되었더라(행 11:26).

9 너희 몸이 그리스도의 지체인 줄을 알

지 못하느냐? 내가 그리스도의 지체를 가지고 창녀의 지체를 만들겠느냐? 결코 그럴 수 없느니라(고전 6:15).

10 그 후에 내가 내 영을 만민에게 부어 주리니 너희 자녀들이 장래 일을 말할 것이며 너희 늙은이는 꿈을 꾸며 너희 젊은이는 이상을 볼 것이며(욜 2:28).

하나님이 말씀하시기를 "말세에 내가 내 영을 모든 육체에 부어주리니 너희의 자녀들은 예언할 것이요, 너희의 젊은이들은 환상을 보고 너희의 늙은이들은 꿈을 꾸리라"(행 2:17).

우리가 유대인이나 헬라인이나 종이나 자유인이나 다 한 성령으로 세례를 받아 한 몸이 되었고 또 다 한 성령을 마시게 하셨느니라(고전 12:13).

너희는 주께 받은 바 기름 부음이 너희 안에 거하나니 아무도 너희를 가르칠 필요가 없고 오직 그의 기름 부음이 모든 것을 너희에게 가르치며 또 참되고 거짓이 없으니 너희를 가르치신 그대로 주 안에 거하라(요일 2:27).

11 누구든지 사람 앞에서 나를 시인하면 나도 하늘에 계신 내 아버지 앞에서 그를 시인할 것이요(마 10:32).

누구든지 이 음란하고 죄 많은 세대에서 나와 내 말을 부끄러워하면 인자도 아버

지의 영광으로 거룩한 천사들과 함께 올 때에 그 사람을 부끄러워하리라(막 8:38).

사람이 마음으로 믿어 의에 이르고 입으로 시인하여 구원에 이르느니라(롬 10:10).

그러므로 우리는 예수로 말미암아 항상 찬송의 제사를 하나님께 드리자. 이는 그 이름을 증언하는 입술의 열매니라(히 13:15).

12 그러므로 형제들아! 내가 하나님의 모든 자비하심으로 너희를 권하노니 너희 몸을 하나님이 기뻐하시는 거룩한 산 제물로 드리라. 이는 너희가 드릴 영적 예배니라(롬 12:1).

5너희도 산 돌 같이 신령한 집으로 세워지고 예수 그리스도로 말미암아 하나님이 기쁘게 받으실 신령한 제사를 드릴 거룩한 제사장이 될지니라…9그러나 너희는 택하신 족속이요, 왕 같은 제사장들이요, 거룩한 나라요, 그의 소유가 된 백성이니 이는 너희를 어두운 데서 불러내어 그의 기이한 빛에 들어가게 하신 이의 아름다운 덕을 선포하게 하려 하심이라(벧전 2:5, 9).

그의 아버지 하나님을 위하여 우리를 나라와 제사장으로 삼으신 그에게 영광과 능력이 세세토록 있기를 원하노라. 아멘(계 1:6).

8그 두루마리를 취하시매 네 생물과 이

십사 장로들이 그 어린 양 앞에 엎드려 각각 거문고와 향이 가득한 금 대접을 가졌으니 이 향은 성도의 기도들이라.… 10"그들로 우리 하나님 앞에서 나라와 제사장들을 삼으셨으니 그들이 땅에서 왕 노릇 하리로다" 하더라(계 5:8, 10).

13 12그러므로 너희는 죄가 너희 죽을 몸을 지배하지 못하게 하여 몸의 사욕에 순종하지 말고 13또한 너희 지체를 불의의 무기로 죄에게 내주지 말고 오직 너희 자신을 죽은 자 가운데서 다시 살아난 자 같이 하나님께 드리며 너희 지체를 의의 무기로 하나님께 드리라(롬 6:12-13).

16내가 이르노니 너희는 성령을 따라 행하라. 그리하면 육체의 욕심을 이루지 아니하리라. 17육체의 소욕은 성령을 거스르고 성령은 육체를 거스르나니 이 둘이 서로 대적함으로 너희가 원하는 것을 하지 못하게 하려 함이니라(갈 5:16-17).

마귀의 간계를 능히 대적하기 위하여 하나님의 전신 갑주를 입으라(엡 6:11).

18아들 디모데야! 내가 네게 이 교훈으로써 명하노니 전에 너를 지도한 예언을 따라 그것으로 선한 싸움을 싸우며 19믿음과 착한 양심을 가지라. 어떤 이들은 이 양심을 버렸고 그 믿음에 관하여는 파선하였느니라(딤전 1:18-19).

사랑하는 자들아! 거류민과 나그네 같은 너희를 권하노니 영혼을 거슬러 싸우는 육체의 정욕을 제어하라(벧전 2:11).

14 그때에 임금이 그 오른편에 있는 자들에게 이르시되 "내 아버지께 복 받을 자들이여! 나아와 창세로부터 너희를 위하여 예비된 나라를 상속받으라"(마 25:34).

참으면 또한 함께 왕 노릇 할 것이요, 우리가 주를 부인하면 주도 우리를 부인하실 것이라(딤후 2:12).

다시 밤이 없겠고 등불과 햇빛이 쓸데없으니 이는 주 하나님이 그들에게 비치심이라. 그들이 세세토록 왕 노릇 하리로다(계 22:5).

그리스도와 그리스도인

우리의 주님은 예수 그리스도이십니다. 우리는 앞서 하이델베르크 교리문답 제29문에서 "예수"라는 이름의 뜻이 "자기 백성을 그들의 죄에서 구원할 자"라는 사실을 살펴보았습니다. 그렇다면 "그리스도"(Christ)의 뜻은 무엇일까요?

하이델베르크 교리문답 제31, 32문은 "그리스도"라는 용어와 관련되어 있습니다. 우리는 우선 예수님을 "그리스도"로 호칭하는 이유를 살펴볼 것입니다. 그리고 그 용어와 관련하여 예수님을 믿는 사람들이 "그리스도인"이라고 불리는 이유와 그 의미에 대해서 알아볼 것입니다.

제29문 하나님의 아들은 왜 "예수", 즉 구원자라고 불리는가?
제30문 자신의 구원을 다른 곳에서 찾는 이들은 예수님을 믿지 않는 이들이다.
제31문 그분은 왜 "그리스도", 즉 기름 부음을 받은 자라고 불리는가?
제32문 우리는 그리스도의 한 지체이기 때문에 그리스도인이라고 불린다.

표29 하이델베르크 교리문답 제29-32문의 구성

1. "그리스도"라는 이름의 뜻

"예수 그리스도"에서 "예수"는 이름에 해당하고 "그리스도"는 성(姓)에 해당한다고 생각하는 사람이 있습니다. 잘못된 생각입니다. "이순신 장군"을 호칭할 때 "이순신"은 이름이지만 "장군"은 직분을 나타내는 것처럼, "예수 그리스도"에서 "예수"는 이름이고 "그리스도"는 직분에 해당합니다. 장군은 부하 사관들과 병사들을 잘 관리하면서 전쟁을 준비하고, 전쟁이 났을 때는 전투를 잘 지휘해서 적을 이겨내야 합니다. "장군"이란 직분에는 이런 여러 직능이 포함됩니다. 그렇듯 "그리스도"라는 직분에도 여러 직능이 포함됩니다.

예수님이 그리스도이심을 보여주는 성구

"그런즉 이스라엘 온 집은 확실히 알지니 너희가 십자가에 못 박은 이 예수를 하나님이 주와 그리스도가 되게 하셨느니라" 하니라(행 2:36).

또 주께서 너희를 위하여 예정하신 그리스도 곧 예수를 보내시리니(행 3:20).

그들이 날마다 성전에 있든지 집에 있든지 예수는 그리스도라고 가르치기와 전도하기를 그치지 아니하니라(행 5:42).

시몬 베드로가 대답하여 이르되 "주는 그리스도시요, 살아계신 하나님의 아들이시니이다"(마 16:16).

오직 이것을 기록함은 너희로 예수께서 하나님의 아들 그리스도이심을 믿게 하려 함이요, 또 너희로 믿고 그 이름을 힘입어 생명을 얻게 하려 함이니라(요 20:31).

사울은 힘을 더 얻어 예수를 그리스도라 증언하여 다메섹에 사는 유대인들을 당혹하게 하니라(행 9:22).

뜻을 풀어 그리스도가 해를 받고 죽은 자 가운데서 다시 살아나야 할 것을 증언하고 이르되 "내가 너희에게 전하는 이 예수가 곧 그리스도라" 하니(행 17:3).

실라와 디모데가 마게도냐로부터 내려오매 바울이 하나님의 말씀에 붙잡혀 유대인들에게 예수는 그리스도라 밝히 증언하니(행 18:5).

이는 성경으로써 예수는 그리스도라고 증언하여 공중 앞에서 힘있게 유대인의 말을 이김이러라(행 18:28).

거짓말하는 자가 누구냐? 예수께서 그리스도이심을 부인하는 자가 아니냐? 아버지와 아들을 부인하는 그가 적그리스도니(요일 2:22).

신약성경의 "그리스도"(Χριστός, 크리스토스)에 해당하는 구약성경의 히브리어는 "메시아"(מָשִׁיחַ, 마쉬아흐)입니다. 즉 "예수 그리스도"라는 말은 "예수 메시아"와 같은 말입니다. 신약성경에는 예수님이 그리스도라는 표현이 많이 나옵니다.

도대체 "그리스도"가 무슨 의미이기에 사도들은 예수님이 그리스도임을 힘써 증언했을까요? 메시아, 즉 그리스도의 언어적 뜻은 "기름 부음을 받은 자"(the anointed one)입니다. 그렇다면 우리는 구약 시대에 누가 기름 부음을 받았는지를 살펴보아야 예수님이 그리스도라는 말의 의미를 분명하게 파악할 수 있습니다.

구약성경에서 기름 부음을 받는 자들은 선지자(예언자)와 제사장과 왕이었습니다. 그러므로 예수님이 그리스도라는 말은 예수님이 선지자와 제사장과 왕이시라는 뜻입니다. 구약 시대의 선지자와 제사장과 왕들이 감당해야 했던 사명을 신약 시대에 와서 온전히 감당하신 분이 바로 예수님이십니다. 예수님은 이 땅에 사시는 동안 "낮은 신분"과 "높은 신분"에서 각각 선지자와 제사장과 왕의 세 직분을 감당하셨습니다.

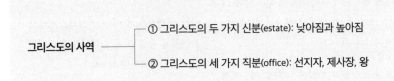

① 그리스도의 두 가지 신분(estate): 낮아짐과 높아짐
그리스도의 사역
② 그리스도의 세 가지 직분(office): 선지자, 제사장, 왕

표30 그리스도의 사역

예수님은 누구로부터 세 가지 직분을 임명받고 기름 부음을 받았습니까? 아버지 하나님이십니다. 하나님은 예수님을 이 세 가지 직분에 임명하고 그에 걸맞은 권위와 능력을 부여하기 위해 성령을 부으셨습니다. 구약 시대에 선지자와 제사장과 왕이 기름 부음을 받는 것은 바로 하나님이 그들을 지명하여 임명하고 권능을 주시기 위해 성령을 부으시는 것을 상징합니다.

2. 기름 부음 받은 세 가지 직분

예수님의 세 가지 직분에 대해 자세히 살펴보겠습니다. 사실 선지자와 제사 장과 왕의 직분은 원래 하나님의 형상으로 지음을 받은 사람에게 주어진 직 분입니다. 하나님은 아담을 만드실 때 그 마음에 하나님의 말씀을 기록하시 고 금지된 열매를 먹지 말라는 명령을 주셨습니다. 아담은 하나님의 말씀을 받은 선지자로서 에덴동산을 경작하며 지켰습니다. 또 아담의 두 아들 가인 과 아벨이 하나님께 제물을 드린 것에서 알 수 있듯이 아담은 하나님께 제사 를 드리는 제사장이었습니다. 더 나아가 하나님은 사람을 만드시며 "생육하 고 번성하여 땅에 충만하라, 땅을 정복하라, 바다의 물고기와 하늘의 새와 땅 에 움직이는 모든 생물을 다스리라"(창 1:28)라고 말씀하셨습니다. 왕의 직분 을 주신 것입니다.

아담의 후손인 모든 사람은 자신이 속한 집안이나 사업장에서 이 세 직분 을 어떤 모양으로든 감당하면서 일생을 살아갑니다. 이는 저의 가정생활만 살펴보아도 분명합니다. 저는 자녀들에게 하나님의 말씀을 가르치는 선지자 의 역할을 감당합니다. 기회가 있을 때마다 잔소리와 훈계를 통해 가르치고 가정 예배 때는 성경을 통해 가르칩니다. 또 제사장으로서 자녀들을 긍휼히 여기며 위해서 기도하고 그들의 잘못을 용서해줍니다. 또 왕으로서 그들에게 필요한 바를 공급하고 잘못은 바로잡고 잘하는 것은 격려하며 집안을 다스 려나갑니다.

구약 시대의 족장이었던 아브라함과 이삭과 야곱은 최초로 이 세 직분을 어떻게 감당해야 하는지 보여준 사람들입니다. 그리고 야곱의 열두 아들에서 이어진 이스라엘 사회에는 전문적으로 하나님의 말씀을 전하는 선지자와 하 나님께 드리는 제사를 관장하는 제사장, 백성을 통치하는 왕의 필요성이 생 겼습니다. 모세는 주로 선지자직을 감당하면서 왕의 역할도 겸했습니다. 모 세의 형 아론은 전문적으로 제사장의 역할을 감당했습니다. 가나안 정복 후

사울과 다윗이 왕으로 세워지기 전에 이스라엘 사회를 이끌었던 사사(士師)들은 선지자와 왕, 때로는 제사장의 역할까지 감당했습니다. 대다수 사사는 하나님의 말씀을 백성에게 가르치면서 동시에 그 말씀에 따라 백성을 통치했고, 사무엘 같은 사사는 제사를 주도하기까지 했습니다. 이렇듯 각 직분은 분명하게 구별되면서도 분리될 필요는 없기에 한 사람이 두세 직분을 동시에 수행하는 경우도 많았습니다.

ㄱ. 선지자 직분

무릇 부모는 자녀가 어릴 때부터 훈계하면서 가르치고 때가 되면 학교에 보내 학문을 닦게 합니다. 군인이 처음 군대에 들어가서 제일 먼저 하는 일도 훈련소에서 교육을 받는 일입니다. 사람도 먼저 하나님을 섬기는 일을 배워야 했습니다. 그래서 하나님이 사람에게 허락하신 직분이 바로 선지자 직분입니다. 아담과 노아와 아브라함은 하나님의 말씀을 직접 받아 자식들을 비롯한 다른 사람에게 가르치고 후손들에게 전한 선지자들입니다. 하나님은 아브라함의 아내 사라를 범하려는 그랄 왕 아비멜렉에게 나타나시어 다음과 같이 말씀하셨습니다.

> 이제 그 사람의 아내를 돌려보내라. 그는 선지자라. 그가 너를 위하여 기도하리니 네가 살려니와 네가 돌려보내지 아니하면 너와 네게 속한 자가 다 반드시 죽을 줄 알지니라(창 20:7).

아브라함은 하나님이 주신 말씀대로 살면서 동시에 많은 사람에게 하나님의 말씀을 전하였으므로 하나님이 그를 가리켜 "선지자"라고 지칭하신 것입니다.

이스라엘에서 제사장과 왕은 세습직이었지만 선지자 직분은 하나님의 말쏨이 임하는 자에게 주어졌습니다. 그래서 모세의 리더십은 그의 아들이 아닌 여호수아에게 전수되었고 엘리야의 리더십도 그의 아들이 아니라 엘리사에게로 이어졌습니다. 사사기에 나오는 사사들을 보십시오. 하나님의 말씀이 갑자기 임하는 자가 사사로 세움을 받습니다. 다시 말해 선지자는 자신의 소견과 경험에 따라 행동하며 혈통을 잇는 사람이 아니라 오직 하나님이 주신 말씀을 백성에게 가르치고 선포하는 사람이었다는 것입니다.

성경에서 "선지자"로 번역된 영어 "프라핏"(prophet)은 "예언자"로도 번역될 수 있습니다. 그런데 이때 주의할 점이 있습니다. 여기서 말하는 예언자는 "미래의 일을 미리 전한다"는 의미의 예언(豫言, foretelling)이 아니라 "말씀을 **맡아** 전한다"는 의미의 "예언"(預言, forthtelling)을 하는 사람이라는 것입니다. 한자 豫는 "미리 예"로서 "일기예보"(日氣豫報)와 같이 쓰이는 반면, 한자 預에는 "맡기다"라는 뜻이 있어서 "저축예금"(貯蓄預金)과 같이 쓰입니다.

실제로 신약성경 원문에서 "선지자"에 해당하는 그리스어는 "프로페테스"(προφήτης)입니다. 여기서 쓰인 전치사 "프로"(προ)는 보통 "앞에"로 해석되지만 이는 시간적인 "앞"(beforehand)이 아니라 방향을 염두에 둔, "(안에서) 밖으로"(forth)라는 의미입니다. 따라서 프로페테스는 "하나님으로부터 받은 말씀을 밖으로 펼쳐내는(forthtelling) 사람"이라는 뜻입니다.

따라서 선지자(예언자) 직분의 핵심은 단순히 미래의 일을 말하는 것이 아니라 하나님이 주시는 말씀을 맡아서 그대로 전하는 데에 있습니다. 물론 하나님이 전하라고 주신 말씀 중에는 미래의 일도 있으므로 預言(예언)에는 豫言(예언)이 포함됩니다. 하지만 누가 뭐라고 해도 預言(예언)의 핵심은 하나님의 말씀을 그대로 전하는 것입니다.

선지자는 자신의 뜻을 전하면 안 됩니다. 하나님이 주시는 말씀만을 가감 없이 전해야 합니다. 성경이 어떤 시대의 타락상을 폭로할 때 제시하는 명백한 증거 중 하나는 선지자가 하나님께 말씀을 받고도 전하지 않거나, 자신의 사사로운 뜻에 따라 그것을 왜곡하는 현상입니다. 그리고 또 다른 증거는 선지자가 하나님의 뜻을 올바로 전해도 백성이 듣지 않고 자신들의 소견에 옳은 대로 사는 모습입니다.

예수님은 최고의 선지자와 교사이십니다. 예수님은 "이세벨의 상에서 먹는"(왕상 18:19) 부패한 선지자들처럼 권력자에게 빌붙어 듣기 좋은 소리만 하신 분이 아닙니다. 그는 오직 하나님께 받은 진리만을 전하셨고 때로 그의 말씀은 사람들에게 거치는 돌처럼 불편하게 느껴졌습니다. 또한 그는 때를 얻든지 못 얻든지 말씀을 전파하고 오래 참음과 가르침으로 경책하며 경계하며 권면하셨습니다(딤후 4:2). 사람들은 귀가 가려워서 자기의 사욕을 따를 스승을 많이 두지만 예수님은 그런 사람들과 타협하지 않으셨습니다(딤후 4:3). 그러므로 우리는 예수님이 선포하신 말씀은 무엇이든지 모두 들어야 합니다. 하나님이 예수님을 선지자로 세우셨고 예수님은 진리만을 말씀하셨기 때문입니다(행 3:22).

그렇다면 예수님은 주로 무엇을 가르치셨을까요? 예수님은 우리의 구속에 관한 하나님의 비밀스러운 경륜과 뜻을 충분히 계시해주셨습니다. 사람이 궁금해하고 알고 싶어 하는 사안은 무궁무진합니다. 물리학자는 물질의 근본 원리를 파헤치고 싶고 투기형 주식 투자가는 주가가 급등할 종목을 알고 싶을 것입니다. 역사학자는 고대에 실제로 어떤 일들이 발생했는지 궁금해하고 결혼 적령기에 있는 사람은 자신에게 적합한 배우자가 누구인지 알고 싶어 합니다. 이런 사안들이 전혀 의미가 없는 것은 아니지만, 인간의 늙음과 병과 죽음으로 대표되는 인생의 비참과 영원의 문제가 해결되지 않으면 그런 궁금증이 다 무슨 소용이 있겠습니까? 그래서 예수님은 우리의 구속—구약성경의 일관된 주제이기도 한—에 관한 하나님의 경륜과 뜻을 알려주셨습니다. 예수님의 가르침은 지상의 어떤 나라가 아니라 하나님 나라에 관련한 경륜과 뜻을 보여주는 것이었습니다.

하이델베르크 교리문답, 삶을 읽다

어느 날 어떤 사람이 예수님을 찾아와서 자기 형에게 유산을 자기와 나누라고 말씀해주시기를 청했습니다. 그때 예수님은 다음과 같이 대답하셨습니다.

14누가 나를 너희의 재판장이나 물건 나누는 자로 세웠느냐?…15삼가 모든 탐심을 물리치라. 사람의 생명이 그 소유의 넉넉한 데 있지 아니 하니라(눅 12:14-15).

유산 상속과 관련한 해결책을 제시하던 다른 유대교 랍비들과는 달리 예수님은 유산을 나누는 문제를 넘어서 탐심이라는 전 속성의 부패 문제를 해결해야 한다고 말씀해주셨습니다. 예수님은 바로 이것을 해결하기 위하여 이 땅에 오신 분이라는 하나님의 뜻을 밝히신 것입니다.

선지자로서 예수님의 사역은 우리의 구원에 집중되어 있습니다. 우리도 우리 자신의 구원에 대한 하나님의 뜻을 아는 것이 인생의 제반 문제를 제대로 해석하기 위한 전제라는 사실을 기억해야 합니다. 참된 신자는 사회에 내재한 정치, 경제, 교육, 복지 등의 많은 문제를 등한시하고 천국만을 바라보지 않습니다. 오히려 그런 문제들의 근본 원인을 하나님의 말씀에 따라 더욱 잘 해석하면서 해결책까지 제시합니다. 예수님이 우리의 구원을 위한 선지자라는 개념이 약화하면 그는 단지 이 땅의 문제들을 해결하기 위해 도전한 개혁가나 혁명가에 지나지 않게 됩니다. 또한 우리는 성경에서 무엇보다 먼저 우리의 구속에 관한 하나님의 비밀스러운 경륜과 뜻을 읽을 줄 알아야 합니다. 이것을 놓치면 성경의 핵심을 놓치는 것입니다.

ㄴ. 제사장 직분

구약의 선지자가 하나님의 사자(使者)로서 하나님의 말씀을 백성에게 선포했다면, 제사장은 사람들을 대표하여 하나님께 사람들의 사정을 아뢰고 간구하는 존재였습니다. 히브리서 5:1은 "대제사장마다 사람 가운데서 택한 자이므로 하나님께 속한 일에 사람을 위하여 예물과 속죄하는 제사를 드리게 하나니"라고 말합니다. 이 말씀처럼 대제사장은 사람들을 대표하는 자로서 하나님이 사람 가운데서 택하여 임명하셨습니다. 그의 직무는 하나님께 속한 것으로서 주로 예물과 속죄 제사를 드리는 것이었습니다. 한편 레위기 9:22은 "아론이 백성을 향하여 손을 들어 축복함으로 속죄제와 번제와 화목제를 마치고 내려오니라"라고 말합니다. 제사장은 백성을 위해 축복하는 역할도 감당했습니다. 예수님은 유일하고 영원한 대제사장으로서 이러한 제사장의 직분을 행하십니다.

앞서도 말했지만 "하나님의 교회 안상홍 증인회"는 마태복음 5:17-18— "내가 율법이나 선지자를 폐하러 온 줄로 생각하지 말라. 폐하러 온 것이 아니요, 완전하게 하려 함이라. 진실로 너희에게 이르노니 천지가 없어지기 전에는 율법의 일점일획도 결코 없어지지 아니하고 다 이루리라"—을 근거로 신약 시대에도 여전히 유월절을 지켜야 한다고 주장합니다. 하지만 그들의 주장은 잘못되었습니다. 유월절에 애굽의 장자를 모두 죽인 하나님의 사자가 어린 양의 피가 발라진 문을 그냥 건너뛴 것은 짐승의 피 차체가 아니라 그것이 상징하는 예수 그리스도의 죽음 때문이었습니다. 즉 과거와 현재와 미래에 걸친 신자들의 죄를 대신 짊어지신 예수 그리스도의 죽으심 때문에 하나님의 사자는 그 집안을 대표하는 장자를 죽이지 않고 건너뛴 것입니다.

이스라엘 자손은 소나 양으로 예물을 드릴 때 회막 문에서 그것의 머리에 손을 얹어 안수했습니다. 하나님은 그 짐승을 헌제자(獻祭者)를 위한 속죄로 여겨 기쁘게 받으셨습니다(레 1:1-4). 대제사장 아론은 이스라엘 자손의 모든 불의와 죄를 아뢰고 그 죄를 전가하는 의미에서 살

TIP

獻 바칠, 드릴 헌
祭 제사 제

아 있는 염소의 머리에 두 손을 얹어 안수했습니다. 그리고 미리 정한 사람에게 맡겨 광야로 내보냈습니다. 그 염소는 이스라엘의 모든 불의를 지고, 돌아

오기 어려운 광야에 놓였습니다(레 16:21-22).

구약 시대에 제사장이 짐승의 피를 제단에 뿌리면 하나님은 그것을 생명을 위한 속죄로 여기셨습니다. 생명이 피에 있으므로 피가 죄를 속하는 것입니다(레 17:11). 그런데 구약의 제사에 사용된 흠 없는 짐승은 "흠 없고 점 없는 어린 양"(벧전 1:19)이신 예수 그리스도를 상징합니다. 더 나아가 구약의 모든 제사와 희생은 앞으로 오실, 죄 없으신 예수 그리스도를 예표(豫表)했습니다. 구약 시대에 하나님이 마련하신 제사와 희생 제도를 제대로 이해한 자는 자신이 죄를 지어 마땅히 죽어야 한다는 사실을 인정하는 자였습니다. 그는 희생 제물인 짐승이 자기를 위하여 죽는다는 사실을 받아들임으로써 장차 오실 그리스도를 믿음으로 풍성하게 알았다고도 할 수 있습니다.

예수님은 이 땅에 오실 때 십자가에 못 박혀 피를 흘리고 죽기 위해 오셨습니다. 구약의 제물처럼 살이 찢기고 피를 흘려 죽으려고 오신 것입니다. 구약의 제사장이 백성이 가져온 제물을 가지고 제사를 주관했다면 그리스도는 대제사장으로서 제사를 주관했을 뿐만 아니라 자기 자신을 희생 제물로 드리기까지 하셨습니다. 예수님은 처음부터 제자들의 배신 속에서 사람들의 조롱과 고난을 받으며 죽어야 하는 사명 가운데 태어나셨습니다. 그 고통과 고민이 얼마나 컸던지 예수님은 죽으시기 전날에 고민하고 슬퍼하며 겟세마네 동산에 오르셨고 마음이 매우 고민하여 죽게 되었다고 말씀하셨습니다(마 26:28). 그는 모든 것을 정하시는 아버지 하나님께 다음과 같이 탄원하셨습니다.

내 아버지여! 만일 할 만하시거든 이 잔을 내게서 지나가게 하옵소서(마 26:29).

예수님은 대제사장으로서, 유월절 어린 양으로서 자신의 몸을 하나님께 드려 우리의 구원을 이루셨습니다. 그런데도 여전히 유월절과 각종 제사법을 지켜야 한다고 주장하는 사람들은 그것들이 상징하는 예수 그리스도의 생애와 죽음을 부정하는 것입니다. 구약의 제사는 매번 다른 짐승을 희생 제물로 삼아야 했지만 예수님은 단번의 죽으심으로 모든 것을 완성하셨습니다. 그는 하나님의 아들이시지만 사람이 되시어 피를 흘리심으로써 영원한 속죄를 이루셨기 때문입니다(히 9:12). 신자들은 예수님이 드리신 한 번의 제사로 영원히 온전하게 되었습니다(히 10:14). 영원히 제사를 주관하시는, 영원하신 그리스도는 완벽한 제사장의 직무를 영원히 행하십니다.

그렇다면 십자가에 죽으시고 부활, 승천하시어 하나님 우편에 앉아계신 그리스도는 지금 무엇을 하실까요? 그가 하나님 우편에 계시다는 것은 하나님과 동등하게 통치하신다는 의미입니다. 그리스도는 거기서 우리의 궁극적 영생과 행복을 위해 만물을 통치하시고 우리의 부족함과 죄를 위해 변호하십니다. 그는 우리와 똑같이 모든 일에 시험을 받으셨습니다(히 4:15). 우리의 연약함을 너무나 잘 아시는 그분은 진심으로, 생생하게 하나님 앞에서 우리를 변호하는 대언자이십니다(요일 2:1; 요 14:16).

그리스도의 이러한 중보 사역은 그의 완벽한 속죄 희생에 근거한 것으로서 대제사장의 사역을 완성시킵니다. 이는 성전에서의 제사 과정에서도 짐작해볼 수 있습니다. 성전에서 제사를 드릴 때 제사장은 먼저 놋 제단(번제단)에서 짐승을 잡고 불태웁니다. 그리고 거기서 취한 불붙은 숯을 가지고 휘장 안으로 들어가 향을 피웁니다(레 16:12). 짐승을 죽여 태우는 번제가 예수 그리스도의 대속을 상징한다면 제단에서 나온 숯으로 피우는 향은 예수 그리스도의 중보를 상징합니다. 여기서도 알 수 있듯이 그리스도의 중보는 오직 속죄의 희생에만 근거합니다.

그리스도의 제사장 사역은 지상과 천상을 기준으로 나누어 생각할 수도 있습니다. 전자는 자신을 희생 제물로 바치는 대속 사역이고 후자는 그 대속 사역에 근거한 중보 사역입니다. 앞서도 살펴보았듯이 그리스도의 구속 사역의 두 측면인 대속과 중보는 구별되지만 분리되지 않고 하나로 통합됩니다.

그리스도의 대속 사역은 중보 사역을 통해 완성된다고도 할 수 있습니다. 바울은 다음과 같이 말했습니다.

누가 정죄하리요? 죽으실 뿐 아니라 다시 살아나신 이는 그리스도 예수시니 그는 하나님 우편에 계신 자요, 우리를 위하여 간구하시는 자시니라(롬 8:34).

이 말씀처럼 예수님이 지금 이 순간에도 우리를 위하여 간구하신다는 사실은 명백합니다. 그리스도의 희생과 간구를 무시하고 우리를 정죄할 자는 아무도 없습니다. 예수 그리스도는 영원히 살아계셔서 자신을 힘입어 하나님께 나아가는 자들을 위해 간구하시며 그들을 온전히 구원하십니다(히 7:23-25).

우리의 기도는 죄에 물들어 있지만 그리스도의 죽음과 중보에 기대어 하나님께 전달될 수 있습니다. 우리는 하나님의 영광을 위한 것이라고 말하면서 사실은 우리 자신의 영광을 위하여 기도할 때가 많습니다. 기도의 동기나 목표가 순수하지 못할 때가 많고 노골적으로 육신의 정욕과 안목의 정욕과 이생의 자랑이 드러날 때도 있습니다. 그런데 그리스도는 우리를 위하여 계속하여 간구하심으로써 우리의 삶과 기도의 수준을 높이고 거룩하게 하십니다. 그리스도로 말미암아 우리는 하나님이 기쁘게 받으실 신령한 제사를 드리는 거룩한 제사장이 됩니다(벧전 2:5).

성육신하신 성자 하나님은 우리를 위하여 영원히 기도하십니다. 영원하고 광대하신 그리스도는 우리를 위하여 죽으셨을 뿐만 아니라 여전히, 그리고 앞으로도 영원히 우리를 위하여 중보 기도하십니다. 하루하루 이어지는 우리의 삶도 사실은 그리스도가 하신 일과 중보로 말미암아 가능합니다. 우리의 열심과 기도와 실천 이전에 그리스도의 "사랑과 열심", 그리고 우리를 위한 "기도"가 있습니다. 우리는 우리를 향한 그리스도의 사랑과 열심, 기도와 일하심이 없다면 우리가 어떤 선한 일도 하지 못하는 상태에서 비참한 모습으로 살아갈 수밖에 없다는 사실을 반드시 기억해야 합니다. 은혜 위에 은혜일 뿐입니다(요 1:16).

ㄷ. 왕 직분

예수님이 "너희는 먼저 그의 나라와 그의 의를 구하라. 그리하면 이 모든 것을 너희에게 더하시리라"(마 6:33)라고 말씀하셨습니다. 예수님을 따르는 성도들은 그 말씀에 따라 그의 나라와 의를 구하는 삶을 살아가기 위해 힘씁니다. 그런데 예수님이 능력이 없어서 그들에게 필요한 것을 더하지 못하신다면 어떨까요? 예수님은 거짓말쟁이가 되어버릴 것입니다.

예수님이 참된 선지자와 제사장이 되시려면 동시에 참된 왕이 되셔야만 합니다. 예수님이 가르치신 말씀과 십자가에서 피 흘려 죽으신 사역이 가치가 있고 효력을 발휘하려면 예수님이 왕으로서 모든 것을 통치하실 수 있어야 합니다. 또한 예수님은 죽음의 권세를 뚫고 부활하셨으므로 참된 제사장이 되십니다. 부활하지 못하고 단순히 의로운 죽음에 머물렀다면 예수님은 여느 위인과 다르지 않았을 것입니다.

예수님은 왕으로서 모든 통치와 권세와 능력을 멸하시고 나라를 아버지 하나님께 바치셨습니다. 모든 원수를 그 발아래에 두시며 왕 노릇 하시는 예수님이 맨 나중에 멸망시킬 원수는 사망입니다(고전 15:24-26). 예수 그리스도는 왕으로서 죽음마저 죽이는 분이십니다. 죽음이 죽음으로써 사람들은 죽음에서 부활하여 영생을 누립니다. 여기서 예수님이 제사장으로서 십자가에서 맞으신 죽음이 최종적인 승리와 영광을 거두게 됩니다. 예수님의 선지자직과 제사장직은 왕직 없이는 불가능한 것입니다.

① 그의 말씀과 영으로 우리를 통치하시고 하나님이 말씀으로 천지 만물을 창조하셨듯이 예수 그리스도는 말씀과 영으로 우리의 구원을 위한 하나님의 뜻을 나타내시고(선지자 직분), 동시에 왕으로서 우리를 통치하십니다(왕 직분).

예수님은 바람과 바다를 꾸짖어 잔잔하게 하실 때, 오병이어의 기적을 일으키실 때, 나사로를 살리실 때 모두 말씀으로 하셨습니다. 이것은 예수님이 어떤 일을 하실 때 다른 수단과 재료와 힘을 필요로 하지 않고 그냥 뜻하시고 계획하시면 그대로 집행이 된다는 의미입니다. 예수 그리스도의 전능하신 능력을 말해주는 것입니다.

또 예수님은 아버지께로부터 우리에게 보내시는 보혜사 성령을 통해 우리에게 모든 것을 가르치고 우리에게 말씀하신 모든 것을 생각나게 하십니다(요 14:26). 사람들의 강퍅한 마음을 부드러운 마음으로 만드는 일이 얼마나 힘듭니까? 예수님만이 이 일을 하실 수 있습니다. 예수님이 성령을 통하여 돌 같은 마음을 제거하고 살처럼 부드러운 마음을 주십니다.

> 19내가 그들에게 한 마음을 주고 그 속에 새 영을 주며 그 몸에서 돌 같은 마음을 제거하고 살처럼 부드러운 마음을 주어 20내 율례를 따르며 내 규례를 지켜 행하게 하리니 그들은 내 백성이 되고 나는 그들의 하나님이 되리라(겔 11:19-20).

하나님은 죄를 지은 하와에게 "너는 남편을 원하고 남편은 너를 다스릴 것이니라"(창 3:16)라고 말씀하셨습니다. 또 하나님은 하나님이 자신의 제물을 받지 않았다고 몹시 분해하며 안색이 변한 가인에게 "죄가 너를 원하나 너는 죄를 다스릴지니라"(창 4:7)라고 말씀하셨습니다. 이 말씀들대로 남편과 죄를 원하는 마음이 얼마나 강한지 모릅니다. 쇠사슬로 기둥에 몸을 묶어도 죄를 짓고 싶은 마음은 통제하기 힘듭니다. 부족한 인격에서 나오는 거친 언어와 행동이 조금 변하는 데 10년, 20년씩 걸립니다. 노하기를 더디 하는 자는 용사보다 낫고 자기의 마음을 다스리는 자는 성을 빼앗는 자보다 낫습니다(잠 16:32). 이 힘들고 불가능한 일을 예수 그리스도가 성령을 통하여 하십니다.
② 구원 속에 우리가 있도록 지키고 보존 우리 주변에 우리를 치는 적들이 얼

마나 많은지 모릅니다. 인생을 살수록 믿을 사람이 없습니다. 오늘의 친구가 언제 적으로 변할지 모릅니다. 우리 주변에 도끼를 들고 치려는 자들이 평온한 얼굴로 위장한 채 기회를 노리고 있습니다. 예수 그리스도는 이런 무서운 사람들로부터 우리를 지켜주십니다. 주의 은밀한 곳에 숨기시어 사람의 꾀에서 벗어나게 하시고, 비밀히 장막에 감추시어 말다툼에서 면하게 하십니다 (시 31:20).

예기치 않은 각종 사건이나 사고도 우리를 상하게 합니다. 뜻하지 않은 재정난, 예기치 않은 전쟁, 갑작스러운 자연재해 등 우리를 힘들게 하는 것들은 차고 넘칩니다. 주님은 이것들로부터도 우리를 지키십니다. 낮의 해와 밤의 달이 우리를 상하게 하지 못합니다(시 121:6). 환난 날에 우리를 그의 초막 속에 비밀히 지키시고 그의 장막 은밀한 곳에 우리를 숨기시며 높은 바위 위에 두십니다(시 27:5).

우리 앞에는 죄의 유혹도 있습니다. 모든 사람마다 약한 부분이 있습니다. 모든 율법을 항상 지키기란 불가능하며 죄의 유혹을 항상 이겨내는 자는 눈을 씻고 찾아봐도 없습니다. 천하의 다윗도 밧세바와 간음을 저질렀습니다. 그것도 모자라 그 죄를 숨기려고 밧세바의 남편 우리야를 맹렬한 전쟁터에 내몰아 죽게 했습니다. 예수 그리스도가 이러한 죄의 유혹에서 우리를 지켜주시지 않으면 승리할 자가 아무도 없습니다. 예수님은 죄의 유혹에서 우리를 지켜주시고 우리가 죄를 지었을 때 빨리 돌이켜 벗어나도록 도와주십니다. 또한 우리가 감당할 시험만 허락하시고 시험당할 즈음에는 피할 길을 주시어 우리로 능히 감당하게 하십니다(고전 10:13). 예수 그리스도는 우리의 출입을 영원히 지키십니다.

1내가 산을 향하여 눈을 들리라. 나의 도움이 어디서 올까? 2나의 도움은 천지를 지으신 여호와에게서로다. 3여호와께서 너를 실족하지 아니하게 하시며 너를 지

하이델베르크 교리문답, 삶을 읽다

키시는 이가 졸지 아니하시리로다. 4이스라엘을 지키시는 이는 졸지도 아니하시고 주무시지도 아니하시리로다. 5여호와는 너를 지키시는 이시라. 여호와께서 네 오른쪽에서 네 그늘이 되시나니 6낮의 해가 너를 상하게 하지 아니하며 밤의 달도 너를 해치지 아니하리로다. 7여호와께서 너를 지켜 모든 환난을 면하게 하시며 또 네 영혼을 지키시리로다. 8여호와께서 너의 출입을 지금부터 영원까지 지키시리로다(시 121편).

우리는 앞서 제27문에서 "섭리"를 다루면서 하나님은 전능하시고 편재하신 능력으로 천지 만물을 보존하고 다스리신다는 사실을 살펴보았습니다. 바로 이 보존하고 통치하시는 일을 예수 그리스도가 왕으로서 수행하시는 것입니다. 물론 예수 그리스도는 성자 하나님으로서 본래 이러한 속성을 가지셨으며 이러한 섭리를 주장하실 수 있습니다. 그런데 여기서 우리가 살펴보는 것은 신성으로서가 아니라 신인(神人)으로서의 예수님이 지니신 속성과 능력과 사역입니다. 예수님은 부활하신 후에 "하늘과 땅의 모든 권세를 내게 주셨으니"(마 28:18)라고 말씀하셨습니다. 이것은 신인으로서 하늘과 땅의 모든 권세를 갖게 되셨다는 뜻입니다. 예수 그리스도는 이 권세로 세상 끝날까지 우리와 항상 함께하시며 우리를 지키고 보존하십니다(마 28:20).

3. 우리는 왜 그리스도인이라 불리는가?

예수님은 그리스도(Christ)라 불리고 신자들은 그리스도인(Christian)이라고 불립니다. 이 호칭은 안디옥 교회의 제자들이 처음 들었는데(행 11:26), 신자들은 그리스도에게 속한 한 지체이기 때문에 자연스레 그리스도인이라고 불립니다. 이에 대해 바울은 다음과 같이 말합니다.

너희 몸이 그리스도의 지체인 줄을 알지 못하느냐? 내가 그리스도의 지체를 가지고 창녀의 지체를 만들겠느냐? 결코 그럴 수 없느니라(고전 6:15).

이처럼 그리스도에게 속한 자가 그리스도인이라고 불리는 것은 당연하며 이는 칼뱅이나 루터의 가르침을 따르는 자들을 각각 칼뱅주의자, 루터란이라고 부르는 것과 비슷합니다.

그렇다면 신자들은 어떻게 그리스도의 지체가 됩니까? 그리스도인은 자신의 뜻이나 지혜나 노력이나 행위가 아니라 오직 믿음으로 될 수 있습니다. "믿음으로 그리스도의 지체가 된다"라는 말은 하나님이 은혜로 우리를 하나님의 자녀로 삼아주신다는 뜻이고, 이때 믿음이란 도구까지 우리에게 주셔서 예수 그리스도를 인식하고 붙들게 하신다는 뜻입니다.

우리가 이미 살펴본 것처럼 우리의 믿음 자체가 어떤 원인이나 공로가 되는 것이 아닙니다. 우리가 예수 그리스도를 믿는 것은 우리의 인식 능력으로는 절대로 불가능한 사건입니다. 하나님이 성령을 통해 우리에게 믿음이라는 인식 수단을 주시어 깨우쳐주셔야만 가능합니다. 예수 그리스도가 성령의 부음을 받듯이 신자들도 성령 부음을 받아 그리스도를 고백하는 그리스도인이 되는 것입니다.

모든 신자는 유대인이나 헬라인이나 종이나 자유인이나 다 한 성령으로 세례를 받아 한 몸이 되었고 또 다 한 성령을 마셨습니다(고전 12:13). 모든 신자는 주께 기름 부음을 받았으므로 아무도 신자들을 가르칠 필요가 없고 오직 주의 기름 부음이 모든 것을 신자들에게 가르칩니다(요일 2:27). 이 말은 하나님의 말씀을 배울 필요가 없다는 뜻이 아닙니다. 단지 주의 기름 부음이 없다면 가르침을 받아도 수용하지 못한다는 것이고, 반대로 말해 주의 기름 부음이 있어야 기본적인 인식력이 확보된다는 뜻입니다.

선지자와 제사장과 왕의 직분은 예수님에게만 주어진 직분이 아닙니다. 이 세 직분은 원래 하나님의 형상으로 지음을 받은 사람에게 주어졌습니다.

하이델베르크 교리문답, 삶을 읽다

앞서도 살펴보았지만 아담은 성인으로 지음을 받아서 교육을 받거나 다양한 경험을 쌓을 기회가 없었습니다. 그런데도 그가 에덴동산을 다스리며 살아갈 수 있었던 것은 하나님이 그의 마음에 하나님의 법을 기록하셨기 때문이었습니다. 즉 아담은 자신의 마음에 기록된 하나님의 법을 받은 선지자였습니다. 그는 이 법을 자신의 아들들인 가인과 아벨과 셋에게 가르쳤습니다.

그리고 그는 이 법에 따라 에덴동산을 왕으로서 경작하며 다스렸습니다. 하나님은 사람을 만드시며 "생육하고 번성하여 땅에 충만하라. 땅을 정복하라. 바다의 물고기와 하늘의 새와 땅에 움직이는 모든 생물을 다스리라"(창 1:28)라고 말씀하셨습니다. 아담은 이 말씀에 따라 에덴동산에서 왕직을 수행한 것입니다.

또한 아담의 두 아들 가인과 아벨은 하나님께 제사를 드렸습니다. 그들은 아버지 아담에게서 배운 대로 행했습니다. 아담은 제사장으로서 하나님에게 제사를 드렸고 하나님의 자비와 긍휼을 간구했습니다. 그리고 그 자신도 자비와 긍휼로 아내와 자식들을 비롯한 피조물들을 대했습니다.

이처럼 사람이 지식과 의와 거룩함의 하나님 형상으로 만들어져 지정의 (知情意)를 가졌다는 것은 선지자와 제사장과 왕의 직분을 행할 수 있다는 뜻이기도 합니다. 다시 말해 하나님은 사람이 이 세 가지 직분을 행할 수 있도록 사람을 하나님의 형상으로 만드셨습니다. 따라서 사람이 이 세 가지 직분을 온전히 행할 때 하나님의 형상은 온전히 드러납니다. 반대로 하나님의 형상이 깨졌다는 것은 이 세 가지 직분이 부정적으로 수행된다는 뜻입니다. 삼직이 부정적으로 수행되면 어떤 결과가 나타날까요? 선지자로서 하나님의 말씀을 가르치는 대신 자신의 무지와 욕망이 깃든 자기 소견을 가르칩니다. 제사장으로서 하나님께 자비와 긍휼을 구하고 용서를 실천하는 대신 잔인함과 비정(非情)으로 사람들과 피조물들을 대합니다. 왕으로서 하나님의 통치를 받으며 하나님의 통치가 이 땅에 펼쳐지도록 하는 대신 오히려 자신을 드러내며 억압과 술수로 통치합니다.

　그런데 아담과 하와의 죄로 삼직의 본래 의미가 일그러졌습니다. 그들은 하나님의 말씀을 어기고 열매를 따 먹음으로써 선지자 직분을 버렸습니다. 그리고 하나님이 찾아오셨을 때 피하여 숨음으로써 제사장 직분을 버렸습니다. 또 서로에게 책임을 떠넘기며 서로를 장악하려 함으로써 왕 직분을 포기했습니다. 사람의 전 속성이 부패하여 삼직을 올바로 수행할 수 없게 되어버린 것입니다.

　그래서 예수 그리스도는 모든 율법을 지키고 십자가에서 죽으심으로써 부패한 사람의 전 속성을 회복시키고 사람의 삼직을 되찾아주셨습니다. 이는 우선 구약 시대에 선지자와 제사장과 왕의 직분으로 나타났습니다. 그리고 예수님은 공생애 동안에 이 삼직을 수행하셨을 뿐 아니라 부활 승천하시며 이 세 가지 직분을 교회에 허락하셨습니다. 교회 안에서는 대표적으로 목사와 집사와 장로가 각각 선지자와 제사장과 왕의 직분에 해당합니다. 따라서 교회의 목사와 집사와 장로는 언제나 그리스도의 삼직을 생각하며 자신의 직분을 감당해야 할 것입니다.

　개인의 삶이나 가정이나 교회에서 삼직의 어느 하나만을 강조하면 다른 두 직분의 역할과 장점은 그만큼 드러나지 않고 부작용이 발생합니다. 가정에서 부모가 선지자직만 강하게 드러내면 어떨까요? 엄격한 교육을 통해 소정의 효과를 볼지도 모르지만 자녀들이 인자함과 따스함을 모르며 자라갈 수밖에 없습니다. 또 집안에서 제사장직만 강하게 드러나면 가정의 질서가 사라지고 자녀들이 올바른 가치관과 윤리 의식을 갖기 어렵게 됩니다. 왕직만 강하게 드러나면 자율과 사랑이 없는 억압된 질서만 존재하여 가정의 행복도는 떨어지고 자녀들은 폭력적으로 자라기 쉽습니다.

　교회도 마찬가지입니다. 선지자직을 강조하는 교회는 설교와 성경 공부에 힘을 기울이며 옳고 그름을 명확히 분별하면서 합리적 비판을 제기하는 역할을 잘 감당할 수 있습니다. 하지만 상대적으로 사랑과 수용과 긍휼의 열매가 줄어들 수밖에 없습니다. 제사장직을 강조하면 은혜와 긍휼은 풍성할 수 있지만 옳고 그름의 분별력은 약해지고 값싼 은혜가 대세를 이루며 말씀의 약화로 인해 신비주의가 강해질 수밖에 없습니다. 왕직을 강조하면 교회 교역자와 직분자의 권위가 바로 설 수 있지만 교회의 훈훈함과 하나 됨은 약화되고 말씀에 의한 통치와 질서 대신 권위주의에 의한 일방적 통치와 강요된 질서가 발생하기 쉽습니다.

여기서 우리는 신자들이 그리스도가 행하신 삼직의 내용과 중요성을 알고 닮아가기 위해 노력하는 것이 매우 중요함을 알 수 있습니다. 그리스도인은 그리스도를 믿고 구원받았다는 것에 그쳐서는 안 되고 그리스도를 계속하여 닮아가야 합니다. 그리스도인은 그리스도의 지체이기 때문에 그리스도를 닮을 수밖에 없고 닮아야만 합니다. 한 지체라는 것은 상당한 공통점이 있다는 것입니다. 어떤 사람의 몸에 붙어 있는 발과 팔 같은 지체들은 혈액을 공유합니다. 또 같은 머리의 통제를 받습니다. 같은 장기에서 만들어낸 영양분을 공급받습니다. 신자들은 머리이신 그리스도의 몸에 붙은 한 지체이므로 한 성령이 신자들에게 내주합니다. 신인이신 그리스도의 속성과 성향과 사역이 그리스도인들에게 은혜로 어느 정도 주어지는 것입니다. 따라서 그리스도인은 그리스도의 한 지체로서 그리스도가 행하시고 완성하신 선지자와 제사장과 왕의 직분을 수행해야 합니다. 그리고 그 세 직분을 잘 수행할 수 있는 존재가 바로 그리스도인입니다.

그리스도인은 선지자로서 그리스도의 이름을 온전히 고백해야 합니다. 오직 몸과 영혼을 능히 지옥에 멸하실 수 있는 이를 두려워하며 사람 앞에서 그리스도를 기꺼이 시인해야 합니다. 또한 그리스도가 세상에 화평을 주러 오신 것이 아니라 검을 주러 오신 줄 알고 하나님의 말씀을 담대히 선포해야 합니다. 더 나아가 자기 십자가를 지고 그리스도를 따를 줄 알아야 합니다(마

10:28-38). 이 음란하고 죄 많은 세대에서 그리스도의 말씀을 부끄러워하지 않고 담대히 선포하는 그리스도인이야말로 선지자 직분을 온전히 감당하는 자입니다(막 8:38).

그리스도인은 제사장으로서 자기 자신을 온전히 하나님께 감사의 산 제물로 드려야 합니다. 죽은 제물이 아니라 산 제물입니다.

너희 몸을 하나님이 기뻐하시는 거룩한 산 제물로 드리라. 이는 너희가 드릴 영적 예배니라(롬 12:1).

내 몸을 산 제물로 드린다는 것은 인생을 사는 매 순간 하나님께 나 자신을 바치는 자세로 산다는 것입니다. 그러려면 이 세대를 본받지 않고 하나님의 말씀에 따라 자신의 소견과 욕망을 잠재울 수 있어야 합니다. 더 나아가 하나님의 선하시고 기뻐하시고 온전하신 뜻이 무엇인지 분별해야 하고 마음을 새롭게 함으로 변화를 받아야 합니다(롬 12:2).

그리스도인은 왕으로서 온전히 자유롭고 선한 양심으로 죄와 사탄에 맞서 싸워야 합니다. 죄가 우리 몸을 지배하지 못하게 하고 몸의 사욕을 끊어내며 지체를 불의의 무기로 죄에 내줄 것이 아니라 의의 무기로 내주어야 합니다(롬 6:12-13). 또한 남을 다스리려고 하기 전에 먼저 영혼을 거슬러 싸우는 육체의 정욕을 제어하기 위해 노력해야 합니다(벧전 2:11). 성령을 거스르는 육체의 소욕을 지배하기 위해서는 성령을 따라 행해야 합니다(갈 5:16-17). 살아서 이렇게 왕의 직분을 감당하기 위해 애쓴 그리스도인은 부활한 후에 온전한 왕으로서 모든 피조물을 그리스도와 함께 영원히 다스릴 것입니다. 그들이 세세토록 왕 노릇 할 하나님 나라는 주 하나님이 신자들에게 비치시어 다시 밤이 없고 등불과 햇빛이 쓸데없는 곳입니다(계 22:5). 그 놀라운 은총을 사모하며 삼직을 온전히 수행하기 위해 힘쓰시기 바랍니다.

하이델베르크 교리문답, 삶을 읽다

거울 뉴런

사람의 뇌에는 "거울 뉴런"(mirror neuron)이란 세포가 있다. 이 세포 때문에 상대가 공을 쥐는 행동을 하면 내 뇌에서도 공을 쥐는 것과 연관된 신경이 작동한다. 이는 1990년대 이탈리아의 과학자들이 원숭이에게서 처음 발견했는데 영장류는 모두 거울 뉴런을 갖고 있어서 동료의 아픔과 기쁨을 자기 것으로 느낄 수 있다고 한다.

최근 거울 뉴런과 관련하여 권력을 쥐면 감정이입이 줄어든다는 연구 결과가 나왔다. 연구진은 실험 참가자들에게 남을 압도했거나 의존한 경험을 글로 쓰게 했다. 즉 그들의 심리를 권력을 쥔 상태와 그렇지 않은 상태로 나눈 것이다. 그러면서 어떤 사람이 손으로 고무공을 쥐는 영상을 보여주고 뇌 활동을 살펴보았다. 그랬더니 권력자의 심리 상태를 가진 이는 거울 뉴런이 거의 작동하지 않았고 의존적인 심리 상태를 가진 이의 거울 뉴런은 활발하게 작동했다.

권력자들은 남녀 구분 없이 테스토스테론이라는 남성 호르몬이 증가한다. 코카인에 중독되면 뇌에 만족감을 주는 도파민 분비가 늘어나는데 테스토스테론은 그와 비슷하게 도파민 분비를 촉진한다. 그래서 권력자는 마약 중독자처럼 권력의 달콤함에서 헤어나지 못하고 점점 독해지기 쉽다. 요즘 우리 사회는 갑의 위치에 있는 이들의 심한 "갑질"로 몸살을 앓고 있다. 이런 현상도 힘을 가진 자들의 거울 뉴런이 작동하지 않으며 을의 위치에 있는 사람들에 대한 동질감을 잊어버리기 때문에 발생한다.

사울 왕은 어땠는지 생각해보자. 그는 왕이 되기 전에는 짐 보따리들 사이에 숨을 정도로 겸손했다(삼상 10:22). 하지만 권력의 맛을 본 뒤에는 하나님이 아닌 권력을 중심에 두고 점점 분별력을 잃어갔다. "사울이 죽인 자는 천천이요, 다윗은 만만이로다"(삼상 18:7)라는 여인들의 노래를 사울이 부드럽게 수용했다면 그는 만만을 죽인 다윗이란 훌륭한 부하를 둔 왕이 된다. 그런데 그는 그 노래를 아니꼽게 받아들여 만만을 죽인 다윗을 적으로 만들어버렸다. 여로보암도 마찬가지다. 그는 솔로몬의 감독관으로서는 훌륭했지만 열 지파의 왕이 되자 권력을 숭상하며 무엇이든 권력 유지에 초점을 맞추어 판단했다(왕상 13:33).

성도는 자신의 인격과 능력을 넘어서는 자리를 탐하지 않는 것이 좋다. 자신의 그릇을 넘어서는 자리를 얻으면 그 자리가 주는 즐거움은 누릴지 모르지만 그 자리의 영향을 받는 사람들은 힘들어질 수밖에 없다. 그럴 바에야 차라리 자신이 이끄는 사람들의 기쁨과 아픔을 공감하며 안정적으로 리더십을 발휘할 만큼의 자리에 머물며 만족해야 한다.

성직도 권력의 도구로 변질하기 쉽다. 처음에는 선한 동기로 목사가 된, 실제로 순수하고 선했던 사람들이 담당한 교회의 규모가 커지고 안정된 목회의 맛에 익숙해지면서 점점 이상하게 변해가는 경우가 있다. 테스토스테론 호르몬의 영향 때문인지 그런 목사는 자신이 변했다는 사실도 잘 깨닫지 못한다. 성도들과 같이 울고 웃던 낮은 마음이 어느새 효율과 생산성, 권위와 통제로 얼룩지게 되었는지 눈치채지 못하는 것이다. 그처럼 거울 뉴런이 제대로 작동하지 않는 이들이 교단이나 신학교, 교회나 기관에서 높은 자리를 차지하면 어떻게 될까?

그리스도인들은 얼마나 큰 교회를 담임하고 큰 권력을 쥐고 있는가로 사람을 평가하면 안 된다. 그런 자라도 거울 뉴런이 제대로 작동하지 않는다면 중용하지 말아야 한다. 오히려 즐거워하는 자들과 함께 즐거워하고 우는 자들과 함께 우는 마음이 겸손한 자를 존중해서 중요한 일을 맡겨야 한다.

우리는 왜 그리스도인이라고 불릴까? 그리스도가 우리를 지체로 삼으셔서 그리스도께 속한 자로 만들어주셨기 때문이다. 예수님은 하나님이시지만 우리의 비참한 처지에 동감하셔서 사람이 되셨고 죽으심으로써 우리의 모든 죗값을 치러주셨다. 그리스도의 지체인 우리도 그리스도를 본받아 우리보다 못한 처지에 있는 자들에게 공감할 줄 알아야 한다. 특히 교회의 지체가 고통을 받을 때 함께 괴로워하고, 영광을 얻으면 함께 즐거워해야 한다. 우리 모두 하나님을 깊이 알수록 거울 뉴런이 활발해지고 그리스도를 닮은 모습으로 성숙해지는 은혜를 누리기 바란다.

01 여러분은 자신의 일에 제동이 걸릴 때 자리를 박차며 화를 냅니까, 아니면 꾹 참습니까? 혹은 끝까지 이유를 대며 자기를 설명합니까, 아니면 자리를 피하고 한동안 잠적해버립니까? 각 유형의 장·단점에 대해 나누어봅시다. 어떤 반응이 성숙한 반응입니까?

02 하이델베르크 교리문답 제31-32문을 서로 묻고 답해봅시다. 근거 성구도 함께 살펴봅시다.

03 "그리스도"라는 이름의 뜻은 무엇입니까? "그리스도"와 뜻이 같은 히브리어는 무엇입니까? 구약의 그리스도란 어떤 존재였는지 이야기해봅시다.

04   그리스도의 선지자 직분, 제사장 직분, 왕 직분이 무엇인지 설명해봅시다.

05   "거울 뉴런"이 무엇인지 설명해보고 나의 거울 뉴런은 제대로 작동하고 있
       는지 평가해봅시다.

하나님의 외아들인 우리의 주 그리스도

Q 제33문 우리도 하나님의 자녀들인데 그리스도는 왜 하나님의 외아들이라고 불립니까?

Why is Christ called the "only begotten Son" of God, since we are also the children of God?

A 답 왜냐하면 그리스도만이 하나님의 영원하고 본질적인 아들이시고,[1] 우리는 그리스도로 인하여 은혜로 입양된 하나님의 자녀들이기 때문입니다.[2]

Because Christ alone is the eternal and natural Son of God; but we are children adopted of God, by grace, for his sake.

Q 제34문 당신은 왜 그분을 "우리의 주"라고 부릅니까?

Wherefore callest thou him "our Lord"?

A 답 왜냐하면 그분이 금은이 아니라 그의 귀한 피로 우리의 모든 죄로부터 우리의 영·육을 구속하셨고,[3] 마귀의 모든 권세로부터 우리를 건지셨으며,[4] 그 결과 우리를 그의 고유한 소유로 삼으셨기 때문입니다.[5]

Because he hath redeemed us, both soul and body, from all our sins, not with silver or gold, but with his precious blood, and has delivered us from all the power of the devil; and thus has made us his own property.

beget	얻다, 보다, 생기게 하다	**adopt**	입양하다, 채택하다, 도입하다
precious	귀중한, 중요한, 소중한	**property**	소유, 재산, 부동산, 토지

근거 성구

1 1태초에 말씀이 계시니라. 이 말씀이 하나님과 함께 계셨으니 이 말씀은 곧 하나님이시니라. 2그가 태초에 하나님과 함께 계셨고 3만물이 그로 말미암아 지은 바 되었으니 지은 것이 하나도 그가 없이는 된 것이 없느니라(요 1:1-3).

말씀이 육신이 되어 우리 가운데 거하시매 우리가 그의 영광을 보니 아버지의 독생자의 영광이요, 은혜와 진리가 충만하더라(요 1:14).

본래 하나님을 본 사람이 없으되 아버지 품속에 있는 독생하신 하나님이 나타내셨느니라(요 1:18).

하나님이 세상을 이처럼 사랑하사 독생자를 주셨으니 이는 그를 믿는 자마다 멸망하지 않고 영생을 얻게 하려 하심이라(요 3:16).

자기 아들을 아끼지 아니하시고 우리 모든 사람을 위하여 내주신 이가 어찌 그 아들과 함께 모든 것을 우리에게 주시지 아니하겠느냐?(롬 8:32)

1옛적에 선지자들을 통하여 여러 부분과 여러 모양으로 우리 조상들에게 말씀하신 하나님이 2이 모든 날 마지막에는 아들을 통하여 우리에게 말씀하셨으니 이 아들을 만유의 상속자로 세우시고 또 그로 말미암아 모든 세계를 지으셨느니라(히 1:1-2).

하나님의 사랑이 우리에게 이렇게 나타난 바 되었으니 하나님이 자기의 독생자를 세상에 보내심은 그로 말미암아 우리를 살리려 하심이라(요일 4:9).

2 영접하는 자 곧 그 이름을 믿는 자들에게는 하나님의 자녀가 되는 권세를 주셨으니(요 1:12).

15너희는 다시 무서워하는 종의 영을 받지 아니하고 양자의 영을 받았으므로 우리가 아빠 아버지라고 부르짖느니라. 16성령이 친히 우리의 영과 더불어 우리가 하나님의 자녀인 것을 증언하시나니 17자녀이면 또한 상속자 곧 하나님의 상속자요, 그리스도와 함께한 상속자니 우리가 그와 함께 영광을 받기 위하여 고난도 함께 받아야 할 것이니라(롬 8:15-17).

너희가 아들이므로 하나님이 그 아들의 영을 우리 마음 가운데 보내사 아빠 아버지라 부르게 하셨느니라(갈 4:6).

5그 기쁘신 뜻대로 우리를 예정하사 예수 그리스도로 말미암아 자기의 아들들이 되게 하셨으니 6이는 그가 사랑하시는 자 안에서 우리에게 거저 주시는 바 그의 은혜의 영광을 찬송하게 하려는 것이라(엡 1:5-6).

3 도마가 대답하여 이르되 "나의 주님이시요, 나의 하나님이시니이다"(요 20:28).

19너희 몸은 너희가 하나님께로부터 받은 바 너희 가운데 계신 성령의 전인 줄을 알지 못하느냐? 너희는 너희 자신의 것이 아니라. 20값으로 산 것이 되었으니 그런즉 너희 몸으로 하나님께 영광을 돌리라(고전 6:19-20).

5하나님은 한 분이시요, 또 하나님과 사람 사이에 중보자도 한 분이시니 곧 사람이신 그리스도 예수라. 6그가 모든 사람을 위하여 자기를 대속물로 주셨으니 기약이 이르러 주신 증거니라(딤전 2:5-6).

18너희가 알거니와 너희 조상이 물려준 헛된 행실에서 대속함을 받은 것은 은이나 금 같이 없어질 것으로 된 것이 아니요, 19오직 흠 없고 점 없는 어린 양 같은 그리스도의 보배로운 피로 된 것이니라(벧전 1:18-19).

4 13그가 우리를 흑암의 권세에서 건져

내사 그의 사랑의 아들의 나라로 옮기셨으니 14그 아들 안에서 우리가 속량 곧 죄 사함을 얻었도다(골 1:13-14).

14자녀들은 혈과 육에 속하였으매 그도 또한 같은 모양으로 혈과 육을 함께 지니심은 죽음을 통하여 죽음의 세력을 잡은 자 곧 마귀를 멸하시며 15또 죽기를 무서워하므로 한평생 매여 종노릇하는 모든 자들을 놓아주려 하심이니(히 2:14-15).

5 22주 안에서 부르심을 받은 자는 종이라도 주께 속한 자유인이요, 또 그와 같이 자유인으로 있을 때에 부르심을 받은 자는 그리스도의 종이니라. 23너희는 값으로 사신 것이니 사람들의 종이 되지 말라(고전 7:22-23).

그러나 너희는 택하신 족속이요, 왕 같은 제사장들이요, 거룩한 나라요, 그의 소유가 된 백성이니 이는 너희를 어두운 데서 불러내어 그의 기이한 빛에 들어가게 하신 이의 아름다운 덕을 선포하게 하려 하심이라(벧전 2:9).

하나님의 외아들인 우리의 주 그리스도

우리는 앞서 우리의 구주이신 예수님의 이름 뜻과 그가 그리스도라고 불리는 이유에 대해서 살펴보았습니다. 그리고 예수님을 믿는 사람이 왜 그리스도인이라고 불리는지에 대해서도 알아보았습니다. 예수님은 성육신과 죽음, 부활과 승천을 통해 선지자, 제사장, 왕의 삼직을 온전히 수행하셨고 지금도 수행하고 계십니다.

그런데 성경은 예수님이 하나님의 "외아들"이시라고 말합니다. 또한 예수님을 "주"라고 호칭합니다. 하이델베르크 교리문답 제33, 34문은 바로 이 문제를 다룹니다. 이는 사도신경의 내용을 조목조목 짚어가는 하이델베르크 교리문답의 맥락 속에서 우리가 믿는 "우리 주 예수 그리스도"가 누구신지를 밝히는 과정 중 하나입니다.

제31문 그분은 왜 "그리스도", 즉 기름 부음을 받은 자라고 불리는가?
제32문 우리는 그리스도의 한 지체이기 때문에 그리스도인이라고 불린다.
제33문 우리도 하나님의 자녀인데 그리스도는 왜 하나님의 외아들인가?
제34문 우리는 왜 그리스도를 우리의 주라고 부르는가?

표31 하이델베르크 교리문답 제31-34문의 구성

1. 그리스도만이 하나님의 영원하고 본질적인 아들이시다

우리는 앞서 하이델베르크 교리문답 제24, 25문에서 성부와 성자와 성령은 본질에서 같다는 사실을 살펴보았습니다. 성경에는 성자와 성령께 성부와 똑같은 신성을 돌리는 구절들이 많습니다. 성부와 성자와 성령은 한 본질의 하나님으로서 모두 영원하시고 무한하시고 불변하시고 자존(自存)하십니다.

성부와 성자와 성령은 본질의 측면에서 동등하더라도 위격의 측면에서는 각각의 독특성이 있습니다. 본질이란 면에서는 스스로 영원히 존재하시지만 관계의 면에서는 어떤 위격이 다른 위격으로 말미암아 존재하십니다. 그래서 세 위격 간에는 기원의 여부가 존재합니다. 성부가 성자를 낳으시므로 성부가 성자의 기원과 근원이 되시고, 성부와 성자로부터 성령이 나오시므로 성부와 성자가 성령의 기원과 근원이 되십니다. 그런데 주의해야 할 점은 성부가 성자의 기원이라고 할지라도 이 기원은 **영원한 기원**이라는 사실입니다. 성부가 성자를 낳으시는데 영원히 낳으시고, 성령도 성부와 성자로부터 영원히 나오십니다.

그래서 하이델베르크 교리문답 제33문은 그리스도만이 하나님의 영원하고 본질적인 아들이시라고 말합니다. 성자 하나님인 그리스도는 성부 하나님이 "영원히" 낳으시기에 성부 하나님과 그리스도는 본질에서 동등하시다는 것입니다.

근본 하나님의 본체이신 성자가 사람이 되시어 그리스도의 역할을 수행하셨습니다. 그는 사람으로 태어나셨지만 본질적으로 하나님이십니다. 그의 모습만 보고 그리스도가 사람일 뿐이라고 단정하면 안 됩니다. 하나님으로서 육신이 되신 것이므로 그 육신에서 그리스도의 영광을 볼 줄 알아야 하고, 더 나아가 그 영광이 아버지의 유일하신 아들의 영광임을 알아야 합니다(요 1:14).

하나님이 자기 아들을 아끼지 아니하시고 우리를 위하여 내주셨으니 그 사랑이 얼마나 큽니까? 이렇게 큰 사랑을 우리를 위하여 베푸신 하나님은 우리가 이 땅을 살아가는 데 필요한 모든 것을 적절하게 공급해주시고 우리가 죽은 후에 허락하실 부활과 영생도 준비해주십니다. 하나님의 이러한 큰 사랑을 알 때 우리는 비로소 우리가 얼마나 귀한 존재인지를 깨닫고 우리가 어떤 보호를 받고 있는가를 실감하게 됩니다.

2. 우리는 그리스도로 인하여 은혜로 입양된 하나님의 자녀들이다

그리스도는 성부 하나님의 영원하고 본질적인 아들이십니다. 즉 그리스도는 하나님이십니다. 하지만 우리는 사람의 아들입니다. 그런데 어떻게 사람의 아들인 우리가 하나님의 자녀가 될 수 있습니까? 이것은 전적으로 은혜로 이루어지는 일이고 전적으로 예수 그리스도로 인하여 가능한 사건입니다.

하나님은 이 세상을 무에서 창조하셨습니다. 무에서 창조하셨다는 것은 이 세상의 원인과 내용, 의미와 목표가 오직 하나님으로 말미암는다는 것입니다. 모든 피조물은 존재를 하나님께 빚지고 있습니다. 스스로 존재하는 피조물이 하나도 없습니다. 그래서 모든 피조물은 하나님을 찬양하고 감사하며 영광을 올려드려야 합니다. 오직 하나님의 권능과 은혜로만 자신들이 존재하는 줄 알아야 합니다. 그러한 존재들이 하나님 앞에서 무엇을 따질 수 있고 무엇이 참되다고 주장할 수 있겠습니까?

하나님은 세상을 창조하실 때 하나님과 영원히 같이 계시는 성자 하나님을 통하여 창조하셨습니다. 만물이 그로 말미암아 지은 바 되어서 지은 것이 하나도 그가 없이 된 것이 없습니다(요 1:1-3). 성자 하나님은 세상의 창조에 있어서도 이처럼 중보자 역할을 하셨습니다. 사람도 하나님의 형상으로 지음을 받을 때 성자 하나님으로 말미암아 지음 받았습니다. 우리는 사람을 비롯한 모든 피조물이 존재와 보존에 있어서 성자 하나님의 중보에 빚지고 있다는 사실을 늘 기억해야 합니다.

그런데 아담과 하와의 죄로 인해 사람에게 심긴 하나님의 형상은 일그러지고 세상은 비참에 빠졌습니다. 이때 성자 하나님은 사람이 되시어 모든 율법을 사람 대신 지키시고 모든 사람의 죗값을 대신 짊어지고 십자가에서 죽으셨습니다. 사람의 구원, 즉 사람의 재창조에 성자 하나님이신 그리스도가 또다시 중보의 역할을 하신 것입니다. 이것만이 죄를 지은 사람들을 용서하시는 하나님의 유일한 원인과 내용입니다. 하나님은 죄를 지은 우리를 받아들이실 때 절대로 우리의 인격이나 외모나 공로를 보지 않으십니다. 오직 그리스도의 고난과 죽음을 보실 뿐입니다. 따라서 그리스도가 없다면 사람들은 존재할 수도 없고 죄에서 구원받을 수도 없습니다.

하나님은 이러한 구원을 받아 누리도록 우리에게 성령을 통해 믿음을 주십니다. 성령을 통하지 않는다면 그 누구도 그리스도가 죽음으로 획득하신 구원의 가치를 알아보거나 누리지 못합니다. 이처럼 우리의 구원에 성부와 성자와 성령이 한 목적으로 함께 일하십니다. 우리의 구원은 전적으로 삼위 하나님으로 인한 것입니다. 그래서 **오직 은혜**입니다. 만물이 주에게서 나오고 주로 말미암고 주께로 돌아갑니다. 오직 하나님께 영광이 세세에 있습니다(롬 11:36).

이렇게 해서 우리는 하나님의 자녀가 되었습니다. 하지만 우리는 그리스도가 하나님의 아들이신 것과 같은 의미에서 하나님의 자녀가 된 것은 아닙니다. 그리스도는 근본 하나님의 본체이시지만 우리는 사람이기 때문입니다. 우리는 구원을 받아서 잃어버린 하나님의 형상을 회복하고 부활 때는 더욱 영화롭게 될 것입니다. 하지만 우리는 여전히 구원함을 입은 사람이며 하나님이 될 수는 없습니다. 앞서 살펴본 대로 "유한은 무한을 받을 수 없습니다." 그러니 유한한 사람이 무한한 하나님의 본질과 속성을 받지 못하는 것은 당연합니다.

그래서 성경은 우리의 구원을 입양(入養, adoption)에 비유해 설명합니다. 입양이란 혈연관계가 아닌 사람끼리 법률적으로 부모와 자식의 관계를 맺는 행위입니다. 하나님과 사람의 관계는 죄로 인해 끊어졌습니다. 사람은 포도

하이델베르크 교리문답, 삶을 읽다

나무인 하나님한테서 떨어져 나가 말라죽을 수밖에 없는 가지 같은 운명에
처했습니다. 그런데 예수 그리스도가 값지고 보배로운 피를 흘리고 죽으심
으로써 죄의 문제를 해결해주셨습니다. 이제 그리스도를 영접하는 자들에게
는 하나님의 자녀가 되는 권세가 주어집니다(요 1:12). 예수님이 하나님과 우
리의 친자관계를 회복시키셨기 때문에 우리는 무서워하는 종의 영이 아니라
양자의 영을 받아서 하나님을 아빠 아버지라고 부릅니다(롬 8:15). 하나님이
성령을 우리 마음 가운데 보내시어 아빠 아버지라 부르게 하시는 것입니다
(갈 4:6).

우리 아이들은 교회에서 주일날 점심을 먹을 때면 당당하게 제 무릎에 올
라와 밥을 먹곤 했습니다. 하지만 다른 아이들은 제가 아무리 예뻐하고 정겹
게 굴어도 제 무릎에 올라오지는 않았습니다. 물론 자기 부모를 찾아가 거침
없이 파고드는 모습은 마찬가지입니다. 우리가 하나님을 아빠 아버지라고 부
른다는 것은 바로 이런 의미입니다. 우리는 언제나 하나님의 품을 파고들 수
있습니다. 또한 언제나 하나님께 도움을 구하며 기댈 수 있습니다. 이런 엄청
난 특권이 어디 있겠습니까?

하나님의 자녀가 되면 우리의 이름은 어린 양의 생명책에 기록됩니다(빌
4:3; 계 3:5; 13:8; 17:8). 법적으로 하나님의 완전한 자녀가 되어 하나님의 아들
이 누리는 모든 권리를 보장받습니다. 그리고 그리스도와 같은 상속자가 되
어 그리스도와 같이 영광을 받기 위하여 고난도 함께 받습니다(롬 8:17). 하나
님이 우리를 자녀로 대우하시므로 징계도 따릅니다. 하나님이 징계하시지 않
으면 우리는 사생자이고 친아들이 아니라는 증거입니다(히 12:7-8). 우리가
누리는 특권에는 부모와 자녀 간의 정서도 포함되어 우리는 이제 하나님을
아빠 아버지라고 부릅니다(롬 8:15; 갈 4:6).

우리나라 민법에서 입양이 성립하려면 양자(養子)를 원하는 부모와 양자
가 되려는 자, 혹은 그 대리인이 서로 동의해야 합니다. 하지만 하나님과 사

람 사이에서의 입양은 하나님의 일방적인 요구로 이루어집니다. 하나님은 양자의 권리와 기쁨을 전혀 알지 못하는 자들을 일방적으로 짝사랑하십니다. 하나님이 먼저 원하셔서 똥오줌도 가리지 못하는 우리에게 믿음을 선물로 주셨습니다. 하나님은 갓난아이 같은 우리를 입양하시어 자기 앞가림을 할 줄 아는 자녀로 키우기를 원하신 것입니다. 이 얼마나 위대한 사랑이고 오래 참음이며 놀라운 성취입니까?

또한 일반적으로 배우자가 있는 자가 입양을 하려면 배우자의 동의를 얻어야 합니다. 아내가 원하지 않는데 남편이 일방적으로 양자를 집에 들이면 부부 관계에 문제가 생기기 쉽습니다. 부부가 서로 원해서 양자를 받아들여도 실제로 키우는 과정이 만만치 않기 때문에 여러 가지 문제가 발생하고, 입양을 도중에 포기하는 파양(破養)도 드물지 않게 생겨납니다. 그런 경우에 입양아는 엄청난 정신적 충격과 상처를 받게 됩니다.

TIP

破 깨뜨릴, 무너질 파
養 기를, 부양할 양

그런데 성부와 성자와 성령은 본래 한 본질이시기 때문에 그 뜻하시는 바에 분열과 혼란이 없습니다. 성부 하나님은 사람의 구원을 계획하고 집행하십니다. 성자 하나님은 스스로 사람이 되시어 십자가에 죽으심으로써 우리의 구원을 획득하십니다. 성령 하나님은 그 획득된 구원을 우리에게 적용하십니다. 삼위일체 하나님이 우리의 구원에 전적인 한뜻으로 관여하십니다. 더 나아가 무한하고 영원하고 불변하신 하나님은 우리에 대한 사랑을 철회하지 않으십니다. 우리를 자녀로 삼으신 후에 우리를 기르는 일에 지치는 법이 없으시고 우리에게 필요한 바를 공급할 때 능력이 모자라는 경우도 없으십니다. 우리가 입양된 이후에 죄를 지으며 하나님의 명예를 더럽힌다고 해도 도중에 포기하는 일은 발생하지 않습니다. 오히려 식지 않는 사랑으로 우리가 끝내 돌이켜 성숙하도록 이끄십니다.

앞서 살펴본 것처럼 "칼뱅주의 5대 교리"에서 다섯 번째는 "성도의 견인"(Perseverance of the Saints)이었습니다. 하나님이 구원하신 자는 때때로 죄를 짓고 하나님에 대한 믿음이 약해져 일정 기간 동안 교회를 떠나기도 합니다. 하지만 완전히 타락하여 하나님을 영원히 떠날 수는 없습니다. 사람에게 그런 신실함과 의리와 분별력이 있어서가 아니라 하나님이 그 끈을 놓지 않으시기 때문입니다. 하나님의 신실함과 의지로 입양된 우리는 절대로 파양아가 되지 않습니다. 하나님이 택하신 자들은 은혜의 상태로부터 완전히 혹은 최종적으로 떨어지지 않고 은혜의 신분에서 끝까지 견디어내어 영원히 구원받게 됩니다. 이러한 "성도의 견인(堅忍)"을 보여주는 성경 구절은 다음과 같습니다.

TIP

堅 굳을, 강할 견
忍 참을, 견디어낼 인

성도의 견인을 보여주는 성구

나를 보내신 이의 뜻은 내게 주신 자 중에 내가 하나도 잃어버리지 아니하고 마지막 날에 다시 살리는 이것이니라(요 6:39).

28내가 그들에게 영생을 주노니 영원히 멸망하지 아니할 것이요, 또 그들을 내 손에서 빼앗을 자가 없느니라. 29그들을 주신 내 아버지는 만물보다 크시매 아무도 아버지 손에서 빼앗을 수 없느니라(요 10:28-29).

너희 안에서 착한 일을 시작하신 이가 그리스도 예수의 날까지 이루실 줄을 우리는 확신하노라(빌 1:6).

주는 미쁘사 너희를 굳건하게 하시고 악한 자에게서 지키시리라(살후 3:3).

주께서 나를 모든 악한 일에서 건져내시고 또 그의 천국에 들어가도록 구원하시리니 그에게 영광이 세세 무궁토록 있을지어다. 아멘(딤후 4:18).

그러므로 자기를 힘입어 하나님께 나아가는 자들을 온전히 구원하실 수 있으니 이는 그가 항상 살아계셔서 그들을 위하여 간구하심이라(히 7:25).

3. 그리스도는 금은이 아니라 귀한 피로 죄로부터 우리의 영·육을 구속하셨다

성경은 하나님에 대하여 "주"(主, Lord)라는 호칭을 사용합니다. 여호와, 혹은 하나님과 동격으로 쓰이는 "주"는 정당한 권위와 능력을 가진 주인, 소유자, 통치자라는 뜻을 갖습니다.

하나님을 주로 호칭하는 성구

그가 이르되 "주 여호와여! 내가 이 땅을 소유로 받을 것을 무엇으로 알리이까?" (창 15:8)

네 모든 남자는 매년 세 번씩 주 여호와께 보일지니라(출 23:17).

여호와와 같이 거룩하신 이가 없으시니 이는 주밖에 다른 이가 없고 우리 하나님 같은 반석도 없으심이니이다(삼상 2:2).

"이스라엘의 하나님 여호와여! 주는 의로우시니 우리가 남아 피한 것이 오늘날과 같사옵거늘 도리어 주께 범죄하였사오니 이로 말미암아 주 앞에 한 사람도 감히 서지 못하겠나이다" 하니라(스 9:15).

예수께서 이르시되 "또 기록되었으되 '주 너의 하나님을 시험하지 말라' 하였느니라" 하시니(마 4:7).

그런데 이 호칭은 예수 그리스도에게도 사용됩니다. 이것을 통해 예수 그리스도는 성부 하나님과 같은 본질을 지니셨다는 것을 다시금 확인할 수 있습니다. 또한 예수 그리스도 역시 성부처럼 정당한 권위와 능력을 가진 주인, 소유자, 통치자이심을 알 수 있습니다.

예수님을 주로 호칭하는 성구

그날에 많은 사람이 나더러 이르되 "주여, 주여! 우리가 주의 이름으로 선지자 노릇 하며 주의 이름으로 귀신을 쫓아내며 주의 이름으로 많은 권능을 행하지 아

하이델베르크 교리문답, 삶을 읽다

니하였나이까?" 하리니(마 7:22).

36"다윗이 성령에 감동되어 친히 말하되 '주께서 내 주께 이르시되 내가 네 원수를 네 발아래에 둘 때까지 내 우편에 앉았으라 하셨도다' 하였느니라. 37다윗이 그리스도를 주라 하였은즉 어찌 그의 자손이 되겠느냐?" 하시니 많은 사람들이 즐겁게 듣더라(막 12:36-37).

오늘 다윗의 동네에 너희를 위하여 구주가 나셨으니 곧 그리스도 주시니라(눅 2:11).

선지자 이사야의 책에 쓴 바 "광야에서 외치는 자의 소리가 있어 이르되 '너희는 주의 길을 준비하라. 그의 오실 길을 곧게 하라'"(눅 3:4).

시몬 베드로가 이를 보고 예수의 무릎 아래에 엎드려 이르되 "주여! 나를 떠나소서. 나는 죄인이로소이다" 하니(눅 5:8).

도마가 대답하여 이르되 "나의 주님이시요, 나의 하나님이시니이다"(요 20:28).

"그런즉 이스라엘 온 집은 확실히 알지니 너희가 십자가에 못 박은 이 예수를 하나님이 주와 그리스도가 되게 하셨느니라" 하니라(행 2:36).

그러므로 내가 너희에게 알리노니 하나님의 영으로 말하는 자는 누구든지 예수를 저주할 자라 하지 아니하고 또 성령으로 아니하고는 누구든지 예수를 주시라 할 수 없느니라(고전 12:3).

주 예수 그리스도의 은혜가 너희와 함께 하고(고전 16:23).

모든 입으로 예수 그리스도를 주라 시인하여 하나님 아버지께 영광을 돌리게 하셨느니라(빌 2:11).

주 예수의 은혜가 모든 자들에게 있을지어다. 아멘(계 22:21).

그렇다면 왜 예수 그리스도는 정당한 권위를 가진 소유자가 될 수 있으실까요? 이에 대해 하이델베르크 교리문답 제34문은 두 가지 이유를 말합니다.

첫째, 금은이 아니라 그의 귀한 피로 우리의 모든 죄로부터 우리의 영·육을 구속하셨기 때문입니다. 누군가가 돈을 주고 자동차를 구입하면 그 자동차는 그 사람의 소유가 됩니다. 그와 마찬가지로 예수님은 우리의 첫값을 치르고 우리를 사셨습니다.

우리의 죄는 금이나 은 같은 물질이 아니라 오직 피로 값을 치러야 합니다. 이는 곧 누군가가 우리를 대신해 죽어야 한다는 말입니다. 왜냐하면 레위기 17:11은 육체의 생명이 피에 있다고 말하기 때문입니다. 즉 피는 생명을 상징합니다. 그도 그럴 것이 창세기 2:17에서 하나님은 선악을 알게 하는 나무의 열매를 먹으면 반드시 죽는다고 말씀하셨습니다. 죄를 지으면 죽는다는 법칙을 알려주신 것입니다. 이 말씀에 따라 태어날 때부터 죄인인 아담의 후손들은 죽을 수밖에 없었습니다. 따라서 죄에 매여 종노릇하는 자들을 자유롭게 하려면 누군가가 피를 흘려야 합니다. 누군가가 대신 죽음으로써 그 값을 치러야 합니다. 그것도 죄가 없는 자가 대신 죽어야 하는데 그 이유는 죄가 있는 자라면 자신의 죗값으로 죽을 뿐이지 다른 사람의 죗값을 대신하지는 못하기 때문입니다.

누가 그 일을 감당할 수 있겠습니까? 십자가에서 피를 흘리며 죽으신, 아무런 죄도 없으신 예수님만이 우리의 과거와 현재와 미래의 모든 죄에 대한 값을 치르신 분이십니다. 그는 십자가에서 피 흘려 죽으심으로써 우리의 영과 육을 모두 구속하셨습니다. 자신을 바친 값으로 정당한 대가를 치르고 우리를 사셨으니 그분이야말로 우리의 주가 되기에 합당하십니다(고전 6:20). 이에 대해 하이델베르크 교리문답 제1문은 사나 죽으나 우리의 유일한 위로는 우리의 몸과 영혼이 모두 미쁘신 구주 예수 그리스도의 것이라는 사실이라고 말합니다. 주가 그의 보배로운 피로 모든 죗값을 치러주시고 우리를 당신의 소유로 삼으신 것이야말로 유일한 위로입니다!

둘째, 예수님이 마귀의 모든 권세로부터 우리를 건지셨기 때문입니다. 예수님은 우리의 죗값을 치르기 위하여 죽으셨는데 그 상태에 머물지 않고 사흘 만에 부활하셨습니다. 다시 사신 예수님은 죽음의 권세를 깨뜨리심으로써 사람들을 비참한 인생 속에 살다가 허무하게 죽게 하는 마귀의 손으로부터 우리를 건져주셨습니다(히 2:14-15).

이런 두 가지 이유로 인해 그리스도는 우리의 주가 되십니다. 우리 주 예수 그리스도는 우리를 영원히 보전하고 지키십니다(요 17:12). 사망이나 생명이나 천사들이나 권세자들이나 현재 일이나 장래 일이나 능력이나 높음이나 깊음이나 다른 어떤 피조물이라도 우리를 우리 주 그리스도 예수 안에 있는 하나님의 사랑에서 끊을 수 없습니다(롬 8:38-39). 그분은 우리에게 영생까지 약속하십니다. 그 약속을 바탕으로 우리 주님의 손에서 우리를 빼앗을 자가 아무도 없다는 사실을 기억하며 믿음 위에 굳게 서시기를 바랍니다(요 10:28).

01 언제 어떻게 얼마만큼 성경을 읽고 있습니까? 매일 성경을 읽고 묵상하려면 어떤 노력과 지혜가 필요합니까? 무슨 일을 판단할 때 성경의 전체 내용에 근거해 분별하려고 노력하는 편입니까? 이를 위해서는 성경의 일독이 필요한데 지금까지 성경 전체를 읽어본 적이 있는지요? 성경 일독을 하는 데 도움이 될 만한 노하우를 서로 나누어봅시다.

02 하이델베르크 교리문답 제33-34문을 서로 묻고 답해봅시다. 근거 성구도 함께 살펴봅시다.

03 그리스도만이 하나님의 영원하고 본질적인 아들이시라는 것은 무슨 의미인지 나누어봅시다.

하이델베르크 교리문답, 삶을 읽다

04   우리가 하나님의 자녀로 입양되는 과정을 설명해봅시다. 그리고 하나님의 입양은 어떤 특징이 있는지도 이야기해봅시다.

05   "주"(主, Lord)라는 호칭이 예수님께 사용된 성구들을 살펴봅시다.

06   예수 그리스도가 우리에 대하여 정당한 권위를 가진 소유자가 되시는 두 가지 이유는 무엇입니까?

성령으로 잉태되어 동정녀 마리아에게서 나시고

Q 제35문 "성령으로 잉태되어 동정녀 마리아에게서 나시고"라는 구절은 무슨 뜻입니까?

What is the meaning of these words "He was conceived by the Holy Ghost, born of the virgin Mary"?

A 답 하나님의 영원한 아들은 참되고 영원한 하나님이시고 계속하여 그러하십니다.[1] 그는 참된 인성을 자신에게 취하셨는데, 처녀 마리아의 살과 피로부터[2] 성령의 사역으로 취하셨습니다.[3] 또한 다윗의 참된 자손이 되어[4] 그의 형제들과 같은데[5] 죄를 제외하고는 모든 것에서 같습니다.[6]

That God's eternal Son, who is, and continues true and eternal God, took upon him the very nature of man, of the flesh and blood of the virgin Mary, by the operation of the Holy Ghost; that he might also be the true seed of David, like unto his brethren in all things, sin excepted.

Q 제36문 그리스도의 거룩한 잉태와 탄생으로 당신은 어떤 유익을 얻습니까?

What profit dost thou receive by Christ's holy conception and nativity?

A 답 그가 우리의 중보자가 되시는 유익을 얻고,[7] 그가 자신의 죄 없음과 완전한 거룩함으로 하나님 목전에서 나의 죄를 덮으시는 유익을 얻습니다. 나는 그 죄 속에서 잉태되고 태어났습니다.[8]

That he is our Mediator; and with His innocence and perfect holiness, covers in the sight of God, my sins, wherein I was conceived and brought forth.

conceive	임신하다, 생각하다, 만들어지다
conception	임신, 개념, 계획
virgin	처녀, 성모, 순수한
operation	활동, 작전, 수술
nativity	탄생
innocence	결백, 순수

근거 성구

1 태초에 말씀이 계시니라. 이 말씀이 하나님과 함께 계셨으니 이 말씀은 곧 하나님이시니라(요 1:1).

영생은 곧 유일하신 참 하나님과 그가 보내신 자 예수 그리스도를 아는 것이니이다(요 17:3).

3그의 아들에 관하여 말하면 육신으로는 다윗의 혈통에서 나셨고 4성결의 영으로는 죽은 자들 가운데서 부활하사 능력으로 하나님의 아들로 선포되셨으니 곧 우리 주 예수 그리스도시니라(롬 1:3-4).

조상들도 그들의 것이요 육신으로 하면 그리스도가 그들에게서 나셨으니 그는 만물 위에 계셔서 세세에 찬양을 받으실 하나님이시니라. 아멘(롬 9:5).

그는 보이지 아니하는 하나님의 형상이시요, 모든 피조물보다 먼저 나신 이시니(골 1:15).

또 아는 것은 하나님의 아들이 이르러 우리에게 지각을 주사 우리로 참된 자를 알게 하신 것과 또한 우리가 참된 자 곧 그의 아들 예수 그리스도 안에 있는 것이니 그는 참 하나님이시요, 영생이시라(요일 5:20).

2 보라! 네가 잉태하여 아들을 낳으리니 그 이름을 예수라 하라(눅 1:31).

42큰 소리로 불러 이르되 "여자 중에 네가 복이 있으며 네 태중의 아이도 복이 있도다. 43내 주의 어머니가 내게 나아오니 이 어찌 된 일인가?"(눅 1:42-43)

말씀이 육신이 되어 우리 가운데 거하시매 우리가 그의 영광을 보니 아버지의 독생자의 영광이요, 은혜와 진리가 충만하더라(요 1:14).

때가 차매 하나님이 그 아들을 보내사 여자에게서 나게 하시고 율법 아래에 나게 하신 것은(갈 4:4).

3 18예수 그리스도의 나심은 이러하니라. 그의 어머니 마리아가 요셉과 약혼하고 동거하기 전에 성령으로 잉태된 것이 나타났더니…20이 일을 생각할 때에 주의 사자가 현몽하여 이르되 "다윗의 자손 요셉아! 네 아내 마리아 데려오기를 무서워하지 말라. 그에게 잉태된 자는 성령으로 된 것이라"(마 1:18, 20).

천사가 대답하여 이르되 "성령이 네게 임하시고 지극히 높으신 이의 능력이 너를 덮으시리니 이러므로 나실 바 거룩한 이는 하나님의 아들이라 일컬어지리라"(눅 1:35).

4 네 수한이 차서 네 조상들과 함께 누울 때에 내가 네 몸에서 날 네 씨를 네 뒤에 세워 그의 나라를 견고하게 하리라(삼하 7:12).

여호와께서 다윗에게 성실히 맹세하셨으니 변하지 아니하실지라. 이르시기를 "네 몸의 소생을 네 왕위에 둘지라"(시 132:11).

아브라함과 다윗의 자손 예수 그리스도의 계보라(마 1:1).

그가 큰 자가 되고 지극히 높으신 이의 아들이라 일컬어질 것이요, 주 하나님께서 그 조상 다윗의 왕위를 그에게 주시리니(눅 1:32).

그는 선지자라. 하나님이 이미 맹세하사 "그 자손 중에서 한 사람을 그 위에 앉게 하리라" 하심을 알고(행 2:30).

그의 아들에 관하여 말하면 육신으로는 다윗의 혈통에서 나셨고(롬 1:3).

5 오히려 자기를 비워 종의 형체를 가지사 사람들과 같이 되셨고(빌 2:7).

14자녀들은 혈과 육에 속하였으매 그도 또한 같은 모양으로 혈과 육을 함께 지니심은 죽음을 통하여 죽음의 세력을 잡은 자 곧 마귀를 멸하시며…17그러므로 그가 범사에 형제들과 같이 되심이 마땅하도다. 이는 하나님의 일에 자비하고 신실한 대제사장이 되어 백성의 죄를 속량하려 하심이라(히 2:14, 17).

6 우리에게 있는 대제사장은 우리의 연약함을 동정하지 못하실 이가 아니요, 모든 일에 우리와 똑같이 시험을 받으신 이로되 죄는 없으시니라(히 4:15).

이러한 대제사장은 우리에게 합당하니 거룩하고 악이 없고 더러움이 없고 죄인에게서 떠나 계시고 하늘보다 높이 되신 이라(히 7:26).

그는 죄를 범하지 아니하시고 그 입에 거짓도 없으시며(벧전 2:22).

그가 우리 죄를 없애려고 나타나신 것을 너희가 아나니 그에게는 죄가 없느니라(요일 3:5).

7 5하나님은 한 분이시요, 또 하나님과

사람 사이에 중보자도 한 분이시니 곧 사람이신 그리스도 예수라. 6그가 모든 사람을 위하여 자기를 대속물로 주셨으니 기약이 이르러 주신 증거니라(딤전 2:5-6).

그러므로 그가 범사에 형제들과 같이 되심이 마땅하도다. 이는 하나님의 일에 자비하고 신실한 대제사장이 되어 백성의 죄를 속량하려 하심이라(히 2:17).

26이러한 대제사장은 우리에게 합당하니 거룩하고 악이 없고 더러움이 없고 죄인에게서 떠나계시고 하늘보다 높이 되신이라. 27그는 저 대제사장들이 먼저 자기 죄를 위하고 다음에 백성의 죄를 위하여 날마다 제사 드리는 것과 같이 할 필요가 없으니 이는 그가 단번에 자기를 드려 이루셨음이라(히 7:26-27).

8 허물의 사함을 받고 자신의 죄가 가려진 자는 복이 있도다(시 32:1).

그가 자기 영혼의 수고한 것을 보고 만족하게 여길 것이라. 나의 의로운 종이 자기 지식으로 많은 사람을 의롭게 하며 또 그들의 죄악을 친히 담당하리로다(사 53:11).

3율법이 육신으로 말미암아 연약하여 할

수 없는 그것을 하나님은 하시나니 곧 죄로 말미암아 자기 아들을 죄 있는 육신의 모양으로 보내어 육신에 죄를 정하사 4육신을 따르지 않고 그 영을 따라 행하는 우리에게 율법의 요구가 이루어지게 하려 하심이니라(롬 8:3-4).

30너희는 하나님으로부터 나서 그리스도 예수 안에 있고 예수는 하나님으로부터 나와서 우리에게 지혜와 의로움과 거룩함과 구원함이 되셨으니 31기록된 바 "자랑하는 자는 주 안에서 자랑하라" 함과 같게 하려 함이라(고전 1:30-31).

18너희가 알거니와 너희 조상이 물려준 헛된 행실에서 대속함을 받은 것은 은이나 금 같이 없어질 것으로 된 것이 아니요, 19오직 흠 없고 점 없는 어린 양 같은 그리스도의 보배로운 피로 된 것이니라(벧전 1:18-19).

그리스도께서도 단번에 죄를 위하여 죽으사 의인으로서 불의한 자를 대신하셨으니 이는 우리를 하나님 앞으로 인도하려 하심이라. 육체로는 죽임을 당하시고 영으로는 살리심을 받으셨으니(벧전 3:18).

성령으로 잉태되어 동정녀 마리아에게서 나신 예수님

우리는 앞서 하이델베르크 교리문답 제31-34문에서 예수 그리스도의 삼직과 예수님에 대한 여러 호칭에 대해 살펴보았습니다. 이제 제35문부터는 예수 그리스도께서 이러한 삼직을 낮은 신분(state)과 높은 신분에서 행하신다는 사실을 살펴볼 것입니다.

사도신경에서 "성령으로 잉태되어 동정녀 마리아에게서 나시고, 본디오 빌라도에게 고난을 받아 십자가에 못 박혀 죽으시고, 장사된 지 사흘 만에"라는 부분은 그리스도의 낮은 신분, 즉 그리스도의 비하(卑下)를 말합니다. 반면 "죽은 자 가운데서 다시 살아나셨으며, 하늘에 오르시어 전능하신 아버지 하나님 우편에 앉아계시다가, 거기로부터 살아 있는 자와 죽은 자를 심판하러 오십니다"라는 부분은 그리스도의 높은 신분, 즉 그리스도의 승귀(昇貴)에 해당합니다.

> **TIP**
>
> **卑** 낮을, 천할 비
> **昇** 오를, 죽을 승
> **貴** 귀할, 자랑할 귀

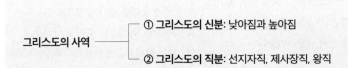

그리스도의 사역 ┬ ① **그리스도의 신분:** 낮아짐과 높아짐
            └ ② **그리스도의 직분:** 선지자직, 제사장직, 왕직

표32 그리스도의 사역

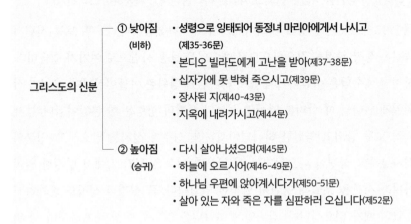

표33 하이델베르크 교리문답 제35-36문의 위치

제23문   사도신경
제24문   사도신경의 구조
제25문   삼위일체
제26-28문   성부 하나님과 창조
제29-52문   성자 하나님과 우리의 구속
제53-64문   성령 하나님과 우리의 성화

표34 사도신경을 다루는 하이델베르크 교리문답의 구조

제33문   우리는 하나님의 자녀인데 그리스도는 왜 하나님의 외아들인가?
제34문   우리는 왜 그리스도를 우리의 주라고 부르는가?
제35문   "성령으로 잉태되어 동정녀 마리아에게서 나시고"의 뜻은 무엇인가?
제36문   그리스도의 거룩한 잉태와 탄생으로 우리는 어떤 유익을 얻는가?

표35 하이델베르크 교리문답 제33-36문의 구성

1. 하나님의 영원한 아들은 참되고 영원한 하나님이시고 계속하여 그러하시다

예수 그리스도는 동정녀 마리아에게서 태어나셨습니다. 그 후 보통 사람과 똑같은 성장 과정을 겪으셨으므로 예수님을 보통 사람으로 여기기 쉽습니다. 하지만 예수님은 사람이기에 앞서 하나님의 영원한 아들이십니다. 우리가 삼위일체를 다룰 때 살펴본 것처럼 성부와 성자와 성령은 한 본질이십니다. 세 위격 모두 참되고 영원한 하나님이십니다. 성부가 성자를 낳으시고, 성부와 성자로부터 성령이 나오시지만 이 낳음과 나옴은 시간 속에서 발생한 일이 아니라 시간을 초월해 영원히 발생한 일입니다. 즉 성자나 성령도 존재하지 않았던 때가 없으십니다. 삼위일체 하나님은 영원히 항상 존재하시며 세 위격 모두 영원하고 무한하고 불변하고 자존하십니다.

그리스도가 계속하여 참되고 영원한 하나님이시라는 것은 기독교 신앙의 핵심적인 내용입니다. 이는 예수님이 마리아에게 태어나 사람이 되셨다고 해서 하나님이심을 멈춘 것이 아니라는 뜻입니다. 예수 그리스도는 신성(神性, 하나님 되심)을 버리거나 하나님이기를 멈추신 적이 없습니다. 하나님으로서 사람이 되신 것이지, 하나님이심을 잃어버리거나 멈추고서 사람이 되신 것이 아닙니다. 사람의 모습만 보고 신성이 없다고 여기면 안 됩니다. 신성은 모두 사라지고 인성만 지니신 것이 아니라 신성의 그리스도가 인성도 취하시어 신인(神人, God and man)이 되셨습니다.

다시 말해 그리스도는 구별된 두 본성—신성과 인성—을 지닌 한 인격이십니다. 인성만 있으면 예수 그리스도는 뛰어난 사람일 뿐이지 하나님은 아닙니다. 아무리 뛰어난 사람도 하나님만 하실 수 있는 일은 하지 못합니다. 특히 인간의 모든 죄를 대신 지고 죽거나 죽음에서 부활하는 일은 절대 불가능합니다.

2. 참된 인성을 처녀 마리아의 살과 피로부터 성령의 사역으로 자신에게 취하셨다

참되고 영원한 하나님인 예수 그리스도는 실제로 사람이 되셨습니다! 절대로 사람의 모습을 "잠시" 취한 것이 아니라 실제로 사람의 본질을 그대로 취하여 사람이 되셨습니다. 이때 처녀 마리아의 살과 피로부터 사람의 본질을 취하셨습니다. 그런데 이에 대해 문제를 제기하며 인정하고 싶어 하지 않는 이들이 계속해서 있었습니다. 그들은 무한과 영원과 불변과 자존의 하나님이 어떻게 저급한 육신을 취할 수 있느냐고 묻습니다.

그들은 그리스도가 하늘로부터 인성을 받으셨고 마리아는 하늘로부터 가져온 인성이 통과하는 통로에 지나지 않았다고 주장합니다. 마리아가 아무리 숭고한 인품을 지녔어도 저급하고 오염된 인성 자체를 높으신 그리스도가 받을 수는 없다고 주장하는 것입니다. 현대의 많은 신자는 하나님이 사람이 되신 일을 그저 그런 사건으로 가볍게 취급하는 것이 문제입니다. 반대로 그들은 하나님과 사람의 격차를 인정하는 것은 좋지만 하나님이 그만큼 우리를 사랑하여 낮아지셨다는 사실을 받아들이지 못해 문제입니다. 그들의 주장은 그리스도가 실제로 사람의 몸을 취하신 것이 아니라 그런 것처럼 보였을 뿐이라는 가현설(假現說, Docetism)까지 나아가기도 합니다.

> **TIP**
> 假 거짓 가
> 現 나타날 현
> 說 학설 설

초기 교회를 배경으로 기원후 1-3세기에 활동했던 영지주의(靈知主義, Gnosticism)는, 물질은 악하고 열등하지만 영은 선하고 완전하다고 보는 이원론적 종교관에서 배태되었습니다. 여기에 빠진 이들은 영이신 하나님이 저급한 육체로 오셨다는 사실을 받아들이지 못하고 가현설을 주장했습니다. 가현설을 뜻하는 영어 "도시티즘"(Docetism)은 "보이다, …인 듯하다"라는 의미의 그리스어 "도케오"(δοκέω)에서 유래했습니다. 즉 그들은 예수님의 육신은 실제 육신이 아니라 육신처럼 보인 그 무엇이라고 주장한 것입니다. 그러나 가현설을 받아들이면 그리스도가 육체로 겪으신 고난과 죽음, 그리고 거기서 이어지는 부활과 승천을 부정하거나 왜곡하게 됩니다.

그리스도는 참 몸과 함께 지각 있는 영혼도 취하셨습니다. 사람은 영과 육으로 되어 있기에 참 사람이신 예수님이 육과 영을 취하신 것은 당연합니다. 예수님은 죽기 전날 제자들에게 "내 마음이 매우 고민하여 죽게 되었으니 너희는 여기 머물러 나와 함께 깨어 있으라"(마 26:38)라고 말씀하셨습니다. 예수님은 지각 있는 영혼을 가졌기 때문에 너무 고민되어 죽게 되었다는 영적·정신적 감정을 느끼신 것입니다.

그리스도는 마리아의 살과 피로부터 사람의 본질을 취하셨기 때문에 신성과 인성을 모두 지니셨습니다. 그리스도는 신성의 변화 없이 인성이라는 요소를 취하시어 신인의 한 인격을 이루셨습니다. 이때 신성과 인성은 변질되거나 합성되거나 혼합되지 않습니다(without conversion, composition, or confusion). 신성의 변화가 없지만 신성은 인성의 연약과 비참에 동참하십니다. 물론 그 신성과 인성이 어떻게 한 인격을 이루는지는 "신비"입니다. 우리가 그 원리나 과정을 모두 알 수 없습니다.

TIP

conversion
변화, 전환, 환산

composition
합성, 구조, 작곡

confusion
흔동, 흔란

그런데 어떻게 보면 우리 인간의 존재 자체도 신비입니다. 어떻게 인간의 영혼과 육신은 긴밀히 연결되어 한 인격을 이룰까요? 현대 의학이 발달할수록 우리 사람에게는 신비한 것이 너무나 많다는 사실이 드러납니다. 또 우주의 발생과 팽창도 신비가 아닙니까? 중력장 속에서 지구가 스스로 돌면서 태양 주변을 떠나지 않고 회전하는 것은 얼마나 놀라운 일인지 모릅니다. 이와 마찬가지로 우리는 그리스도의 신성과 인성이 어떻게 한 인격을 이루는지 자세히 알지 못하지만 성경이 말해주는 내용을 믿음으로 이해할 수 있습니다.

이제 그리스도가 성령으로 잉태되셨다는 말의 의미를 살펴봅시다. 보통 태아의 발생은 아빠의 정자와 엄마의 난자가 수정되어야 이루어집니다. 그런데 예수 그리스도가 아빠의 정자와 엄마의 난자가 수정되어 태어났다면 어떤 문제가 발생할까요?

우리는 앞서 아담의 죄가 후손에게 이어져 아담의 후손은 태어날 때부터 죄인임을 살펴보았습니다. 하이델베르크 교리문답 제36문의 답이 "나는 그 죄 속에서 잉태되고 태어났습니다"라고 말하는 것처럼 아담은 죄를 지어서 죄인이지만 그 후손은 태어날 때부터 죄인이라서 죄를 짓습니다. 예수님도 정자와 난자의 수정으로 태어나셨다면 아담의 원죄를 잇는 죄인일 수밖에 없습니다. 그런 경우에는 예수님이 십자가에서 죽으셔도 자신의 죄 때문에 죽는 것이지 다른 사람들의 죄를 대신하여 죽는 것이 아닙니다. 그러므로 예수님은 사람의 생식 세포가 아닌 성령으로 잉태되셔야 합니다.

아빠의 정자는 엄마의 난자에 접근하여 문을 열라고 신호를 보냅니다. 그러면 난자는 정자를 받아들여 수정이 이루어집니다. 신비하게도 정자와 난자는 서로가 소통하는 법을 알고 있습니다. 이 소통법과 과정을 정확하게 이해하는 과학자는 아마 노벨상을 받지 않을까요? 그런 과학자가 나온다면 불임 문제로 고통받는 많은 부부가 큰 도움을 받을 수 있을 것입니다.

그런데 성령 하나님은 그 의사소통법을 어떤 과학자보다도 더욱 정확하게 아십니다. 사실은 생명이 잉태되는 법을 창안하시고 그 법을 생식 세포에 새겨 넣으신 분이 바로 하나님이십니다. 우리는 마리아가 그리스도를 성령으로 잉태한 것이 정확히 무엇을 말하는지 알 수 없습니다. 하지만 말씀으로 무에서 천지 만물을 창조하신 하나님께, 성령을 통하여 성자를 잉태하는 일이 무엇이 어렵겠습니까? 땅의 흙으로 사람을 만들고 생기를 그 코에 불어넣어 생령이 되게 하신 하나님이 성령으로 그 아들을 잉태되게 하지 못하시겠습니까? 그리하여 성령으로 잉태된 생명체, 그리스도는 마리아의 태 속에서 자라나셨습니다.

사람은 원래 혈액형이 다른 사람의 피가 몸에 일정량 이상 섞이면 죽습니다. 그런데 엄마와 태아는 혈액형이 다르더라도 문제가 없습니다. 태아는 스스로 먹지도 못하고 숨을 쉬지도 못합니다. 하지만 태아는 탯줄을 통해 엄마로부터 영양분과 산소를 공급받기 때문에 엄마 뱃속에서 무럭무럭 자라납니다. 탯줄의 정맥은 태반에서 태아 쪽으로 영양분과 산소를 공급하고 동맥은 태아의 노폐물과 이산화탄소를 태반으로 운반하여 엄마의 혈액으로 내보내는 역할을 합니다. 엄마와 태아는 한 몸으로서 영양분과 노폐물을 주고받지만 동시에 경계가 있어서 엄마의 혈액형이 태아의 혈액형과 달라도 문제가 되지 않는 것입니다.

마찬가지로 마리아의 태 속에서 마리아의 살과 피로부터 영양분과 산소를 공급받으며 무럭무럭 자라나신 예수 그리스도는, 성령의 능력으로 인해 마리아의 죄로부터 차단되었습니다. 보통의 인체에서 엄마의 혈액이 그대로 태아에게 공급되지 않고 영양분과 산소만 태반과 탯줄을 통해 걸러서 공급되듯이, 마리아의 태에서 잉태된 예수 그리스도는 성령의 사역으로 마리아의 죄로부터 차단된 상태에서 인간의 본질을 취하셨습니다.

3. 다윗의 참된 자손이 되어 죄를 제외하고는 모든 것에서 그의 형제들과 같으시다

하이델베르크 교리문답 제27문에서 "섭리"를 다룰 때 살펴본 것처럼 하나님은 룻의 우연한 발걸음을 인도하셔서 보아스를 만나게 하셨습니다. 그리고 그 둘 사이에서 다윗의 할아버지 오벳이 태어났습니다. 시간상으로 룻기에서 이어지는 사무엘상하는 다윗이 사울을 이어 이스라엘의 왕이 되는 과정과 그의 통치를 보여줍니다. 성경은 이렇게 룻기와 사무엘상하를 통하여 다윗에 대하여 많은 것을 기록하고 있습니다. 성경에서 다윗은 헷 사람 우리아의 일 외에는 평생에 여호와 보시기에 정직하게 행하였고 자기에게 명령하신 모든 일을 어기지 아니하였다는 평을 듣습니다(왕상 15:5). 하나님 말씀에 의하여 하나님의 영광을 위한 통치를 해야 하는 이스라엘의 왕들을 대표하는 자가 다윗입니다. 다윗은 이런 면에서 진정한 왕직을 수행하신 예수 그리스도를 상징합니다.

한편 하나님은 아브라함과 그의 후손을 택하셨는데 이들을 대표하는 자들이 아브라함과 다윗입니다. 그런데 예수 그리스도는 하나님이 택하신 자들을 대표하고 상징하는 아브라함과 다윗의 자손입니다(마 1:1). 하나님은 다윗에게 그의 자손이 진정한 왕이 될 것을 이미 말씀하셨습니다(삼하 7:12; 시 132:11). 그리고 천사는 예수님을 잉태한 마리아에게 나타나 "보라! 네가 잉태하여 아들을 낳으리니 그 이름을 예수라 하라. 그가 큰 자가 되고 지극히 높으신 이의 아들이라 일컬어질 것이요, 주 하나님께서 그 조상 다윗의 왕위를 그에게 주시리니 영원히 야곱의 집을 왕으로 다스리실 것이며 그 나라가 무궁하리라"(눅 1:31-33)라고 말했습니다. 룻기와 사무엘상하와 시편 등의 구약성경을 읽고 이해하는 이스라엘 백성은 그리스도(메시아)를 아는데, 바로 그가 다윗의 자손으로서 그의 왕위를 진정으로 이어받고 찬란하게 성취할 것을 아는 것입니다. 그래서 성경은 곳곳에서 예수 그리스도를 다윗의 자손이라고 표현하고 하이델베르크 교리문답 제35문도 "다윗의 참된 자손이 되어"라고 말하는 것입니다.

예수 그리스도는 모든 점에서 사람과 같습니다. 우리가 갖는 인성을 예수님도 똑같이 가지셨습니다. 하나님이신데도 자기를 비워 종의 형체를 가져 우리와 같이 되셨습니다. 우리와 똑같은 인성을 갖고 똑같은 삶을 살며 인생의 비참함과 연약함을 체험하셨기 때문에 우리의 처지를 가엾게 여기십니다.

프랑스의 루이 16세(Louis XVI, 1754-1793)의 왕비 마리 앙투아네트(Marie Antoinette, 1755-1793)는 빵을 달라는 백성의 요구에 "빵이 없으면 고기를 먹어라"라고 말해 분을 샀습니다. 그녀는 고기는커녕 빵을 먹기도 힘든 일반 백성의 삶을 경험하지 못한 것입니다. 최근 우리나라에서는 재벌 2, 3세들이 꼴

불견의 "갑질"을 해서 언론의 비판을 많이 받았는데, 이들 역시 일반인의 삶을 경험하지 못해 일반인에 대한 깊은 이해와 동정이 없는 것입니다.

반면 예수 그리스도는 하나님이십니다. 천지 만물을 만드신 분입니다. 그런데 사람이 되셨습니다. 신성의 본질과 속성을 지닌 채 인성을 취하셨으니 얼마나 낮아지신 것인지 모릅니다. 부자는 가난한 자에게 도움을 줄 수 있습니다. 부자가 푸짐한 식사를 한 후 우아하게 커피와 디저트를 먹으며 도움을 청하러 온 가난한 자에게 자선을 베푸는 모습은 상상하기 어렵지 않습니다. 하지만 부자가 모든 재산을 가난한 자들에게 나누어주고 자신도 그들처럼 가난한 삶을 사는 것은 매우 어려운 일입니다.

그런데 예수 그리스도가 바로 그러한 삶을 사셨습니다. 우리를 구원하기 위해 아예 우리와 똑같은 사람이 되어 우리와 똑같은 경험을 하신 것입니다. 그러므로 우리는 우리의 비참함과 연약함을 경험할 때마다 예수 그리스도께 매달릴 수 있습니다. 우리를 온전히 이해하고 사랑하시는 그분 앞에서 우리는 부끄러워하기 전에 매달릴 수 있고 그분 앞에 엎드려 자비와 사랑을 구할 수 있습니다.

> 5너희 안에 이 마음을 품으라. 곧 그리스도 예수의 마음이니 6그는 근본 하나님의 본체시나 하나님과 동등됨을 취할 것으로 여기지 아니하시고 7오히려 자기를 비워 종의 형체를 가지사 사람들과 같이 되셨고 8사람의 모양으로 나타나사 자기를 낮추시고 죽기까지 복종하셨으니 곧 십자가에 죽으심이라(빌 2:5-8).

예수님은 근본에 있어 성부 하나님과 동등하시지만 자기를 비워 종의 형체를 가지셨습니다. 얼마나 큰 낮아짐인지 모릅니다. 동이 서에서 먼 것보다, 하늘이 땅에서 높은 것보다 더 큰 낮아짐입니다. 예수님은 태어나실 때부터 일반인보다 못한 상황에서 태어나셨습니다(눅 2:7). 그리고 그 후에는 고난을 받고 죽기까지 복종하시어 십자가에서 죽으셨습니다. 우리는 예수님의 마음을 품어야 합니다. 예수님은 "누구든지 나를 따라오려거든 자기를 부인하고 자기 십자가를 지고 나를 따를 것이니라"(마 16:24)라고 말씀하셨습니다. 우리는 자기를 부인하고 자기보다 남을 낮게 여기는 예수님의 모습을 배워야 합니다(빌 2:3). 우리는 자신을 높이기 위해 기도하기 쉬운데 예수님은 자기를 부인하라고 말씀하십니다. 이는 하나님의 도우심을 받아야만 따를 수 있는 요구입니다. 우리는 자신을 드러내지 않고 부인하며 남의 필요와 기쁨을 배려하는 자가 되기 위해 더욱 기도해야 합니다.

그런데 예수 그리스도는 우리와 모든 면에서 같지만 오직 죄에 있어서는 다르십니다. 예수님은 성령으로 잉태되었기 때문에 죄 없이 태어나셨고 사시는 동안 모든 율법을 지키는 거룩한 삶을 사시어 죄를 짓지 않으셨습니다. 아담은 에덴동산에서 하나님이 그의 마음에 심어준 하나님의 말씀과 선악의 열매를 먹지 말라는 말씀을 지켜야 했습니다. 아담은 실패했지만 예수 그리스도는 아담이 지키지 못한 하나님의 모든 말씀을 지켜내셨습니다. 따라서 우리는 예수 그리스도가 고난을 받고 죽으심으로써 우리의 죗값을 치르신 것뿐만 아니라 그가 살아계시는 동안 우리를 대신하여 모든 율법을 지키셨다는 사실도 기억해야 합니다. 후자의 가치를 알지 못하면 예수 그리스도의 고난과 죽음에 비해 그 삶과 사역은 상대적으로 덜 중요하게 다루기 쉽습니다. 하지만 예수 그리스도가 잉태와 탄생과 생애에 있어서 우리 사람과 모든 면에서 같지만 죄에 있어서만은 다르다는 사실은 기독론의 핵심적인 내용입니다.

4. 그리스도의 거룩한 잉태와 탄생으로 받는 유익

앞서 살펴본 것처럼 예수 그리스도는 모든 면에서—죄를 제외하고는—우리 사람들과 같은 인성을 지니십니다. 그러면서 동시에 신성을 지니십니다. 한 인격에 신성과 인성을 지니신 것입니다. 그러므로 예수 그리스도는 하나님과 사람 사이의 중보자가 되십니다. 죄를 제외한 모든 면에서 사람과 같기 때문에 사람의 연약함과 비참함을 이해하시는 그분은 사람들을 완벽하게 대표하고 동정(同情)하십니다. 또 하나님과 같은 본질과 속성의 신성을 지니시기 때문에 하나님을 완벽하게 이해하고 대표하십니다.

이렇게 완벽한 중보자는 없습니다. 성자 하나님은 이를 위하여 자신을 비우고 종의 형체를 취해 사람이 되셨습니다. 그리고 자기를 낮추고 죽기까지 복종하시어 십자가에 죽으셨습니다(빌 2:6-8). 이 모든 일이 그리스도의 거룩한 잉태와 탄생으로 시작되었습니다. 거룩한 잉태와 탄생이 아니라 죄를 지닌 잉태와 탄생이었다면 예수 그리스도는 단지 자신의 죗값 때문에 죽으셨을 것입니다. 그래서 "성령으로 잉태되어 동정녀 마리아에게서 나신" 것은 우리의 구원에 있어서 필수 사항입니다.

예수 그리스도를 제외한 모든 사람은 죄 속에서 잉태되고 태어납니다. 그래서 죄를 짓습니다. 죄를 안 지을 수가 없습니다. 이러한 사람의 근본적인 한계와 문제를 누가 어떻게 해결할 수 있습니까? 죄 없이 태어나 완전히 거룩하게 되신 예수 그리스도만이 우리의 죄를 덮음으로 해결하실 수 있습니다. 하나님이 보시기에 좋으려면 사람의 노력으로는 불가능합니다. 하나님의 목전에서는 깨끗한 것이 없기 때문입니다. 하늘이라도 그가 보시기에 부정한데 죄인으로 태어나 악을 저지르기를 물 마심 같이 하는 가증하고 부패한 사람이 어찌 깨끗할 수 있겠습니까?(욥 15:14-16) 하나님 목전에서 중보자로서 우리의 죄를 덮으실 분은 거룩한 잉태와 탄생으로 신인이 되신 예수 그리스도뿐이십니다.

양성 일인격(兩性 一人格, two distinct natures, one person)

예수 그리스도는 하나님이신데 사람이 되셨습니다. 그렇다면 예수님이 지니신 하나님의 본성(the nature of God, 신성)과 사람의 본성(the nature of man, 인성)은 어떻게 될까요? 예수님은 두 개의 구별된 본성을 갖는 한 인격의 신인(神人)이 되십니다.

하나님은 무한하고 영원하고 불변하고 자존하신 영인데 반하여, 사람은 유한하고 변화하는 몸을 가진 존재입니다. 이렇게 큰 차이가 나는 두 본성이 어떻게 한 인격을 이룰까요? 앞서도 말했듯이 이것은 사람이 다 이해할 수 없는 신비입니다. 본질적인 차이가 있는 사람의 영혼과 육신이 한 인격을 이루는 것도 이해하기 힘든 신비가 아닙니까? 사람이 이해하기 힘들다고 거부할 것이 아니라 겸손하게 믿음으로 잘 받아들여야 합니다.

영혼과 육신이 한 인격을 구성하는 사람에게 있어 결합의 원리는 영혼에 있듯이, 신성과 인성이 한 인격을 이루신 예수 그리스도께 있어 결합의 원리는 **신성**에 있습니다. 성자 하나님이 인성을 취하신 것이지 인간 예수가 신성을 획득하여 하나님이 된 것이 아니라는 말입니다. 하나님으로부터 인간으로의 낮아짐이지 그 역은 성립하지 않습니다.

신성과 인성은 변질과 합성과 혼합 없이(without conversion, composition, or confusion) 한 인격으로 결합되어 있습니다. 무한한 신성과 유한한 인성은 너무나 큰 차이가 나기 때문에 한쪽이 다른 쪽으로 변질되거나 합성되거나 혼합될 수 없습니다. 이는 앞서 살펴본 대로 엄마와 태아가 한 몸을 이루어 서로 영양분을 주고받지만 두 개의 구별된 인격체로 경계를 두고 서로를 해치지 않는 것과 마찬가지 입니다.

신앙의 선배들은 신성과 인성의 무한한 차이로 인해 변질과 합성과 혼합이 없는 것을 "유한은 무한을 받지 못한다"(*finitum non capax infiniti*)라고 정리했습니다. 어떻게 해도 유한한 인성은 무한한 신성에 영향을 미치지 못합니다. 둘 사이에는 근본적이고 질적인 차이가 있습니다. 이 원리가 사람의 인식 능력에 적용되면 "유한은 무한을 인식하지 못한다"(*finitum non possit capere infinitum*)라고 표현될 수 있습니다. 유한한 사람은 무한하신 하나님을 인식하지 못하므로 하나님이 계시해주셔야 하고, 그 계시도 사람이 이해할 수 있도록 사람의 수준에 맞추어주셔야 합니다. 그리고 그 계시를 충분히 인식하도록 믿음을 주셔야 합니다. 기독론에서 다루어지는 신성과 인성의 무한한 차이는 조직신학의 인식론 혹은 서론의 전제가 됩니다.

1. 근본적 변화가 없는 신성

신성과 인성이 변질과 합성과 혼합 없이 한 인격으로 결합되어 있다는 교리는 예수 그리스도의 사역을 이해하는 데 큰 도움이 됩니다. 그리스도의 성육신 시 신성에는 근본적 변화가 없었습니다. 그래서 예수님은 이 땅에서 사역하실 때 무한하고 영원한 속성에 따라 시간과 공간을 초월하여 일하셨습니다. 하지만 인성으로 인해 시간과 공간에 갇히어 영향을 받으며 일하셨습니다. 따라서 예수님은 이 땅에 계실 때 인성으로는 하나님께 기도하시고 신성으로는 그 기도를 들으셨습니다. 또한 인성으로는 배고픔과 피곤을 느끼셨지만 신성으로는 모든 제약을 초월하여 여러 이적을 일으키셨습니다.

더 나아가 예수님은 부활 후 승천하시어 하나님 우편에 앉아계실 때도 한정된 장소인 그곳에는 인성으로서 계시지만 신성으로서는 장소를 초월하여 어디에나 계십니다. 신성은 고난이나 죽음, 무지나 연약, 유혹과 상관이 없습니다. 유일한 구세주로서 신성과 인성을 한 인격에 가지신 예수 그리스도는 분명 고난과 죽음과 무지와 연약과 유혹을 경험하셨지만 그의 신성 안에서가 아니라 인성 안에서 그렇게 하셨습니다.

그런데 신성과 인성이 너무나 밀접하게 결합되어 단일한 인격을 이루기 때문에 우리는 예수 그리스도의 "인성"이 죽었다고 말하지 않습니다. 예수 그리스도가 죽으셨다고 말하는 것이 맞습니다. 즉 그리스도는 중보 사역을 하실 때 신성과 인성이라는 두 본성에 따라 행하시나 신성에 적합한 중보 사역도 인성에 따라 불리는 인격에 돌려집니다. 반대로 인성에 적합한 중보 사역도 신성에 따라 불리는 인격에 돌려집니다.

사도행전 20:28—"여러분은 자기를 위하여 또는 온 양 떼를 위하여 삼가라. 성령이 그들 가운데 여러분을 감독자로 삼고 하나님이 자기 피로 사신 교회를 보살피게 하셨느니라"—은 하나님이 교회를 "자기 피로" 사셨다고 표현합니다. 피를 흘려 죽으신 것은 당연히 인성에 따라 이루어진 일인데 신성에 따라 불리는 "하나님"이 하신 일로 표현한 것입니다.

요한복음 3:13—"하늘에서 내려온 자 곧 인자 외에는 하늘에 올라간 자가 없느니라"—은 인자를 "하늘에서 내려온 자"라고 표현합니다. 예수님이 하늘에서 내려오신 것은 분명히 신성에 따라 이루어진 일인데 인성에 따르는 명칭인 "인자"(人子)의 일로 표현한 것입니다. 어떤 사람이 한 일을 엄밀히 따져서 영이나 육으로 나누어 설명할 수 있더라도 그냥 어떤 "사람"이 행한 일이라고 표현하듯이 예수 그리스도의 중보 사역 역시 신성이 한 것인지, 인성이 한 것인지 분리해서 표현하지 않는 것이 자연스럽습니다.

예를 들어 빌립보서 2:7—"오히려 자기를 비워 종의 형체를 가지사 사람들과 같이 되셨고"—은 분명히 그리스도의 신성에 관한 말씀입니다. 하지만 이것을 신성에만 국한해 이해하면 마치 그리스도가 신성을 버리고 인성만 취한 것처럼 오해할 수 있습니다. 하지만 성자 하나님은 인성을 취하시자마자 비하와 승귀의 주체가 되십니다. 그리스도의 신성이 한 인격 안에서 인성이 겪는 일에 모두 참여하시는데 이것이 바로 자기를 비워 종의 형체를 갖는 낮아짐인 것입니다.

2. 성경에 나오는 예수 그리스도에 대한 말씀들의 분류

우리는 하이델베르크 교리문답 제25문에서 성경에 나오는 하나님에 대한 말씀들을 세 가지로 분류하면 모순되는 듯한 내용 때문에 겪는 혼동을 피할 수 있음을 살펴보았습니다. 예수 그리스도에 대한 말씀들도 두 가지로 분류하면 역시 같은 유익을 누릴 수 있습니다.

첫째, 그리스도가 하나님의 본체로서 성부 하나님과 동등하시다는 의미로 사용된 말씀들이 있습니다. 둘째, 그리스도가 인성이라는 종의 형체를 취하셨다는 의미로 사용된 말씀들이 있습니다. 이렇게 두 가지로 분류되는 것은 예수 그리스도가 두 본성을 지니셨기 때문입니다. 예수 그리스도에 대한 성경의 표현들이 신성에 속하는 하나님의 본체에 관한 것인지, 인성에 속하는 종의 형체에 관한 것인지 구분하면 상반되는 듯한 성경의 내용이 분명한 진실을 담고 있다는 사실을 깨달을 수 있을 것입니다. 다음 표의 내용은 아우구스티누스가 쓴 『삼위일체론』의 요약입니다.[1]

---

1 Augustinus, "The Trinity," in *The Fathers of the Church*, vol. 45(Washington: The Catholic University of America Press, 1963), I.xi.22-24.

하나님의 본체(신성)에 대한 표현	종의 형체(인성)에 대한 표현
• 그리스도는 신성에 있어서 성부와 성령과 같은 본질로서 동등하시다.	• 성자는 종의 형체를 취하셔서 성부와 성령보다 작으시다. • 아버지는 나보다 크심이라(요 14:18). • 또 누구든지 말로 인자를 거역하면 사하심을 얻되 누구든지 말로 성령을 거역하면 이 세상과 오는 세상에서도 사하심을 얻지 못하리라(마 12:32). • 그러나 내가 하나님의 성령을 힘입어 귀신을 쫓아내는 것이면 하나님의 나라가 이미 너희에게 임하였느니라(마 12:28). ⇨ 인성이 성령을 힘입는다는 뜻
• 만물이 그로 말미암아 지은 바 되었으니 지은 것이 하나도 그가 없이는 된 것이 없느니라(요 1:3).	• 때가 차매 하나님이 그 아들을 보내사 여자에게서 나게 하시고 율법 아래에 나게 하신 것은(갈 4:4).
• "나와 아버지는 하나이니라" 하신대(요 10:30).	• 내가 하늘에서 내려온 것은 내 뜻을 행하려 함이 아니요, 나를 보내신 이의 뜻을 행하려 함이니라(요 6:38).
• 아버지께서 자기 속에 생명이 있음 같이 아들에게도 생명을 주어 그 속에 있게 하셨고(요 5:26).	• 38"내 마음이 매우 고민하여 죽게 되었으니 너희는 여기 머물러 나와 함께 깨어 있으라" 하시고 39조금 나아가사 얼굴을 땅에 대시고 엎드려 기도하여 이르시되 "내 아버지여! 만일 할 만하시거든 이 잔을 내게서 지나가게 하옵소서. 그러나 나의 원대로 마시옵고 아버지의 원대로 하옵소서" 하시고(마 26:38-39).
• 그는 참 하나님이시요, 영생이시라(요일 5:20).	• 사람의 모양으로 나타나사 자기를 낮추시고 죽기까지 복종하셨으니 곧 십자가에 죽으심이라(빌 2:8).

• 무릇 아버지께 있는 것은 다 내 것이라. 그러므로 내가 말하기를 그가 내 것을 가지고 너희에게 알리시리라 하였노라(요 16:15). • 내 것은 다 아버지의 것이요, 아버지의 것은 내 것이온데(요 17:10).	• 그러나 그 날과 그 때는 아무도 모르나니 하늘에 있는 천사들도, 아들도 모르고 아버지만 아시느니라(마 13:32). • 내 교훈은 내 것이 아니요, 나를 보내신 이의 것이니라(요 7:16).
• 15그는 보이지 아니하는 하나님의 형상이시요, 모든 피조물보다 먼저 나신 이시니…17또한 그가 만물보다 먼저 계시고 만물이 그 안에 함께 섰느니라(골 1:15, 17).	• 그는 몸인 교회의 머리시라. 그가 근본이시요, 죽은 자들 가운데서 먼저 나신 이시니 이는 친히 만물의 으뜸이 되려 하심이요(골 1:18).
• 이 지혜는 이 세대의 통치자들이 한 사람도 알지 못하였나니 만일 알았더라면 영광의 주를 십자가에 못 박지 아니하였으리라(고전 2:8). ⇨ "영광의 주"란 사람들을 영화롭게 하시는 주라는 뜻	• 너희가 과연 내 잔을 마시려니와 내 좌우편에 앉는 것은 내가 주는 것이 아니라. 내 아버지께서 누구를 위하여 예비하셨든지 그들이 얻을 것이니라(마 20:23). ⇨ 사람들을 영화롭게 하시는 일을 성부께 돌림

표36 그리스도의 신성과 인성의 대조

3. 예수 그리스도의 인성에 대한 이슬람의 오해

유일신교인 이슬람이 기독교를 문제 삼는 가장 큰 이유는 바로 삼위일체 교리입니다. 그들은 하나님이 한 분이시라는 문구에 갇혀 예수님이 하나님이심을 인정하지 않습니다. 그런데 놀랍게도 그들은 일반 상식이나 논리가 아니라 성경을 근거로 기독교를 공격합니다. 그때 그들이 주로 사용하는 구절 중 상당수가 바로 "표36"에 정리된 그리스도의 인성에 대한 성구들입니다.

한국이슬람교중앙회에서 발행한 『하나님의 속성은 무엇인가?』라는 소책자가 있습니다. 참고 문헌으로 성경만을 기록해놓은 40쪽짜리 책인데 그들은 이 책에서 다음 구절을 들어 기독교의 삼위일체와 예수의 신격(神格)을 비

판합니다.[2]

> 16어떤 사람이 주께 와서 이르되 "선생님이여! 내가 무슨 선한 일을 하여야 영생을 얻으리이까?" 17예수께서 이르시되 "어찌하여 선한 일을 내게 묻느냐? 선한 이는 오직 한 분이시니라. 네가 생명에 들어가려면 계명들을 지키라"(마 19:16-17).

그들은 이 구절에서 예수님이 스스로를 선하지 않다고 여겼을 뿐 아니라 오직 선한 분은 하나님이라고 말했다는 것을 근거로 예수님은 하나님이 아니라고 주장합니다.

그들이 다루는 두 번째 성구는 요한복음 17:3—"영생은 곧 유일하신 참 하나님과 그가 보내신 자 예수 그리스도를 아는 것이니이다"—입니다. 그들은 예수님이 여기서도 하나님과 자신을 다른 존재로 구별하였으므로 예수님은 하나님이 아니라고 주장합니다.

세 번째로는 디모데전서 2:5—"하나님은 한 분이시요, 또 하나님과 사람 사이에 중보자도 한 분이시니 곧 사람이신 그리스도 예수라"—을 다룹니다. 그들은 이 구절이 예수님을 하나님이 아닌 인간으로 묘사한다고 주장합니다. 그러면서 "성경은 그 어디에도 예수를 하나님이라고 언급하고 있지 않습니다"라고 단정 짓습니다.

네 번째로 그들은 예수님은 하나님이 아니라 하나님의 일부라고 주장하며 마태복음 4:1-10을 다음과 같이 분석합니다.

> ① 그때에 예수께서 성령에게 이끌리어 마귀에게 시험을 받으러 광야로 가사(마 4:1).

---

2   Naji Ibrahim Al-Arfaj, 『하나님의 속성은 무엇인가?』(한국이슬람교, 2009).

⇨ 예수님이 하나님이시라면 스스로 자신을 광야로 인도해야 한다. 하나님은 자신을 인도해줄 누군가의 힘을 필요로 하시지 않는다. 성령이 예수님보다 더 많은 권위와 힘을 가진 것으로 나타나고 있다. 또 하나님은 누군가에게 유혹되시는 분도 아니다. 이 구절은 "하나님은 악에게 시험을 받지도 아니하시고 친히 아무도 시험하지 아니하시느니라"(약 1:13)라는 구절과도 모순된다.

② 사십 일을 밤낮으로 금식하신 후에 주리신지라(마 4:2).

⇨ 하나님이 금식하시는가? 하나님이 배고픔이나 갈증을 느끼시는가?

③ 8마귀가 또 그를 데리고 지극히 높은 산으로 가서 천하 만국과 그 영광을 보여 9이르되 "만일 내게 엎드려 경배하면 이 모든 것을 네게 주리라"(마 4:8-9).

⇨ 예수님이 마귀의 이 말에 "주 너의 하나님께 경배하고 다만 그를 섬기라 하였느니라"라고 말했는데, 만약에 예수님이 하나님이시라면 "아니다, 악마야! 너야말로 너의 하나님인 나에게 엎드려 경배해야만 한다!"라고 쉽게 대답해야 한다. 또 악마가 예수를 보았고, 예수에게 말했고, 예수의 목소리를 들었고, 예수를 잡았고, 안내했다는 것은 예수님이 하나님이 아니라는 증거다. 왜냐하면 "어떤 사람도 보지 못하였고 또 볼 수 없는 이시니"(딤전 6:16)라는 말씀과 "너희는 아무 때에도 그 음성을 듣지 못하였고 그 형상을 보지 못하였으며"(요 5:37)라는 말씀에 따르면 하나님은 볼 수도 없고 들을 수도 없기 때문이다.

다섯 번째로 그들은 성부와 성자와 성령이 동등하다는 삼위일체 교리를 다음과 같은 구절들을 근거로 반대합니다. 그런데 이 구절들은 우리가 이미 살펴본 것처럼 모두 예수 그리스도의 인성에 관한 표현들입니다. 이들은 성자 하나님이 신성을 버리지 않은 채 인성을 취하여 한 인격이 되셨다는 것을 전혀 받아들이지 못합니다. 그래서 예수 그리스도의 인성에 관한 표현들만 골라서 예수님은 하나님이 아니라는 주장의 근거로 사용하는 것입니다.

이슬람이 삼위일체 교리를 부정하는 근거로 사용하는 성구

아버지는 나보다 크심이라(요 14:28).

그들을 주신 내 아버지는 만물보다 크시매 아무도 아버지 손에서 빼앗을 수 없느니라(요 10:29).

예수께서 대답하여 이르시되 "내 교훈은 내 것이 아니요, 나를 보내신 이의 것이니라"(요 7:16).

내가 아무것도 스스로 할 수 없노라. 듣는 대로 심판하노니 나는 나의 뜻대로 하려 하지 않고 나를 보내신 이의 뜻대로 하려 하므로 내 심판은 의로우니라(요 5:30).

그러나 그 날과 그 때는 아무도 모르나니 하늘에 있는 천사들도, 아들도 모르고 아버지만 아시느니라(막 13:32).

또 누구든지 말로 인자를 거역하면 사하심을 얻되 누구든지 말로 성령을 거역하면 이 세상과 오는 세상에서도 사하심을 얻지 못하리라(마 12:32).

그들은 이상의 이유를 들어 예수는 하나님이 아니고, 기독교의 삼위일체는 잘못된 교리라고 주장합니다. 그들도 아리우스처럼 하나님에 대한 성구들을 모두 본질에 관한 것으로만 보면서 예수 그리스도에 대한 성구를 신성과 인성에 관한 각각의 표현으로 분류하지 않는 것입니다. 그 결과 그들은 단지 예수님이 선지자의 역할을 했다는 사실만 인정합니다. 그리고는 하나님을 삼위가 아닌 일위의 하나님으로 결론짓고 예수님에 대해서는 다음과 같이 말합니다.

예수에 대하여 끊임없이 되풀이되는 논란의 결론은 예수를 창조하셨고, 우리를 창조하신, 그리고 만물을 창조하신 오직 한 분이신 하나님의 예언자라는 사실입니다.

하지만 이런 결론은 우리에게 낯설지 않습니다. 우리는 이미 아리우스의 예를 통해 그리스도의 인성에만 집중해서 성경을 편식하면 예수님을 인간 선지자 정도로밖에 볼 수 없다는 사실을 다루었기 때문입니다.

여기서 우리는 성경에 나오는 하나님과 예수 그리스도에 대한 구절들을 적절하게 분류하는 것이 얼마나 중요한지 깨닫게 됩니다. 신성과 인성을 기준으로 성구들을 분류하지 못한다면 이슬람의 주장에 대하여 어떻게 반격할 수 있겠습니까? 우리가 삼위일체, 한 본질 세 위격, 신성과 인성 등의 교리 개념을 만들어 사용하는 이유는 성경 전체를 더 잘 이해하고 변호하기 위해서입니다. 다변화하는 세계 속에서 수많은 이단과 이슬람 같은 세력들이 끊임없이 삼위일체와 예수 그리스도, 성령을 왜곡하거나 부인하면서 우리의 신앙을 흔들어대고 있습니다. 이들에 맞서기 위해서라도 우리는 하이델베르크 교리문답과 같은 신앙고백서를 통하여 정통 교리를 제대로 공부해야 하고, 성경 전체를 이해하는 데 필요한 단어들을 온전히 이해해 적절하게 사용할 줄 알아야 할 것입니다.

4. 싱찬과 끈던한 이해: 루터파의 속성 긴의 교류

유한은 무한을 받지 못합니다. 즉 신성과 인성의 한 인격이신 그리스도의 인성은 신성을 받지 못합니다. 그래서 그리스도의 신성과 인성은 변질과 합성과 혼합 없이 한 인격으로 결합되어 있습니다. 그런데 루터파는 양자가 실제로 이전(移轉)하는 교류가 있어야만 참된 한 인격의 단일성이 성립된다고 주장합니다. 사실 처음에 그들은 그리스도의 인성에서 신성으로의 이전도 주장했지만 신성모독이라는 비판을 피할 수 없게 되자 신성에서 인성으로의 전달만을 주장하게 되었습니다. 그들은 신성의 전능과 편재와 전지와 같은 속성이 인성에 전달된다고 보기 때문에 성찬에서의 공재설

> **TIP**
>
> 移 옮을, 이동할 이
> 轉 구를, 전할 전

(共在說, consubstantiation)을 주장합니다.

성찬에서 나누는 떡과 포도주와 관련하여, 루터파는 승천하여 하나님 우편에 앉아계신 예수 그리스도가 성찬이 이루어지는 현장에 임재하시는데 신성만 임재하시는 것이 아니라 육체도 함께 임재하신다고 봅니다. 즉 성찬의 떡과 포도주 안에, 아래에, 그것들과 함께 육체를 포함하는 그리스도의 전 인격이 신비스럽고 기적적인 방법으로 임재하신다는 것입니다. 이는 그리스도의 인성이 신성의 전능, 편재, 전지와 같은 속성을 받는다는 것과 같은 말입니다.

이에 반하여 개혁주의는 예수 그리스도의 육체는 하나님 우편에 계시기에 성찬 시에 예수 그리스도가 육체적으로나 공간적으로 임재하시지는 않고 그의 신성이 임재하신다고 봅니다. 다만 그리스도는 전 인격으로 신자들과 연합되므로 신자들은 믿음으로 그의 몸과 피에, 그리고 그의 모든 유익에도 함께 참여하는 것으로 설명합니다.

이처럼 신성과 인성의 속성 교류에 대한 이해가 성찬에 대한 이해에까지 영향을 미칩니다. 교리들은 서로 간에 연결되어 있어서 어떤 한 교리를 주장하면 다른 교리들까지 더불어 주장하는 셈이 됩니다. 대다수 이단의 주장들도 특정 교리만이 문제 되는 것이 아니라 교리 전반에서 문제가 발견되고 결국은 올바른 삼위일체 교리에 어긋나는 데까지 나아가게 됩니다.

5. 신인(神人)이셨고 영원히 계속하여 신인이시다

성자 하나님이 2천 년 전에 마리아를 통해 인성을 취하여 신인(神人)이 되신 이후에 예수 그리스도는 한 번도 인성을 버리신 적이 없습니다. 이 땅에 사시는 동안에도 신인이셨고 부활하실 때도 신인이셨으며 승천하실 때도 신인이셨습니다. 예수님은 이 땅에 살아계신 33년 동안만 신인이셨던 것이 아니라 부활하실 때도 육체로 부활하셨고 승천하실 때에도 육체로 승천하시어 여전히 계속하여 신인이십니다. 예수님은 한 번 취하신 인성을 영원히 버리시지 않습니다.

그리스도가 한 번도 인성을 버리신 적이 없다는 것은 그가 인성을 포기하지 않으시고 귀하게 여기신다는 뜻입니다. 또한 그리스도가 취하신 인성은 그가 택하신 사람들의 인성을 의미하는 것이므로 그가 계속하여 신인으로 계신다는 것은 절대로 택하신 자들을 버리지 않으신다는 뜻입니다. 또 그 취하신 인성은 영원히 신성과 함께 한 인격을 이루시는데 언제까지나 낮은 수준의 인성으로 있는 것이 아니라 신성에 어울리는 영화로운 인성으로 바뀝니다. 그리고 그리스도의 인성이 영화로워진다는 것은 바로 그 인성이 대표하는 택자들도 영화로워진다는 의미입니다.

그래서 결국 택자들의 유일한 구속자이신 그리스도가 영원히 신인으로 계신다는 것은 우리의 미래가 얼마나 영화롭고 안전한가를 말해줍니다. 그리스도는 신인이 되신 그 순간에 우리에 대한 영원한 사랑과 보장을 나타내셨습니다. 우리의 영화로운 영원은 우리의 노력과 의지에 달린 것이 아니라 영원히 계속하여 신인으로 계시는 예수 그리스도께 속해 있습니다.

6. 유일한 구속자는 왜 신인이셔야 하는가?

하나님이신 구원자는 왜 사람이 되셔야 했을까요? 사람이 되지 않고 그냥 신으로서 우리의 구원 사역을 감당해도 되지 않았을까요?

ㄱ. 인성을 취하시어 사람이 되셔야 하는 이유

타락으로 죄와 비참에 빠져 구원을 필요로 하는 이는 "사람"들입니다. 그러므로 예수님은 사람이 되시어 타락한 사람들이 겪는 죄와 비참을 경험하시고 죄의 형벌을 사람으로서 감당하실 필요가 있습니다. 사람의 타락으로 인한 형벌과 비참을 다른 존재가 아닌 사람이 담당하는 것이 하나님의 공의에 부합합니다. 또 예수님은 겟세마네 동산에서 제자들에게 내 마음이 매우 고민하여 죽게 되었다고 말씀하셨고 십자가에서 고난을 받으며 죽으시기 직전에 "나의 하나님, 나의 하나님, 어찌하여 나를 버리셨나이까?"라고 부르짖으셨습니다(마 27:46). 예수님이 당하신 이러한 육신과 영혼의 고통은 이루 말할 수 없었는데 이것은 사람만이 느낄 수 있는 것이었습니다.

유일한 구속자가 사람이셔야 함을 말하는 성구

지금 내 마음이 괴로우니 무슨 말을 하리요. 아버지여! 나를 구원하여 이때를 면하게 하여주옵소서. 그러나 내가 이를 위하여 이때에 왔나이다(요 12:27).

자녀들은 혈과 육에 속하였으매 그도 또한 같은 모양으로 혈과 육을 함께 지니심은 죽음을 통하여 죽음의 세력을 잡은 자 곧 마귀를 멸하시며(히 2:14).

17그러므로 그가 범사에 형제들과 같이 되심이 마땅하도다. 이는 하나님의 일에

자비하고 신실한 대제사장이 되어 백성의 죄를 속량하려 하심이라. 18그가 시험을 받아 고난을 당하셨은즉 시험받는 자들을 능히 도우실 수 있느니라(히 2:17-18).

1대제사장마다 사람 가운데서 택한 자이므로 하나님께 속한 일에 사람을 위하여 예물과 속죄하는 제사를 드리게 하나니 2그가 무식하고 미혹된 자를 능히 용납할 수 있는 것은 자기도 연약에 휩싸여 있음이라(히 5:1-2).

ㄴ. 신성을 지니신 하나님이셔야 하는 이유

앞서 말한 이유로 구원자가 사람이어야만 한다면 그냥 어떤 사람이 구원의 일을 감당해도 되지 않았을까요? 우리의 유일한 구속자는 왜 동시에 하나님이셔야 합니까? 타락으로 인해 사람으로서 감당해야 하는 형벌과 비참과 연약함의 고통 및 죄의 짐은 사람이 감당하기에는 너무나 큽니다. 또 죄의 삯은 사망이므로 구원자는 사람들의 죄를 짊어지고 죽어야 할 뿐만 아니라 그 죽음의 권세를 뚫고 다시 살아나야 합니다. 구원자가 사람들의 죄를 짊어지고

죽기만 하고 부활하지 못한다면 우리에게도 부활이나 영생이 존재하지 않습니다. 다른 한편 다른 사람의 죗값을 치러야 하는 구원자는 자기의 죗값으로 죽으면 안 되기에 살아 있는 동안 모든 하나님의 율법을 늘 지켜야 합니다. 이러한 일들은 사람의 힘으로는 할 수 없고 하나님의 능력이 있어야만 하므로 구원자는 반드시 하나님이셔야 합니다.

유일한 구속자가 하나님이셔야 함을 말하는 성구

7아무도 자기의 형제를 구원하지 못하며 그를 위한 속전을 하나님께 바치지도 못할 것은 8그들의 생명을 속량하는 값이 너무 엄청나서 영원히 마련하지 못할 것임이니라. 9그가 영원히 살아서 죽음을 보지 않을 것인가? 10그러나 그는 지혜 있는 자도 죽고 어리석고 무지한 자도 함께 망하며 그들의 재물은 남에게 남겨두고 떠나는 것을 보게 되리로다(시 49:7-10).

예수께서 이르시되 "나는 부활이요, 생명이니 나를 믿는 자는 죽어도 살겠고"(요 11:25).

성결의 영으로는 죽은 자들 가운데서 부활하사 능력으로 하나님의 아들로 선포되셨으니 곧 우리 주 예수 그리스도시니라(롬 1:4).

42죽은 자의 부활도 그와 같으니 썩을 것으로 심고 썩지 아니할 것으로 다시 살아나며 43욕된 것으로 심고 영광스러운 것으로 다시 살아나며 약한 것으로 심고 강한 것으로 다시 살아나며 44육의 몸으로 심고 신령한 몸으로 다시 살아나나니 육의 몸이 있은즉 또 영의 몸도 있느니라. 45기록된 바 "첫 사람 아담은 생령이 되었다" 함과 같이 마지막 아담은 살려주는 영이 되었나니(고전 15:42-45).

냄새

물이 고이는 원리를 이용해 밑으로부터 올라오는 악취를 차단하는 수세식 변기는 정말 훌륭한 발명품이다. 수세식 변기가 들어오기 전에는 변소가 집 밖의 한적한 곳에 있었고 대부분 시설이 열악했기에 밑으로 떨어질지도 모른다는 불안 속에서 일을 봐야 했다. 그뿐 아니라 밑에 쌓여 있는 똥오줌에서는 매우 지독한 냄새가 올라왔고 여름에는 징그러운 구더기가 득실댔다. 수세식 변기 덕분에 집 안에 화장실이 있어도 냄새가 나지 않는다. 수세식 변기가 없었다면 고층 건물에서의 생활도 불가능했을 것이다.

그런데 인체의 배변 구조는 수세식 화장실보다 더 완벽하게 냄새를 차단하면서 이동까지 가능하게 한다. 사람의 몸에는 분명 변이 들어 있는데도 밖으로 냄새가 새지 않는다. 심지어 그 상태에서 격렬한 운동도 할 수 있다. 어떻게 하나님이 인체를 이렇게 신비하게 만들어놓으셨는지 생각할수록 감탄이 나온다. 우주선과 컴퓨터는 만들어도 세포 하나를 만들지 못하는 인류에게 인체는 진정한 의미에서 "최첨단 과학"의 결정체라고 할 수 있다.

여기서 한 가지 궁금증이 생긴다. 아담과 하와는 변을 봤을까? 참 어려운 문제다. 변을 봤다면 장내세균을 비롯한 다양한 세균이 있어야 하고 세균이 있다면 그에 따른 질병도 존재하게 된다. 따라서 내가 내린 결론은 아마도 아담이 죄를 지은 이후에 "땅이 네게 가시덤불과 엉겅퀴를 낼 것이라"(창 3:18)라는 벌을 받으며 지금과 같은 형태의 변을 보지 않았을까 싶다. 죄의 결과로 100퍼센트의 연소와 소화를 할 수 없게 된 아담은 그때부터 냄새나는 많은 양의 변을 보기 시작하지 않았을까? 여하튼 인간의 배 속에 생기는 변의 냄새를 차단하는 기능을 인체에 허락해주신 하나님은 참 은혜로우시다. 하나님이 그렇게 하시지 않았다면 사람이 서로 교제하고 연합하는 일은 참 힘들었을 것이다.

나는 10년 넘게 노인 요양원의 원목으로 있으면서 수요일과 주일 이른 아침에 예배를 인도해왔다. 노인 요양원에 가본 사람은 알겠지만 그곳에 들어서면 바로 냄새가 난다. 인체가 노쇠하면 냄새 차단 기능이 떨어지기 때문인지 노인들이 모여 있으면 안 좋은 냄새가 많이 난다. 아주 노쇠하거나 병이 있는 분은 기저귀를 차기도 하는데 이때는 냄새가 더 난다. 나이가 든다는 것은 여러 의미가 있지만 몸에서 안 좋은 냄새가 나게 된다는 뜻이기도 한 것 같다. 어린아이들의 살 냄새는 어떤 향수보다 향기롭다. 하지만 나이가 들면 죄가 쌓여서 그런지 살 냄새도 향기롭지 않다.

냄새와 관련해 성경에 나오는 역설적인 표현 하나는 "향기로운 제물"이다. 보통 제물은 죽인 짐승의 사체로서 피비린내와 각종 분비물 냄새 때문에 향기롭지 않다. 그러나 바울은 예수님을 가리켜 다음과 같이 말한다.

그는 우리를 위하여 자신을 버리사 향기로운 제물과 희생 제물로 하나님께 드리셨느니라(엡 5:2).

성경은 제물을 불사른 냄새가 여호와께 향기로운 냄새가 된다고 말한다. 하나님은 대홍수에서 살아남은 노아가 제물을 취하여 번제로 드렸을 때부터 그 향기를 받으셨고 예수 그리스도가 자신을 제물로 드리신 사건에서 최종적으로 향기를 받으셨다. 예수 그리스도는 자신을 버려 이 땅의 냄새를 향기롭게 하신 것이다.

노인 요양원에 들어서면 코끝을 찌르는 악취 때문에 나도 모르게 빨리 예배를 마치고 자리를 떠야겠다고 생각하게 된다. 하물며 온 지구에 가득 찬, 인간들에게서 나오는 죄의 악취에 하나님은 얼마나 힘드실까? 하나님은 이스라엘 백성이 하나님의 말씀을 따르지 않고 죄를 지으면 "너희의 향기로운 냄새를 내가 흠향하지 아니하겠다"(레 26:31)라고 말씀하셨다. 우리는 나이가 들어 몸에서 냄새가 날수록 우리의 죄로 인한 악취를 생각해야 하고 향기로운 제물이신 예수님 덕분에 우리의 냄새가 영원히 가리어졌다는 사실을 기억해야 한다. 이 사실만이 우리의 죄와 비참, 그리고 그로 인한 역겨운 냄새를 견디게 할 것이다.

새 하늘과 새 땅은 우리가 결코 맡아보지 못한 향기가 가득한 곳이다. 우리 몸은 물론이고 동물이나 사물에도, 사람들의 관계에도 향기로움이 충만할 것이다. 변을 보는 일도 없으니 수세식 화장실도 필요 없을 것이다. 나는 이런 상상을 해보면서 "냄새"라는 측면에서도 하나님 나라를 사모하게 된다. 이 땅과 전혀 다른 맛과 소리와 풍경과 냄새가 있는 하나님 나라에 살고 싶다. 우리에게 하나님의 형상을 회복시켜 가장 좋은 향기를 꿈꾸게 하신 예수 그리스도를 찬양하자!

01 여러분의 가정은 행복한 편입니까? 각자 자기 가정의 장점과 단점은 무엇인지 말해봅시다. 또한 가정을 위해 자신이 감당하는 역할이 있다면 무엇인지 이야기해봅시다. 가정의 행복을 위해 더 할 수 있는 일이 무엇인지도 나누어봅시다.

02 하이델베르크 교리문답 제35-36문을 서로 묻고 답해봅시다. 근거 성구도 함께 살펴봅시다.

03 예수 그리스도가 사람의 본질을 처녀 마리아의 살과 피로부터, 성령의 사역으로 자신에게 취하셨다는 것은 우리에게 어떤 의미가 있습니까?

04 그리스도는 다윗의 참된 자손이 되어 죄를 제외하고는 모든 것에 있어 그의 형제들과 같다는 사실이 우리에게 주는 위로는 무엇입니까? 마리 앙투아네트와 비교하여 생각해봅시다.

05   우리가 그리스도의 거룩한 잉태와 탄생으로 얻는 유익은 무엇입니까?

06   양성 일인격이란 무엇입니까? 양성 일인격의 정의에 따라 성경에 나오는 예수 그리스도에 대한 말씀들을 분류해봅시다. 이슬람교도들은 왜 그리스도의 신성을 부정하고 예수님이 선지자일 뿐이라고 주장합니까?

07   유일한 구속자는 왜 신인이셔야 하는지 설명해봅시다.

08   자신이 가장 좋아하는 냄새와 싫어하는 냄새는 무엇인지 이야기해봅시다. 하나님 나라의 향기는 어떨 것이라고 생각되는지도 나누어봅시다.

본디오 빌라도에게 고난을 받아

ⓠ 제37문 "고난을 받아"라는 말에서 당신은 무엇을 이해합니까?

What dost thou understand by the words, "He suffered"?

ⓐ 답 그분은 땅에서 사신 전 생애 동안, 특히 삶의 마지막 순간에 전 인류의 죄에 대한 하나님의 진노를 영·육에 짊어지셨다는 사실을 이해합니다.[1] 유일한 화목제물이신 그분은[2] 자신의 고난으로써 영원한 저주로부터 우리의 영·육을 구속하시고[3] 우리를 위해 하나님의 은혜와 의와 영생을 얻으셨습니다.[4]

That he, all the time that he lived on earth, but especially at the end of his life, sustained in body and soul, the wrath of God against the sins of all mankind: that so by his passion, as the only propitiatory sacrifice, he might redeem our body and soul from everlasting damnation, and obtain for us the favor of God, righteousness and eternal life.

ⓠ 제38문 왜 예수님은 "재판장인 본디오 빌라도 아래에서" 고난을 받으셨습니까?

Why did he suffer "under Pontius Pilate, as judge"?

ⓐ 답 그분은 죄가 없으나 세상의 재판장에게 정죄 받으셨으니,[5] 그렇게 하신 것은 우리가 받아야 할 하나님의 극한 심판으로부터 우리를 구하기 위해서입니다.[6]

That he, being innocent, and yet condemned by a temporal judge, might thereby free us from the severe judgement of God to which we were exposed.

Q 제39문 그분이 십자가에 못 박히심은 다르게 죽으신 것보다 특별한 의미가 있습니까?

Is there anything more in his being "crucified," than if he had died some other death?

A 답 네. 그로 인해 나는 내게 놓인 저주를 그분이 자신에게 옮기셨음을 확신하게 되는데,[7] 십자가의 죽음은 하나님께 저주받은 것이기 때문입니다.[8]

Yes there is; for thereby I am assured, that he took on him the curse which lay upon me; for the death of the cross was accursed of God.

sustain	지속하다, 지탱하다	wrath	진노, 분노, 격노
propitiatory	위로하는, 진정시키는	damnation	천벌, 지옥에 떨어뜨림
condemn	정죄하다, 비난하다	accursed	저주받은, 운이 다한

근거 성구

1 그는 실로 우리의 질고를 지고 우리의 슬픔을 당하였거늘 우리는 생각하기를 '그는 징벌을 받아 하나님께 맞으며 고난을 당한다' 하였노라(사 53:4).

그가 모든 사람을 위하여 자기를 대속물로 주셨으니 기약이 이르러 주신 증거니라(딤전 2:6).

친히 나무에 달려 그 몸으로 우리 죄를 담당하셨으니 이는 우리로 죄에 대하여 죽고 의에 대하여 살게 하려 하심이라. 그가 채찍에 맞음으로 너희는 나음을 얻었나니(벧전 2:24).

그리스도께서도 단번에 죄를 위하여 죽으사 의인으로서 불의한 자를 대신하셨으니 이는 우리를 하나님 앞으로 인도하려 하심이라. 육체로는 죽임을 당하시고 영으로는 살리심을 받으셨으니(벧전 3:18).

2 10여호와께서 그에게 상함을 받게 하시기를 원하사 질고를 당하게 하셨은즉 그의 영혼을 속건제물로 드리기에 이르면 그가 씨를 보게 되며 그의 날은 길 것이요, 또 그의 손으로 여호와께서 기뻐하시는 뜻을 성취하리로다.…12그러므로 내가 그에게 존귀한 자와 함께 몫을 받게 하며 강한 자와 함께 탈취한 것을 나누게

하리니 이는 그가 자기 영혼을 버려 사망에 이르게 하며 범죄자 중 하나로 헤아림을 받았음이니라. 그러나 그가 많은 사람의 죄를 담당하며 범죄자를 위하여 기도하였느니라(사 53:10, 12).

이 예수를 하나님이 그의 피로써 믿음으로 말미암는 화목제물로 세우셨으니 이는 하나님께서 길이 참으시는 중에 전에 지은 죄를 간과하심으로 자기의 의로우심을 나타내려 하심이니(롬 3:25).

너희는 누룩 없는 자인데 새 덩어리가 되기 위하여 묵은 누룩을 내버리라. 우리의 유월절 양 곧 그리스도께서 희생되셨느니라(고전 5:7).

그리스도께서 너희를 사랑하신 것 같이 너희도 사랑 가운데서 행하라. 그는 우리를 위하여 자신을 버리사 향기로운 제물과 희생 제물로 하나님께 드리셨느니라(엡 5:2).

이와 같이 그리스도도 많은 사람의 죄를 담당하시려고 단번에 드리신 바 되셨고 구원에 이르게 하기 위하여 죄와 상관없이 자기를 바라는 자들에게 두 번째 나타나시리라(히 9:28).

그가 거룩하게 된 자들을 한 번의 제사로 영원히 온전하게 하셨느니라(히 10:14).

그는 우리 죄를 위한 화목제물이니 우리만 위할 뿐 아니요, 온 세상의 죄를 위하심이라(요일 2:2).

사랑은 여기 있으니 우리가 하나님을 사랑한 것이 아니요, 하나님이 우리를 사랑하사 우리 죄를 속하기 위하여 화목제물로 그 아들을 보내셨음이라(요일 4:10).

3 그리스도께서 우리를 위하여 저주를 받은 바 되사 율법의 저주에서 우리를 속량하셨으니 기록된 바 "나무에 달린 자마다 저주 아래에 있는 자라" 하였음이라(갈 3:13).

그 아들 안에서 우리가 속량 곧 죄 사함을 얻었도다(골 1:13).

염소와 송아지의 피로 하지 아니하고 오직 자기의 피로 영원한 속죄를 이루사 단번에 성소에 들어가셨느니라(히 9:12).

18너희가 알거니와 너희 조상이 물려준 헛된 행실에서 대속함을 받은 것은 은이나 금 같이 없어질 것으로 된 것이 아니요, 19오직 흠 없고 점 없는 어린 양 같은 그리스도의 보배로운 피로 된 것이니라(벧전 1:18-19).

4 하나님이 세상을 이처럼 사랑하사 독생자를 주셨으니 이는 그를 믿는 자마다 멸망하지 않고 영생을 얻게 하려 하심이라(요 3:16).

나는 하늘에서 내려온 살아 있는 떡이니 사람이 이 떡을 먹으면 영생하리라. 내가 줄 떡은 곧 세상의 생명을 위한 내 살이니라 하시니라(요 6:51).

이 예수를 하나님이 그의 피로써 믿음으로 말미암는 화목제물로 세우셨으니 이는 하나님께서 길이 참으시는 중에 전에 지은 죄를 간과하심으로 자기의 의로우심을 나타내려 하심이니(롬 3:25).

하나님이 죄를 알지도 못하신 이를 우리를 대신하여 죄로 삼으신 것은 우리로 하여금 그 안에서 하나님의 의가 되게 하려 하심이라(고후 5:21).

이로 말미암아 그는 새 언약의 중보자시니 이는 첫 언약 때에 범한 죄에서 속량하려고 죽으사 부르심을 입은 자로 하여금 영원한 기업의 약속을 얻게 하려 하심이라(히 9:15).

그러므로 형제들아! 우리가 예수의 피를 힘입어 성소에 들어갈 담력을 얻었나니(히 10:19).

5 빌라도가 아무 성과도 없이 도리어 민란이 나려는 것을 보고 물을 가져다가 무리 앞에서 손을 씻으며 이르되 "이 사람의 피에 대하여 나는 무죄하니 너희가 당하라"(마 27:24).

14이르되 "너희가 이 사람이 백성을 미혹하는 자라 하여 내게 끌고 왔도다. 보라! 내가 너희 앞에서 심문하였으되 너희가 고발하는 일에 대하여 이 사람에게서 죄를 찾지 못하였고 15헤롯이 또한 그렇게 하여 그를 우리에게 도로 보내었도다. 보라! 그가 행한 일에는 죽일 일이 없느니라"(눅 23:14-15).

빌라도가 이르되 "진리가 무엇이냐?" 하더라. 이 말을 하고 다시 유대인들에게 나가서 이르되 "나는 그에게서 아무 죄도 찾지 못하였노라"(요 18:38).

27과연 헤롯과 본디오 빌라도는 이방인과 이스라엘 백성과 합세하여 하나님께서 기름 부으신 거룩한 종 예수를 거슬러 28하나님의 권능과 뜻대로 이루려고 예정하신 그것을 행하려고 이 성에 모였나이다(행 4:27-28).

6 까닭 없이 나를 미워하는 자가 나의 머리털보다 많고 부당하게 나의 원수가 되어 나를 끊으려 하는 자가 강하였으니 내가 빼앗지 아니한 것도 물어주게 되었나이다(시 69:4).

4그는 실로 우리의 질고를 지고 우리의 슬픔을 당하였거늘 우리는 생각하기를 '그는 징벌을 받아 하나님께 맞으며 고난을 당한다' 하였노라. 5그가 찔림은 우리의 허물 때문이요, 그가 상함은 우리의 죄악 때문이라. 그가 징계를 받으므로 우리는 평화를 누리고 그가 채찍에 맞으므로 우리는 나음을 받았도다(사 53:4-5).

하나님이 죄를 알지도 못하신 이를 우리를 대신하여 죄로 삼으신 것은 우리로 하여금 그 안에서 하나님의 의가 되게 하려 하심이라(고후 5:21).

그리스도께서 우리를 위하여 저주를 받은 바 되사 율법의 저주에서 우리를 속량하셨으니 기록된 바 "나무에 달린 자마다 저주 아래에 있는 자라" 하였음이라(갈 3:13).

7 그리스도께서 우리를 위하여 저주를

받은 바 되사 율법의 저주에서 우리를 속량하셨으니 기록된 바 "나무에 달린 자마다 저주 아래에 있는 자라" 하였음이라(갈 3:13).

8 그 시체를 나무 위에 밤새도록 두지 말고 그 날에 장사하여 네 하나님 여호와께서 네게 기업으로 주시는 땅을 더럽히지 말라. 나무에 달린 자는 하나님께 저주를 받았음이니라(신 21:23).

해설

본디오 빌라도에게 고난을 받으신 예수님

그리스도는 "비하"와 "승귀"의 신분으로 구속 사역을 완성하셨습니다. 하이델베르크 교리문답은 사도신경의 순서에 따라 그리스도의 사역을 하나하나 짚어나갑니다. 우리는 앞서 제35-36문을 통해서 우리의 구원자이신 예수님이 참 사람이자 참 하나님으로서 모든 인류의 첫값을 치르기 위해 이 땅에 오셨음을 살펴보았습니다. 그리고 이어지는 제37-39문은 그리스도의 마지막 순간에 집중하여 그가 고난을 받아 십자가에 못 박혀 죽으신 사건의 의미에 관해 설명합니다.

```
                  ┌ ① 비하  성령으로 잉태되어 동정녀 마리아에게 나시고(제35-36문)
                  │         본디오 빌라도에게 고난을 받아(제37-38문)
그리스도의 신분    │         십자가에 못 박혀 죽으시고(제39문)
                  │         장사된 지 사흘 만에(제40-43문)
                  │         지옥에 내려가시고(제44문)
                  └ ② 승귀  다시 살아나셨으며(제45문)
                            하늘에 오르시어(제46-49문)
                            하나님 우편에 앉아계시다가(제50-51문)
                            살아 있는 자와 죽은 자를 심판하러 오십니다(제52문)
```

표37 하이델베르크 교리문답 제37-39문의 위치

```
┌ 제35문  "성령으로 잉태되어 동정녀 마리아에게 나시고"의 뜻은 무엇인가?
└ 제36문  그리스도의 거룩한 잉태와 탄생으로 우리는 어떤 유익을 얻는가?
┌ 제37문  "고난을 받아"의 뜻은 무엇인가?
├ 제38문  왜 예수님은 "재판장인 본디오 빌라도 아래에서" 고난을 받았는가?
└ 제39문  예수님의 십자가 죽음은 다른 형태의 죽음보다 특별한 의미가 있는가?
```

표38 하이델베르크 교리문답 제35-39문의 구성

1. 그분은 전 인류의 죄에 대한 하나님의 진노를 영·육에 짊어지셨다

예수 그리스도는 전 생애를 이 땅에서 사셨습니다. 무한하고 영원하고 불변하고 자존(自存)하신 그분이 유한한 인간이 되어 갇힌 자의 삶을 사셨습니다. 하늘에 계셔야 할 분이 무한한 자유를 차단당한 채 땅의 조그마한 구석에 갇혔다는 것입니다. 그리고 그분은 인성(人性)이 겪어야 하는 배고픔과 피로, 모욕과 고통, 죽음 등의 모든 비참과 고난을 직접 겪으셨습니다.

하나님은 아담을 처음 만드실 때 그 마음에 하나님의 법을 기록해 에덴동산을 경작하며 지키게 하셨습니다. 또한 선악을 알게 하는 나무의 열매는 먹지 말라는 말씀도 주셨습니다. 하나님은 모세를 통해서 십계명으로 대표되는 여러 율법도 주셨습니다. 그런데 이 모든 과정에 함께하시며 율법을 사람들에게 주신 성자 그리스도가 이제는 직접 그 율법을 지켜야 했습니다. 그리스도는 사람들을 대신하여 죗값을 치르기 위해 십자가에 죽으실 뿐만 아니라 땅에서 사는 동안에는 사람들을 대신하여 율법을 모두 지키신 것입니다.

아담은 에덴동산을 경작하며 하나님의 율법을 지켜가야 했습니다. 그러나 그는 하나님처럼 되고 싶어 선악을 알게 하는 나무의 열매를 따 먹고 죄를 지었습니다. 하나님의 율법을 어기고 만 것입니다. 반대로 예수 그리스도는 사람이 되신 후에 아담과 그 후손이 지키지 못한 율법을 모두 지키며 사셨고 죽으실 때는 아담과 그 후손이 치러야 할 죗값을 모두 치러주셨습니다.

예수님의 사역은 크게 생애와 죽음으로 나누어 이해할 수 있습니다. 예수님은 살아 있는 동안 선지자, 제사장, 왕의 직분을 모두 수행하셨습니다. 선지자로서 하나님의 말씀을 선포하시며 제자들과 무리를 가르치셨습니다. 제사장으로서 병을 고치고 죄 용서를 선포하며 사람들을 하나님께로 이끌었습니다. 왕이신 예수님은 더러운 귀신은 물론 자연 현상까지 다스리는 권능을 보여주셨습니다. 예수님은 그 모든 일을 감당하실 때 혈기를 부리거나 목적을 이루기 위해 옳지 않은 방법을 사용하신 적이 없습니다. 자신을 따르는 많은 이들을 수단화하지도 않으셨습니다. 그분은 단지 올바른 목적 성취를 위해 올바른 방법을 사용하시며 그에 합당한 정서를 표출하셨습니다.

예수님은 자신에게 맡겨진 모든 임무를 온전하게 수행하시다가 때가 이르자 일부러 예루살렘으로 올라가셨습니다. 그분은 우연히 예루살렘에 들렀다가 재수 없게 대제사장들과 서기관들에게 잡히신 것이 아니었습니다. 예수님은 제자들에게 자신이 예루살렘에서 장로들과 대제사장들과 서기관들에게 많은 고난을 받아 죽임을 당하고 제삼 일에 살아나야 할 것을 분명히 말씀하셨습니다. 그 말씀이 얼마나 충격적이었는지 베드로는 예수님을 붙들고 "주여! 그리 마옵소서. 이 일이 결코 주께 미치지 아니하리이다"라고 따졌습니다. 이에 예수님은 베드로가 하나님의 일을 생각하지 아니하고 사람의 일을 생각한다고 꾸짖으셨습니다(마 16:21-23).

예수님이 말씀하신 대로 예수님이 많은 고난을 받고 죽임을 당한 후 부활하시는 것은 **하나님의 일**이었습니다. 예수님의 모든 사역은 우리 죄인들의 구원을 이루기 위한 하나님의 놀라운 경륜 안에 있었습니다. 그 경륜에 따라 모든 사람이 죄 가운데서 죽을 수밖에 없는 견고한 저주의 고리가 끊어졌습니다. 사람들을 위하여 자기를 대속물로 주시는 것이 바로 예수님의 사명이었던 것입니다(딤전 2:6). 사람들은 그분이 징벌을 받아 하나님께 맞으며 고난을 당한다고 여겼지만 사실 그분은 우리의 질고를 지고 우리의 슬픔을 당하셨습니다(사 53:4).

전 인류의 죄를 영·육에 짊어지신 예수님이 삶의 마지막 순간을 맞으셨을 때 어떤 사람들은 머리를 흔들며 예수님을 모욕했습니다. 또 어떤 사람은 "네가 만일 하나님의 아들이어든 자기를 구원하고 십자가에서 내려오라"라고 조롱하기도 했습니다(마 27:39-40). 그 모든 것이 견디기 힘든 고난이었지만 아버지 하나님의 뜻에 온전히 순종하신 예수님은 맡으신 사역을 끝내 감당하셨습니다.

2. 유일한 화목제물이신 그분은, 자신의 고난으로써 영원한 저주로부터 우리의 영·육을 구속하셨다

그리스도는 자신의 고난을 통해 하나님과 죄인들을 화목하게 하는 유일한 화목제물이 되셨습니다. 사실 화목제물은 기독교에만 있는 것이 아닙니다. 무당은 진노한 신을 달래기 위해 굿을 벌일 때 푸짐한 음식을 차립니다. 『심청전』에서는 바다의 용왕을 달래기 위해 처녀를 제물로 바칩니다. 이처럼 이방 종교에서 화목제물은 진노한 신을 달래기 위해 드리는 제물이라는 성격이 있습니다.

어떻게 보면 기독교의 화목제물도 진노한 하나님을 진정시킨다는 면에서 이방 종교와 공통점이 있는지도 모릅니다. 하지만 그 작동 원리를 들여다보면 분명하게 근본적인 차이가 있습니다. 성경의 화목제물은 하나님 자신이 사람이 되심으로써 마련해주신 것이기 때문입니다. 따라서 오직 하나님으로서 사람이 되신 예수 그리스도만이 진정한 의미의 화목제물입니다.

하나님은 당신의 형상대로 지음 받은 사람이 그 형상에 걸맞은 삶을 살기 원하셨습니다. 하지만 죄에 오염된 사람 중에는 그런 삶을 살아낼 사람이 아무도 없습니다. 하나님의 뜻대로 죄 없는 삶을 살 뿐 아니라 다른 모든 사람의 죗값을 지고 대속물로 죽을 수 있는 분은 오직 예수 그리스도뿐입니다. 영원하신 예수 그리스도만이 죄로 인해 우리가 영원히 받아야 하는 저주로부터 우리의 영·육을 영원히 구속하실 수 있습니다. 오직 하나님이 우리의 죄에 대하여 진노하셔서 우리의 영·육을 능히 지옥에 멸하실 수 있고(마 10:28), 오직 예수 그리스도가 우리의 영·육을 구속하실 수 있습니다.

이방 신들의 진노에는 합리적인 이유가 없습니다. 신들마나 들쭉날쭉 세멋대로여서 그들이 왜 화가 났다고 하는지, 어떻게 해야 화가 풀어진다는 것인지 알기가 어렵습니다. 이런 모호성 때문에 사람들은 지레 주눅이 들어 처녀를 바치기도 하고 제 자녀를 불로 지나가게도 합니다(왕하 23:10). 그래서 이방 종교에는 산 사람을 살해해 제물로 바치는 인신 제사 풍습도 많습니다. 이방 신은 절대로 자신의 진노를 달래기 위해 스스로 사람이 되거나 자신을 희생시키지 않습니다. 일방적으로 화를 내고 요구할 뿐입니다.

하지만 여호와 하나님의 진노는 하나님의 사랑과 진리가 훼손된 것에 대한 것입니다. 거룩하고 정직한 진노로서 그 진노가 없다면 오히려 하나님의 사랑과 진리가 불완전해집니다. 더 나아가 하나님은 자신의 진노를 스스로 먼저 해결하는 분이십니다. 성경을 보십시오. 절대로 사람이 먼저 해결책을 제시하지 않습니다. 하나님이 먼저 화해의 손길을 내미시고 화목의 방법까지 제시하십니다.

우리는 죄를 지었지만 하나님은 먼저 우리를 사랑하시어 우리 죄를 속하기 위한 최종적인 화목제물로 그 아들을 보내셨습니다(요일 4:10). 우리를 사랑하신 그리스도는 자신을 버려 "향기로운 제물"과 "희생 제물"로 하나님께 드리셨습니다. 우리도 그리스도를 본받아 사랑 가운데서 행해야 합니다(엡 5:2).

3. 그분은 우리를 위해 하나님의 은혜와 의와 영생을 얻으셨다

바로 앞서 살펴본 대로 예수님은 고난을 통해 우리의 영·육을 영원한 저주로부터 구속하셨습니다. 이는 예수님의 고난이 가져오는 소극적인 결과라고 할 수 있습니다. 반면 예수님이 하나님의 은혜와 의와 영생을 얻으시는 것은 적극적인 결과에 속합니다. 하나님은 아담에게 "선악을 알게 하는 나무의 열매는 먹지 말라. 네가 먹는 날에는 반드시 죽으리라"(창 2:17)라고 말씀하셨습니다. 아담이 이 말씀을 어기고 선악과를 따 먹었을 때 그는 즉시 하나님을 피하여 숨게 되었습니다. 영적인 죽음을 맞은 것입니다. 그 후로 아담의 후손인 인간의 삶은 비참으로 일관되다가 결국에 죽음으로 끝나게 되었습니다.

아담이 에덴동산에서 하나님의 말씀대로 선악과를 따 먹지 않고 마음속에 새겨진 하나님의 말씀을 다 지켰다면 어떻게 되었을까요? 성경에는 그 가능성에 대한 직접적 진술이 나오지 않습니다. 하지만 성경 전체를 통해서 살펴보면 하나님이 아담에게 처음 상태보다 더 영화로운 하나님의 형상과 영생과 완전한 의를 주셨으리라는 것을 짐작할 수 있습니다.

하나님의 형상으로 지음을 받은 아담은 죄를 지을 수도 있고 안 지을 수도 있었습니다. 죄를 지은 아담과 그 후손이 죄를 지을 수밖에 없는 상태임에 비하면 매우 높은 수준의 존재였습니다. 아담이 그 상태로 계속해서 죄를 짓지 않았다면 더욱 영화로운 상태에 이르는 완전한 의로움과 영생을 얻었을 것입니다. 예수님은 이런 상태를 회복하기 위해서 아담 대신 모든 율법을 지키셨습니다. 즉 예수님은 아담이 하나님의 모든 말씀을 지켜서 획득했어야 할 더 큰 은혜와 의와 영생을 대신 획득하신 것입니다.

영생은 어떠한 삶일까요? 우리의 몸이 후패(朽敗)한 상태에서의 영생은 의미가 없습니다. 몸이 늙은 상태에서 영생하는 것은 축복이 아니라 저주입니다. 빈부나 능력의 격차가 큰 상태에서 영생하는 것도 가난과 무능력의 대물림이 지속되는 것이므로 재앙에 가깝습니다. 이런 부작용이 없는 젊음과 건강, 기쁨과 감사, 평화와 평등이 보장되는 영생이어야 의미가 있습니다.

그래서 영생은 의로움과 함께해야 합니다. 아담의 죄에 따른 저주를 받아 가시덤불과 엉겅퀴를 내는 땅도 회복되어서 이마에 땀을 흘리지 않아도 먹고살 수 있어야 합니다. 즉 땅의 의로움도 회복되어야 합니다. 그 땅의 소산을 누리는 사람들의 마음도 의로움이 회복되어 서로 다투거나 욕심을 부리는 일이 없어야 합니다.

예수님이 주시는 영생은 바로 그러한 삶입니다. 예수님은 모든 저주를 끊고 의로움이 회복된 행복과 기쁨이 가득한 삶을 우리에게 수시기 위해 고난을 받고 십자가에서 죽으셨습니다. 영생의 삶이 실현되는 하나님 나라는 절대로 사람이 만들 수 없습니다. 예수 그리스도로 말미암아 하나님이 우리에게 선물로 주셔야만 합니다.

4. 우리가 받아야 할 하나님의 극한 심판으로부터 우리를 구하기 위해서

사도신경에는 "본디오 빌라도에게 고난을 받아"라는 구절이 있지만 이 말은 본디오 빌라도가 예수님이 받으신 고난의 일차적이고 직접적인 원인자라는 뜻이 아닙니다. 이 구문은 "본디오 빌라도 아래에서 고난을 받아"(suffered under Pontius Pilate)라고 번역할 수 있습니다. 본디오 빌라도는 예수님의 처형을 주동하지 않았습니다. 실제로 그는 예수님에게서 아무 죄도 찾지 못하고 예수님이 행한 일에는 죽일 만한 일이 없다고 말했습니다(눅 23:14-15). 더 나아가 세 번씩이나 예수님을 풀어주려고 시도했습니다(눅 23:22).

하지만 빌라도는 총독으로서 자신의 정치적 생명을 포기하면서까지 예수님을 지켜줄 생각은 전혀 없었습니다. 그런 약점을 아는 대제사장들과 관원들과 백성들은 큰 소리로 재촉하며 예수님을 십자가에 못 박으라고 요구했습니다. 무리의 강력한 요구에 떠밀린 빌라도는 결국 바라바는 놓아주고 예수님은 십자가에 못 박게 넘겨주었습니다. 바라바는 민란을 일으킨 혐의와 살인죄로 감옥에 갇힌 죄수였습니다.

빌라도가 예수님을 증오하여 직접 고난을 준 것은 아니었지만 예수님에 대한 최종 판결을 내린 책임은 피할 수 없습니다. 그의 결정에 따라 군병들은 예수님을 고문하고 처형했습니다. 예수님의 옷을 벗기고 홍포를 입혔으며 가시관을 엮어 머리에 씌우고 갈대를 오른손에 들게 했습니다. 그리고는 그 앞에 무릎을 꿇고 앉아 "유대인의 왕이여! 평안할지어다"라고 말하며 희롱했습니다. 그것도 모자라 예수님에게 침을 뱉고 갈대를 빼앗아 머리를 쳤습니다(마 27:27-31).

로마 군병들은 예수님을 십자가에 못 박은 후에 그 옷을 제비 뽑아 나누어 가졌습니다. 처형장 옆을 지나가는 자들은 머리를 흔들며 "성전을 헐고 사흘에 짓는 자여! 네가 만일 하나님의 아들이어든 자기를 구원하고 십자가에서 내려오라"라고 말하며 예수님을 모욕했습니다. 또한 대제사장들도 서기관 및 장로들과 함께 "그가 남은 구원하였으되 자기는 구원할 수 없도다. 그가 이스라엘의 왕이로다. 지금 십자가에서 내려올지어다. 그리하면 우리가 믿겠노라"라고 조롱했습니다(마 27:39-42).

빌라도는 당시에 그 지역에서 가장 높은 로마 총독의 자리에 있었습니다. 그는 형사 재판을 관장하는 재판장으로서 사형 판결에 책임을 지고 있었지만 죄가 전혀 없으신 예수님의 처형을 용인했습니다. 그 결과 예수님은 온갖 수치스러운 모욕을 당하고 채찍에 맞았으며 결국에는 십자가에서 끔찍하게 살해되었습니다. 우리는 예수님의 이 모든 수난이 우리가 마땅히 받아야 할 모든 희롱과 모욕과 고통을 대신 짊어지신 결과라는 사실을 잊지 말아야 합니다.

사람들은 그가 징벌을 받아 하나님께 맞으며 고난을 받는다고 여겼습니다. 하지만 예수님은 우리의 질고를 지고 우리의 슬픔을 담당하셨습니다. 그가 찔리고 상처를 입으신 것은 우리의 허물과 죄악을 해결하기 위한 의도적인 선택이었습니다. 그가 징계를 받고 채찍에 맞음으로써 우리는 평화와 나음을 누립니다(사 53:4-5). 우리가 받아야 할 하나님의 극한 심판을 예수님이 대신 받으셨습니다. 예수님이 희롱과 모욕을 당할수록, 징계를 받아 채찍에 맞으며 찔리고 상할수록 우리가 받아야 할 하나님의 극한 심판은 사라져갔습니다. 사도신경은 예수님이 이렇게 받으신 고난을 "본디오 빌라도에게 고난을 받아"라는 말로 표현하는 것입니다.

5. 십자가의 죽음은 하나님께 저주받은 것

예수님이 죽으신 방법이 십자가형이 아닌 다른 형태였다면 어땠을까요? 예수님이 오래도록 제자들을 가르치시다가 여러 지역에 교회를 세우시고 신학교도 세우신 후에 자연사하셨다면 어땠을까요? 혹은 갑자기 사고를 당해 죽으셨다면 어땠을까요? 그런 죽음의 형태들은 죄의 저주로 말미암아 비참하게 살다가 쓸쓸하고 허무하게 죽어야 하는 인간의 상태를 제대로 보여주지 못합니다. 예수님은 죄로 인해 인간이 겪어야 하는 영원한 저주를 가장 극명하게 드러내는 형태로 죽임을 당하셔야만 했습니다.

십자가에서의 죽음이야말로 그런 영원한 저주를 가장 잘 나타내는 죽음의 형태입니다. 특히 신명기 21:22-23은 "사람이 만일 죽을 죄를 범하므로

하이델베르크 교리문답, 삶을 읽다

네가 그를 죽여 나무 위에 달거든 그 시체를 나무 위에 밤새도록 두지 말고 그날에 장사하여 네 하나님 여호와께서 네게 기업으로 주시는 땅을 더럽히지 말라. 나무에 달린 자는 하나님께 저주를 받았음이니라"라고 말합니다. 유대인들은 이 말씀을 분명하게 알고 있었기에 십자가에 달리신 예수님이 하나님께 저주를 받았다고 자연스레 인식했습니다.

그런데 예수님은 십자가의 죽음을 예견하셨으면서도 예루살렘에 올라가는 길을 피하지 않으셨습니다. 그는 가장 저주받은 죽음의 형태를 일부러 선택하신 것입니다. 예수님이 우연히, 재수 없게 빌라도에게 걸려 십자가에서 처형당하셨다고 생각하면 안 됩니다. 예수님은 제자들에게 다음과 같이 말씀하셨습니다.

> 18보라! 우리가 예루살렘으로 올라가노니 인자가 대제사장들과 서기관들에게 넘겨지매 그들이 죽이기로 결의하고 19이방인들에게 넘겨주어 그를 조롱하며 채찍질하며 십자가에 못 박게 할 것이나 제삼 일에 살아나리라(마 20:18-19).

예수님은 자기 죽음의 구체적인 형태까지 알고 계셨습니다. 예수님은 그 죽음을 받아들이심으로써 사람들이 받아야 하는 영원한 저주를 몸소 담당하셨습니다. 그래서 우리는 십자가의 죽음을 생각할 때마다 우리에게 놓인 저주를 예수님이 친히 해결해주셨음을 확인하게 됩니다. 십자가의 죽음에는 이런 특별한 의미가 담겨 있습니다.

01 각자의 취미와 관심사, 특기에 대해 말해봅시다. 이런 것들이 각자의 삶에 미치는 긍정적인 효과와 부정적인 효과에 관해서도 이야기해봅시다. 성경은 "창세로부터 하나님의 영원하신 능력과 신성이 그가 만드신 만물에 분명히 보여 알려졌다"고 말합니다(롬 1:20). 각자의 취미와 관심사, 특기를 통해 하나님과 사람에 대하여 얼마큼 배우고 있는지도 나누어봅시다.

02 하이델베르크 교리문답 제37-39문을 서로 묻고 답해봅시다. 근거 성구도 함께 살펴봅시다.

03 그리스도가 땅에서 사신 전 생애 동안, 그리고 특히 생애의 마지막 순간에 감당하신 것은 무엇이었습니까?

04 유일한 화목제물이신 그리스도가 자신의 고난을 통해 이루신 일은 무엇
입니까? 소극적인 측면과 적극적인 측면으로 나누어 말해봅시다.

05 본디오 빌라도는 어떤 인물입니까? 예수님을 재판하는 과정에서 빌라도
가 보인 태도는 어떠했습니까?

06 예수님이 다른 형태의 죽음이 아니라 십자가에 못 박혀 죽으신 것은 어떤
특별한 의미가 있습니까?

그리스도의 죽음, 장사, 지옥에 내려가심

Q 제40문   그리스도는 왜 죽음에 이르기까지 자신을 낮추실 필요가 있었습니까?

Why was it necessary for Christ to humble himself even "unto death"?

A 답   하나님의 공의와 진리로 인해[1] 우리의 죄에 대한 보상은 하나님의 아들의 죽음 이외에 다른 방도가 없기 때문입니다.[2]

Because with respect to the justice and truth of God, satisfaction for our sins could be made no otherwise, than by the death of the Son of God.

Q 제41문   그분은 왜 장사되기까지 하셨습니까?

Why was he also "buried"?

A 답   그것으로 그분이 정말 죽으셨다는 것을 보이기 위해서입니다.[3]

Thereby to prove that he was really dead.

Q 제42문   그리스도가 우리를 위해 죽으셨다면 우리가 죽어야만 하는 이유는 무엇입니까?

Since then Christ died for us, why must we also die?

A 답   우리의 죽음은 우리의 죄에 대한 보상이 아니고[4] 다만 죄의 제거이자 영생으로 들어가는 통로입니다.[5]

Our death is not a satisfaction for our sins, but only an abolishing of sin, and a passage into eternal life.

Q 제43문 십자가에서 겪으신 그리스도의 희생과 죽음으로 우리는 어떤 유익을 더 얻습니까?

What further benefit do we receive from the sacrifice and death of Christ on the cross?

A 답 그것들로 인해 우리의 옛사람이 그와 함께 못 박히고 죽어 장사되고,[6] 그 결과 육신의 악한 욕망이 더는 우리를 지배하지 못하며,[7] 우리는 우리 자신을 감사의 제물로 그에게 드리는 유익을 얻습니다.[8]

That by virtue thereof, our old man is crucified, dead and buried with him; that so the corrupt inclinations of the flesh may no more reign in us; but that we may offer ourselves unto him a sacrifice of thanksgiving.

Q 제44문 왜 "지옥에 내려가시고"라는 구절이 첨부되었습니까?

Why is there added, "he descended into hell"?

A 답 나의 가장 큰 시험 중에도 나의 주 예수 그리스도는 그의 모든 고난, 특히 십자가에서 겪은 표현할 수 없는 두려움과 괴로움, 공포와 지옥 같은 고통으로 인해 나를 지옥의 두려움과 격통(激痛)에서 구원하심을 내가 확신하고 안심하기 위해서입니다.[9]

That in my greatest temptations, I may be assured, and wholly comfort myself in this, that my Lord Jesus Christ, by his inexpressible anguish, pains, terrors, and hellish agonies, in which he was plunged during all his sufferings, but especially on the cross, has delivered me from the anguish and torments of hell.

humble	겸손한, 초라한, 소박한
abolish	없애다, 폐지하다, 철폐하다
passage	통로, 경과, 통과
inclination	성향, 의향
reign	지배하다, 통치하다, 군림하다
plunge	급락하다, 추락하다, 감소하다

근거 성구

1 "선악을 알게 하는 나무의 열매는 먹지 말라. 네가 먹는 날에는 반드시 죽으리라" 하시니라(창 2:17).

2 3율법이 육신으로 말미암아 연약하여 할 수 없는 그것을 하나님은 하시나니 곧 죄로 말미암아 자기 아들을 죄 있는 육신의 모양으로 보내어 육신에 죄를 정하사 4육신을 따르지 않고 그 영을 따라 행하는 우리에게 율법의 요구가 이루어지게 하려 하심이니라(롬 8:3-4).

사람의 모양으로 나타나사 자기를 낮추시고 죽기까지 복종하셨으니 곧 십자가에 죽으심이라(빌 2:8).

9오직 우리가 천사들보다 잠시 동안 못하게 하심을 입은 자 곧 죽음의 고난 받으신으로 말미암아 영광과 존귀로 관을 쓰신 예수를 보니 이를 행하심은 하나님의 은혜로 말미암아 모든 사람을 위하여 죽음을 맛보려 하심이라.…14자녀들은 혈과 육에 속하였으매 그도 또한 같은 모양으로 혈과 육을 함께 지니심은 죽음을 통하여 죽음의 세력을 잡은 자 곧 마귀를 멸하시며 15또 죽기를 무서워하므로 한 평생 매여 종노릇하는 모든 자들을 놓아주려 하심이니(히 2:9, 14-15).

3 그는 강포를 행하지 아니하였고 그의 입에 거짓이 없었으나 그의 무덤이 악인들과 함께 있었으며 그가 죽은 후에 부자와 함께 있었도다(사 53:9).

59요셉이 시체를 가져다가 깨끗한 세마포로 싸서 60바위 속에 판 자기 새 무덤에 넣어두고 큰 돌을 굴려 무덤 문에 놓고 가니(마 27:59-60).

52그가 빌라도에게 가서 예수의 시체를 달라 하여 53이를 내려 세마포로 싸고 아직 사람을 장사한 일이 없는 바위에 판 무덤에 넣어두니(눅 23:52-53).

38아리마대 사람 요셉은 예수의 제자이나 유대인이 두려워 그것을 숨기더니 이 일 후에 빌라도에게 예수의 시체를 가져가기를 구하매 빌라도가 허락하는지라. 이에 가서 예수의 시체를 가져가니라. 39일찍이 예수께 밤에 찾아왔던 니고데모도 몰약과 침향 섞은 것을 백 리트라쯤 가지고 온지라. 40이에 예수의 시체를 가져다가 유대인의 장례 법대로 그 향품과 함께 세마포로 쌌더라. 41예수께서 십자가에 못 박히신 곳에 동산이 있고 동산 안에 아직 사람을 장사한 일이 없는 새 무덤이 있는지라(요 19:38-41).

성경에 그를 가리켜 기록한 말씀을 다 응하게 한 것이라. 후에 나무에서 내려다가 무덤에 두었으나(행 13:29).

3내가 받은 것을 먼저 너희에게 전하였노니 이는 성경대로 그리스도께서 우리 죄를 위하여 죽으시고 4장사 지낸 바 되셨다가 성경대로 사흘 만에 다시 살아나사(고전 15:3-4).

4 36사람이 만일 온 천하를 얻고도 자기 목숨을 잃으면 무엇이 유익하리요. 37사람이 무엇을 주고 자기 목숨과 바꾸겠느냐?(막 8:36-37)

6자기의 재물을 의지하고 부유함을 자랑하는 자는 7아무도 자기의 형제를 구원하지 못하며 그를 위한 속전을 하나님께 바치지도 못할 것은 8그들의 생명을 속량하는 값이 너무 엄청나서 영원히 마련하지 못할 것임이니라(시 49:6-8).

5 내가 진실로 진실로 너희에게 이르노니 내 말을 듣고 또 나 보내신 이를 믿는 자는 영생을 얻었고 심판에 이르지 아니하나니 사망에서 생명으로 옮겼느니라(요 5:24).

오호라! 나는 곤고한 사람이로다. 이 사망의 몸에서 누가 나를 건져내랴?(롬 7:24)

내가 그 둘 사이에 끼었으니 차라리 세상을 떠나서 그리스도와 함께 있는 것이 훨씬 더 좋은 일이라. 그렇게 하고 싶으나(빌 1:23).

예수께서 우리를 위하여 죽으사 우리로 하여금 깨어 있든지 자든지 자기와 함께 살게 하려 하셨느니라(살전 5:10).

6 우리가 알거니와 우리의 옛사람이 예수와 함께 십자가에 못 박힌 것은 죄의 몸이 죽어 다시는 우리가 죄에게 종노릇 하지 아니하려 함이니(롬 6:6).

7 6우리가 알거니와 우리의 옛사람이 예수와 함께 십자가에 못 박힌 것은 죄의 몸이 죽어 다시는 우리가 죄에게 종노릇 하지 아니하려 함이니 7이는 죽은 자가 죄에서 벗어나 의롭다 하심을 얻었음이라. 8만일 우리가 그리스도와 함께 죽었으면 또한 그와 함께 살 줄을 믿노니… 11이와 같이 너희도 너희 자신을 죄에 대하여는 죽은 자요, 그리스도 예수 안에서 하나님께 대하여는 살아 있는 자로 여길지어다. 12그러므로 너희는 죄가 너희 죽을 몸을 지배하지 못하게 하여 몸의 사욕에 순종하지 말고(롬 6:6-8, 11-12).

내가 그리스도와 함께 십자가에 못 박혔나니 그런즉 이제는 내가 사는 것이 아니요, 오직 내 안에 그리스도께서 사시는 것이라. 이제 내가 육체 가운데 사는 것은 나를 사랑하사 나를 위하여 자기 자신을 버리신 하나님의 아들을 믿는 믿음 안에서 사는 것이라(갈 2:20).

11또 그 안에서 너희가 손으로 하지 아니한 할례를 받았으니 곧 육의 몸을 벗는 것이요, 그리스도의 할례니라. 12너희가 세례로 그리스도와 함께 장사되고 또 죽은 자들 가운데서 그를 일으키신 하나님의 역사를 믿음으로 말미암아 그 안에서 함께 일으키심을 받았느니라(골 2:11-12).

8 그러므로 형제들아! 내가 하나님의 모든 자비하심으로 너희를 권하노니 너희 몸을 하나님이 기뻐하시는 거룩한 산 제물로 드리라. 이는 너희가 드릴 영적 예배니라(롬 12:1).

9 5스올의 줄이 나를 두르고 사망의 올무가 내게 이르렀도다. 6내가 환난 중에서 여호와께 아뢰며 나의 하나님께 부르짖었더니 그가 그의 성전에서 내 소리를 들으심이여, 그의 앞에서 나의 부르짖음이 그의 귀에 들렀도다(시 18:5-6).

사망의 줄이 나를 두르고 스올의 고통이 내게 이르므로 내가 환난과 슬픔을 만났을 때에(시 116:3).

그가 찔림은 우리의 허물 때문이요, 그가 상함은 우리의 죄악 때문이라. 그가 징계

를 받으므로 우리는 평화를 누리고 그가 채찍에 맞으므로 우리는 나음을 받았도다(사 53:5).

여호와께서 그에게 상함을 받게 하시기를 원하사 질고를 당하게 하셨은즉 그의 영혼을 속건제물로 드리기에 이르면 그가 씨를 보게 되며 그의 날은 길 것이요, 또 그의 손으로 여호와께서 기뻐하시는 뜻을 성취하리로다(사 53:10).

이에 말씀하시되 "내 마음이 매우 고민하여 죽게 되었으니 너희는 여기 머물러 나와 함께 깨어 있으라" 하시고(마 26:38).

제구 시쯤에 예수께서 크게 소리 질러 이르시되 "엘리, 엘리, 라마 사박다니" 하시니 이는 곧 "나의 하나님, 나의 하나님, 어찌하여 나를 버리셨나이까" 하는 뜻이라(마 27:46).

그는 육체에 계실 때에 자기를 죽음에서 능히 구원하실 이에게 심한 통곡과 눈물로 간구와 소원을 올렸고 그의 경건하심으로 말미암아 들으심을 얻었느니라(히 5:7).

그리스도의 죽음, 장사, 지옥에 내려가심

하이델베르크 교리문답 제29-52문은 사도신경의 내용을 바탕으로 성자 하나님과 우리의 구속을 다룹니다. 그중 제35-39문이 예수님의 성육신과 이 땅에서의 사역을 다루었다면 제40-44문은 예수님의 죽으심에 초점을 맞춥니다.

제37문 "고난을 받아"의 뜻은 무엇인가?

제38문 왜 예수님은 "재판장인 본디오 빌라도 아래에서" 고난을 받으셨는가?

제39문 예수님의 십자가 죽음은 다른 형태의 죽음보다 특별한 의미가 있는가?

제40문 그리스도는 왜 죽음에 이르기까지 자신을 낮추셔야 했는가?

제41문 그분은 왜 장사되셨는가?

제42문 그리스도가 우리를 위해 죽으셨다면 우리는 왜 또 죽어야 하는가?

제43문 그리스도의 희생과 죽음으로 우리는 어떤 유익을 더 얻는가?

제44문 "지옥에 내려가시고"의 뜻은 무엇인가?

표39 하이델베르크 교리문답 제37-44문의 구성

1. 우리의 죄에 대한 보상은 하나님의 아들의 죽음이다

영화 배우 멜 깁슨(Mel Gibson)이 항공사 사장 톰으로 출연한 〈랜섬〉(*Ransom*, 1996)이라는 영화를 아십니까? 어느 날 톰의 아들을 납치한 유괴범들은 몸값으로 2백만 달러를 요구합니다. 톰은 돈을 준비해서 범인들을 만나지만 일이 꼬여 아들을 구하는 데 실패합니다. 범인들은 미국연방수사국(FBI)의 추적을 받고 있음을 깨닫고는 종적을 감춘 채 아들을 죽이겠다는 협박의 강도를 높여갑니다. 하지만 톰은 몸값을 치러도 아들이 죽을 수 있음을 직감하고 생방송에서 아들의 몸값 2백만 달러를 범인들의 현상금으로 뒤바꾸어버립니다. 과연 톰은 아들을 구해낼 수 있을까요? 영화의 결말을 여기서 말하지는 않겠습니다. 단지 이 영화에서 아이의 "몸값"을 지칭할 때 사용한 단어가 바로 "랜섬"(ransom)이라는 사실을 기억해주시기 바랍니다.

마태복음 20:28에서 예수님은 제자들에게 "인자가 온 것은 섬김을 받으려 함이 아니라 도리어 섬기려 하고 자기 목숨을 많은 사람의 대속물(代贖物)로 주려 함이니라"라고 말씀하셨습니다. 이 말씀에서 "대속물"로 번역된 단어 역시 "랜섬"에 해당합니다. 즉 예수님은 자기 목숨을 많은 사람의 몸값으로 주신 것입니다. 랜섬에 해당하는

그리스어는 "뤼트론"(λύτρον)으로서 이는 "풀어주다"라는 의미를 가진 동사 "뤼오"(λύω)에서 파생된 명사입니다.

아담은 하나님의 말씀을 어기고 선악을 알게 하는 나무의 열매를 따 먹었습니다. 하나님은 그 열매에 관해 "네가 먹는 날에는 반드시 죽으리라"(창 2:17)라고 말씀하셨기 때문에 이때부터 아담과 그의 후손은 모두 죽음을 피할 수 없었습니다. 죄로 인해 인생이 비참과 죽음이라는 대가를 치르게 된 것입니다. 이 문제를 해결하려면 어떻게 해야 할까요? 누군가 그 죗값을 치러줘야 하지 않을까요? 그래야만 자유롭게 풀려날 수 있습니다. "자기 목숨을 많은 사람의 대속물로 주려 함"이라는 예수님의 말씀은 바로 이 죗값을 대신 치러주시겠다는 것이었습니다. 즉 예수님은 죄를 지어서 죽어야만 하는 자들을 자유롭게 풀어주기 위해 자기 목숨을 몸값으로 지불하셨습니다.

예수님의 죽음과 관련하여 우리는 그분의 고통과 죽음으로 얻은 "법정적 의"에 대해서 알아야 합니다. 한 가지 예를 들어 설명하겠습니다. 신창원 같

은 탈옥수들이 잠을 가장 달게 자는 때는 언제인지 아십니까? 바로 경찰에게 잡히는 날 밤이라고 합니다. 수배를 받으며 도망을 다닐 때는 언제 들킬지 모른다는 불안감에 누가 자기를 잠깐만 쳐다봐도 신경이 날카로워져서 잠을 이룰 수가 없는데 경찰에 잡히고 나면 그 불안감이 사라져서 깊은 잠을 자게 된다는 것입니다. 그런데 아무리 흉악한 탈옥수라 하더라도 감옥에 다시 들어가 형량을 다 채우고 나오면 그때부터는 새로운 자유를 누릴 수 있습니다. 비록 전과 때문에 낙인이 찍혀 눈총을 받을지는 몰라도 법적으로 그가 다시 수감될 염려는 없습니다. 그는 법적으로 깨끗합니다. 자기가 지은 죗값을 모두 치렀기 때문입니다.

바로 예수님의 죽음이 우리에게 이와 같은 역할을 합니다. 우리는 죄인으로 태어나 매일 죄를 짓는 지독한 죄인입니다. 그 죄의 대가는 분명히 죽음입니다. 그런데 우리가 치러야 할 죗값을 예수님이 십자가에서 죽으심으로써 대신 치러주셨습니다. 누군가 지불해야만 하는 우리의 몸값을 친히 해결하고 우리를 풀어주신 것입니다. 죽음의 세력을 잡은 마귀를 자기의 죽음으로 멸하신 예수님은, 동시에 죽음의 권세에 매여 한평생 종노릇하는 모든 자를 놓아주셨습니다(히 2:14-15).

예수님 덕분에 우리는 하나님 앞에서 법적인 자유인이며 의인입니다. 우리를 위해 예수님은 죽음에 이르기까지 자신을 낮추셨습니다. 예수님의 죽음 이외에 우리의 몸값을 치를 다른 방도는 없습니다. 하나님은 우리를 사랑하시지만 우리의 죄에 대해서는 분명한 죗값을 요구하십니다. 그리고 그 죗값을 예수님에게서 받으셨습니다. 여기서 바로 하나님의 공의가 드러납니다. 하나님의 사랑은 반드시 공의와 진리를 포함합니다.

2. 그분은 정말 죽으셨다는 것을 보이기 위해서 장사되셨다.

예수님이 죽으신 직후 아리마대 사람 요셉은 빌라도에게 가서 예수님의 시

TIP

리트라(λίτρα, pound)
고대 로마의 무게 단위로
대략 327그램이다.

체를 달라고 요구했습니다. 급하게 장례를 치르는데 전에 예수님을 찾아왔던 니고데모가 몰약과 침향 섞은 것을 백 리트라쯤 가지고 왔습니다. 사람들은 예수님의 시체를 향품과 함께 세마포로 싸서 바위 속에 판 새 무덤에 넣고 큰 돌을 굴려 무덤 문을 막았습니다. 산 사람을 세마포로 싸서 무덤에 넣으면 숨이 막혀 죽습니다. 즉 예수님의 죽음은 누가 보아도 확실했습니다.

저의 아버님은 병원에서 돌아가셨습니다. 아버님이 돌아가시자 정해진 순서에 따라 의사가 와서 최종으로 확인한 후 아버님을 영안실로 모셨습니다. 이때도 의료진은 시트를 아버지 머리까지 씌웠습니다. 사망이 확인된, 숨을 쉬지 않는 시신이기 때문에 그렇게 하는 것이었습니다. 장례 절차를 밟는 동안에는 시신이 부패하지 않도록 냉장실에 보관했지만 사흘이 지난 후에는 시신이 담긴 관을 땅속에 묻어야 했습니다. 저도 삽으로 흙을 떠서 관 위에 뿌리고 흙을 발로 다지기도 했습니다. 살아 있는 사람은 냉장실에 들어가거나 땅속에 묻히면 안 됩니다. 숨을 쉴 수 없기 때문입니다. 누군가 무덤에 묻힌다는 것은 그가 확실히 죽었다는 의미입니다.

예수님의 장사(葬事)는 예수님이 실제로 죽으셨다는 것을 확실하게 보여 줍니다. 예수님은 죽은 척 연기를 하거나 잠시 기절하신 것이 아닙니다. 실제로 숨이 끊어져 죽으셨기에 무덤에 안치되었습니다. 그래서 우리는 예수님이 우리를 위하여 실제로 죽으셨음을 분명하게 알 수 있습니다.

그분의 분명한 죽음으로 말미암아 우리는 영원한 죽음에서 벗어날 수 있습니다. 예수님은 우리가 치러야 할 죗값을 치르실 때 거리끼는 마음으로 하거나 속임수를 쓰지 않으셨습니다. 그분은 예루살렘에서 잡혀 죽게 될 것을 아셨지만 그곳으로 올라가는 길을 스스로 선택하셨습니다. 즉 예수님은 일부러 예루살렘에 올라가 잡혀 죽으셨습니다. 예수 그리스도의 죽음과 장사는 성경에 이미 예언된 것이었습니다. 예수님은 그것을 다 응하게 하시고자 고난과 죽음의 길을 걸으셨습니다.

성경에 그를 가리켜 기록한 말씀을 다 응하게 한 것이라. 후에 나무에서 내려다가 무덤에 두었으나(행 13:29).

3이는 성경대로 그리스도께서 우리 죄를 위하여 죽으시고 4장사 지낸 바 되셨다가 성경대로 사흘 만에 다시 살아나사(고전 15:3-4).

3. 우리의 죽음은 죄에 대한 보상이 아니고 다만 죄의 제거이자 영생으로 들어가는 통로다

예수님이 죽으심으로써 우리의 몸값을 모두 치르고 사망을 정복하셨다면 우리는 죽지 않을까요? 그렇지 않습니다. 예수님을 아무리 잘 믿는 성도라고 해도 죽음의 문을 통과하지 않을 수는 없습니다. 이에 대해 성경은 우리의 죽음이 우리의 죄에 대한 보상이 아니라 죄를 제거하는 최종 과정이라고 말합니다.

우리가 하나님의 자녀가 아니었을 때 죽음은 우리 죄의 당연한 결과였습니다. 죽음은 두려움을 불러일으키고 고통을 유발하는 대상이었습니다. 우리는 죽음의 권세에 갇히어 살아갈 수밖에 없는 존재였습니다. 그런데 예수님이 우리를 대신하여 죽으신 후로는 더 이상 죽음의 권세가 우리를 가두지 못합니다. 우리는 죽음의 권세가 아니라 죽음의 권세를 이기신 예수 그리스도의 권세 아래에 있습니다. 살아서나 죽어서나 우리는 우리의 것이 아니라 몸과 영혼이 모두 미쁘신 예수 그리스도의 것입니다. 예수님이 그의 보배로운 피로 우리의 모든 죗값을 치러주셨고 마귀의 모든 권세로부터 우리를 구하섰기 때문입니다.

구원을 받은 자라도 이 땅을 사는 동안에는 노화와 병을 피할 수 없습니다. 죽음도 자연스럽습니다. 다만 신자에게 죽음은 끝이 아니며 신자가 죽은 후에 사탄의 권세에 놓이는 것도 아닙니다. 신자에게 죽음은 영생으로 들어가는 **통로**입니다. 죽은 신자의 육신은 자연의 분해 과정을 통해 흙으로 돌아가지만 소멸하지 않는 그의 영혼은 하나님께로 즉시 돌아가 빛과 영광 속에서 하나님의 얼굴을 뵙니다. 거기서 육신이 부활하여 영화로워지기를 기다립니다. 그리고 마침내 예수 그리스도가 재림하실 때 신자의 육신도 부활하여 영광체로 변한 상태에서 영생을 누리는 것입니다.

악한 자도 그 육신이 무덤에 장사되어 부패하는 것까지는 같습니다. 하지만 그 영혼은 지옥에 던져져 고통과 흑암 속에서 그리스도의 대심판 때까지 갇혀 있습니다. 그리스도의 재림 때 신자의 육신이 영광으로 살아나 영화로워지는 것과 대조적으로 악한 자의 육신은 치욕으로 살아납니다. 신자는 영생을 위하여 부활하지만 악인들은 영원한 벌을 위하여 되살아나는 것입니다.

사도 바울은 자기의 죽음이 죄에 대한 보상이나 삶의 단절이 아니라 하나님의 품에 안기는 영광임을 알았습니다. 그래서 그는 차라리 세상을 떠나서 그리스도와 함께 있는 것이 훨씬 더 좋은 일이라고 생각했습니다(빌 1:23). 더 나아가 그는 사람이 살아 있는 동안에 인생의 비참을 계속해서 경험하면서 여전히 남아 있는 부패성으로 인해 선을 행하려는 바람과는 달리 악을 행하게 되는 현실을 탄식했습니다(롬 7:19). 우리도 바울처럼 이 땅 위의 삶이 곤고한 삶인 줄 알아야 합니다(롬 7:24). 또한 영생을 사모하며 죽음을 당당하게 맞이할 줄 알아야 합니다. 죽음은 죄의 제거이고 영생으로 들어가는 통로라는 사실을 늘 기억하시기 바랍니다.

4. 그리스도의 희생과 죽음으로 우리가 얻는 유익

그리스도는 사람이 되셔서 우리를 대표하고 대신하며 우리와 연합하셨습니다. 따라서 그의 희생과 죽음의 결과는 우리의 것이 됩니다. 그리스도는 우리를 대신하여 모든 율법을 지키고 고난을 받았을 뿐 아니라 십자가에 못 박혀 죽기까지 하셨습니다. 우리를 대신하여 율법을 지키신 그리스도 덕분에 우리의 허물이 가리어졌습니다. 또한 그분이 고난과 죽으심을 통해 우리의 모든 죗값을 치르셨으므로 우리는 의로운 자들이 되었습니다.

성경은 이러한 사실을 바탕으로 우리의 옛사람이 예수님과 함께 못 박히고 죽어 장사되었다고 말합니다. 옛사람이 죽었으니 이제는 우리가 사는 것이 아니라 오직 우리 안에 그리스도가 사시는 것입니다. 우리는 우리를 사랑하사 우리를 위하여 자기 자신을 버리신 하나님의 아들을 믿는 믿음 안에서 삽니다(갈 2:20). 그래서 육신의 악한 욕망이 더 이상 우리를 지속적으로 지배하지 못합니다. 그 대신에 우리는 날마다 우리 자신을 감사의 제물로 그분께 드리기를 더욱 힘쓰게 됩니다. 우리의 모든 삶을 하나님이 기뻐하시는 거룩한 산 제물로 드리게 되는 것입니다(롬 12:1).

앞서 우리는 아담은 죄를 지어서 죄인이지만 아담의 후손은 죄인이어서 죄를 짓는다는 사실을 살펴보았습니다. 예수 그리스도의 순종과 희생을 통한 구원을 받기 전에는 사람의 근본적 성향 자체가 죄를 향합니다. 그 상태에서는 모든 사람이 죄에 종노릇할 수밖에 없습니다. "옛사람"이란 그렇게 죄가 몸을 지배하는 상태에 있는 사람입니다. 그런데 그 옛사람이 예수님과 함께 십자가에 못 박혔습니다. 이제 우리는 죄에 종노릇하지 않아도 됩니다. 우리의 근본적 성향이 바뀐 것입니다.

구원을 받기 전에는 죄가 우리를 지배하므로 우리에게 온전한 "자유의지"(Free Will)가 없습니다. 오직 죄가 이끄는 방향으로 갈 자유만 있습니다. 루터는 이것을 "노예의지"(the bondage of the will)라는 말로 표현했습니다. 고삐를 맨 말이나 소는 활발하게 움직여도 자기의 뜻과 목적이 아니라 부리는 사람의 뜻과 목적에 따라 움직일 뿐입니다. 자유의지가 아니라 노예의지를 가진 사람도 마찬가지입니다. 죄에 매인 사람은 자기 뜻과 목적에 따라 살지 못하고 죄에 종노릇하며 죄가 시키는 대로 살아갑니다.

하지만 우리가 구원을 받은 이후에는 성령을 통하여 우리 안에 거하시는 예수님의 선한 영향을 받습니다. 우리 안의 옛사람이 죽고 그리스도가 사시니 이제 우리는 그리스도가 이끄는 방향으로 갈 자유를 얻었습니다. 이제부터 우리는 선을 행하며 죄와 싸울 수 있습니다. 비로소 온전한 자유의지를 갖게 된 것입니다.

사람들은 대개 자기의 생각이나 결정, 행동이 독립적이고 자유롭다고 생각합니다. 하지만 그 이면에는 당사자도 모르는 무의식이나 됨됨이의 문제가 큰 영향을 미치고 있습니다. 그래서 똑같은 사건이나 상황을 접해도 그에 대한 반응은 사람에 따라 제각각으로 나타납니다. 특히 그 반응은 각 사람이 죄에 종노릇하는 죄인인지, 아니면 그리스도께 속한 구원받은 의인인지에 따라 확연하게 달라집니다. 이런 측면에서 예수님은 우리에게 근본적인 의로움을 주시고자 자기 목숨을 버리셨다고도 할 수 있습니다.

웨스트민스터 신앙고백 9장의 주제는 "자유의지"(Free Will)입니다. 그 내용을 살펴보면 사람의 "의지"가 죄를 짓기 전과 후, 구원받은 이후에 어떤 차이를 보이는지 분명하게 이해할 수 있습니다.

하이델베르크 교리문답, 삶을 읽다

① 하나님은 사람의 의지에 타고난 자유를 부여하셨다. 그 의지는 선이나 악에 강제되지 않으며 어떤 절대적인 본성의 필요에 따라 결정되는 것도 아니다.
　⇨ 창조 시 인간의 자유의지: ①항은 하나님이 사람을 처음 창조하셨을 때 인간에게 부여하신 자유의지의 성격을 설명한다.

② 무죄 상태에서 사람은 하나님이 보시기에 선하고 기뻐하실 일을 원하거나 행할 자유와 능력을 가졌으나, 그런 상태에서 변하여 타락할 수도 있었다.
　⇨ 무죄(innocency) 상태에서의 자유의지: 아담이 죄를 짓기 전에 선도 행하고 악도 행할 수 있었던 자유의지에 대해 말한다.

③ 사람이 타락한 죄의 상태에서는 구원에 이를 영적 선을 행할 의지력을 모두 잃어버렸다. 그러므로 자연인은 그러한 선을 완전히 싫어하고 죄로 죽어 있기 때문에 자신만의 힘으로는 그러한 선의 상태로 자신을 회개시키거나 회개를 준비할 수 없다.
　⇨ 유죄(sin) 상태에서의 자유의지: 아담이 죄를 지은 이후에 사람들은 오직 악만을 행할 뿐이다. 물론 선을 행할 때가 있지만 거기에도 악한 의도가 혼합되어 있다.

④ 하나님이 죄인을 회개시켜 은혜의 자리로 옮기실 때는 본연적인 죄의 결박에서 해방하시고, 오직 은혜로 영적 선을 원하고 행할 수 있게 하신다. 그러나 그는 남아 있는 부패성 때문에 완벽하게 선한 것만을 원하지는 않으며 악한 것도 원한다.
　⇨ 은혜(grace) 상태에서의 자유의지: 구원을 받은 자는 옛사람이 죽으며 죄의 결박에서 해방된다. 그러나 우리의 옛사람이 죽었다고 해서 우리가 완전하게 새사람이 되는 것이 아니다. 부패성이 여전히 남아 있기 때문이다. 우리는 여전히 남아 있는 부패성 때문에 악도 행한다. 그러므로 같이 신앙생활하는 교인들이 부패한 모습을 보여도 너무 크게 실망하거나 그리스도인이 어떻게 그럴 수 있느냐며 너무 놀랄 필요가 없다. 자기 자신의 죄에 대해서도 그것 때문에 자신이 그리스도인이 아니라고 단정하면 안 된다. 다윗도 밧세바와 간음하는 큰 죄를 범했지만 철저하게 돌이켰다는 사실을 늘 명심해야 한다.

⑤ 사람의 의지는 영화롭게 된 상태에서만 완벽하게, 그리고 변함없는 자유로 선한 것만을 원하게 된다.
　⇨ 영광(glory) 상태에서의 자유의지: 사람이 완벽하게 선을 원하게 되는 경우는 오직 그리스도가 재림하여 부활을 통과했을 때. 이 땅에서 사는 동안에는 신자일지라도 완벽한 상태에 이를 수 없다. 오직 완벽을 향하여 노력할 뿐이다.

5. 지옥에 내려가시고

사도신경은 한 가지 유형만 있는 것이 아닙니다. 사도들이 따로 한 장소에 모여 사도신경을 작성한 것이 아니라 후대의 성도들이 사도들의 가르침을 정리하고 요약한 내용을 바탕으로 하기 때문입니다. 후대 성도들도 처음부터 특정한 날짜에 특정한 장소에 모여 회의를 하면서 사도신경의 문구를 구체적으로 결정한 것이 아니었습니다. 그런데도 사도신경이 권위를 갖는 것은 그 내용 때문입니다. 대다수 그리스도인은 사도신경의 충실한 내용이 사도들의 가르침을 요약한 것이라고 쉽게 동의합니다. 세계의 수많은 교회도 사도신경을 권위 있는 신앙고백으로 인정하며 예배 중에 사용하고 있습니다.

그런데 사도신경의 문구 중 "지옥에 내려가시고"(He descended into hell)라는 부분에 관련해서는 여러 가지 논란이 있습니다. 이 문구는 기원후 210년경의 신앙고백 및 거기서 이어지는 몇몇 문헌에서는 찾아볼 수 없고 4세기 후반에야 처음으로 등장하기 때문입니다. 6세기 이후에도 몇몇 기록물에서 찾아볼 수 있을 뿐, 대다수 신앙고백에서는 사용되지 않았습니다. 그런데도 750년에 교회가 공인한 원문(*Forma Recepta*)은 이 구절을 받아들였습니다. 그것은 이 十설이 지니는 의미를 높이 샀기 때문이었습니다.

한편 한국의 대다수 개신교회가 사용하는 사도신경 번역에서는 이 구절이 빠졌습니다. 앞서 살펴보았듯이 1887년에 조선 땅을 처음 밟은 언더우드 선교사가 1894년에 사도신경을 번역할 때는 이 구절도 함께 번역했지만 1908년에 "합동 찬송가"를 발간할 때 일부 교단의 요구를 반영하여 이 구절을 뺀 것이 오늘까지 이른 것입니다.

이런 역사적인 배경을 염두에 두고 이 구절의 의미에 대해서 살펴보겠습니다. 예수님이 지옥에 내려가신 이유는 무엇일까요? 어떤 사람들은 예수님이 지옥에 가셔서 예수님을 믿지 않고 죽은 영혼들에게 다시 복음을 전하셨다고 주장합니다. 지옥에서도 복음을 전해 그들이 천국에 갈 수 있게 해주셨

하이델베르크 교리문답, 삶을 읽다

다는 것입니다. 베드로의 가르침은 이런 주장을 지지해주는 듯이 보입니다.

> 18그리스도께서도 단번에 죄를 위하여 죽으사 의인으로서 불의한 자를 대신하셨
> 으니 이는 우리를 하나님 앞으로 인도하려 하심이라. 육체로는 죽임을 당하시고
> 영으로는 살리심을 받으셨으니 19그가 또한 영으로 가서 옥에 있는 영들에게 선
> 포하시니라. 20그들은 전에 노아의 날 방주를 준비할 동안 하나님이 오래 참고 기
> 다리실 때에 복종하지 아니하던 자들이라. 방주에서 물로 말미암아 구원을 얻은
> 자가 몇 명뿐이니 겨우 여덟 명이라(벧전 3:18-20).

예수님이 지옥에 가셔서 불신자들의 영혼에게 복음을 전하셨다고 보는 이 관점은 "림보"와 "연옥"을 말하는 로마 가톨릭이 선호합니다. 그런데 이 주장에는 큰 약점이 있습니다. 베드로전서 3:18-20의 전후 문맥에는 "지옥에 들어간 불신자"들에 대하여 말하는 내용이 없기 때문입니다. 또한 성경은 전체적으로 죽은 자들이 다시 복음을 듣고 회개할 기회가 있다고 말하지 않습니다.

루터파도 예수님이 실제로 지옥에 가셨다고 보지만 로마 가톨릭의 견해와는 분명한 차이가 있습니다. 루터파는 예수님이 지옥에 있는 사람들의 영혼에 복음을 전파하기 위해서가 아니라 지옥에 있는 사탄의 세력에 승리를 선포하기 위해 가셨다고 보기 때문입니다. 즉 루터파의 관점에서 그리스도의 지옥 강하(降下)는 그리스도의 승리를 선포한 사건입니다. 이 관점에 따르면 이미 지옥 강하부터가 그리스도의 높아짐(승귀)의 단계에 해당합니다. 그러나 성경은 부활을 그리스도가 높아지신 결정적인 사건

TIP

림보(limbus)
로마 가톨릭이 중세에 주장한 것으로 추정되는 "림보"는 "경계"라는 뜻으로서 천국과 지옥 사이의 경계 지대를 일컫는다. 중세 로마 가톨릭의 주장에 따르면 이곳은 우선 지옥에 갈 정도로 큰 죄를 짓지 않았지만 천국에 들어갈 정도로 선하지 않은 구약 시대의 사람들이 예수님이 풀어주시기를 기다리며 머무는 곳이다. 이것을 "선조 림보"라고 한다. 반면 세례를 받지 못하고 죽은 유아들이 머무는 "유아 림보"도 있다. 태어나자마자 죽은 아이는 원죄는 있지만 죄를 짓지 않았으므로 이곳에 머문다는 것이다. 정신박약자도 이곳에 머문다고 본다.

으로 다루기 때문에 우리는 이러한 견해도 거부합니다.

베드로전서 3:18-20의 의미를 제대로 이해하기 위해서는 더 큰 문맥을 살펴보아야 합니다.

10그러므로 "생명을 사랑하고 좋은 날 보기를 원하는 자는 혀를 금하여 악한 말을 그치며 그 입술로 거짓을 말하지 말고 11악에서 떠나 선을 행하고 화평을 구하며 그것을 따르라. 12주의 눈은 의인을 향하시고 그의 귀는 의인의 간구에 기울이시되 주의 얼굴은 악행하는 자들을 대하시느니라" 하였느니라. 13또 너희가 열심으로 선을 행하면 누가 너희를 해하리요? 14그러나 의를 위하여 고난을 받으면 복 있는 자니 그들이 두려워하는 것을 두려워하지 말며 근심하지 말고 15너희 마음에 그리스도를 주로 삼아 거룩하게 하고 너희 속에 있는 소망에 관한 이유를 묻는 자에게는 대답할 것을 항상 준비하되 온유와 두려움으로 하고 16선한 양심을 가지라. 이는 그리스도 안에 있는 너희의 선행을 욕하는 자들로 그 비방하는 일에 부끄러움을 당하게 하려 함이라. 17선을 행함으로 고난받는 것이 하나님의 뜻일진대 악을 행함으로 고난받는 것보다 나으니라(벧전 3:10-17).

여기서 베드로는 성도들에게 악에서 떠나 선을 행하라고 권면합니다. 그는 주의 눈이 선을 행하는 의인에게 향하신다는 사실을 상기시키며 선을 행하다 고난을 받는 것이 하나님의 뜻이라고 이야기합니다. 여기서 이어지는 18절은 예수님도 우리를 하나님 앞으로 인도하기 위해 죽으셔서 의인으로서 불의한 자를 대신하셨는데, 그분이 육체로는 죽임을 당하셨지만 영으로는 살리심을 받았다고 말합니다. 예수님이 육체로는 죽임을 당하셨다는 사실은 이해하기 어렵지 않습니다. 그렇다면 "영으로는 살리심을 받으셨다"라는 말의 뜻은 무엇일까요? 이 구절의 의미를 이해해야 19절에 있는 "영으로 가서 옥에 있는 영들에게 선포하시니라"라는 구절의 의미도 명확하게 알 수 있습니다.

하이델베르크 교리문답, 삶을 읽다

예수님은 사람들의 죄를 지고 십자가에서 죽으셨습니다. 이보다 더 선한 행위는 없습니다. 이런 의인의 삶을 사신 예수님은 비록 그 육체로는 죽임을 당했지만 이러한 삶을 산 자세와 행위로 인해 영으로는 살리심을 받으셨습니다. 여기서 "영"은 진리, 정신 등을 말하는데 베드로가 말한 영은 바로 **성령**입니다. 그리고 부활하신 예수 그리스도의 영은 과거와 현재와 미래에 걸쳐 복음을 몰라 옥에 갇혀 사는 영들에게 복음을 선포하십니다. 노아가 방주를 만들었던 때도 복종하지 아니하던 자들에게 복음이 선포되었습니다. 그런데 대다수는 그 복음을 받아들이지 않았고 방주에 올라 간신히 살아남은 자는 8명뿐이었습니다.

베드로전서 3:18-20은 난해한 구절입니다. 그래서 다양한 해석이 있기는 하지만 분명한 것은 예수님이 지옥에 갇혀 있는 불신자들의 영에 복음을 전하며 회개의 기회를 다시 주신 것이 아니라는 사실입니다. 그래서 사도신경의 "지옥에 내려가시고"라는 구절도 당연히 예수님의 지옥 강하에 대하여 말하는 것이 아닙니다.

예수님은 채찍질을 당하고 십자가에 달려 죽으실 때 말할 수 없는 두려움과 괴로움과 공포 속에서 지옥 같은 고통을 맛보셨습니다. "지옥에 내려가시고"라는 구절은 바로 예수님이 그러한 극심한 고통을 겪으셨다는 의미입니다. 특히 예수님이 죽으신 후 장사되어 죽음의 권세 아래에 얼마 동안 거하신 굴욕이야말로 지옥과 같은 고통에 속합니다. 예수님은 죽음의 권세 아래 사흘 동안 거하시며 하나님으로부터 영·육이 분리되는 지옥을 맛보셨습니다.

그리스도의 죽음과 부활이 바로 그리스도와 연합한 우리의 몫이듯, 그리스도가 죽음의 권세 아래 사흘 동안 거하심으로써 만들어내신 유익도 우리의 몫이 됩니다. 그래서 신자들은 죽은 후에도 죽음의 권세 아래에 거하지 않습니다. 죽은 후에 우리의 영혼은 지옥의 고통을 당하지 않고 영혼을 주신 하나님께로 즉시 돌아갑니다. 그리스도 덕분에 거룩하게 된 우리의 영혼은 가장 높은 하늘로 영접되어 빛과 영광 속에서 하나님의 얼굴을 뵈며 몸의 부활을 기다릴 것입니다. 신자의 죽음은 이렇게 영광스러운 것이므로 신자는 오히려 저세상을 사모해야 합니다. "개똥밭에 굴러도 이승이 좋다"라는 속담은 불신자들에게만 해당합니다.

신자는 이 땅에서 어떤 큰 시험을 당하더라도 지옥과 같은 고통을 맛보신 예수 그리스도가 지옥의 두려움과 격통에서 당신의 백성을 구원하신다는 사실을 확신하고 안심해야 합니다. 이 확신과 안심을 위해 "지옥에 내려가시고"라는 구절이 사도신경에 있습니다. 우리는 큰 어려움을 당할 때마다 예수 그리스도를 바라보아야 합니다. 말할 수 없는 고통을 당하신 예수님은 변함없이 우리를 감찰하고 도우며 구원하실 것입니다. 사실 우리가 당하는 고통은 예수님이 감당하신 고통에 비하면 아무것도 아닙니다. 지옥의 고통마저 맛보신 예수님이 해결하지 못하실 고통은 없습니다.

늙음

앞서도 말했지만 나는 2002년 즈음부터 매주 수요일과 주일 이른 아침에 노인 요양원에 가서 말씀을 전한다. 노인 요양원은 그렇게 유쾌한 기분이 드는 곳은 아니다. 어디를 가나 기저귀를 찬 몸에서 나는 냄새가 코를 찌르고, 멍한 표정으로 이상한 몸짓을 반복하거나 소리를 지르는 어르신들을 보아야 하기 때문이다. 그나마 예배에 참여하실 수 있는 분은 건강한 편이다. 예배도 못 드리고 침대에 하루 종일 누워만 계시는 분들도 상당수다. 요양원에 자주 가보면 거기 오래 계시는 분일수록 찾아오는 방문객도 점차 줄어드는 게 당연하다는 생각도 든다.

2015년 8월 초, 75세의 건강한 영국 할머니가 스위스에서 안락사를 선택했다. 그녀는 호스피스 완화의료 전문 간호사 출신이었다. 병든 채 죽을 날만 기다리는 노인들을 오랫동안 돌본 그녀는 더 늙어서 건강을 잃는 게 두렵다고 말했다.

평생 나이 든 사람들을 돌보면서 항상 '난 늙지 않겠다. 늙는 것은 재미없다'고 생각해왔다. [늙는다는 것은] 암울하고 슬프다. 끔찍하다.

다른 신문에는 이렇게 기고하기도 했다.

노인들이 사회에 짐이 되는 건 부인할 수 없는 현실이다. 나도 병든 노인들을 돌보다가 '왜 이렇게까지 해야 하나'라고 생각한 적이 많았다. 병든 노인들은 정신이 이상하고 신체도 무기력해 자신조차 돌보지 못한다. 심지어 찾아오는 방문객도 없다. 나는 너무 늦기 전에 이들에게 평화를 주기 위한 처방전을 써주고 싶었다. 자신도 모르게 대소변이 나오고 욕설을 서슴지 않게 되며 밥을 받아먹고 방안만 돌아다녀야 하는 걸 원하는 사람은 아무도 없다.

나는 그녀의 글을 읽으면서 내 속에 있는 생각과 느낌을 들킨 듯했다. 2010년에 돌아가신 아버지의 노화와 임종을 모두 지켜보면서, 그리고 노인 요양원을 10년 넘게 드나들면서 내 마음에도 늙는 것에 대한 두려움이 차곡차곡 쌓인 듯하다. 많은 어르신이 왜 그렇게 "잘 죽기"를 바라시는지 점점 더 동감하게 된다.

그런데 노화 과정이 꼭 혐오스럽고 나쁜 것만은 아니다. 늙음이 없다면 철이 들 사람이 얼마나 있을까? 늙음이 없다면 혈기 왕성한 사람들의 악한 성향이 어떻게 다스려질까? 노화의 과정이 없다면 영생과 내세에 대한 소망과 필요성을 느끼는 사람도 적어지지 않을까?

물론 늙어 스러지는 모든 것들은 쓸쓸하고 비참하고 슬프다. 식물은 낙엽이나 고목처럼 오래되어감의 미(美)라도 남건만, 사람은 늙으면 퇴물 취급을 당하기에 십상이다. 10조가 넘는 재산을 갖고 있지만 늙어서 흐릿해진 정신으로 인해 말도 제대로 못 하는 재벌이나, 회장 자리를 탐하며 서로 싸우는 자식들을 보면서도 따끔하게 혼내지 못하는 대기업의 늙은 회장이나, 한때는 권력을 누렸지만 지금은 별 영향력 없이 쓸쓸히 죽어가는 정치인을 볼 때마다 늙음과 병듦과 죽음은 참으로 우리를 슬프게 한다는 사실을 확인하게 된다. 카리스마 넘치는 멋진 무대로 대중의 사랑을 받던 가수가 나이가 들어 노래를 부르지 못하는 모습을 보면 그의 짙은 주름만큼이나 인생이 우울하게 느껴진다.

그런데 나는 아무리 늙어도 안락사를 택하지는 않을 것이다. 대신 장렬하게 늙는 과정을 받아들일 생각이다. 나는 내가 늙어간다는 사실을 인식하면서, 팔순을 넘기신 어머니에게 더 잘해드리게 되고 나보다 몇 살 어린 아내에게도 늙어서 구박받지 않기 위해 더 잘하게 된다. 다섯 자녀에게도 더욱 정성을 기울이게 되는데 노년에는 자녀들의 섬김이 너무나 소중할 것임을 잘 알기 때문이다. 늙어가면서 누리게 되는 영적 유익도 크다. 나이가 들면서 10조 원이 넘는 재산도, 나는 새를 떨어뜨리는 권세도 사실은 아무것도 아니라는 사실을 절감하며 욕심을 절제하게 된다. 또 어떻게 이 늙음과 병듦과 죽음을 해결해야 하는가를 생각하면서 더욱 주님만을 붙들게 된다.

어떻게 보면 늙음은 죄에 대하여 우리가 죽는 과정으로서 영생으로 들어가기 위해 지나는 통로와 같다. 그런 의미에서 늙음은 우리가 거쳐야 할 필수 과정이고 예수 그리스도로 인해 우리에게 주어진 권리다. 많은 사람은 늙어서 자기가 무시했던 이들의 도움을 받아 겨우 밥을 먹고 화장실을 갈 때, 대소변을 가리지 못해 기저귀를 착용할 때, 치매 증상이 나타나 늘 다니던 길도 찾지 못할 때가 되어야 온몸으로 인간의 나약함을 느끼고 겸손해진다. 우리는 그전에 우리에게 영생과 내생의 복이 필요함을 인정하고 간절하게 하나님의 도우심을 구해야 한다. 그 가운데 우리는 하나님이 허락하신 구원의 무게를 제대로 알게 될 것이다. 우리가 치매에 걸려 하나님을 부인해도 우리의 의지나 결단 이전에 우리를 사랑하고 택하시는 하나님의 의지와 결단에 우리의 구원이 있으니 늙음을 두려워하지 말고 늙음을 주시는 하나님께 감사를 올려드리자.

01   자기의 전공이나 직업에 상관없이 어느 한 분야를 3년간 열심히 공부하면
서 관련 서적 20권 정도를 읽으면 거의 전문가에 가까운 안목을 갖게 된
다고 합니다. 이런 시도를 해야겠다고 생각한 적이 있는지 이야기해봅시
다. 그리고 지금도 그렇게 도전하고 싶은 분야가 있다면 무엇인지 나누어
봅시다.

02   하이델베르크 교리문답 제40-44문을 서로 묻고 답해봅시다. 근거 성구
도 함께 살펴봅시다.

03   그리스도는 고난을 받으시되 죽기까지 고난을 받으셨습니다. 그리스도가
죽지 않으실 정도로만 고난을 받았다면 어땠을까요? 그렇게 되면 안 되는
이유는 무엇입니까?

04   그리스도는 죽어서 무덤에 묻히셨는데, 어차피 부활할 것이라면 장사되기
까지 하실 필요가 있었을까요?

05 그리스도가 우리를 대신해 죽으셨다면 이 땅에서 우리가 다시 죽는 이유
는 무엇입니까?

06 그리스도의 희생과 죽음으로 우리가 얻는 유익은 무엇입니까?

07 사도신경에는 왜 "지옥에 내려가시고"(he descended into hell)라는 구절이
첨부되었습니까?

08 각자의 입장에서 늙음이란 무엇이라고 느껴지는지 나누어봅시다.

그리스도의 부활

Q 제45문 그리스도의 부활은 우리에게 어떤 유익을 줍니까?

What does the "resurrection" of Christ profit us?

A 답 첫째, 그는 자신의 죽음으로 우리를 위해 획득하신 그 의로움에 우리를 참여시키려고 자신의 부활로 죽음을 정복하셨습니다.[1] 둘째, 우리 역시 그의 권능에 의하여 새로운 생명으로 일으킴을 받습니다.[2] 마지막으로 그리스도의 부활은 우리의 복된 부활에 대한 분명한 보증입니다.[3]

First, by his resurrection he has overcome death, that he might make us partakers of that righteousness which he had purchased for us by his death; secondly, we are also by his power raised up to a new life; and lastly, the resurrection of Christ is a sure pledge of our blessed resurrection.

resurrection	부활, 되살아남, 회복
profit	유익을 가져오다, 도움이 되다
overcome	…을 극복하다, …에 이기다, …을 압도하다
pledge	보증, 증거, 표시, 서약

근거 성구

1 예수는 우리가 범죄한 것 때문에 내줌이 되고 또한 우리를 의롭다 하시기 위하여 살아나셨느니라(롬 4:25).

만일 죽은 자가 다시 살아나는 일이 없으면 그리스도도 다시 살아나신 일이 없었을 터이요(고전 15:16).

우리 주 예수 그리스도의 아버지 하나님을 찬송하리로다. 그의 많으신 긍휼대로 예수 그리스도를 죽은 자 가운데서 부활하게 하심으로 말미암아 우리를 거듭나게 하사 산 소망이 있게 하시며(벧전 1:3).

2 그러므로 우리가 그의 죽으심과 합하여 세례를 받음으로 그와 함께 장사되었나니 이는 아버지의 영광으로 말미암아 그리스도를 죽은 자 가운데서 살리심과 같이 우리로 또한 새 생명 가운데서 행하게 하려 함이라(롬 6:4).

5허물로 죽은 우리를 그리스도와 함께 살리셨고 (너희는 은혜로 구원을 받은 것이라) 6또 함께 일으키사 그리스도 예수 안에서 함께 하늘에 앉히시니(엡 2:5-6).

1그러므로 너희가 그리스도와 함께 다시 살리심을 받았으면 위의 것을 찾으라. 거기는 그리스도께서 하나님 우편에 앉아 계시느니라.···3이는 너희가 죽었고 너희 생명이 그리스도와 함께 하나님 안에 감추어졌음이라(골 3:1, 3).

3 예수를 죽은 자 가운데서 살리신 이의 영이 너희 안에 거하시면 그리스도 예수를 죽은 자 가운데서 살리신 이가 너희 안에 거하시는 그의 영으로 말미암아 너희 죽을 몸도 살리시리라(롬 8:11).

12그리스도께서 죽은 자 가운데서 다시 살아나셨다 전파되었거늘 너희 중에서 어떤 사람들은 어찌하여 죽은 자 가운데서 부활이 없다 하느냐?···20그러나 이제 그리스도께서 죽은 자 가운데서 다시 살아나사 잠자는 자들의 첫 열매가 되셨도다. 21사망이 한 사람으로 말미암았으니 죽은 자의 부활도 한 사람으로 말미암는도다(고전 15:12, 20-21).

20그러나 우리의 시민권은 하늘에 있는지라. 거기로부터 구원하는 자 곧 주 예수 그리스도를 기다리노니 21그는 만물을 자기에게 복종하게 하실 수 있는 자의 역사로 우리의 낮은 몸을 자기 영광의 몸의 형체와 같이 변하게 하시리라(빌 3:20-21).

그리스도의 부활

우리는 하이델베르크 교리문답 제31문에서 예수 그리스도의 삼직분(三職分)에 해당하는 선지자직, 제사장직, 왕직에 대하여 살펴보았습니다. 그리고 제 35문부터는 예수 그리스도가 이러한 삼직을 낮은 신분과 높은 신분에서 행하시는 것을 살펴보았습니다. 낮은 신분은 사도신경에서 "성령으로 잉태되어 동정녀 마리아에게서 나시고, 본디오 빌라도에게 고난을 받아 십자가에 못 박혀 죽으시고, 장사된 지 사흘 만에"라는 문구에 해당합니다. 높은 신분은 "죽은 자 가운데서 다시 살아나셨으며, 하늘에 오르시어 전능하신 하나님 우편에 앉아계시다가, 거기로부터 살아 있는 자와 죽은 자를 심판하러 오십니다"라는 문구에 해당합니다. 이번 장에서 살펴볼 제45문부터가 그리스도의 높은 신분에 속하는 사역을 다루는데 그 첫 번째 주제는 바로 **부활**입니다.

- **제40문** 그리스도는 왜 죽음에 이르기까지 자신을 낮추셔야 했는가?
- **제41문** 그분은 왜 장사되셨는가?
- **제42문** 그리스도가 우리를 위해 죽으셨다면 우리는 왜 또 죽어야 하는가?
- **제43문** 그리스도의 희생과 죽음으로 우리는 어떤 유익을 더 얻는가?
- **제44문** "지옥에 내려가시고"의 뜻은 무엇인가?
- **제45문** 그리스도의 부활은 우리에게 어떤 유익을 주는가?

표40 하이델베르크 교리문답 제40-45문의 구성

```
                   ┌─ ① 그리스도의 신분(estate): 낮아짐과 높아짐
   그리스도의 사역 ─┤
                   └─ ② 그리스도의 직분(office): 선지자직, 제사장직, 왕직


                   ┌─ ① 비하  성령으로 잉태되어 동정녀 마리아에게 나시고(제35-36문)
                   │         본디오 빌라도에게 고난을 받아(제37-38문)
                   │         십자가에 못 박혀 죽으시고(제39문)
   그리스도의 신분 ─┤         장사한 지(제40-43문)
                   │         지옥에 내려가시고(제44문)
                   │
                   └─ ② 승귀  다시 살아나셨으며(제45문)
                             하늘에 오르시어(제46-49문)
                             하나님 우편에 앉아계시다가(제50-51문)
                             살아 있는 자와 죽은 자를 심판하러 오십니다(제52문)
```

표41 그리스도의 사역과 그리스도의 신분

1. 획득하신 의로움에 우리를 참여시키려고 자신의 부활로 죽음을 정복하셨다

그리스도는 순종과 죽음으로 우리를 위한 구원을 획득하셨습니다. 구원론은 그 획득된 구원이 성령을 통해 우리에게 어떻게 적용되는지 설명하는 조직신학의 한 분야입니다. 구원론은 효과적 부르심, 회개, 칭의, 양자, 성화, 성도의 견인 등을 다루는데 이는 성령이 그리스도가 획득한 구원을 신자들에게 적용하시는 과정입니다. 이를 가까이에서 살펴보면 신자들이 스스로 회개와 의로움과 성화의 과정을 밟아가는 것 같습니다. 하지만 멀리서 그 본질을 살펴보면 그 모든 과정을 주장하시는 분이 성령이시라는 사실이 분명해집니다.

　　그리스도가 획득한 구원이 살아 있는 신자에게 적용되는 것이 구원론이라면 종말론은 그 구원이 신자의 죽음과 부활에 적용되는 것입니다. 하이

델베르크 교리문답 제42문에 따르면 신자의 죽음은 죄를 제거하는 마지막 단계이며 영생으로 들어가는 통로입니다. 반면 하이델베르크 교리문답 제57-58문은 신자의 부활이란 영·육이 모두 그리스도와 연합하여 영생을 누리는 것이라고 말합니다.

우리는 그리스도와 연합되어 있습니다. 그래서 그리스도의 죽음과 부활이 바로 우리의 죽음과 부활이 됩니다. 그리스도가 낮아지고 높아지신 신분에서 선지자와 제사장과 왕의 직분을 행한 결과가 곧 우리의 것이 됩니다. 그리스도는 자신의 순종과 희생으로 우리를 위해 의로움을 획득하셨습니다. 우리는 도저히 획득할 수 없는 의로움을 그리스도가 우리를 대신하여 모든 율법을 지키고 십자가에 못 박혀 죽음으로써 획득하셨습니다.

그런데 그리스도가 획득한 의로움이 우리의 것이 되려면 예수님이 죽음의 권세를 뚫고 부활하셔야 합니다. 그리스도의 죽음이 아무리 의롭더라도 죽음의 권세를 뚫지 못하고 죽음의 상태에 계속 있다면 신자들의 의로움도 아무런 의미가 없습니다. 진정한 의로움은 생명과 영생으로 보상되어야 하는 것이 아닙니까? 그리스도가 다시 살아나지 못하셨으면 우리의 믿음도 헛것입니다. 그리스도 안에서 우리가 바라는 것이 다만 이 세상의 삶뿐이라면 모든 사람 가운데 우리가 더욱 불쌍한 자입니다(고전 15:17-19). 영생을 바라며 하나님의 말씀대로 치열하게 살면서 박해도 마다치 않았는데 정작 부활이 없다면 우리가 가장 불쌍하지 않겠습니까? 신실하신 예수님은 우리에게 주신 의로움이 진정한 의미를 갖게 하고 그 의로움에 합당한 영생을 누리게 하시려고 부활하셨습니다.

예수는 우리가 범죄한 것 때문에 내줌이 되고 또한 우리를 의롭다 하시기 위하여 살아나셨느니라(롬 4:25).

하이델베르크 교리문답, 삶을 읽다

2. 우리 역시 그의 권능에 의하여 새로운 생명으로 일으킴을 받는다

사람을 비롯한 생명체는 죽는 순간부터 썩기 시작합니다. 한여름에 죽은 시신은 한두 달 만에 백골화(白骨化)가 진행됩니다. 백골화가 되면 그 형상을 알아볼 수 없습니다. 살점들이 썩어 문드러져 없어지기 때문입니다. 사람의 몸은 악취를 풍기며 공중과 땅속으로 분해되어 사라져버립니다. 시간이 더 지나면 뼈마저도 분해되어 아무런 흔적도 찾아볼 수 없습니다. 그런데 그렇게 죽어야 원래의 사람으로 다시 살아날 수 있습니다. 어떻게 그런 일이 가능합니까?

바로 예수 그리스도의 권능 때문에 가능합니다. 죽음의 권세를 뚫고 부활하신 예수 그리스도가 자신과 연합한 신자들을 다시 새로운 생명으로 일으키십니다. 무에서 천지와 만물을 창조하신 하나님께는 죽은 자를 살리시는 것도 별일이 아닙니다. 어떤 도움이나 장치 없이 오직 권능의 말씀으로 세상을 창조하신 하나님이 죽은 신자들에게 새로운 생명을 부여하는 것이 왜 어렵겠습니까? 우리 인간은 생명과 죽음의 본질적 원리를 알지 못합니다. 하지만 하나님은 권능과 지혜로 무에서 천지 만물을 만드시고 생명을 지으셨으며 그 생명을 빼앗기도 하시고 죽은 생명체에게 다시 생명을 주시기도 합니다.

3. 그리스도의 부활은 우리의 복된 부활에 대한 분명한 보증이다

늙거나 병들어 죽음이 가까울 때 우리는 기꺼이 죽음을 맞을 수 있을까요? 죽음은 끝이 아니라 영생으로 들어가는 통로임을 확신할 수 있을까요? 만약 이미 죽은 자의 부활이 있었다면 이 질문에 대해 분명히 답할 수 있을 것입니다. 그래서 예수 그리스도가 먼저 부활하시어 죽은 자의 부활이 가능함을 보여주셨습니다. 만일 죽은 자의 부활이 불가능하다면 그리스도도 살아나지 못하셨을 것입니다. 그러나 그리스도는 다시 살아나셨고 이 사실은 널리 전파되었습니다(고전 15:12-13). 그러므로 우리는 부활에 대해 큰 소망을 가질 수 있습니다.

예수님은 자신의 부활로 예수님과 연합한 우리에게도 부활이 있음을 분명하게 보여주셨습니다. 우리는 그의 죽으심과 합하여 함께 죽어 장사되었고 그와 함께 다시 살리심을 받습니다(롬 6:4; 골 3:1). 우리는 사도신경에서 "죽은 자 가운데서 다시 살아나셨으며"라는 구절을 외울 때마다 부활이 존재함을 확인합니다. 또한 그 부활이 그리스도와 연합한 우리에게도 주어진다는 사실을 확인합니다. 그리스도의 부활이 우리의 복된 부활에 대한 분명한 보증이 되는 것입니다.

01   여러분은 부지런한 편입니까? 혹시 게으름을 피우다가 중요한 일을 하지 못했던 쓰라린 경험이 있습니까? 지금부터 부지런하게 산다면 어떤 일을 열심히 하고 싶습니까? 자신이 부지런하려면 어떤 점을 고쳐야 합니까? 식생활, 수면, 인터넷, 텔레비전, 스마트폰 등 다양한 측면에서 살펴봅시다.

02   하이델베르크 교리문답 제45문을 묻고 답해봅시다. 근거 성구도 함께 살펴봅시다.

03   우리의 의로움과 예수 그리스도의 부활은 어떤 관계에 있습니까?

04   우리가 죽어서 육신이 땅에서 썩을 때 우리는 어떤 힘에 의해 새로운 생명으로 일으킴을 받습니까?

05   우리가 앞으로 죽은 후에 다시 살아나리라는 것을 어떻게 분명히 알 수 있습니까?

06   여러분은 초상집에 가면 유족을 어떤 말로 위로합니까? 유족들에게 "부활의 소망으로 이 슬픔을 이겨내시기 바랍니다"라고 위로의 말을 건네는 것은 어떨지 종합적으로 생각하고 이야기해봅시다.

제18주일: 제46-49문

그리스도의 승천, 그리고 신성과 인성의 비분리

Q 제46문 당신은 "하늘에 오르시어"라는 말을 어떻게 이해합니까?

How dost thou understand these words, "he ascended into heaven"?

A 답 그리스도가 제자들이 보는 가운데 땅에서 하늘로 올리어지셨다는 것입니다.[1] 그리고 그는 우리의 유익을 위해 계속 거기에 거하신다는 것입니다.[2] 그는 살아 있는 자와 죽은 자를 심판하러 다시 오실 때까지 거기에 거하십니다.[3]

That Christ, in sight of his disciples, was taken up from earth into heaven; and that he continues there for our interest, until he comes again to judge the quick and the dead.

Q 제47문 그러면 그리스도는 약속과는 달리 세상 끝날까지 우리와 함께 계시지 않습니까?[4]

Is not Christ then with us even to the end of the world, as he has promised?

A 답 그리스도는 참 사람이시요, 참 하나님이십니다. 인성의 측면에서 그는 더 이상 이 세상에 계시지 않습니다.[5] 그러나 신성과 위엄과 은혜와 영의 측면에서 그는 우리로부터 떠나신 적이 없습니다.[6]

Christ is very man and very God; with respect to his human nature, he is no more on earth; but with respect to his Godhead, majesty, grace and spirit, he is at no time absent from us.

ascend	오르다, 상승하다
with respect to	…에 대한, …에 관한

398   하이델베르크 교리문답, 삶을 읽다

Q 제48문 그러나 그의 신성이 있는 곳에 그의 인성이 있지 않다면 그리스도 안의 이 두 본성은 서로 분리되는 것이 아닙니까?

But if his human nature is not present, wherever his Godhead is, are not then these two natures in Christ separated from one another?

A 답 결코 그렇지 않습니다. 신성은 제한 없이 어디나 계시므로[7] 너무나 당연하게 신성은 취했던 인성의 한계를 넘어서면서도[8] 인성 내에 존재하며 여전히 인격적으로 인성에 결합되어 있습니다.

Not at all, for since the Godhead is illimitable and omnipresent, it must necessarily follow that the same is beyond the limits of the human nature he assumed, and yet is nevertheless in this human nature, and remains personally united to it.

Q 제49문 그리스도의 승천은 우리에게 어떤 유익이 됩니까?

Of what advantage to us is Christ's ascension into heaven?

A 답 첫째, 그는 하늘에서 그의 아버지 앞에서 우리의 변호자가 되어주십니다.[9] 둘째, 우리의 육체가 하늘에 있음에 관한 확실한 보증이니, 이는 그가 머리로서 자신의 지체들인 우리를 자신에게로 취하실 것이기 때문입니다.[10] 셋째, 그는 그의 영을 보증으로 우리에게 보내시는데[11] 우리는 그 영의 힘으로 땅의 것이 아닌, 그리스도가 하나님 우편에 앉아계신 위의 것을 찾습니다.[12]

First, that he is our advocate in the presence of his Father in heaven; secondly, that we have our flesh in heaven as a sure pledge that he, as the head, will also take up to himself, us, his members; thirdly, that he sends us his Spirit as an earnest, by whose power we "seek the things which are above, where Christ sitteth on the right hand of God, and not things on earth."

illimitable	무한의, 광대한, 끝없는
omnipresent	어디에나 있는, 편재하는
advocate	대변자, 지지자

근거 성구

1 예수께서 이르시되 "네가 말하였느니라. 그러나 내가 너희에게 이르노니 이후에 인자가 권능의 우편에 앉아 있는 것과 하늘 구름을 타고 오는 것을 너희가 보리라" 하시니(마 26:64).

주 예수께서 말씀을 마치신 후에 하늘로 올려지사 하나님 우편에 앉으시니라(막 16:19).

축복하실 때에 그들을 떠나 [하늘로 올려지시니](눅 24:51).

이 말씀을 마치시고 그들이 보는데 올려져 가시니 구름이 그를 가리어 보이지 않게 하더라(행 1:9).

2 누가 정죄하리요? 죽으실 뿐 아니라 다시 살아나신 이는 그리스도 예수시니 그는 하나님 우편에 계신 자요, 우리를 위하여 간구하시는 자시니라(롬 8:34).

내리셨던 그가 곧 모든 하늘 위에 오르신 자니 이는 만물을 충만하게 하려 하심이라(엡 4:10).

그러므로 너희가 그리스도와 함께 다시 살리심을 받았으면 위의 것을 찾으라. 거기는 그리스도께서 하나님 우편에 앉아 계시느니라(골 3:1).

그러므로 우리에게 큰 대제사장이 계시니 승천하신 이 곧 하나님의 아들 예수시라. 우리가 믿는 도리를 굳게 잡을지어다(히 4:14).

그러므로 자기를 힘입어 하나님께 나아가는 자들을 온전히 구원하실 수 있으니 이는 그가 항상 살아계셔서 그들을 위하여 간구하심이라(히 7:25).

그리스도께서는 참 것의 그림자인 손으로 만든 성소에 들어가지 아니하시고 바로 그 하늘에 들어가사 이제 우리를 위하여 하나님 앞에 나타나시고(히 9:24).

3 그때에 인자의 징조가 하늘에서 보이겠고 그때에 땅의 모든 족속들이 통곡하며 그들이 인자가 구름을 타고 능력과 큰 영광으로 오는 것을 보리라(마 24:30).

이르되 "갈릴리 사람들아! 어찌하여 서서 하늘을 쳐다보느냐? 너희 가운데서 하늘로 올려지신 이 예수는 하늘로 가심을 본 그대로 오시리라" 하였느니라(행 1:11).

4 "내가 너희에게 분부한 모든 것을 가르쳐 지키게 하라. 볼지어다. 내가 세상 끝날까지 너희와 항상 함께 있으리라" 하시니라(마 28:20).

5 가난한 자들은 항상 너희와 함께 있거니와 나는 항상 함께 있지 아니하리라(마

26:11).

"내가 아버지에게서 나와 세상에 왔고 다시 세상을 떠나 아버지께로 가노라" 하시니(요 16:28).

나는 세상에 더 있지 아니하오나 그들은 세상에 있사옵고 나는 아버지께로 가옵나니 거룩하신 아버지여! 내게 주신 아버지의 이름으로 그들을 보전하사 우리와 같이 그들도 하나가 되게 하옵소서(요 17:11).

하나님이 영원 전부터 거룩한 선지자들의 입을 통하여 말씀하신 바 만물을 회복하실 때까지는 하늘이 마땅히 그를 받아 두리라(행 3:21).

예수께서 만일 땅에 계셨더라면 제사장이 되지 아니하셨을 것이니 이는 율법을 따라 예물을 드리는 제사장이 있음이라(히 8:4).

6 "내가 너희에게 분부한 모든 것을 가르쳐 지키게 하라. 볼지어다! 내가 세상 끝날까지 너희와 항상 함께 있으리라" 하시니라(마 28:20).

17그는 진리의 영이라. 세상은 능히 그를 받지 못하나니 이는 그를 보지도 못하고 알지도 못함이라. 그러나 너희는 그를 아나니 그는 너희와 함께 거하심이요, 또 너희 속에 계시겠음이라. 18내가 너희

를 고아와 같이 버려두지 아니하고 너희에게로 오리라. 19조금 있으면 세상은 다시 나를 보지 못할 것이로되 너희는 나를 보리니 이는 내가 살아 있고 너희도 살아 있겠음이라(요 14:17-19).

그러나 진리의 성령이 오시면 그가 너희를 모든 진리 가운데로 인도하시리니 그가 스스로 말하지 않고 오직 들은 것을 말하며 장래 일을 너희에게 알리시리라(요 16:13).

8그러므로 이르기를 "그가 위로 올라가실 때에 사로잡혔던 자들을 사로잡으시고 사람들에게 선물을 주셨다" 하였도다.…12이는 성도를 온전하게 하여 봉사의 일을 하게 하며 그리스도의 몸을 세우려 하심이라(엡 4:8, 12).

7 23여호와의 말씀이니라. 나는 가까운 데에 있는 하나님이요, 먼 데에 있는 하나님은 아니냐? 24여호와의 말씀이니라. 사람이 내게 보이지 아니하려고 누가 자신을 은밀한 곳에 숨길 수 있겠느냐? 여호와가 말하노라. 나는 천지에 충만하지 아니하냐?(렘 23:23-24)

주께서 이르시되 "하늘은 나의 보좌요, 땅은 나의 발등상이니 너희가 나를 위하여 무슨 집을 짓겠으며 나의 안식할 처소가 어디냐?"(행 7:49)

8 그가 여기 계시지 않고 그가 말씀하시던 대로 살아나셨느니라. 와서 그가 누우셨던 곳을 보라(마 28:6).

하늘에서 내려온 자 곧 인자 외에는 하늘에 올라간 자가 없느니라(요 3:13).

"내가 거기 있지 아니한 것을 너희를 위하여 기뻐하노니 이는 너희로 믿게 하려 함이라. 그러나 그에게로 가자" 하시니(요 11:15).

그 안에는 신성의 모든 충만이 육체로 거하시고(골 2:9).

9 누가 정죄하리요? 죽으실 뿐 아니라 다시 살아나신 이는 그리스도 예수시니 그는 하나님 우편에 계신 자요, 우리를 위하여 간구하시는 자시니라(롬 8:34).

나의 자녀들아! 내가 이것을 너희에게 씀은 너희로 죄를 범하지 않게 하려 함이라. 만일 누가 죄를 범하여도 아버지 앞에서 우리에게 대언자가 있으니 곧 의로우신 예수 그리스도시라(요일 2:1).

10 2내 아버지 집에 거할 곳이 많도다. 그렇지 않으면 너희에게 일렀으리라. 내가 너희를 위하여 거처를 예비하러 가노니 3가서 너희를 위하여 거처를 예비하면 내가 다시 와서 너희를 내게로 영접하여 나 있는 곳에 너희도 있게 하리라(요 14:2-3).

아버지여! 내게 주신 자도 나 있는 곳에 나와 함께 있어 아버지께서 창세 전부터 나를 사랑하시므로 내게 주신 나의 영광을 그들로 보게 하시기를 원하옵나이다(요 17:24).

예수께서 이르시되 "나를 붙들지 말라. 내가 아직 아버지께로 올라가지 아니하였노라. 너는 내 형제들에게 가서 이르되 내가 내 아버지 곧 너희 아버지, 내 하나님 곧 너희 하나님께로 올라간다 하라" 하시니(요 20:17).

또 함께 일으키사 그리스도 예수 안에서 함께 하늘에 앉히시니(엡 2:6).

11 내가 아버지께 구하겠으니 그가 또 다른 보혜사를 너희에게 주사 영원토록 너희와 함께 있게 하리니(요 14:16).

그러나 내가 너희에게 실상을 말하노니 내가 떠나가는 것이 너희에게 유익이라. 내가 떠나가지 아니하면 보혜사가 너희에게로 오시지 아니할 것이요, 가면 내가 그를 너희에게로 보내리니(요 16:7).

1오순절 날이 이미 이르매 그들이 다 같이 한곳에 모였더니 2홀연히 하늘로부터 급하고 강한 바람 같은 소리가 있어 그들이 앉은 온 집에 가득하며 3마치 불의 혀처럼 갈라지는 것들이 그들에게 보여 각 사람 위에 하나씩 임하여 있더니 4그들이 다 성령의 충만함을 받고 성령이 말하게 하심을 따라 다른 언어들로 말하기를 시작하니라(행 2:1-4).

하나님이 오른손으로 예수를 높이시매 그가 약속하신 성령을 아버지께 받아서 너희가 보고 듣는 이것을 부어주셨느니라(행 2:33).

그가 또한 우리에게 인 치시고 보증으로 우리 마음에 성령을 주셨느니라(고후 1:22).

곧 이것을 우리에게 이루게 하시고 보증으로 성령을 우리에게 주신 이는 하나님이시니라(고후 5:5).

12 푯대를 향하여 그리스도 예수 안에서 하나님이 위에서 부르신 부름의 상을 위하여 달려가노라(빌 3:14).

그러므로 너희가 그리스도와 함께 다시 살리심을 받았으면 위의 것을 찾으라. 거기는 그리스도께서 하나님 우편에 앉아 계시느니라(골 3:1).

해설

그리스도의 승천, 그리고 신성과 인성의 비분리

우리는 하이델베르크 교리문답이 사도신경을 자세히 다루는 과정을 추적하며 그리스도의 사역과 신분에 대해 살펴보고 있습니다. 하이델베르크 교리문답 제35-44문이 그리스도의 비하를 다루었다면 제45-52문은 그리스도의 승귀를 다룹니다. 특히 제46-49문에서는 "하늘에 오르시어"라는 사도신경의 구절이 의미하는 바를 살펴볼 것입니다.

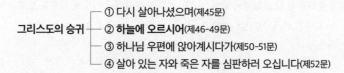

표42 그리스도의 승귀를 말하는 사도신경의 구절들

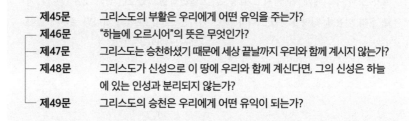

표43 하이델베르크 교리문답 제45-49문의 구성

1. "하늘에 오르시어"라는 말에 대한 이해

예수님은 부활하신 후 무엇을 하셨을까요? 예수님은 부활 후 40일 동안 제자들에게 많은 증거로 친히 살아계심을 나타내셨고, 하나님 나라의 일을 말씀하셨습니다(행 1:3). 그럼 40일 후에는 무엇을 하셨을까요? 예수님은 하늘로 올라가셨습니다! 땅에 계속해서 계시지 않고 하늘로 올라가셨습니다. 그럼 올라가실 때 영혼만 올라가셨을까요? 아닙니다. 예수님은 육체로 부활하셨고 육체로 승천하셨습니다.

예수님은 한 번 취하신 육신을 버리지 않으셨습니다. 이는 우리에게 큰 의미를 안겨줍니다. 예수님은 인성을 비천하게 여겨 버리지 않으셨고, 신성

하이델베르크 교리문답, 삶을 읽다

과 인성을 한 인격 가운데 계속해서 유지하셨습니다. 인성이 신성과 영원히 한 인격으로 거하려면 인성의 본질이 신성으로 변하지는 않겠지만 신성에 어울리도록 영화로워져야 합니다. 그래서 예수님이 부활하고 승천하실 때 그의 인성은 더욱 영화로워지셨습니다. 이것은 우리도 부활 후에 영원히 하나님 나라에 거하게 될 때 영화로워질 것이라는 의미가 됩니다.

예수 그리스도가 육체로 부활하고 승천하셨기에 우리도 예수님처럼 영화로워질 수 있고 하나님과 영원히 거할 수도 있습니다. 그래서 예수님은 제자들이 보는 가운데서 육체를 지닌 채 땅에서 하늘로 올리어졌고, 그 하늘에서 계속해서 신인으로 거하십니다. 그리고 우리의 영화로워짐을 위해서 살아 있는 자와 죽은 자를 심판하시러 다시 오십니다. 그때 죽은 자들은 모두 부활하여 하나님께 심판을 받고 그중 의인들은 영화로움을 누리게 될 것입니다.

2. 승천하신 그리스도는 우리와 함께 계시지 않는가?

예수 그리스도는 참 사람이시며, 참 하나님이십니다. 그분은 사람(인성)으로서 우리가 지니는 모든 본성을 지니셨습니다. 예수님은 배가 고프거나 피곤함을 느끼기도 하셨습니다. 시간과 공간의 제약을 받았기에 한 곳에 계시면 다른 곳에 계실 수 없었습니다. 갈릴리에 계시면서 동시에 베들레헴에도 계실 수 없었습니다. 하지만 하나님(신성)으로서 그는 신성의 모든 속성을 지니고 계십니다. 이는 특히 복음서의 이적 기사에서 잘 드러났습니다.

하늘로 승천하여 하늘에 계시는 분은 예수 그리스도이십니다. 그분은 하늘에서 하나님 우편에 앉아계시는데, 인성으로는 그곳에 계시면서 다른 곳에 계실 수 없습니다. 즉 인성으로는 땅 위에 있는 우리와 함께 계시지 않는 것입니다. 하지만 신성으로서는 무한하시기에 무소 부재하십니다. 그분은 계시지 않는 곳이 없습니다. 그래서 신성으로는 우리와 함께 계십니다.

"근거 성구" **5**는 예수 그리스도의 인성에 관한 것이고, **6**은 예수 그리스도의 신성에 관한 것입니다. "나는 세상에 더 있지 아니하오나 그들은 세상에 있사옵고 나는 아버지께로 가옵나니"(요 17:11)라는 구절은 예수님의 인성에 대해 말합니다. 하지만 "볼지어다. 내가 세상 끝날까지 너희와 항상 함께 있으리라"(마 28:20)라는 구절은 예수님의 신성을 전제로 합니다. 이상의 내용에 대해서는 제35-36문에서 살펴보았고, 특히 양성 일인격을 다룬 "심화 연구"에서 자세히 살펴보았으므로 참고하기 바랍니다.

예수님은 제자들에게 "그러나 내가 너희에게 실상을 말하노니 내가 떠나가는 것이 너희에게 유익이라. 내가 떠나가지 아니하면 보혜사가 너희에게로 오시지 아니할 것이요, 가면 내가 그를 너희에게로 보내리니"(요 16:7)라고 말씀하셨습니다. 제자들은 예수님을 볼 때 신성보다는 눈에 보이는 인성에 집중하기 쉬웠을 것입니다. 또 예수 그리스도는 이 땅에 계실 때 어느 한 곳에 계시면 다른 곳에는 계시지 않았습니다. 물론 그때도 신성으로 인해 다른 곳에서도 동시적으로 임하셨지만 예수님을 만나는 이들은 이것을 알지 못했습니다. 이런 면에서 예수 그리스도가 승천하여 제자들을 떠나가시는 것이 제자들에게 유익했습니다. 보혜사 성령이 오시면 신자들은 성령의 사역을 통해서 예수 그리스도의 본질과 사역에 대하여 눈에 보이는 그의 인성을 넘어서서 이해할 수 있기 때문입니다.

3. 그리스도 안의 신성과 인성은 분리되는가?

하이델베르크 교리문답 제47문에서 예수 그리스도의 인성은 하나님 우편에 계시고, 그의 신성은 편재(遍在)하심을 살펴보았습니다. 그렇다면 예수 그리스도의 두 본성인 인성과 신성이 분리된 것은 아닌가 하는 생각이 듭니다. 왜냐하면 그의 인성이 하나님 우편에 계실 때도 그의 신성은 이 땅에서 우리와 함께 계시기 때문입니다. 하지만 이러한 의문은 신성의 속성에 제한이 없고 예수님이 신성으로 어디나 계시는 분임을 모르기 때문에 발생하는 것입니다. 그리스도의 신성은 이 땅에서 우리와 함께 계실 때도 하나님 우편에 계시는 인성과 한 인격을 이루어 함께하십니다. 하나님은 천지에 충만하셔서(렘 23:24) 하늘을 보좌로 삼으시고 땅을 발등상으로 삼으십니다(행 7:49). 그리고 신성의 모든 충만이 육체로 예수 그리스도 안에 거하십니다(골 2:9). 따라서 예수 그리스도를 보는 자들은 눈에 보이는 그의 인성만을 보아서는 안 되고 믿음으로 그의 신성도 보아야 합니다. 그 안에 거하시는 신성의 모든 충만을 놓치면 안 됩니다.

접착제나 시멘트, 못이나 나사로 연결된 것들은 아무리 단단하게 연결이 되어도 오랜 시간이 흐르면 모두 해체되기 마련입니다. 그런데 달과 지구와 태양은 중력으로 그 어떤 것보다 더 단단하게 연결되어 있습니다. 또한 유치원생은 유치원이 끝나자마자 엄마를 보러 집으로 달려옵니다. 열애에 빠진 연인들은 멀리 있어도 서로 연락을 주고받습니다. 이처럼 두 대상을 연결하는 방법은 여러 가지입니다. 눈에 보이는 어떤 접착제보다 눈에 안 보이는 중력과 사랑의 접착력이 더 강한 것입니다.

하물며 무한하고 영원하고 전능하신 성자 하나님이 한 번 취하신 인성과 분리되시겠습니까? 그는 그 사랑과 능력으로 인해 절대로 인성을 버리지 않으십니다. 예수님이 십자가에서 죽으실 때도 그리스도의 신성은 인성을 떠나지 않았습니다. 그래서 그 인성이 신성의 권능과 사랑으로 죽음의 권세를 이기고 부활할 수 있었던 것입니다. 우리는 예수 그리스도를 자꾸 우리 인성의 수준으로 제한하며 생각하는 경향이 있는데 그 안에는 신성의 모든 충만이 육체로 거하신다는 사실을 잊지 말아야 합니다.

그리고 예수 그리스도는 성령 안에서 중력보다 더 강하게 성도들과 하나로 연합되어 있음도 알아야 합니다. 그리스도는 성도들과 신비하게 한 몸을 이룹니다. 성도들은 예수 그리스도를 머리로 하는 한 몸의 지체들입니다. 성도들은 이것을 믿음으로 바라보며 교회의 다른 지체들을 소중하게 여겨 자신의 은사로 섬겨야 합니다. 또한 다른 나라나 지역의 그리스도인들도 그리스도의 지체인 줄 알아 민족이나 국적, 지역 감정을 뛰어넘어 사랑해야 합니다.

4. 그리스도의 승천이 우리에게 주는 유익

예수 그리스도는 승천하셔서 무슨 일을 하실까요? 우리는 그리스도의 승천과 하나님 우편에 앉으심에 대하여 살펴보고 있는데, 이것들은 그리스도가 높아진 신분으로 선지자와 제사장과 왕의 사역을 하는 것에 해당합니다. 그리스도는 승천하시어 하나님 우편에 앉으신 후에 하실 일을 다 하셨다고 마냥 쉬거나 놀지 않으십니다. 계속하여 선지자와 제사장과 왕의 사역을 감당하십니다. 성령으로 그리스도가 말씀하신 것을 알리게 하시고(요 16:13), 하나님 아버지 앞에서 우리를 위하여 변호하고 기도하시며(롬 8:34), 왕으로서 통치하십니다(고전 15:25).

ㄱ. 아버지 앞에서 우리의 변호자가 되시는 것

그리스도의 승천과 하나님 우편에 앉으심이 우리에게 주는 첫 번째 유익은 제사장 직분과 관련됩니다. 승천하신 그리스도는 하나님 아버지 앞에서 우리의 변호자가 되어주십니다(요일 2:1; 요 14:16). 영원한 대제사장이신 그리스도는 지상과 천상에서 그 역할을 감당하십니다. 지상에서는 자신을 희생 제물로 바치는 대속 사역을 감당하셨고 천상에서는 그 대속 사역에 근거해 중보 사역을 감당하십니다. 이는 구약 시대에 성전 마당의 제단에서 짐승을 잡은 후 거기서 취한 불로 성소 안 금단에 드리는 분향으로 예표되었습니다(레 16:12). 이처럼 그리스도의 중보는 오직 그리스도의 속죄 희생에만 근거합니다.

로마서 8:34—"누가 정죄하리요? 죽으실 뿐 아니라 다시 살아나신 이는 그리스도 예수시니 그는 하나님 우편에 계신 자요, 우리를 위하여 간구하시는 자시니라"—은 예수님이 지금 이 순간에도 우리를 위하여 간구하심을 명백하게 말합니다. 그리스도의 희생과 간구로 인해 우리를 정죄할 자는 아무도 없습니다. 예수 그리스도는 영원히 계시고 항상 살아계셔서 당신을 힘입어 하나님께 나아가는 자들을 위해 간구하십니다(히 7:23-25).

요한계시록 12:10은 하나님 앞에서 우리 형제들을 밤낮 참소하던 자가 쫓겨났다고 말합니다. 사탄은 성부 하나님 앞에서 신자들을 밤낮없이 고소하지만 대언자 그리스도는 그에 맞서 신자들을 변호하십니다. 욥기에서도 사탄은 하나님이 욥을 칭찬하시는데도 욥을 비난하고 고소합니다. 스가랴 3장에서 하나님은 대제사장 여호수아를 대적하는 사탄을 책망하십니다. 하나님은 여호수아의 더러운 옷을 벗기신 후 그의 죄악을 제거하였으므로 아름다운 옷을 입히시겠다고 말씀하십니다. 이는 그리스도의 사역을 잘 보여주는 장면입니다. 그리스도는 이처럼 천상에서 우리를 위하여 중보하십니다.

ㄴ. 우리의 육체가 하늘에 있음에 관한 확실한 보증

그리스도의 승천과 앉으심이 우리에게 주는 두 번째 유익은 우리의 육체가 하늘에 있을 것에 관하여 확실한 보증이 되어준다는 것입니다. 그리스도는 우리의 머리이십니다(엡 4:15; 골 1:18). 그리스도는 그의 지체들인 우리를 당연히 자신에게로 취하셔서 그가 계신 곳에 우리도 거하게 하십니다. 지금 우리는 땅 위에 있지만 부활 후에는 우리도 그리스도가 계신 곳에 거하게 될 것입니다. 우리와 연합한 그리스도는 먼저 승천하심으로써 우리도 그런 영광을 누리리라는 것을 확실하게 보여주셨습니다.

하나님 아버지 집에는 거할 곳이 많고, 그리스도는 그곳에 우리를 위하여 거처를 예비하러 가셨습니다. 그분은 그 거처가 예비되면 다시 우리에게 오셔서 우리를 자신에게로 영접하겠다고 말씀하셨습니다. 예수님이 계신 곳에 우리도 있게 하시어(요 14:2-3), 예수님이 받으시는 영광을 우리로 보게 하시는 것입니다(요 17:24). 그러니 그 영광에 동참할 날을 믿음으로 바라봅시다.

ㄷ. 그의 영으로 위의 것을 찾게 됨

예수 그리스도는 승천하신 후 오순절이 이르자 성령을 보내주셨습니다. 제자들이 모여 있을 때, 홀연히 하늘로부터 급하고 강한 바람 같은 소리가 그들이 앉은 온 집에 가득하였고, 마치 불의 혀처럼 갈라지는 것들이 그들에게 보이며 각 사람 위에 하나씩 임하였습니다. 그들은 다 성령의 충만함을 받아 성령이 말하게 하심을 따라 다른 언어들로 말하기 시작했습니다(행 2:1-4). 이는 모두 성령이 이 땅에 오셔서 나타난 현상이었습니다.

그렇다면 그전에는 성령님이 이 땅에 안 계셨다는 말입니까? 성령도 성부와 성자와 같은 하나님이시고 같은 본질이시기에 무한과 영원의 속성을 갖습니다. 그러므로 성령은 구약 시대에도 계셨고 하늘만이 아니라 땅에도 계셨습니다. 성자 하나님이 구약 시대에도 계셨지만 사람이 되시어 이 땅에 오신 것은 약 2천 년 전이듯이, 성령 하나님 역시 구약 시대에도 계셨지만 이 땅에 오신 것은 예수님의 부활 후 오순절 때입니다. 성령이 성부와 성자로부터 영원 전에 나오신 것과, 예수 그리스도가 부활 후 승천하여 성령을 이 땅에 보내신 것을 혼동하면 안 됩니다.

그렇다면 성령이 오순절에 이 땅에 오셨다는 것은 무슨 의미일까요? 예수 그리스도는 약 2천 년 전에 마리아를 통하여 사람이 되시어 이 땅에 오셨습니다. 성자는 이 땅에 오실 때 인성을 취하시어 자기 비움과 낮아짐의 본을 보이셨습니다. 하지만 성령은 피조물이 되시지는 않았습니다. 성령은 급하고 강한 바람 같은 소리와 불의 혀처럼 갈라지는 것들을 통해 존재를 나타내셨지만 소리나 불의 혀 자체가 되신 것은 아니었습니다. 또 예수님이 세례를 받으실 때 성령이 비둘기 같이 임하셨는데(마 3:16), 이때도 성령은 비둘기 자체가 되신 것은 아니었습니다.

성자 하나님은 태초의 창조에 성부와 함께 참여하셨습니다. 구약 시대에도 선지자들에게 나타나셨고 성령을 통하여 말씀하셨습니다. 여러 중요한 사역을 하시다가 약 2천 년 전에는 이 땅에 사람으로 오시어 대속 사역을 감당하셨습니다. 그와 마찬가지로 성령 하나님도 태초의 창조에 참여하셨고 구약 시대에 사람들에게 여러 은사를 주셨으며 선지자들에게 말씀하셨습니다.

다음 성구들은 구약 시대에도 존재하시고 일하신 성령에 대해 말해줍니다.

구약 시대의 성령에 대해 말해주는 성구

너는 무릇 마음에 지혜 있는 모든 자 곧 내가 지혜로운 영으로 채운 자들에게 말하여 아론의 옷을 지어 그를 거룩하게 하여 내게 제사장 직분을 행하게 하라(출 28:3).

하나님의 영을 그에게 충만하게 하여 지혜와 총명과 지식과 여러 가지 재주로(출 31:3).

여호와께서 구름 가운데 강림하사 모세에게 말씀하시고 그에게 임한 영을 칠십 장로에게도 임하게 하시니 영이 임하신 때에 그들이 예언을 하다가 다시는 하지 아니하였더라(민 11:25).

여호와의 영이 그에게 임하셨으므로 그가 이스라엘의 사사가 되어 나가서 싸울 때에(삿 3:10).

여호와의 영이 기드온에게 임하시니 기드온이 나팔을 불매(삿 6:34).

건너매 엘리야가 엘리사에게 이르되 "나를 네게서 데려감을 당하기 전에 내가 네게 어떻게 할지를 구하라." 엘리사가 이르되 "당신의 성령이 하시는 역사가 갑절이나 내게 있게 하소서" 하는지라(왕하 2:9).

그때에 성령이 삼십 명의 우두머리 아마새를 감싸시니(대상 12:8).

또 주의 선한 영을 주사 그들을 가르치시며 주의 만나가 그들의 입에서 끊어지지 않게 하시고 그들의 목마름을 인하여 그들에게 물을 주어(느 9:20).

나를 주 앞에서 쫓아내지 마시며 주의 성령을 내게서 거두지 마소서(시 51:11).

10그들이 반역하여 주의 성령을 근심하게 하였으므로 그가 돌이켜 그들의 대적이 되사 친히 그들을 치셨더니 11백성이 옛적 모세의 때를 기억하여 이르되 "백성과 양 떼의 목자를 바다에서 올라오게 하신 이가 이제 어디 계시냐? 그들 가운데에 성령을 두신 이가 이제 어디 계시냐?"(사 63:10-11)

이처럼 구약 시대부터 이미 활동하시던 성령이 그리스도의 승천 후 오순절에 이 땅에 오셨습니다. 신약 시대에 이 땅에 오신 성령은 구약 시대와는 다르게 일하셨습니다. 이는 구약 시대에도 일하신 성자 하나님이 신약 시대에 오셔서 구약 시대와 다르게 일하신 것과 같습니다. 다음 성구들은 성령이 이 땅에 오셔서 하시는 일들을 다룹니다. 이를 통해 우리는 구약 시대와 다르게 일하시는 성령이, 신약 시대의 신자들에게 더 큰 유익을 끼치신다는 사실을 알 수 있습니다. 이제 성령은 사람이 되시어 대속 사역을 하신 성자 하나님에 대하여 알려주십니다. 또한 성령은 이제 스스로 말하지 않고 그리스도의 것을 가지고 말씀하십니다.

7그러나 내가 너희에게 실상을 말하노니 내가 떠나가는 것이 너희에게 유익이라. 내가 떠나가지 아니하면 보혜사가 너희에게로 오시지 아니할 것이요, 가면 내가 그를 너희에게로 보내리니 8그가 와서 죄에 대하여, 의에 대하여, 심판에 대하여 세상을 책망하시리라. 9죄에 대하여라 함은 그들이 나를 믿지 아니함이요, 10의에 대하여라 함은 내가 아버지께로 가니 너희가 다시 나를 보지 못함이요, 11심판에 대하여라 함은 이 세상 임금이 심판을 받았음이라(요 16:7-11).

13그러나 진리의 성령이 오시면 그가 너희를 모든 진리 가운데로 인도하시리니 그가 스스로 말하지 않고 오직 들은 것을 말하며 장래 일을 너희에게 알리시리라. 14그가 내 영광을 나타내리니 내 것을 가지고 너희에게 알리시겠음이라(요 16:13-14).

그리고 성령은 이제 신자들 안에 계십니다. 신자들은 성령이 거하시는 하나님의 성전이 됩니다. 이는 구약 시대에는 성경에 없던 개념입니다. 그리스도의 대속 사역 이후 성령은 이제 우리 안에 내주하십니다. 구약 시대에도 성령은 성도들과 함께하셨지만 신약 시대에는 더 밀접하게 우리 안에 거하시

하이델베르크 교리문답, 삶을 읽다

며 역사하십니다. 또한 내주하시며 보증하십니다. 신약 시대의 성도들은 성령의 내주로 인해 구약 백성들보다 더 판명(判明)된 보증을 갖게 된 것입니다.

> 너희는 너희가 하나님의 성전인 것과 하나님의 성령이 너희 안에 계시는 것을 알지 못하느냐?(고전 3:16)

> 너희 몸은 너희가 하나님께로부터 받은바 너희 가운데 계신 성령의 전인 줄을 알지 못하느냐? 너희는 너희 자신의 것이 아니라(고전 6:19).

> 그가 또한 우리에게 인 치시고 보증으로 우리 마음에 성령을 주셨느니라(고후 1:22).

> 곧 이것을 우리에게 이루게 하시고 보증으로 성령을 우리에게 주신 이는 하나님이시니라(고후 5:5).

앞서 살펴보았듯이 그리스도의 죽음과 중보로 인해 우리의 죄로 물든 기도가 하나님께 전달됩니다. 그리스도는 우리를 위하여 계속하여 간구하심으로써 우리의 삶과 기도를 수준 높게 만드시며 거룩하게 하십니다. 우리는 그리스도의 중보 덕분에 하늘의 것을 찾게 됩니다. 우리는 성령의 힘으로 땅의 것이 아닌 하늘의 것을 찾습니다. 예수 그리스도가 앉아계시는 하늘의 것을 바라보는 것입니다. 그리스도는 우리를 위하여 죽으셨을 뿐만 아니라 영원히 우리를 위하여 중보하십니다. 또한 성령을 보내시어 우리가 위의 것을 구하게 하십니다. 그리스도의 승천은 우리에게 이처럼 큰 유익들을 안겨줍니다.

01   그리스도인은 하나님이 주신 몸을 잘 관리하며 건강하기 위해 힘써야 합니다. 자신의 건강 상태가 어떤지 이야기해보고 건강을 회복하고 유지하기 위해 어떤 노력을 해야 하는지 생각해봅시다.

02   하이델베르크 교리문답 제46-49문을 서로 묻고 답해봅시다. "근거 성구" 도 함께 살펴봅시다.

03   사도행전 1장을 자세히 살펴보고 예수님의 승천 장면을 묘사해봅시다.

04   사도신경은 그리스도가 하늘에 오르셨다고 말합니다. 그렇다면 이제 그리
                스도는 이 땅에서 우리와 함께 계시지 않습니까?

05   그리스도의 승천이 우리에게 가져다준 세 가지 유익은 무엇입니까?

06   하늘에 오르신 그리스도를 높이는 찬양을 알고 있다면 소개하고 함께 불
                러봅시다.

제19주일: 제50-52문

그리스도의 하나님 우편에 앉으심과 심판하러 오심

Q 제50문 왜 "하나님 우편에 앉아계시다가"라는 구절이 더해졌습니까?

Why is it added, "and sitteth at the right hand of God"?

A 답 그리스도는 그의 교회의 머리로서 나타나시기 위하여 하늘로 올리어지셨기 때문이며[1] 아버지는 그리스도를 통해서 만물을 다스리시기 때문입니다.[2]

Because Christ is ascended into heaven for this end, that he might appear as head of his church, by whom the Father governs all things.

Q 제51문 우리의 머리이신 그리스도의 이 영광이 우리에게 어떤 유익이 됩니까?

What profit is this glory of Christ, our head, unto us?

A 답 첫째, 그리스도는 그의 성령을 통해 그의 지체들인 우리에게 하늘의 은사를 부어주십니다.[3] 둘째, 그는 그의 권능으로 모든 적으로부터 우리를 지키고 보존하십니다.[4]

First, that by his Holy Spirit he pours out heavenly graces upon us his members; and then that by his power he defends and preserves us against all enemies.

pour	붓다, 퍼붓다	**persecution**	박해, 학대, 폭력
uplift	…을 (들어) 올리다, 들다	**tribunal**	재판소, 법정, 판사석
remove	제거하다, 없애다		

하이델베르크 교리문답, 삶을 읽다

Q 제52문 "그리스도가 살아 있는 자와 죽은 자를 심판하러 다시 오신다"는 것이 당신에게 어떤 위안이 됩니까?

What comfort is it to thee that "Christ shall come again to judge the quick and the dead"?

A 답 나는 모든 슬픔과 박해 속에서도 얼굴을 위로 들고 예전에 나를 위해 하나님의 심판소에 자신을 던지고 나의 모든 저주를 제거하신 바로 그분이 하늘로부터 심판자로서 오실 것을 바라봅니다.[5] 그분은 모든 그와 나의 적들을 영원한 저주로 던지실 것이고,[6] 모든 그의 택자들과 함께 나를 하늘의 기쁨과 영광 속에 있는 자신에게로 옮기실 것입니다.[7]

That in all my sorrows and persecutions, with uplifted head I look for the very same person, who before offered himself for my sake, to the tribunal of God, and has removed all curse from me, to come as judge from heaven: who shall cast all his and my enemies into everlasting condemnation, but shall translate me with all his chosen ones to himself, into heavenly joys and glory.

근거 성구

1 20그의 능력이 그리스도 안에서 역사하사 죽은 자들 가운데서 다시 살리시고 하늘에서 자기의 오른편에 앉히사 21모든 통치와 권세와 능력과 주권과 이 세상뿐 아니라 오는 세상에 일컫는 모든 이름 위에 뛰어나게 하시고 22또 만물을 그의 발 아래에 복종하게 하시고 그를 만물 위에 교회의 머리로 삼으셨느니라. 23교회는 그의 몸이니 만물 안에서 만물을 충만하게 하시는 이의 충만함이니라(엡 1:20-23).

그는 몸인 교회의 머리시라. 그가 근본이

시요, 죽은 자들 가운데서 먼저 나신 이시니 이는 친히 만물의 으뜸이 되려 하심이요(골 1:18).

2 예수께서 나아와 말씀하여 이르시되 "하늘과 땅의 모든 권세를 내게 주셨으니"(마 28:18).

아버지께서 아무도 심판하지 아니하시고 심판을 다 아들에게 맡기셨으니(요 5:22).

3 하나님이 오른손으로 예수를 높이시매 그가 약속하신 성령을 아버지께 받아

서 너희가 보고 듣는 이것을 부어주셨느니라(행 2:33).

그러므로 이르기를 "그가 위로 올라가실 때에 사로잡혔던 자들을 사로잡으시고 사람들에게 선물을 주셨다" 하였도다(엡 4:8).

4 "네가 철장으로 그들을 깨뜨림이여, 질그릇 같이 부수리라" 하시도다(시 2:9).

1여호와께서 내 주에게 말씀하시기를 "내가 네 원수들로 네 발판이 되게 하기까지 너는 내 오른쪽에 앉아 있으라" 하셨도다. 2여호와께서 시온에서부터 주의 권능의 규를 내보내시리니 주는 원수들 중에서 다스리소서(시 110:1-2).

내가 그들에게 영생을 주노니 영원히 멸망하지 아니할 것이요, 또 그들을 내 손에서 빼앗을 자가 없느니라(요 10:28).

그러므로 이르기를 "그가 위로 올라가실 때에 사로잡혔던 자들을 사로잡으시고 사람들에게 선물을 주셨다" 하였도다(엡 4:8).

5 "이런 일이 되기를 시작하거든 일어나 머리를 들라. 너희 속량이 가까웠느니라" 하시더라(눅 21:28).

그뿐 아니라 또한 우리 곧 성령의 처음 익은 열매를 받은 우리까지도 속으로 탄식하여 양자 될 것 곧 우리 몸의 속량을 기다리느니라(롬 8:23).

그러나 우리의 시민권은 하늘에 있는지라. 거기로부터 구원하는 자 곧 주 예수 그리스도를 기다리노니(빌 3:20).

주께서 호령과 천사장의 소리와 하나님의 나팔 소리로 친히 하늘로부터 강림하시리니 그리스도 안에서 죽은 자들이 먼저 일어나고(살전 4:16).

복스러운 소망과 우리의 크신 하나님 구주 예수 그리스도의 영광이 나타나심을 기다리게 하셨으니(딛 2:13).

6 41또 왼편에 있는 자들에게 이르시되 "저주를 받은 자들아 나를 떠나 마귀와 그 사자들을 위하여 예비된 영원한 불에 들어가라. 42내가 주릴 때에 너희가 먹을 것을 주지 아니하였고 목마를 때에 마시게 하지 아니하였고 43나그네 되었을 때에 영접하지 아니하였고 헐벗었을 때에 옷 입히지 아니하였고 병들었을 때와 옥에 갇혔을 때에 돌보지 아니하였느니라" 하시니(마 25:41-43).

6너희로 환난을 받게 하는 자들에게는 환난으로 갚으시고…8하나님을 모르는 자들과 우리 주 예수의 복음에 복종하지 않는 자들에게 형벌을 내리시리니 9이런 자들은 주의 얼굴과 그의 힘의 영광을 떠나 영원한 멸망의 형벌을 받으리로다(살후 1:6, 8-9).

7 그때에 임금이 그 오른편에 있는 자들에게 이르시되 "내 아버지께 복 받을 자들이여! 나아와 창세로부터 너희를 위하여 예비된 나라를 상속받으라"(마 25:34).

환난을 받는 너희에게는 우리와 함께 안식으로 갚으시는 것이 하나님의 공의시니 주 예수께서 자기의 능력의 천사들과 함께 하늘로부터 불꽃 가운데에 나타나실 때에(살후 1:7).

해설

그리스도의 하나님 우편에 앉으심과 심판하러 오심

사도신경은 부활 후 하늘에 오르신 그리스도가 "하나님 우편에 앉아계시다가, 거기로부터 살아 있는 자와 죽은 자를 심판하러" 오신다고 말합니다. 이는 그리스도의 승귀를 다루는 마지막 구절이며 그 근거는 당연히 성경입니다. 하이델베르크 교리문답은 이 구절의 의미를 구체적으로 밝히면서 그리스도가 하나님 우편에 앉으신 것과 심판하러 오시는 것이 우리에게 어떤 유익이 되는지를 묻습니다. 그 가르침을 따라 그리스도의 승귀를 우리의 신앙과 밀접한 관련이 있는 것으로 알게 되기를 바랍니다.

그리스도의 승귀

① 다시 살아나셨으며(제45문)
② 하늘에 오르시어(제46-49문)
③ 하나님 우편에 앉아계시다가(제50-51문)
④ 살아 있는 자와 죽은 자를 심판하러 오십니다(제52문)

표44 그리스도의 승귀를 말하는 사도신경의 구절들

제46문   "하늘에 오르시어"의 뜻은 무엇인가?
제47문   그리스도는 승천하셨기 때문에 우리와 함께 계시지 않는가?
제48문   그리스도가 신성으로 이 땅에 우리와 함께 계신다면 그의 신성은 하늘에 있는 인성과 분리되지 않는가?
제49문   그리스도의 승천은 우리에게 어떤 유익이 되는가?
제50문   "하나님 우편에 앉아계시다가"의 뜻은 무엇인가?
제51문   그리스도가 하나님 우편에 앉아계시는 것이 우리에게 어떤 유익이 되는가?
제52문   그리스도가 살아 있는 자와 죽은 자를 심판하러 오신다는 사실은 우리에게 어떤 위안이 되는가?

표45 하이델베르크 교리문답 제46-52문의 구성

1. 하나님 우편에 앉아계시다가

하나님은 천지 만물을 창조하실 때 일곱째 날에 안식하셨습니다. 계획하신 모든 일을 온전히 마치셨기 때문입니다(창 2:1-6). 마찬가지로 예수 그리스도가 하늘로 오르신 것은 지상에서의 사역을 모두 마치셨기 때문입니다. 그러나 이제 하늘에 오르시어 하실 일이 있습니다. 그리스도는 지상에서 하실 일을 모두 마치셨기 때문에 하늘에 오르셔서 푹 쉬며 그간 못했던 취미 활동이나 하시는 것이 아닙니다. 여전히 지상에서처럼 선지자와 제사장과 왕의 역할을 하십니다. 예수님은 "그리스도"라는 직분에 맞는 일을 쉬지 않고 하십니다.

조선 시대에 좌의정(左議政)과 우의정(右議政)은 왕의 좌우에서 나라를 통치하는 높은 직책이었습니다. 그런데 좌의정과 우의정이 말뜻 그대로 왕의 좌편과 우편에 늘 대기하고 있던 것은 아닙니다. 그들은 국정의 여기저기를 살피고 다양한 사람들을 만나면서 왕의 통치를 도왔습니다.

마찬가지로 승천하신 그리스도가 "전능하신 아버지 하나님 우편에 앉아계시다가" 다시 오신다고 하여 그분이 계속해서 앉아만 계신(sitting) 것은 아닙니다. 성경의 여러 가지 표현을 살펴보면 그리스도는 하나님 우편에 서 계시거나(standing, 행 7:56) 일곱 금 촛대 사이를 거닐기도(walking, 계 2:1) 하십니다. 또한 단순히 그분이 하나님 우편에 계신다고(being) 표현하는 성구도 있습니다(참조. 롬 8:34; 벧전 3:22). 즉 "하나님 우편에 앉아계신다"는 표현은 구체적인 동작을 가리킨다기보다 하나님 아버지와 동등하게 통치하시는 그리스도의 지위를 알려주는 표현입니다. 즉 중보자이신 그리스도가 하나님으로부터 교회와 우주에 대한 통치권을 받으시고 그에 합당한 영광을 누리신다는 사실이 하나님 우편에 앉으신 모습으로 드러난 것입니다.

하나님 우편에 앉으신 그리스도는 교회의 머리로서 교회를 대표하고 지상에 있는 모든 교회의 교인들을 책임지십니다. 에베소서 1:20-23을 보면 하나님이 예수님을 "죽은 자들 가운데서 다시 살리시고 하늘에서 자기의 오른편에 앉히사 모든 통치와 권세와 능력과 주권과 이 세상뿐 아니라 오는 세상에 일컫는 모든 이름 위에 뛰어나게" 하셨습니다.

그런데 사실 예수 그리스도는 새삼스럽게 모든 이름 위에 뛰어나게 되실 필요가 없습니다. 이미 신성으로는 무한하고 영원하고 전능하고 자존하시기 때문입니다. 따라서 에베소서 1:20-23의 내용은 그리스도의 인성을 전제합니다. 인성을 취하신 예수 그리스도는 승천하신 후 하나님 우편에 앉아 만물을 다스리십니다. 그리스도의 인성이 이런 놀라운 영광을 누린다는 것은 우리 신자들도 영화롭게 될 때 이것들의 일부를 받게 된다는 뜻입니다. 이런 면에서도 그리스도는 교회의 머리가 되십니다.

교회의 머리이신 그리스도가 하나님 우편에서 만물을 다스리시면 우리에게 어떤 유익이 돌아올까요?

첫째, 그리스도는 성령을 통해 지체들인 우리에게 하늘의 은사를 부어주십니다. 예수님은 승천 후 당신의 성령을 이 땅에 보내셨습니다. 성령을 받은 제자들은 하나님의 큰일을 여러 나라의 방언으로 말했습니다. 천하 각국에서 온 경건한 유대인들은 모두 놀랄 수밖에 없었습니다(행 2:5-11). 그리스도는 바벨성을 쌓을 때 혼잡해진 언어를 성령을 통해 통일시키셨습니다(창 11:9). 그리고 온 지면에 흩어진 사람들을 하나님의 큰일을 중심으로 다시 모이게 하셨습니다.

또한 성경은 하늘에 오르신 그리스도가 만물을 충만하게 하신다고 말합니다(엡 4:10). 그 충만함은 다른 것보다 먼저 교회에서 분명하게 드러납니다. 교회의 머리이신 그리스도는 하나님 우편에 앉으셔서 성령을 통해 성도들이 그리스도의 장성한 분량이 충만한 데까지 이르게 하십니다. 이를 위해 그는 사도, 선지자, 복음 전하는 자, 목사와 교사 등의 직분자들을 교회에 세우십니다. 이 직분자들은 성도를 온전하게 하여 봉사의 일을 하게 하며 그리스도의 몸을 세웁니다. 이를 통해 성도들은 범사에 그리스도에게까지 자랄 수 있습니다(엡 4:11-15).

둘째, 교회의 머리이신 그리스도는 권능으로 모든 적으로부터 우리를 지키고 보존하십니다. 만물을 다스리시는 예수님의 손에서 우리를 빼앗을 자가 없습니다(요 10:28). 예수님은 철장으로 모든 적을 깨뜨리고 질그릇 같이 부수십니다(시 2:9). 그래서 성도들은 싸움에서 반드시 승리할 수밖에 없습니다. 부활과 영생은 그리스도가 우리를 위해 싸우셔서 획득해주신 전리품과 같습니다.

하나님 우편에서 만물을 다스리시는 그리스도의 사역은 선지자와 제사장과 왕의 직분으로도 설명할 수 있습니다. 하나님 우편에 앉으신 그리스도는 여전히 선지자로서 성령을 통해 신자들의 마음을 조명하시고 당신의 모든 말씀을 생각나게 하십니다(요 14:26). 또한 그는 여전히 제사장으로서 자신의 일회적 속죄 사역에 근거하여 중보 사역을 하십니다. 우리를 위해 변호하실 뿐 아니라 우리의 부족한 기도와 섬김이 하나님께 받아들여지도록 간구하시는 것입니다. 동시에 그리스도는 왕으로서 직분자들을 세워 지상의 교회를 통치하고 보호하십니다. 그는 모든 원수를 발아래에 둘 때까지 왕 노릇 하실 것입니다(고전 15:25).

2. 거기로부터 살아 있는 자와 죽은 자를 심판하러 오신다

하나님 우편에서 우리를 위해 중보하고 통치하시는 예수 그리스도는 언제까지나 그곳에 계실까요? 정확히 언제일지는 모르지만 예수 그리스도는 살아 있는 자와 죽은 자를 심판하러 이 땅에 다시 오실 것입니다. 사실 그리스도는 이미 심판주로 하늘에 계십니다. 하나님은 심판을 그 아들에게 맡기셨습니다(요 5:22). 하지만 예수님이 이 땅에 다시 오실 때 내리는 심판은 만천하에 공개적으로 드러나는 본격적이고 최종적인 심판입니다. 그전에 이루어지는 심판은 은밀해서 신자들만 인식할 수 있다면 그리스도의 재림에 뒤따르는 심판은 공개적으로 철저하게 이루어져 세상 모든 사람이 부인할 수 없을 것입니다.

그리스도는 이 대심판을 위하여 자신을 먼저 하나님의 심판소에 던지셨습니다. 하나님께 가장 엄밀하고 혹독한 심판을 받아 죽음이라는 최악의 형벌을 당하셨습니다. 그리스도는 하나님에게서 떨어지는 죽음의 심판이 주는 고통과 무게를 잘 아시기에 매우 고민하여 죽게 될 정도였습니다(마 26:38). 그는 죽으시기 전날 겟세마네 동산에서 "내 아버지여! 만일 할 만하시거든 이 잔을 내게서 지나가게 하옵소서"(마 26:39)라고 기도하며 땀을 핏방울처럼 흘리셨습니다(눅 22:44). 그런데도 자신이 마셔야 할 잔이기에, 그래야 우리들이 하나님의 심판대에서 벗어나 영원한 자유의 삶을 누릴 수 있기에 아버지의 원대로 이루어지기를 간구하셨습니다. 이처럼 자발적 순종으로 이루어진 죽음이었음에도 예수님은 십자가에서 "나의 하나님, 나의 하나님, 어찌하여 나를 버리셨나이까?"(마 27:46)라고 크게 소리 지르실 만큼 처절한 고통과 소외감을 느끼셨습니다.

예수님은 그런 죽음으로써 우리에게 임할 모든 저주를 제거하셨습니다. 이 세상의 비참과 허무한 죽음에서 오는 모든 저주가 십자가에서 사라졌습니다. 예수님은 하나님 우편에 앉으셔서 이러한 사실을 성령을 통해 우리에게 계속 알리십니다. 그뿐 아니라 우리가 이 땅에 사는 동안 겪는 힘든 싸움에서 지치지 않도록 계속 기도해주시고 우리의 남아 있는 약함과 악함에서 오는 죄들을 위해 변호해주십니다. 또한 하나님이 주신 권세로 이 세상을 통치하시며 우리가 승리하도록 이끌어주십니다. 그리고 그 모든 구속 사역과 중보 사역이 최종적으로 이루어지고 우리가 승리하였음을 이 땅에 재림하시어 심판하심으로써 분명하게 선언하십니다. 그때는 이 땅에서 사는 동안에 자신의 악행에 대하여 응징을 받지 않고 편하게 살다 죽은 자들도 심판대 앞에 서서 그에 상응하는 대가를 엄정하게 받을 것입니다.

우리는 이 사실을 알기 때문에 어떠한 슬픔과 박해를 겪어도 압도당하지 말아야 합니다. 오히려 얼굴을 들어 우리보다 먼저 모든 슬픔과 박해를 겪고 승리하신 예수 그리스도를 바라보아야 합니다. 그리스도는 심판자로서 이 땅에 재림하시어 우리를 슬프게 하고 박해하는 모든 적을 영원히 제압하실 것입니다. 그리고 선택받은 신자들을 하늘의 기쁨과 영광 속에 있는 당신에게로 불러 모으실 것입니다. 우리의 구원은 악인이 영벌(永罰)의 무서운 심판에 떨어지고 하나님의 백성은 복된 영생으로 인도받는 것으로 완성됩니다.

그리스도가 낮아짐과 높아짐의 두 상태에서 획득하신 모든 유익이 재림의 심판을 통해 하나님의 자녀들에게도 주어집니다. 그리스도의 대속 사역으로 모든 죄의 저주에서 구원받은 우리는 새 하늘과 새 땅에서 선지자와 제사장과 왕의 삼직을 온전히 구현할 것입니다. 에덴동산에서 이루어지지 못했던 축복, 즉 생육하고 번성하여 땅에 충만하고 땅을 정복하고 모든 생물을 다스리는 축복도 새 하늘과 새 땅에서 온전히 성취될 것입니다. 따라서 우리는 이 땅에서 어떠한 슬픔과 박해를 겪어도 그 소망 안에서 넉넉히 이길 수 있습니다.

01 여러분은 교회에서 어떤 봉사를 하고 있습니까? 다른 사람을 유익하게 하
도록 하나님이 각자에게 허락해주신 은사는 무엇인지 생각해보고, 그 은
사를 다른 사람을 위해 사용하기 위해서는 어떻게 해야 하는지 나누어봅
시다. 혹시 자신의 은사를 잘 모르는 조원이 있다면 어떻게 해야 하는지
함께 고민해줍시다.

02 하이델베르크 교리문답 제50-52문을 서로 묻고 답해봅시다. "근거 성구"
도 함께 살펴봅시다.

03 사도신경에는 왜 "하나님 우편에 앉아계시다가"라는 구절이 더해졌습니
까? 그리스도는 승천하신 후에 쉬고만 있습니까, 아니면 여전히 우리를
위하여 일하십니까?

04 하나님 우편에 앉아계시는 영광스러운 그리스도가 우리에게 미치는 유익
두 가지는 무엇입니까?

05 "그리스도가 살아 있는 자와 죽은 자를 심판하러 오신다"는 사실이 우리에
게 어떤 위안이 됩니까? 그리스도가 심판하신다는 것은 어떤 의미입니까?

06 예수님이 언제 다시 오시면 좋을지 자기 생각을 말해봅시다. 우리가 그리
스도의 재림을 기다리는 이유는 무엇입니까?

성령

Q 제53문 당신은 "성령"에 대해서 무엇을 믿습니까?

What dost thou believe concerning the Holy Ghost?

A 답 첫째, 그는 성부와 성자와 함께 참되고 영원히 공존하는 하나님이심을 믿습니다.¹ 둘째, 그는 나에게도 주어져² 내가 참된 믿음으로 그리스도와 그의 모든 유익에 참여하게 하시어³ 나를 위로하시고⁴ 나와 함께 영원히 계심을 믿습니다.⁵

First, that he is true and coeternal God with the Father and the Son; secondly, that he is also given me, to make me by a true faith, partaker of Christ and all his benefits, that he may comfort me and abide with me for ever.

coeternal	영원히 공존하는	**partaker**	참여자, 공유하는 사람
benefit	이익, 혜택, 도움이 되다	**abide**	거주하다, 지키다, 따르다, 준수하다

근거 성구

1 땅이 혼돈하고 공허하며 흑암이 깊음 위에 있고 하나님의 영은 수면 위에 운행하시니라(창 1:2).

"너희는 내게 가까이 나아와 이것을 들으라. 내가 처음부터 비밀히 말하지 아니하였나니 그것이 있을 때부터 내가 거기에 있었노라" 하셨느니라. 이제는 주 여호와께서 나와 그의 영을 보내셨느니라(사 48:16).

3베드로가 이르되 "아나니아야! 어찌하여 사탄이 네 마음에 가득하여 네가 성령을 속이고 땅값 얼마를 감추었느냐? 4땅이 그대로 있을 때에는 네 땅이 아니며 판 후에도 네 마음대로 할 수가 없더냐? 어찌하여 이 일을 네 마음에 두었느냐? 사람에게 거짓말한 것이 아니요, 하나님께로다"(행 5:3-4).

너희는 너희가 하나님의 성전인 것과 하나님의 성령이 너희 안에 계시는 것을 알지 못하느냐?(고전 3:16)

너희 몸은 너희가 하나님께로부터 받은 바 너희 가운데 계신 성령의 전인 줄을 알지 못하느냐? 너희는 너희 자신의 것이 아니라(고전 6:19).

2 19"그러므로 너희는 가서 모든 민족을 제자로 삼아 아버지와 아들과 성령의 이름으로 세례를 베풀고 20내가 너희에게 분부한 모든 것을 가르쳐 지키게 하라. 볼지어다! 내가 세상 끝날까지 너희와 항상 함께 있으리라" 하시니라(마 28:19-20).

21우리를 너희와 함께 그리스도 안에서 굳건하게 하시고 우리에게 기름을 부으신 이는 하나님이시니 22그가 또한 우리에게 인 치시고 보증으로 우리 마음에 성령을 주셨느니라(고후 1:21-22).

너희가 아들이므로 하나님이 그 아들의 영을 우리 마음 가운데 보내사 아빠 아버지라 부르게 하셨느니라(갈 4:6).

그 안에서 너희도 진리의 말씀 곧 너희의 구원의 복음을 듣고 그 안에서 또한 믿어 약속의 성령으로 인 치심을 받았으니(엡 1:13).

3 주와 합하는 자는 한 영이니라(고전 6:17).

이는 그리스도 예수 안에서 아브라함의 복이 이방인에게 미치게 하고 또 우리로 하여금 믿음으로 말미암아 성령의 약속을 받게 하려 함이라(갈 3:14).

곧 하나님 아버지의 미리 아심을 따라 성령이 거룩하게 하심으로 순종함과 예수 그리스도의 피 뿌림을 얻기 위하여 택하심을 받은 자들에게 편지하노니 은혜와 평강이 너희에게 더욱 많을지어다(벧전 1:2).

4 내가 아버지께로부터 너희에게 보낼 보혜사 곧 아버지께로부터 나오시는 진리의 성령이 오실 때에 그가 나를 증언하실 것이요(요 15:26).

그리하여 온 유대와 갈릴리와 사마리아 교회가 평안하여 든든히 서가고 주를 경외함과 성령의 위로로 진행하여 수가 더 많아지니라(행 9:31).

5 내가 아버지께 구하겠으니 그가 또 다른 보혜사를 너희에게 주사 영원토록 너희와 함께 있게 하리니(요 14:16).

너희가 그리스도의 이름으로 치욕을 당하면 복 있는 자로다. 영광의 영 곧 하나님의 영이 너희 위에 계심이라(벧전 4:14).

해설

성령

하이델베르크 교리문답 제29-52문은 사도신경의 구조에 따라 성자 하나님과 우리의 구속에 관해 다루었습니다. 그리고 우리가 잘 알다시피 사도신경의 다음 부분은 성령 하나님에 대해 이야기합니다. 하이델베르크 교리문답 제53문 역시 사도신경의 흐름에 따라 성령을 주제로 다룹니다.

그런데 하이델베르크 교리문답은 성령 하나님에 대해 관념적인 설명을 하지 않고, 성령 하나님의 사역을 우리의 성화와 밀접하게 연관시켜 다룹니다. 이 사실을 염두에 두며 성령론을 살펴보시기 바랍니다.

표46 하이델베르크 교리문답 제50-53문의 구성

표47 하이델베르크 교리문답 제53-64문의 위치

1. 성령님은 어떤 일을 하시는가?

지금까지 사도신경에 대하여 살펴본 것처럼 성부 하나님은 작정하시고 창조와 섭리를 통해 그 작정하신 바를 실행하십니다. 성자 하나님은 우리의 구속을 위하여 사람이 되어 고난을 받고 십자가에 못 박혀 죽으셨습니다. 이제 성령 하나님에 대하여 살펴볼 차례입니다. 성령 하나님은 앞에서 몇 번 설명하였듯이 성부, 성자와 똑같은 본질을 가지신 하나님이십니다. 성부, 성자와 한 본질이시니 속성도 같습니다. 즉 성령도 무한과 영원과 불변과 자존과 전능의 속성을 갖고 계십니다.

그런데 성부와 성자와 성령의 기원 관계를 살펴보면 성령이 성부와 성자로부터 영원히 나오십니다. 이것은 시간을 초월하여 영원히 이루어진 일이므로 성령은 존재하지 않으셨던 때가 없습니다. 우리는 성령 하나님에 대하여 생각할 때마다 성령이 성부와 성자처럼 참되고 영원한 하나님이심을 명심해야 합니다.

하나님이 세상을 창조하셨지만 많은 사람이 창조론을 믿지 않습니다. 사물이 우연히 존재하기 시작해 자연히 진화했다고 막연히 생각하는 이들이 얼마나 많은지 모릅니다. 그들은 사람의 죄로 이 세상에 비참과 죽음이 발생했다는 사실도 받아들이지 않습니다. 물론 하나님이신 예수 그리스도가 사람이 되시어 죄의 문제를 해결하셨다는 소식에도 전혀 반응을 보이지 않습니다. 성부 하나님이 세상을 아무리 아름답게 창조하셨어도, 성자 하나님이 아무리 큰 사랑으로 구원 사역을 감당하셨어도 사람들이 이를 받아들여 누리지 못한다면 무슨 소용이 있을까요? 하나님이 마련하신 그 엄청난 선물을 받을 사람이 아무도 없다면 어떻게 해야 합니까?

그래서 하나님은 그리스도가 획득하신 구원을 사람들에게 적용하는 일까지 책임지십니다. 바로 성령 하나님이 사람들이 구원의 가치를 깨닫고 그 놀라운 은총을 받아 누리게 하시는 것입니다. 죄 가운데 태어나 본성이 미련하고 고집스러운 사람은 진리를 잘 깨닫지 못합니다. 보아도 보지 못하고 들어도 듣지 못합니다. 자신의 인식 능력 범주 내에 머물며 그것이 최선인 줄 알고 살아갑니다. 자신의 처지도 잘 알지 못할뿐더러 더 좋은 삶이 존재해도 그 가치를 제대로 알아보지 못합니다. 예수 그리스도의 죽음으로 인하여 우리에게 주어지는 구원의 가치도 알 리 만무합니다.

그렇다면 어떻게 해야 합니까? 오직 성령이 사람들에게 믿음을 줌으로써 진리를 찾고 발견하게 하셔야 합니다. 앞서 하이델베르크 교리문답 제21문에서 우리는 참된 믿음이 무엇인지, 믿음의 기원이 누구에게 있으며 믿음의

하이델베르크 교리문답, 삶을 읽다

역할이 무엇인지 살펴보았습니다. 미련하고 고집스러운 사람들에게 믿음을 주시는 분은 바로 성령이십니다. 성령을 통해서만 사람들은 예수 그리스도가 누구이시며 그분이 우리에게 끼치신 유익이 무엇인지를 깨닫게 됩니다.

그리스도가 획득하신 구원을 우리의 것이 되게 하시는 성령의 사역을 다루는 것이 조직신학의 구원론입니다. 그런데 우리가 구원론을 살펴볼 때 한 가지 주의해야 할 점이 있습니다. 구원론은 구원을 받는 사람의 관점이 아니라 구원을 사람에게 적용하시는 하나님의 관점에서 다루어진다는 사실입니다.

물론 어떤 사람이 복음을 듣고 그리스도를 믿겠다고 결단할 때 그 결정은 그 사람이 내리는 것입니다. 그는 자신의 죄를 회개하고 슬퍼하며 눈물을 흘립니다. 또 자신의 죄가 그리스도의 보배로운 피로 용서받았음을 깨닫고 예수님을 주님으로 고백합니다. 이런 일들은 사람의 깨달음과 고백과 결단으로 이루어집니다. 하지만 구원론의 관점에서 이런 일들은 사람의 힘만으로 되는 것이 아닙니다. 오직 성령이 그 사람을 깨우쳐주셨기에 가능한 일들입니다.

사람의 관점에서 구원론을 다루는 것은 가까운 원인만 보는 것입니다. 반면 하나님의 관점에서 구원론을 다루는 것은 인간의 구원에 작용하는 먼 원인, 즉 근본 원인을 보는 것입니다. 그래서 성경적 구원론은 유효적 소명, 칭의, 양자됨, 성화, 믿음, 회개 등의 과정을 모두 성령이 베푸시는 은혜의 사역으로 다룹니다. 하이델베르크 교리문답 제50문도 우리가 참된 믿음에 의하여 그리스도와 그의 모든 유익에 참여하게 하는 분이 성령이시라고 말합니다.

구원론을 다룰 때 가까운 원인에만 집중하면 사람의 열심과 결단과 의지를 지나치게 강조하게 됩니다. 이는 나무를 보느라 숲을 놓치는 격입니다. 하지만 성령은 그리스도가 구원을 획득하신 생애와 죽음에서도 주도적 역할을 하셨습니다. 예수 그리스도는 성령으로 잉태되셨습니다(마 1:18, 20). 예수님이 공생애를 시작하면서 요한에게 세례를 받으실 때 성령이 비둘기 같이 내리셨습니다(마 3:16). 예수님은 성령의 충만함을 입었고 성령에게 이끌리어 광야에서 시험을 받으셨습니다(눅 4:2). 또한 그분은 성령을 힘입어 귀신을 내쫓으셨을 뿐 아니라(마 12:28; 행 10:38) 성령으로 죽음 가운데서 부활하셨습니다(롬 1:4; 8:11; 벧전 3:18). 이처럼 성령은 그리스도가 그의 생애와 죽음을 통해 완벽하게 사역하시도록 역사하셨습니다. 그리고 그리스도가 획득하신 구원을 우리에게 그대로 적용하도록 역사하십니다. 우리는 구원론을 다룰 때 이처럼 일관되게 역사하시는 성령 하나님께 집중해야 합니다.

심화 연구

구원의 순서(the order of salvation)와 황금 사슬(golden chain)

사람은 유아로 태어나 어린 시절과 청소년기를 거쳐 청년이 됩니다. 그 후에는 보통 취직과 결혼을 하고 자녀를 낳아 기르며 5-60대를 거쳐 노인이 됩니다. 한 사람이 인생을 살아가면서 필요한 것들이 얼마나 많은지 모릅니다. 저는 다섯 아이를 낳아 키울 때마다 월령별 육아 발달 특성을 참조하여 필요를 채워주기 위해 노력했습니다. 자녀들이 중학교에 들어가면 다 키운 줄 알았는데 교우 관계와 학업 경쟁이란 문제가 기다리고 있었고, 고등학교에 들어가자 더 치열한 입시 경쟁이란 문제가 있었습니다. 대학교에 들어가고 졸업을 해도 취직과 결혼이라는 문제가 여전히 기다리고 있을 것입니다. 심지어 저의 어머니는 제가 다 큰 어른인데도 함께 살며 손주 다섯을 키워주십니다. 이처럼 한 사람이 태어나 죽기까지 얼마나 많은 지원과 돌봄이 필요한지 모릅니다. 우리나라의 많은 부모가 힘이 닿는 대로 자녀에게 필요한 것을 평

하이델베르크 교리문답, 삶을 읽다

생토록 공급해주기 위해 애씁니다.

한 사람이 그리스도인이 되어 성장하는 데도 많은 지원과 돌봄이 필요합니다. 아이들이 월령별 발달 과정을 일반적으로 거치듯 그리스도인도 부르심, 회개, 양자됨, 믿음, 칭의, 성화, 견인과 같은 일반적 과정을 거칩니다. 육신의 부모는 자녀에게 필요한 바를 미리 생각해서 공급합니다. 아이들이 원하는 것만을 공급하지 않고 아이들이 취득하면 좋은 것들을 먼저 공급하려고 노력합니다. 그래서 운동과 예술을 가르치고 다양한 경험을 쌓게 하며 멋진 사람들을 만나 세계관을 넓힐 기회를 만들어줍니다. 하나님도 신자들이 원하는 것만을 공급하시는 것이 아니라 신자들에게 꼭 필요한데 신자들이 그 필요를 모르는 것까지 공급하십니다. 그리스도가 획득한 구원을 우리가 알아서 취득하고 누려야 한다면 그 가치를 깨닫고 받아들여 제대로 누릴 자가 몇이나 되겠습니까? 우리는 성령 하나님이 처음부터 끝까지 함께해주셔야만 그 구원을 누릴 수 있습니다.

하나님은 어떤 자들을 하나님의 자녀로 택하실 때 그들이 구원에 이르게 하는 모든 수단도 동시에 정하십니다. 그래서 아담 안에서의 타락, 그리스도에 의한 구원의 획득, 성령에 의한 구원의 적용이 모두 구원의 수단이 됩니다. 하나님이 이런 수단들을 정하지 않으신다면 갓난아이에게 알아서 크라고 말하는 것과 다를 바가 없을 것입니다.

하나님이 당신의 자녀들을 위해 준비하신 구원을, 예수님이 십자가에서 죽으심으로써 객관적으로 획득하셨습니다. 그리고 성령님은 그 구원을 성도들에게 주관적으로 적용하십니다. 즉 성도들이 구원을 획득하여 스스로 적용하는 것이 아니라 하나님이 획득하고 적용해주십니다. 그래서 성도들의 구원은 절대로 흔들리지 않습니다.

그런데 하나님은 부르심, 믿음, 회개, 칭의, 양자됨, 성화, 견인 등에 성도들을 참여시켜주십니다. 그래서 때로는 성도들이 스스로 이 과정을 밟는 것처럼 보입니다. 하지만 그 기원은 전적으로 하나님께 있습니다. 비록 성도들이 자발적으로 예수님을 믿는다고 고백하고 죄를 회개하며 점점 더 거룩한 자로 자라가더라도 그러한 모든 과정은 하나님의 순전하고 자유로운 은혜와 사랑으로 인한 것입니다.

하나님은 이것들을 일종의 종합 선물 세트처럼 하나로 묶어 성도들에게 주십니다. 따라서 부르심은 있는데 믿음이나 칭의가 없는 경우는 발생하지 않습니다. 하나님이 누군가를 부르시면 그가 믿고 회개하여 성화에까지 이르게 하십니다. 이것들은 일종의 사슬(chain)처럼 엮여서 선택받은 자들에게 전달됩니다. 그래서 윌리엄 퍼킨스(William Perkins, 1558-1602)는 이를 가리켜 "황금 사슬"(golden chain)이라고 했습니다. 하나님이 구원의 과정들을 변하지 않는 황금 사슬처럼 엮어서 주셨다는 것입니다. 황금으로 된 사슬처럼 튼튼하게 엮여 있으니 구원의 과정은 틀림없이 정확하게 펼쳐집니다. 그런데 이것들은 한 번에 모두 펼쳐지지 않습니다. 과정과 순서에 따라 펼쳐지는데 황금 사슬로 연결된 것처럼 실패 없이 모두 주어집니다.

조직신학에서는 이를 "구원의 순서"(The order of salvation)라는 개념으로 설명합니다. "순서"라는 말을 자칫 오해하면 부르심, 중생, 회개, 양자됨, 믿음, 칭의, 성화, 영화, 견인 등에 엄밀한 차례가 있다고 생각하기 쉽습니다. 하지만 사실은 그렇지 않습니다. 성령은 구원을 단일한 과정으로 적용하시지만 단지 그 과정이 서로 구분되는 다양한 활동들로 이루어져 있기에 그 활동들을 논리적으로 배열할 수 있을 뿐입니다. 즉 단일한 구원이 적용되면서 나타나는 다양한 활동들이 질서 가운데 서로 연결되어 있습니다. 그런 면에서 "순서"로 번역된 영어 "오더"(order)는 "질서"나 "과정"으로 이해하는 것이 더 좋습니다.

다시 한 번 강조하지만 구원의 순서에서 중요한 점은 다양한 활동들이 단일한 과정으로 반드시 집행된다는 것입니다. 구원의 과정을 엄밀한 차례로

하이델베르크 교리문답, 삶을 읽다

설명할 수는 없습니다. 이는 자전거 체인이 작동하는 원리를 생각해보면 쉽게 이해할 수 있습니다. 이것 없이 저것이 작동되지 않고 저것 없이 이것이 작동되지 않습니다. 마찬가지로 부르심 없이 중생이나 회개가 없고 중생이나 회개가 없는 부르심도 있을 수 없습니다.

구원의 순서를 염두에 두면 하나님이 아브라함과 이삭 등을 자녀로 삼으신 것이 그들의 믿음 때문이 아니라 그들을 자녀로 삼으시겠다는 하나님의 뜻과 사랑 때문임을 이해하게 됩니다. 구원의 과정을 잘못 이해하면 하나님이 하시는 일을 사람이 하는 일로 오해하고 성경을 위인전이나 적극적 사고방식을 고취하는 자기계발서 정도로 읽을 수밖에 없습니다. 성경에서 영생의 진리가 아닌 인내 혹은 불굴의 의지라는 인간적 교훈만 발견하게 되는 것입니다.

성경에 나오는 아브라함, 이삭, 야곱, 요셉, 모세, 다윗 등의 인물들과 이스라엘 민족의 역사를 생각해보십시오. 하나님은 그들의 범죄와 탈선에 대해 오래 참으시고 끝내는 구원을 선사하시지 않습니까? 구약성경이나 신약성경은 모두 예수님이 획득하신 구원과 성령님이 적용하신 구원에 대한 기록입니다. 절대로 사람들의 인내, 의지, 화합에 관한 기록이 아닙니다. 하나님이 구원의 사역을 사랑으로 하시지 않는다면 인간들은 노아의 홍수 때처럼 모두 죽거나 소돔과 고모라처럼 멸망 당할 수밖에 없습니다.

하나님은 성경의 주요 인물들 모두에게, 즉 아브라함이나 이삭, 야곱, 요셉, 선지자들, 제사장들, 왕들, 사도들에 이르기까지 그 모두에게 부르심, 중생, 회개, 양자됨, 칭의, 믿음, 성화, 영화, 견인 등을 하나의 사슬로 엮어서 선사하셨습니다. 그래서 그들 모두의 생애는 하나님이 구원을 주시는 과정을 입체적으로 보여줍니다. 처음과 마지막이시고 시작과 마침이 되시는 하나님이 우리 구원의 시작과 마침이 되시어 우리에게 완벽한 구원을 주신다는 사실을 늘 기억하시기 바랍니다.

성령론

요사이 성령론을 성령에 의한 구원의 적용보다는 방언과 예언, 병 고침과 축사(逐邪) 등과 관련지어 생각하는 경향이 두드러집니다. 성령을 그렇게 이해하면 성령이 성부와 성자와 동등한 본질을 가지신 인격이라기보다 어떤 기운이나 능력이라고 생각하기 쉽습니다. 그래서 어떤 사람들은 성령의 능력을 구한다며 성령을 강하게 부르는 통성 기도와 대적 기도, 축사 외침과 권능 선포 등에 열을 올리기도 합니다. 하지만 우리는 성령이 성부, 성자와 똑같이 작정과 창조와 섭리에 참여하시고 성도들의 구원에 영원히 중요한 일을 하시는 인격이심을 먼저 알아야 합니다.

성령이 성도들을 위로하고 교회를 세우기 위하여 각 성도에게 은사를 주셨습니다. 성도들의 은사는 여러 가지나 성령은 같습니다. 각 사람에게 성령을 나타내심은 교회를 유익하게 하려 하심이지(고전 12:4-7), 절대로 그 사람을 나타내기 위함이 아닙니다. 성도들은 그리스도의 몸을 이루는 각 부분으로서 은사와 직분을 받습니다(고전 12:27-28). 거기에는 믿음, 병 고침, 능력 행함, 예언, 영들 분별, 방언, 방언 통역의 은사들과 사도, 선지자, 교사, 목사, 장로, 집사의 직분이 포함됩니다. 서로가 서로에게 꼭 필요한 존재이기에 여러 지체들은 서로 잘 돌봐야 합니다(고전 12:25).

기독교는 이적과 초월을 빼고 생각할 수 없습니다. 하지만 신유(神癒), 방언, 예언, 축사 등이 너무 강조되면 신비주의나 물질주의, 성장주의에 빠지기 쉽습니다. 물론 하나님은 성도들의 기도에 응답하셔서 여러 가지 이적을 허락하시기도 합니다. 예를 들어 하나님은 성도들의 기도를 들으시고 환자의 병이 낫게 허락하십니다. 하지만 어느 특정인에게만 병을 고치는 은사를 계속해서 허락하시지는 않습니다. 여러 가지 이적을 행한 바울도 위장병이 있는 디모데를 위해서는 기도해주지 않고 포도주를 약으로 조금씩 쓰라고 권면했습니다(딤전 5:23). 그리고 어떤 교회의 성도가 병이 났을 때 하나님은 그 교회의 교인들과 목사의 기도를 무시하고 아무런 인격적 교제가 없는, 소위 기도 좀 한다는 목사나 장로나 권사의 기도를 들으시는 것이 아닙니다. 하나님은 비인격적인 분이 아니시기 때문입니다.

병과 사고, 실직과 불합격 등은 성도들에게도 분명히 큰 어려움입니다. 그런데 성도들은 이런 어려움을 겪으며 사람과 인생에 대한 이해가 깊어지고 하나님을 더욱 깊이 신뢰하게 됩니다. 그래서 당면한 문제가 신속하게 해결되는 것만큼이나 적당한 때에 해결되는 것도 중요합니다. 하나님은 자녀들을 사랑하시기에 징계하십니다. 그래서 우리는 당면한 어려움이 어떤 성도에게는 오히려 복의 계기가 될 수도 있다는 사실을 늘 기억해야 합니다.

최근 들어 신사도(新使徒) 운동을 하는 이들은 초기 교회의 사도 직분이 자기들에게 이어졌다고 주장합니다. 그들은 자신들이 초기 교회의 사도들과 같은 권능을 받아 예언을 하고 이적을 일으킬 수 있다고 말합니다. 더 나아가 그런 능력을 다른 사람들에게 이전시키는 소위 "임파테이션"(impartation)도 가능하다고 합니다. 자신들의 능력을 전수하고자 하는

> **TIP**
>
> impart
> 주다, 알리다, 전하다

자에게 안수하고 기도하면 그 순간 능력이 그 사람에게 전달된다는 것인데, 그들은 무협지에서나 나올 법한 행위를 성령의 이름으로 자행하고 있습니다.

그들은 상식과 합리성을 가지고 판단하여 어렵지 않게 결정할 수 있는 결혼이나 취직, 진로나 작명의 문제를 기도를 통한 직통 계시로 결정하려고 합니다. 그들은 하나님이 귀하게 허락하신 일상성과 경험의 가치를 무시하면서 일반은총을 우습게 만듭니다. 그들의 비합리적이고 몰상식한 신비주의로 인해 얼마나 많은 사람이 피해를 보는지 모릅니다. 성령의 사역을 오해한 상태에서 신비주의에 사로잡혀 인생의 중요한 결정들을 잘못 내리면 그 인생을 정상으로 돌리는 데 얼마나 많은 시간과 노력이 필요하겠습니까?

저는 기도와 하나님의 뜻을 분별하는 문제와 관련한 여러 권의 책을 썼기 때문에 그와 관련된 상담을 많이 했습니다. 멀쩡하게 직장 생활을 잘하던 성도 한 분은 기도를 통해 그의 직분자 사명을 발견한 목사의 급작스러운 명령에 따라 신학교에 들어갔습니다. 하지만 그 성도는 사역자의 길을 걸으면서 전혀 보람이나 성취를 맛보지 못한 채 그만두었습니다. 어떤 목사는 직통 계시를 받아 결혼 문제를 결정해주었습니다. 하지만 그렇게 결혼한 사람들이 몇 년 후 파경을 맞아 이혼에 이르렀습니다. 또 다른 목사는 부흥회 강사를 모시는 데 필요한 경비들, 즉 호텔 숙박비, 양복비, 식사 대접비 등에 천만 원 가까운 비용을 지출하면서 기도를 통해 임의로 선택한 성도에게 받은 카드를 사용했습니다. 이때 선택받은 성도는 강사를 접대하는 영광을 안게 되었다는 마음으로 카드를 기꺼이 내놓아야 했습니다. 그런 목사가 과도하게 헌금을 부추기면서 이런저런 이유로 헌금의 명분을 만들어내리라는 것은 불 보듯 뻔합니다. 이처럼 잘못된 성령론으로 인한 행태의 해악성은 상상 이상입니다. 하이델베르크 교리문답을 공부하는 독자들은 성령의 인격과 사역에 대해 올바로 이해하여 그런 위험에서 벗어나기를 바랍니다.

성령의 일반은총: 일반은총의 무시에서 오는 신앙 중독과 해로운 신앙

사회생활을 통해 만나본 불신자들은 어떤 면에서는 신자들보다 낫습니다. 업무 수행 능력만이 아니라 도덕이나 양보, 멋과 같은 인격의 측면에서도 나을 때가 많습니다. 왜 이런 일이 벌어질까요? 성령이 신자와 불신자 모두에게 행하시는 사역 때문에 그렇습니다.

성령은 생명의 부여와 발전, 비범한 능력과 예술적 능력 등을 불신자에게도 주십니다. 성령이 주시는 일반은총(common grace)으로 인해 일반인도 죄에 대한 경각심을 갖고 도덕과 윤리의 필요성을 깨달으며 보통의 선과 의를 행하고 부여받은 재능을 발휘합니다. 반면 특별은총은 신자들에게만 주어지는데 이를 받은 사람들은 마음이 본질적으로 변화되어 예수 그리스도를 주로 받아들입니다. 특별은총은 단순히 도덕적 감동을 통해 죄를 억제하고 선을 고양하는 일반은총보다 더 근본적인 변화를 불러일으키는 것입니다.

벌코프는 일반은총이 주어지는 네 가지 주요한 수단에 대해 언급합니다. 첫째, 하나님이 일반인에게도 주시는 일반계시입니다. 로마서 2:14-15은 율법 없는 이방인도 양심이 증거가 되어 마음에 새긴 율법의 행위를 나타낸다고 말합니다. 즉 일반인에게 존재하는 양심도 하나님이 계시하여주신 것입니다. 둘째, 인간의 방탕함을 억제하고 선한 질서를 유지하는 역할을 하는 정부입니다. 셋째, 사람이 민감하게 반응하며 큰 영향을 받는 여론입니다. 넷째, 짧은 생애 동안에도 주어지는 하나님의 징벌과 보상입니다.

또한 벌코프는 일반은총의 효과를 다음처럼 다섯 가지로 정리합니다.

①형 집행의 유예: 하나님은 선악을 알게 하는 나무의 열매를 따 먹은 자들을 바로 죽이지 않으셨습니다. 또 노아의 홍수 때와 달리 그 후에는 죄악이 가득 차도 모든 생명을 한번에 싹쓸이하지 않으십니다. 오히려 생명을 연장시키셔서 회개할 기회를 주십니다.

② 죄의 억제: 죄악이 극을 향해 달리지 않고 어느 선에서 억제되게 하십니다.

③ 진리, 도덕, 종교의 보존: 사람들은 흐릿한 인식 속에서도 진리와 도덕과 종교의 가치를 알고 추구합니다.

④ 외면적 선과 시민적 의의 수행: 사람들은 마음의 본질적 변화에서 오는 종교적 의는 아니지만 외면적으로 선하게 보이는 시민적 의를 수행합니다.

⑤ 자연적 축복: 하나님은 이스마엘이나 애굽의 친위대장 보디발도 축복

해주시고 햇빛과 비를 악인과 선인 모두에게 허락해주십니다.

그리스도인은 일반은총을 무시하고 특별은총만 중시하면 안 됩니다. 얼마나 많은 불신자가 성실함으로 자신의 능력을 발휘하면서 사회의 유지와 발전에 이바지하는지 모릅니다. 물론 그들의 성실함과 노력에는 자신을 높이려는 악한 동기가 있어 절대적으로 선하지는 않습니다. 하지만 상대적으로 선하다고 할 수는 있습니다. 우리는 자동차나 집을 수리할 때 신앙이 좋은 사람보다 기술이 좋고 양심적인 사람에게 맡겨야 합니다. 음악과 미술과 운동 등의 분야에서도 각 영역에 대한 감각이 좋고 부단한 노력을 기울이는 사람이 신앙 좋은 사람보다 뛰어난 업적을 이루는 것이 자연스럽습니다.

신자가 일반은총을 무시하고 특별은총만을 추구하면 상식과 도덕과 균형감을 잃어버립니다. 모든 일을 특별은총에 치우친 관점으로 바라보면 상식과 경험으로 판단할 일도 특이하게 판단하게 됩니다. 이렇게 잘못된 신앙에 중독되어 모든 것을 이분법으로 해석하는 이들은 일반인보다 더 못한 판단과 결정을 내립니다. 그들에게는 신앙이 유익하지 않고 해롭습니다.

우리는 일반은총과 특별은총의 영역을 잘 구분해야 합니다. 일반은총의 영역에 속한 것을 과도하게 특별은총의 관점으로 해석하는 실수를 범하지 마십시오. 일반은총을 은총의 전부인 양 생각하면서 특별은총을 무시해도 안 되지만 특별은총이 전부라고 생각하면서 신앙 중독에 빠져들어 가도 안 될 것입니다.

01 여러분은 가족과 얼마나 많은 시간을 보내고 있습니까? 가족 간에 대화가 많은 편입니까? 가족과 더 많은 시간을 함께 보내고 더 많은 대화를 하기 위해 어떤 노력을 기울여야 하는지 나누어봅시다.

02 하이델베르크 교리문답 제53문을 묻고 답해봅시다. 근거 성구도 함께 살펴봅시다.

03 성령은 하나님이십니까, 아니면 사람의 영혼처럼 하나님의 영혼에 지나지 않는 비인격적인 존재입니까? 관련 성구들을 살펴보면서 대답해봅시다.

04 내가 그리스도의 모든 유익에 참여하는 것은 나의 능력과 의지로 가능합니까, 아니면 성령을 통해 주어지는 참된 믿음을 통해 가능합니까?

05　구원의 순서(the order of salvation)와 황금 사슬(golden chain)은 무엇인지
　　아는 대로 설명해봅시다.

06　잘못된 성령론이 불러오는 여러 가지 문제에 대해 알고 있다면 이야기해
　　봅시다. 잘못된 성령론이 사람들에게 인기를 끄는 이유는 무엇인가요? 그
　　것을 극복하기 위해서 우리는 어떻게 해야 합니까?

07　일반은총과 특별은총을 구분해보고 "신앙 중독"이 무엇인지 설명해보십
　　시오. 또 자신에게 신앙 중독 증상이 없는지 점검해보고 건강하고 온전한
　　신앙을 갖기 위해서는 어떻게 해야 하는지 나누어봅시다.

하이델베르크 교리문답, 삶을 읽다

거룩한 공교회,
성도의 교제, 죄의 용서

Q 제54문 당신은 그리스도의 "거룩한 공교회"에 관하여 무엇을 믿습니까?

What believest thou concerning the "holy catholic church" of Christ?

A 답 하나님의 아들이[1] 세상의 처음부터 끝까지[2] 전 인류 중에서[3] 영생으로 택한 교회를[4] 자신의 성령과 말씀으로 자신에게[5] 모으고 보호하고 보존하시어[6] 참된 믿음으로 일치하게 하시는 것을[7] 믿으며, 내가 그 교회의 살아있는 지체로서[8] 영원히 그러할 것을[9] 믿습니다.

That the Son of God from the beginning to the end of the world, gathers, defends, and preserves to himself by his Spirit and word, out of the whole human race, a church chosen to everlasting life, agreeing in true faith; and that I am and forever shall remain, a living member thereof.

Q 제55문 당신은 "성도의 교제"란 말에서 무엇을 이해합니까?

What do you understand by "the communion of saints"?

A 답 첫째, 믿는 모든 각 사람은 그리스도의 지체이기 때문에 그와 그의 모든 부요와 은사에 공동의 참여자라는 것입니다.[10] 둘째, 각 신자는 자신의 은사를 다른 지체들의 유익과 구원을 위하여 기꺼이 기쁘게 사용하는 것이 의무임을 알아야 한다는 것입니다.[11]

First, that all and every one, who believes, being members of Christ, are in common, partakers of him, and of all his riches and gifts; secondly, that every one must know it to be his duty, readily and cheerfully to employ his gifts, for the advantage and salvation of other members.

Q 제56문 당신은 "죄를 용서받는 것"에 대하여 무엇을 믿습니까?

What believest thou concerning "the forgiveness of sins"?

A 답 하나님은 그리스도의 희생으로 인해 나의 죄와 내가 일평생 싸워야 할 나의 부패한 본성을 더 이상 기억하지 않으시리라는 것을 믿습니다.[12] 또한 나에게 그리스도의 의를 은혜로 전가하시어[13] 내가 하나님의 심판소 앞에서 결코 정죄당하지 않으리라는 것을 믿습니다.[14]

That God, for the sake of Christ's satisfaction, will no more remember my sins, neither my corrupt nature, against which I have to struggle all my life long; but will graciously impute to me the righteousness of Christ, that I may never be condemned before the tribunal of God.

gather	모으다, 수집하다, 모여들다	communion	교제, 친교, 교류
cheerfully	기분 좋게, 들떠서	struggle	싸우다, 분투하다, 애쓰다
impute	전가하다, 돌리다, 지우다		

근거 성구

1 나는 선한 목자라. 선한 목자는 양들을 위하여 목숨을 버리거니와(요 10:11).

여러분은 자기를 위하여 또는 온 양 떼를 위하여 삼가라. 성령이 그들 가운데 여러분을 감독자로 삼고 하나님이 자기 피로 사신 교회를 보살피게 하셨느니라(행 20:28).

11그가 어떤 사람은 사도로, 어떤 사람은 선지자로, 어떤 사람은 복음 전하는 자로, 어떤 사람은 목사와 교사로 삼으셨으니 12이는 성도를 온전하게 하여 봉사의 일을 하게 하며 그리스도의 몸을 세우려 하심이라. 13우리가 다 하나님의 아들을 믿는 것과 아는 일에 하나가 되어 온전한 사람을 이루어 그리스도의 장성한 분량이 충만한 데까지 이르리니(엡 4:11-13).

이는 곧 물로 씻어 말씀으로 깨끗하게 하사 거룩하게 하시고(엡 5:26).

2 17하나님이여! 나를 어려서부터 교훈하셨으므로 내가 지금까지 주의 기이한

일들을 전하였나이다. 18하나님이여! 내가 늙어 백발이 될 때에도 나를 버리지 마시며 내가 주의 힘을 후대에 전하고 주의 능력을 장래의 모든 사람에게 전하기까지 나를 버리지 마소서(시 71:17-18).

여호와께서 이르시되 "내가 그들과 세운 나의 언약이 이러하니 곧 네 위에 있는 나의 영과 네 입에 둔 나의 말이 이제부터 영원하도록 네 입에서와 네 후손의 입에서와 네 후손의 후손의 입에서 떠나지 아니하리라" 하시니라. 여호와의 말씀이니라(사 59:21).

너희가 이 떡을 먹으며 이 잔을 마실 때마다 주의 죽으심을 그가 오실 때까지 전하는 것이니라(고전 11:26).

3 네 자손을 하늘의 별과 같이 번성하게 하며 이 모든 땅을 네 자손에게 주리니 네 자손으로 말미암아 천하 만민이 복을 받으리라(창 26:4).

12유대인이나 헬라인이나 차별이 없음이라. 한 분이신 주께서 모든 사람의 주가 되사 그를 부르는 모든 사람에게 부요하시도다. 13누구든지 주의 이름을 부르는 자는 구원을 받으리라(롬 10:12-13).

그들이 새 노래를 불러 이르되 "두루마리를 가지시고 그 인봉을 떼기에 합당하시도다. 일찍이 죽임을 당하사 각 족속과 방언과 백성과 나라 가운데에서 사람들

을 피로 사서 하나님께 드리시고"(계 5:9).

4 29하나님이 미리 아신 자들을 또한 그 아들의 형상을 본받게 하기 위하여 미리 정하셨으니 이는 그로 많은 형제 중에서 맏아들이 되게 하려 하심이니라. 30또 미리 정하신 그들을 또한 부르시고 부르신 그들을 또한 의롭다 하시고 의롭다 하신 그들을 또한 영화롭게 하셨느니라(롬 8:29-30).

10하늘에 있는 것이나 땅에 있는 것이 다 그리스도 안에서 통일되게 하려 하심이라. 11모든 일을 그의 뜻의 결정대로 일하시는 이의 계획을 따라 우리가 예정을 입어 그 안에서 기업이 되었으니 12이는 우리가 그리스도 안에서 전부터 바라던 그의 영광의 찬송이 되게 하려 하심이라. 13그 안에서 너희도 진리의 말씀 곧 너희의 구원의 복음을 듣고 그 안에서 또한 믿어 약속의 성령으로 인 치심을 받았으니(엡 1:10-13).

5 여호와께서 이르시되 "내가 그들과 세운 나의 언약이 이러하니 곧 네 위에 있는 나의 영과 네 입에 둔 나의 말이 이제부터 영원하도록 네 입에서와 네 후손의 입에서와 네 후손의 후손의 입에서 떠나지 아니하리라" 하시니라. 여호와의 말씀이니라(사 59:21).

내가 복음을 부끄러워하지 아니하노니

이 복음은 모든 믿는 자에게 구원을 주시는 하나님의 능력이 됨이라. 먼저는 유대인에게요, 그리고 헬라인에게로다(롬 1:16).

14그런즉 그들이 믿지 아니하는 이를 어찌 부르리요? 듣지도 못한 이를 어찌 믿으리요? 전파하는 자가 없이 어찌 들으리요? 15보내심을 받지 아니하였으면 어찌 전파하리요? 기록된 바 "아름답도다 좋은 소식을 전하는 자들의 발이여!" 함과 같으니라. 16그러나 그들이 다 복음을 순종하지 아니하였도다. 이사야가 이르되 "주여! 우리가 전한 것을 누가 믿었나이까?" 하였으니 17그러므로 믿음은 들음에서 나며 들음은 그리스도의 말씀으로 말미암았느니라(롬 10:14-17).

이는 곧 물로 씻어 말씀으로 깨끗하게 하사 거룩하게 하시고(엡 5:26).

6 1이스라엘은 이제 말하기를 "그들이 내가 어릴 때부터 여러 번 나를 괴롭혔도다. 2그들이 내가 어릴 때부터 여러 번 나를 괴롭혔으나 나를 이기지 못하였도다. 3밭 가는 자들이 내 등을 갈아 그 고랑을 길게 지었도다. 4여호와께서는 의로우사 악인들의 줄을 끊으셨도다"(시 129:1-4).

또 내가 네게 이르노니 너는 베드로라. 내가 이 반석 위에 내 교회를 세우리니 음부의 권세가 이기지 못하리라(마 16:18).

28"내가 그들에게 영생을 주노니 영원히 멸망하지 아니할 것이요, 또 그들을 내 손에서 빼앗을 자가 없느니라. 29그들을 주신 내 아버지는 만물보다 크시매 아무도 아버지 손에서 빼앗을 수 없느니라. 30나와 아버지는 하나이니라" 하신대(요 10:28-30).

7 날마다 마음을 같이하여 성전에 모이기를 힘쓰고 집에서 떡을 떼며 기쁨과 순전한 마음으로 음식을 먹고(행 2:46).

3평안의 매는 줄로 성령이 하나 되게 하신 것을 힘써 지키라. 4몸이 하나요, 성령도 한 분이시니 이와 같이 너희가 부르심의 한 소망 안에서 부르심을 받았느니라. 5주도 한 분이시요, 믿음도 하나요 세례도 하나요, 6하나님도 한 분이시니 곧 만유의 아버지시라. 만유 위에 계시고 만유를 통일하시고 만유 가운데 계시도다(엡 4:3-6).

8 내 평생에 선하심과 인자하심이 반드시 나를 따르리니 내가 여호와의 집에 영원히 살리로다(시 23:6).

내가 그들에게 영생을 주노니 영원히 멸망하지 아니할 것이요, 또 그들을 내 손에서 빼앗을 자가 없느니라(요 10:28).

8주께서 너희를 우리 주 예수 그리스도의 날에 책망할 것이 없는 자로 끝까지 견고하게 하시리라. 9너희를 불러 그의 아들 예수 그리스도 우리 주와 더불어 교제하게 하시는 하나님은 미쁘시도다(고전 1:8-9).

너희는 말세에 나타내기로 예비하신 구원을 얻기 위하여 믿음으로 말미암아 하나님의 능력으로 보호하심을 받았느니라(벧전 1:5).

그들이 우리에게서 나갔으나 우리에게 속하지 아니하였나니 만일 우리에게 속하였더라면 우리와 함께 거하였으려니와 그들이 나간 것은 다 우리에게 속하지 아니함을 나타내려 함이니라(요일 2:19).

☑ 또 그리스도께서 너희 안에 계시면 몸은 죄로 말미암아 죽은 것이나 영은 의로 말미암아 살아 있는 것이니라(롬 8:10).

너희는 믿음 안에 있는가 너희 자신을 시험하고 너희 자신을 확증하라. 예수 그리스도께서 너희 안에 계신 줄을 너희가 스스로 알지 못하느냐? 그렇지 않으면 너희는 버림받은 자니라(고후 13:5).

14우리는 형제를 사랑함으로 사망에서 옮겨 생명으로 들어간 줄을 알거니와 사랑하지 아니하는 자는 사망에 머물러 있느니라.…19이로써 우리가 진리에 속한 줄을 알고 또 우리 마음을 주 앞에서 굳세게 하리니 20이는 우리 마음이 혹 우리를 책망할 일이 있어도 하나님은 우리 마음보다 크시고 모든 것을 아시기 때문이라. 21사랑하는 자들아! 만일 우리 마음이 우리를 책망할 것이 없으면 하나님 앞

에서 담대함을 얻고(요일 3:14, 19-21).

⑩ 자기 아들을 아끼지 아니하시고 우리 모든 사람을 위하여 내주신 이가 어찌 그 아들과 함께 모든 것을 우리에게 주시지 아니하겠느냐?(롬 8:32)

너희를 불러 그의 아들 예수 그리스도 우리 주와 더불어 교제하게 하시는 하나님은 미쁘시도다(고전 1:9).

주와 합하는 자는 한 영이니라(고전 6:17).

12몸은 하나인데 많은 지체가 있고 몸의 지체가 많으나 한 몸임과 같이 그리스도도 그러하니라. 13우리가 유대인이나 헬라인이나 종이나 자유인이나 다 한 성령으로 세례를 받아 한 몸이 되었고 또 다 한 성령을 마시게 하셨느니라(고전 12:12-13).

우리가 보고 들은 바를 너희에게도 전함은 너희로 우리와 사귐이 있게 하려 함이니 우리의 사귐은 아버지와 그의 아들 예수 그리스도와 더불어 누림이라(요일 1:3).

⑪ 눈이 손더러 내가 너를 쓸 데가 없다 하거나 또한 머리가 발더러 내가 너를 쓸 데가 없다 하지 못하리라(고전 12:21).

1내가 사람의 방언과 천사의 말을 할지라도 사랑이 없으면 소리 나는 구리와 울리는 꽹과리가 되고…5무례히 행하지 아니하며 자기의 유익을 구하지 아니하며 성내지 아니하며 악한 것을 생각하지 아

니하며(고전 13:1, 5).

4각각 자기 일을 돌볼뿐더러 또한 각각 다른 사람들의 일을 돌보아 나의 기쁨을 충만하게 하라. 5너희 안에 이 마음을 품으라. 곧 그리스도 예수의 마음이니 6그는 근본 하나님의 본체시나 하나님과 동등됨을 취할 것으로 여기지 아니하시고(빌 2:4-6).

12 19곧 하나님께서 그리스도 안에 계시사 세상을 자기와 화목하게 하시며 그들의 죄를 그들에게 돌리지 아니하시고 화목하게 하는 말씀을 우리에게 부탁하셨느니라.…21하나님이 죄를 알지도 못하신 이를 우리를 대신하여 죄로 삼으신 것은 우리로 하여금 그 안에서 하나님의 의가 되게 하려 하심이라(고후 5:19, 21).

그가 빛 가운데 계신 것 같이 우리도 빛 가운데 행하면 우리가 서로 사귐이 있고 그 아들 예수의 피가 우리를 모든 죄에서 깨끗하게 하실 것이요(요일 1:7).

그는 우리 죄를 위한 화목제물이니 우리만 위할 뿐 아니요, 온 세상의 죄를 위하심이라(요일 2:2).

13 그들이 다시는 각기 이웃과 형제를 가리켜 이르기를 "너는 여호와를 알라" 하지 아니하리니 이는 작은 자로부터 큰 자까지 다 나를 알기 때문이라. 내가 그들의 악행을 사하고 다시는 그 죄를 기억하지 아니하리라. 여호와의 말씀이니라

(렘 31:34).

3그가 네 모든 죄악을 사하시며 네 모든 병을 고치시며…10우리의 죄를 따라 우리를 처벌하지는 아니하시며 우리의 죄악을 따라 우리에게 그대로 갚지는 아니하셨으니…12동이 서에서 먼 것 같이 우리의 죄과를 우리에게서 멀리 옮기셨으며(시 103:3, 10, 12).

다시 우리를 불쌍히 여기셔서 우리의 죄악을 발로 밟으시고 우리의 모든 죄를 깊은 바다에 던지시리이다(미 7:19).

23내 지체 속에서 한 다른 법이 내 마음의 법과 싸워 내 지체 속에 있는 죄의 법으로 나를 사로잡는 것을 보는도다. 24오호라! 나는 곤고한 사람이로다. 이 사망의 몸에서 누가 나를 건져내랴? 25우리 주 예수 그리스도로 말미암아 하나님께 감사하리로다. 그런즉 내 자신이 마음으로는 하나님의 법을 육신으로는 죄의 법을 섬기노라(롬 7:23-25).

14 그를 믿는 자는 심판을 받지 아니하는 것이요, 믿지 아니하는 자는 하나님의 독생자의 이름을 믿지 아니하므로 벌써 심판을 받은 것이니라(요 3:18).

내가 진실로 진실로 너희에게 이르노니 내 말을 듣고 또 나 보내신 이를 믿는 자는 영생을 얻었고 심판에 이르지 아니하나니 사망에서 생명으로 옮겼느니라(요 5:24).

> 1그러므로 이제 그리스도 예수 안에 있는 자에게는 결코 정죄함이 없나니 2이는 그리스도 예수 안에 있는 생명의 성령의 법이 죄와 사망의 법에서 너를 해방하였음이라. 3율법이 육신으로 말미암아 연약하여 할 수 없는 그것을 하나님은 하시나니 곧 죄로 말미암아 자기 아들을 죄 있는 육신의 모양으로 보내어 육신에 죄를 정하사 4육신을 따르지 않고 그 영을 따라 행하는 우리에게 율법의 요구가 이루어지게 하려 하심이니라(롬 8:1-4).

해설

거룩한 공교회, 성도의 교제, 죄의 용서

사도신경의 마지막 부분은 성령 하나님과 관련됩니다. 우리는 이 부분을 통해 "나는 성령을 믿으며, 거룩한 공교회와 성도의 교제와 죄를 용서받는 것과 몸의 부활과 영생을 믿습니다"라고 고백합니다. 하이델베르크 교리문답 제53문이 성령을 직접 다루었다면 이어지는 문항들은 성령 하나님이 우리의 성화와 관련하여 어떤 사역을 펼치시는가를 다양한 각도에서 조명해줍니다.

> ─ 제53문 우리는 "성령"에 대해서 무엇을 믿는가?
> ─ 제54문 "거룩한 공교회"의 뜻은 무엇인가?
> ─ 제55문 "성도의 교제"는 무슨 뜻인가?
> ─ 제56문 "죄를 용서받는 것"의 뜻은 무엇인가?

표48 하이델베르크 교리문답 제53-56문의 구성

1. 거룩한 공교회

ㄱ. 교회의 속성(attributes)

일반 기업체의 특성은 소비자에게 물건을 최대한 비싸게 많이 팔아 이익을 극대화하려는 것입니다. 이에 반해 철도나 우편, 전기, 방송을 담당하는 공기업은 이윤에 앞서 전 국민이 공평한 서비스를 받게 하려고 형평성과 적정 가격을 유지하는 특성이 있습니다. 또 삼권이 분립된 민주주의 국가에서 행정부는 입법부나 사법부보다 집행 능력과 효율성을 특성으로 갖습니다. 그렇다면 교회의 특성은 무엇일까요?

① 교회의 보편성(the catholicity of the church) "거룩한 공교회"(公敎會)는 영어 "홀리 캐톨릭 처치"(holy catholic church)를 번역한 것입니다. 천주교를 부를 때 보통 "가톨릭"이라고 하는데 이는 엄밀히 말해 잘못된 표현입니다. 정확하게는 "로마 가톨릭"이라고 해야 합니다. 왜냐하면 "캐톨릭"(catholic)이란 단어는 고유명사가 아니라 "보편적"이란 뜻을 가진 보통명사이기 때문입니다. 그런데 그들은 자신들이 보편적이라고 주장하면서 가톨릭이란 단어로 자신을 지칭합니다. 천주교는 로마가 기독교의 중심지였고 로마 교회의 담당 사도인 베드로가 초대 교황이었다고 주장하며 로마에 중심을 둔 보편적 교회라는 의미에서 자신들을 로마 가톨릭(Roman Catholic)이라고 부르는 것입니다.[1]

로마 가톨릭은 교회의 보편성을 외적인 유형교회에서 찾습니다. 그들은 로마 가톨릭만이 전 세계에 걸쳐 퍼져 있고(공간의 측면), 예수님의 승천 이후 계속해서 존재해왔다는 것을 강조합니다(시간의 측면).

---

[1] 한국에서 천주교는 공식적으로 "로마 캐톨릭" 대신에 "로마 가톨릭"이란 명칭을 사용한다. 원어 발음과는 차이가 있지만 가나다라 순으로 종교를 나열할 때 개신교나 기독교보다 앞서기 위해서 "가톨릭"을 선택했다는 후문이 있다. 여하튼 이 책도 표준어인 "로마 가톨릭"을 사용한다.

이에 반하여 개신교는 보편성을 "보이지 않는 교회", 곧 무형교회에 적용합니다. 웨스트민스터 신앙고백은 보이지 않는 교회에 관하여 "보이지 않는 교회인 보편 혹은 전체 교회는 택자들의 총수로 구성되니, 택자들은 과거와 현재와 미래에 교회의 머리이신 그리스도 하에 하나로 모여진다"라고 정의합니다.[2] 즉 과거와 현재와 미래에 택자들이 하나로 모여진다고 하여 전 세계와 전 시대에 걸친 보편성을 말하는 것입니다. 보이지 않는 교회는 공간적 측면에서 특정한 장소에 제한되지 않기 때문에 보편적이고(참고. 요 4:21-23), 시간적 측면에서 과거와 현재와 미래를 모두 포함하기 때문에 보편적입니다(참고. 행 10:34-35). 또한 인간적 측면에서 특정한 연령이나 계층이나 학벌이나 조건을 요구하지 않기 때문에 보편적입니다(참고. 요일 1:1-3).

그렇다고 하여 개신교가 보편성을 무형교회에만 국한하는 것은 아닙니다. 유형교회에도 적용하여 각 교회가 전 세계로 퍼지는 것을 인정합니다. 다만 복음이 처음 퍼진 기원후 1세기부터 유럽을 중심으로 기독교가 퍼진 중세 시대까지는 그 보편성이 지역적 한계를 넘어서지 못했다는 사실을 염두에 둡니다. 이처럼 공간적 측면에서 교회가 완전히 보편화하는 것은 보이는 교회 개념으로는 힘든 이야기입니다. 지상의 교회는 거룩성이란 측면에서도 여러 가지 부패와 싸움 때문에 불완전하고 보편성이라는 측면에서도 완전하지 않

---

2 인용문은 웨스트민스터 신앙고백 제25장 제1항의 내용이다(The catholic or universal church, which is invisible, consists of the whole number of the elect, that have been, are, or shall be gathered into one, under Christ the Head thereof). 제2항은 보이는 교회(유형교회)에 대하여 말한다. "역시 보편 혹은 공동적인, 유형 교회는 (전과 같이 율법 하에서처럼 한 나라에 국한되지 않고) 복음 하에서는 온 세계에 걸쳐 참된 종교를 고백하는 모든 자와 그들의 자녀로 구성되니, 이 교회는 주 예수 그리스도의 왕국이고, 하나님의 집과 가족으로서 이 교회 밖에는 구원의 통상적 가능성이 없다"(The visible church, which is also catholic or universal under the gospel [not confined to one nation, as before under the law], consists of all those throughout the world that profess the true religion; and of their children: and is the kingdom of the Lord Jesus Christ, the house and family of God, out of which there is no ordinary possibility of salvation).

습니다.

② 교회의 통일성(the unity of the church): 일치성　열 손가락 깨물어서 아프지 않은 손가락이 없습니다. 저도 5명의 자녀 하나하나가 모두 귀합니다. 그런데 아이들은 때로 서로를 경쟁 상대로 여겨 싸우기도 합니다. 우리 집 첫째는 동생들이 많아 부모의 사랑과 관심을 덜 받는다고 여겼는지 초등학생 때 동생들이 싫다는 말을 몇 번 했습니다. 그런데 중학생이 되면서부터는 다섯째와 넷째가 귀엽다는 말을 자주 하며 얼마나 동생들을 아끼는지 모릅니다. 이러한 모습을 바라보는 부모의 마음은 자연히 흐뭇할 수밖에 없습니다.

부모의 유산을 놓고 자녀들이 서로 재산을 많이 차지하려고 싸우는 경우도 많습니다. 하지만 부모는 자녀들이 한 가족, 한 핏줄이라는 의식과 연대로 서로가 아끼고 화목하기를 바랍니다. 교회를 바라보는 하나님의 마음도 그와 같습니다.

12몸은 하나인데 많은 지체가 있고 몸의 지체가 많으나 한 몸임과 같이 그리스도도 그러하니라. 13우리가 유대인이나 헬라인이나 종이나 자유인이나 다 한 성령으로 세례를 받아 한 몸이 되었고 또 다 한 성령을 마시게 하셨느니라. 14몸은 한 지체뿐만 아니요 여럿이니 15만일 발이 이르되 "나는 손이 아니니 몸에 붙지 아니하였다" 할지라도 이로써 몸에 붙지 아니한 것이 아니요, 16또 귀가 이르되 "나는 눈이 아니니 몸에 붙지 아니하였다" 할지라도 이로써 몸에 붙지 아니한 것이 아니니 17만일 온몸이 눈이면 듣는 곳은 어디며 온몸이 듣는 곳이면 냄새 맡는 곳은 어디냐? 18그러나 이제 하나님이 그 원하시는 대로 지체를 각각 몸에 두셨으니 19만일 다 한 지체뿐이면 몸은 어디냐? 20이제 지체는 많으나 몸은 하나라(고전 12:12-20).

15오직 사랑 안에서 참된 것을 하여 범사에 그에게까지 자랄지라. 그는 머리니 곧 그리스도라. 16그에게서 온몸이 각 마디를 통하여 도움을 받음으로 연결되고 결합되어 각 지체의 분량대로 역사하여 그 몸을 자라게 하며 사랑 안에서 스스로 세우느니라(엡 4:15-16).

교회는 그 어떠한 곳보다 통일성이 요구됩니다. 앞의 말씀에서 보는 것처럼 신자들은 모두 하나님의 자녀들로 한 몸이기 때문입니다. 몸이 하나인데 많은 지체가 있고 몸의 지체가 많으나 한 몸임과 같이 모든 신자는 한 성령으로 말미암아 한 몸을 이룹니다. 모두가 다 한 성령을 마신 것입니다. 또 예수 그리스도는 몸의 머리이시고 신자들은 몸의 각 지체가 됩니다.

교회의 속성을 논할 때 개신교는 "보이지 않는 교회"에 주안점을 두고, 로마 가톨릭은 "보이는 교회"에 주안점을 둡니다. 보이는 교회란 사람과 기관으로 구성된 조직화된 교회를 의미합니다. 그래서 로마 가톨릭은 교회의 통일성을 말할 때 사제(司祭)로 구성된 교회 조직의 관리와 통제 아래에서 통일되는 것을 상정합니다.

이에 반해 개신교는 내적이고 영적인 면에서 교회의 통일성을 논합니다. 비록 우리 눈에는 보이지 않지만 모든 성도가 예수 그리스도를 머리로 하여 한 몸을 이룬 것에 교회의 통일성이 있습니다. 모든 성도가 그리스도를 머리로 둔 한 몸의 지체들이기 때문에 누구 하나 빠짐없이 머리이신 그리스도의 인도와 보호와 관리를 받습니다. 이러한 면에서 모든 성도는 통일되어 있습니다. 모든 성도는 성령에 의하여 그리스도를 주로 고백하는 하나의 통일된 신앙을 갖습니다. 또한 그리스도의 재림을 기다리며 하나님 나라를 사모하는 통일된 소망 안에 있습니다.

교회의 내적인 통일성은 외적 통일성으로도 드러납니다. 그것은 우선 성도들이 같은 신앙을 고백하는 데서 드러납니다. 또 성도들이 같은 하나님의 자녀로서 동일한 말씀에 따라 살아가는 외적 실천 행위에서 드러납니다. 그

하이델베르크 교리문답, 삶을 읽다

리고 성도들이 한 하나님을 예배하는 데서도 드러납니다.

그리스도를 머리로 하는 교회의 하나 됨은 매우 중요합니다. 여러 지역에 교회가 분산해 존재하는 것은 물리적인 제약 때문에 어쩔 수 없습니다. 하지만 하나님의 말씀이 무시당하고 교회의 치리가 제대로 이루어지지 않아서 교회 회원들의 마음이 나뉘고 서로 갈라서는 것은 옳지 않습니다. 통일성이라는 교회의 속성을 기억함으로써 우리는 교회가 화합하고 공조해야 한다는 사실을 마음에 새겨야 할 것입니다.

초기 교회는 교회의 하나 됨을 위해 애썼습니다. 사도행전 15장을 보면 안디옥 교회는 문제가 생기자 그 해결을 위해 바울과 바나바 및 몇 사람을 예루살렘에 있는 사도와 장로들에게 보냈습니다. 예루살렘의 사도와 장로들은 안디옥 교회의 문제를 남의 일로 여기지 않고 적극적으로 나서서 해결책을 강구했습니다. 함께 모여 서로 의견을 나누고 성경을 근거로 결론을 내렸습니다. 그리고 그 결정 사항을 온 교회가 따를 수 있도록 다른 지방에 편지로 알렸습니다. 그뿐 아니라 성경에는 어떤 지역의 교회나 성도가 경제적 어려움에 부닥치면 다른 지역의 교회들이 발 벗고 나서서 돕는 모습이 자주 나옵니다. 그들이 그렇게 한 이유는 하나님 앞에서 안디옥 교회와 예루살렘 교회, 그리고 다른 여러 교회가 모두 하나로 통일되어 연합되어 있다는 사실을 알았기 때문입니다.

교회의 통일성을 인식하지 못하면 성도들은 자기가 속한 개 교회에만 관심을 기울이기 쉽습니다. 하지만 하나님께는 어느 한 교회만 중요한 것이 아니라 다른 교회들도 모두 중요합니다. 우리 집의 다섯 아이가 모두 결혼하여 분가한다면 저는 그들이 빠짐없이 모두 잘되기를 바랄 것입니다. 어느 하나가 어려움을 겪으면 다른 넷이 협력하여 도와주는 것이 바람직합니다. 그런데 제가 아이들에 대해 생각하는 것보다 하나님이 교회들의 연합을 바라시는 마음이 훨씬 더 큽니다. 하나님은 교회의 하나 됨을 간절히 바라십니다.

③ 교회의 거룩성(the holiness of the church) 성도들이 거룩해지고 의로워지는 것은 예수 그리스도 덕분입니다. 그리스도는 살아계실 때 성도들을 대신해 모든 율법을 지키셨습니다. 또 죽으실 때는 성도들의 죄를 모두 짊어지셨습니다. 그래서 그리스도의 의가 성도들에게 전가됩니다. 성도들이 의로워지는 것은 성도들의 행위 때문이 아니라 예수님의 의로우심 때문입니다. 그런 점에서 교회는 상대적 의미가 아니라 절대적 의미에서 거룩하고 의롭습니다. 이 거룩함은 교회의 또 다른 속성입니다.

교회는 그리스도의 피로 의로워진 사람들의 모임입니다. 그들은 죄인인 자신이 예수님의 생애와 죽으심으로 인해 의인이 되었다는 사실을 잘 압니다. 그리고 그에 걸맞게 외적인 삶에서 거룩함과 의로움을 나타내려고 노력합니다. 교회의 성도들은 하나님의 말씀에 따라 거룩하게 살려고 노력하기 때문에 완전하지는 않지만 거룩함의 열매를 맺어나갑니다.

거룩성을 속성으로 가진 교회는 당연히 거룩성을 위협하거나 거룩성에 위배되는 행위에 민감하게 반응합니다. 검사나 판사가 위법 행위를 하면 더 큰 지탄을 받는데 그 이유는 법을 집행하는 그들에게 더 엄격한 도덕성이 요구되기 때문입니다. 교회도 마찬가지입니다. 교회는 예수님의 핏값으로 거룩하게 된 자들의 모임이기 때문에 그 어떠한 개인이나 단체보다 더 큰 거룩성을 요구받습니다.

그런데 요사이 한국 교회는 거룩성보다 성장과 능률을 더 추구하는 경향이 있습니다. 목사가 횡령이나 외도, 표절 등의 잘못을 저질러도 그 목사를 통해 교회가 유지되고 성장한다면 별로 문제 삼지 않는 분위기입니다. 하지만 남편이 아무리 능력이 좋고 재력이 넘쳐나도 다른 여자들과 바람을 피운다면 좋아할 아내가 어디 있겠습니까? 부부간에도 거룩성이 깨지면 그 이상 부부관계가 유지되기 힘듭니다. 마찬가지로 교회의 거룩성을 해치는 성장과 능률 추구는 교회의 본질을 위협합니다. 성장과 능률에 사로잡혀 거룩성을

하이델베르크 교리문답, 삶을 읽다

상실한 교회는 이미 교회 됨을 포기하고 회사나 일반 단체처럼 되었음을 나타내는 것입니다.

한편 로마 가톨릭은 이런 교회의 거룩성을 예수 그리스도의 의와 성령의 거룩하게 하는 사역에서 찾기보다 외적인 의식에서 찾습니다. 그들은 교회가 외적인 의식을 행하면 자연히 거룩해진다고 보기에 성례, 도덕적 교훈, 의식 등을 중시합니다. 게다가 사제들로 구성되고 조직화된 교회가 사제들의 외적인 의식을 통해 거룩해진다고 주장하면서 사제들의 가치를 드높입니다.

또 다른 교회의 속성에는 불멸성이 있습니다. 교회는 하나님이 세우고 유지하시기 때문에 절대 사라지지 않습니다. 때로는 박해와 탄압 때문에 보이는 교회 중 일부가 없어질 수는 있으나 보이지 않는 교회, 즉 하나님의 택함을 받은 자들은 사라지지 않고 항상 존재합니다. 엘리야가 아합의 박해를 피해 도망갔을 때도 엘리야는 자기가 홀로 남았다고 느꼈지만 하나님은 박해 속에서도 바알에게 무릎을 꿇지 않은 7천 명을 남겨두었다고 말씀하셨습니다.

이상으로 교회의 속성 서너 가지를 살펴보았습니다. 우리는 교회의 속성을 통해 교회가 어떤 모습이어야 하는지 더 명확하게 알 수 있습니다. 교회의 보편성을 기억하면 다른 교회의 성도들도 한 지체로 인정하게 되고 통일성을 기억하면 교회의 하나 됨과 연합을 더욱 깊이 생각하게 됩니다. 교회의 거룩성을 기억하면 교회가 어떤 외적인 실천에 힘써야 하는지 생각하게 되고 불멸성을 기억하면 현재의 교회 상황에 상관없이 우리를 지켜주시는 하나님을 믿고 담대하게 신앙생활을 해나갈 수 있습니다. 이런 유익들을 누리기 위해 교회의 속성을 잘 기억하고 그것이 실제로 유지되도록 노력하기 바랍니다.

ㄴ. 교회는 언제부터 존재했는가?: 구약 시대와 신약 시대의 교회

사람은 선하지 않습니다. 죄를 깨닫지도 못하고 하나님을 찾지도 않습니다. 자비롭고 은혜롭고 노하기를 더디 하시는 하나님이 사람을 찾아와 만나주시고 돌 같은 마음 대신 부드러운 마음을 주시지 않으면 하나님께 나올 사람이 아무도 없습니다. 아담과 하와가 죄를 지었을 때 하나님이 찾아오셔서 "네가 어디 있느냐?"라고 물으신 것은 자비롭고 은혜롭고 노하기를 더디 하시는 하나님이 이미 그들을 용서하고 구원하는 일을 시작하셨다는 의미입니다.

하나님은 아담과 하와에게 여자의 후손이 뱀의 머리를 상하게 할 것이라고 말씀하셨습니다. 이 말씀은 곧 사람의 구원에 대한 말씀이었습니다. 하나님은 그들이 큰 죄를 지었다는 사실과 그 죄의 대가가 얼마나 큰가를 깨우쳐 주시며 하나님의 자녀 삼는 일을 시작하셨습니다. 아담과 하와는 그들의 죄에도 불구하고 하나님의 백성, 즉 교회가 되어 그분의 보호를 받았습니다.

가인은 하나님을 온전히 인정하지 않고 불순한 자세로 제사를 드렸습니다. 그리고 그 제사가 용납되지 않았을 때 몹시 분해하며 안색이 변했습니다. 죄가 가인을 원할 때 가인은 죄를 다스리지 못하고 죄에 압도되어 아벨을 쳐 죽였습니다. 가인은 여호와 앞을 떠나서 에덴의 동쪽에 거주하며 결혼하여 아들을 낳았습니다. 그리고 그는 성을 쌓고는 그 성에 자기 아들 에녹의 이름을 붙였습니다(창 4:17). 가인에게는 하나님의 이름이 존재하지 않았기 때문입니다. 가인의 후손들을 통하여 여러 가지 산업과 문화가 발달해나갔습니다.

하나님은 아담과 하와에게 아벨 대신 셋을 아들로 주셨습니다. 그리고 셋도 아들을 낳아 에노스라고 이름을 지었습니다. 그리고 그때 비로소 사람들이 여호와의 이름을 불렀습니다(창 4:26). 여호와의 이름을 부른 그들도 하나님의 교회라고 할 수 있습니다. 물론 그들의 규모는 아직 작고 신약의 교회처럼 틀이 잡힌 조직도 없었지만 그들 역시 하나님의 은혜로운 인도 속에서 하나님을 아는 자들이기에 하나님의 교회로서 부족하지 않습니다.

하나님은 아담과 셋과 에노스라는 경건한 계보를 통하여 하나님의 백성을 만드셨습니다. 성경은 가인의 계보와 셋의 계보를 비교하여 보여줍니다.

하이델베르크 교리문답, 삶을 읽다

가인의 계보에는 다양한 분야의 개척자들이 등장하지만 아담과 셋과 에노스로 이어지는 계보는 단순히 노아에게까지 이어집니다. 여기서 우리는 셋의 후손들이 죄가 가득한 세상에서도 경건의 삶을 유지했고 그중 몇은 매우 깊은 경건 속에서 살았다는 사실을 알 수 있습니다.

그런데 노아의 때에 이르자 사람의 죄악이 세상에 가득했습니다. 하나님은 사람이 마음으로 생각하는 모든 계획이 항상 악할 뿐임을 보시고 땅 위에 사람 지으셨음을 한탄하셨습니다. 그리고 홍수로 심판을 내려 지면의 모든 생명을 쓸어버리셨습니다. 이때 노아와 그의 가족 8명이 방주를 통해 하나님의 구원을 받았습니다. 하나님은 죄악으로 가득 찬 세상에서 노아의 가족 8명을 하나님의 교회로 삼으시고 방주를 통해 살려주신 것입니다.

노아의 후손이 경건한 삶을 살아가기 원하셨던 하나님은 그들에게 다시 복을 주시며 생육하고 번성하여 땅에 충만하라고 말씀하셨습니다. 하지만 노아의 후손들은 성읍과 탑을 건설하여 자기들의 이름을 내고 온 지면에 흩어짐을 면하고자 했습니다. 그들은 가인이 자기 아들의 이름으로 성을 명명한 것처럼 자기들의 이름을 내기 위하여 하늘에 닿도록 탑을 쌓아올렸습니다. 하나님은 그들이 한 족속으로서 한 언어를 사용하면서 그런 일을 도모한다고 평가하시며 그들의 언어를 혼잡하게 하여 온 지면에 흩으셨습니다.

창세기 11장은 이 사건을 다룬 후에 족보 하나를 소개합니다. 이번에는 셈의 족보인데 그 끝은 데라와 아브라함에게까지 이어집니다. 하나님은 이름을 내기 위하여 성읍과 탑을 쌓은 타락한 세대에서 셈의 가계를 하나님의 교회로 삼아주신 것입니다. 그들의 믿음이 얼마나 강했는지 약했는지는 알 수 없습니다. 하지만 하나님은 하나님에 대한 신앙이 끊어지지 않고 계속해서 이어지도록 셈의 후손들을 보호하시어 하나님의 교회로 삼으셨습니다.

하나님은 창세기 12:2에서 아브라함을 불러 "내가 너로 큰 민족을 이루고, 네게 복을 주어 네 이름을 창대하게 하리니 너는 복이 될지라"라고 말씀하셨습니다.[3] 하나님은 아브라함에게 "큰 민족을 이루라"라고 말씀하시거나, "네 이름을 창대하게 하라"라고 말씀하지 않으셨습니다. 하나님이 큰 민족을 이루게 하고, 이름을 창대하게 하겠다고 하셨습니다. 하나님이 맹세하신 말씀은 실패하지 않고 반드시 이루어집니다.

그렇다면 아브라함이 큰 민족을 이룬다는 것과 그의 이름이 창대하게 된다는 것은 무슨 뜻일까요? 이것은 절대로 물리적인 측면에서 아브라함이 영토가 넓고 국력이 센 민족의 설립자가 되어 그의 이름이 크게 알려진다는 뜻이 아닙니다. 이것은 영적인 측면에서 아브라함이 하나님의 자녀로 이루어지는 민족의 조상이 된다는 뜻입니다. 하나님의 약속대로 아브라함은 믿음의 자취를 따르는 모든 자의 조상이 되었습니다(롬 4:12, 16).

아브라함은 결코 고려 시조 왕건이나 조선을 건국한 이성계처럼 혈통이나 인종의 측면에서 어느 민족의 조상이 된 것이 아닙니다. 그는 영적인 면에서 믿음으로 하나님의 자녀가 되는 모든 자의 조상이 되었습니다. 바벨탑을 쌓은 사람들을 흩으신 하나님이 이제 아브라함을 택하여 하나님의 자녀들로 이루어진 큰 민족을 이루는 일을 시작하셨습니다. 따라서 하나님은 아브라함 당시에 아브라함과 그의 가족과 롯 등을 하나님의 교회로 삼아주신 것이고, 아브라함 이후에는 이삭과 야곱의 가정을 하나님의 교회로 삼아주신 것입니다.

구약성경에 나오는 아브라함 이후의 역사는 하나님이 아브라함에게 맹세하신 내용을 어떻게 이루시는지를 다룹니다. 하나님은 이삭, 야곱, 유다, 베레스, 세라,…다윗, 솔로몬, 르호보암 등을 통해 아브라함에게 맹세하신 바를 모두 지키셨습니다. 구약성경은 하나님이 그들의 부족함에도 불구하고 그들을

---

3 "I will make you into a great nation and I will bless you; I will make your name great, and you will be a blessing"(NIV); "And I will make of thee a great nation, and I will bless thee, and make thy name great; and thou shalt be a blessing"(KJV).

하이델베르크 교리문답, 삶을 읽다

죽이시지 않고 성숙하게 하시며 하나님의 자녀로 삼으셔서 온전하게 다듬어 가시는 것을 잘 보여주고 있습니다.

마태복음 1장에 나오는 족보는 하나님이 어떻게 아브라함에게 맹세하신 것을 이루어오셨는지를 잘 보여줍니다. 또한 하나님이 구약 시대에 어떤 이들을 하나님의 교회로 삼으셨는지에 대해 말해줍니다. 마태복음 1:1—"아브라함과 다윗의 자손 예수 그리스도의 계보라"—이 말하듯 아브라함의 계보는 예수 그리스도에게까지 이어집니다. 이 계보는 아브라함과 그 가족을 교회로 삼으신 하나님이 아브라함에게 약속하신 것을 이루셨다는 사실을 잘 보여줍니다.

하나님은 아브라함과 이삭과 야곱과 같은 족장의 때에는 주로 족장과 그의 가정을 교회로 삼으셨습니다. 모세 시대에는 이스라엘 백성이 많아져서 조직화했기에 국가라는 형태를 교회로 삼으셨습니다. 따라서 교회는 결코 신약 시대에만 존재하는 것이 아니라 사람이 이 땅에 존재한 때부터 항상 존재해왔다고 말할 수 있습니다. 구약의 교회는 이스라엘 백성을 중심으로 이루어졌고 그 조직과 예배의 형태가 달랐을 뿐이지 구약 시대에도 교회가 있었다는 사실에는 변함이 없습니다.

이제 신약의 교회에 관하여 간단히 살펴보겠습니다. 예수님은 부활 후에 다음과 같이 말씀하셨습니다.

> 19너희는 가서 모든 민족을 제자로 삼아 아버지와 아들과 성령의 이름으로 세례를 베풀고 20내가 너희에게 분부한 모든 것을 가르쳐 지키게 하라. 볼지어다! 내가 세상 끝날까지 너희와 항상 함께 있으리라(마 28:19-20).

이스라엘 백성을 중심으로 형성되었던 구약의 교회가 신약에 와서는 전 민족을 대상으로 확장되었습니다. 예수님은 승천하시기 전에도 제자들에게

"오직 성령이 너희에게 임하시면 너희가 권능을 받고 예루살렘과 온 유대와 사마리아와 땅 끝까지 이르러 내 증인이 되리라"(행 1:8)라고 말씀하셨습니다. 그 말씀대로 성령이 임하셨고 복음이 사마리아와 땅 끝에도 선포되었습니다.

신약 시대의 교회는 그 조직이 구약 시대와는 다릅니다. 구약 시대에는 선지자, 제사장, 왕이 교회를 섬겼다면 신약 시대에는 사도와 목사와 장로와 집사 등이 섬깁니다. 그러나 구약과 신약의 교회는 그 본질이 같습니다. 구약 시대나 신약 시대나 마찬가지로 교회는 하나님이 스스로 선을 깨닫고 행하지 못하는 사람 중에서 은혜로 부르신 자들의 모임입니다. 본질적인 측면에서 교회는 사람이 처음 있었던 때부터 계속 있었고 앞으로도 계속 있을 것입니다. 이와 관련해 부카누스(Guilelmus Buccanus, ?-1603)는 다음과 같이 말했습니다.

이 교회는 세계가 시작할 때부터 존재해왔으며 지금도 존재하고 앞으로 세상 끝 날까지 존재할 모든 신자와 선택받은 자로 구성되기 때문에 모두가 함께 모이며, 따라서 결코 아무도 육체의 눈으로는 볼 수 없다. 분명히 교회는 믿음의 대상이지 시각의 대상이 아니다.

또한 벨기에 신앙고백은 "이 교회는 세계의 시작부터 존재해왔고 세계의 마지막까지 있을 것이다. 이것은 그리스도가 영원한 왕이시기에 확실한데, 그리스도는 백성 없이 영원한 왕이실 수가 없기 때문이다"라고 말합니다.[4]

교회는 하나님이 주체가 되어 하나님이 시작하십니다. 깨닫지도 못하고

---

4   인용문은 벨기에 신앙고백 27장의 내용이다(This Church has been from the beginning of the world, and will be to the end thereof; which is evident from this that Christ is an eternal King, which without subjects He cannot be. And this holy Church is preserved or supported by God against the rage of the whole world).

하나님을 찾지도 않는 사람은 스스로 교회를 세우지 못합니다. 사람은 교회의 필요성에 대해서도 알지 못합니다. 사람이 하는 짓이란 가인처럼 스스로 성을 쌓고 부패할 수밖에 없는 문화와 산업을 일으키다가 어느 날 속절없이 죽는 것뿐입니다. 하나님은 이런 사람을 불쌍히 여기시어 교회로 불러주셨습니다. 그리고 부족한 사람들이 교회를 이끌어갈 수 있도록 교회에 여러 직분자와 제도를 세워주셨습니다. 이는 모두 시대와 경륜에 맞게 하나님이 주신 것이지 사람이 스스로 교회를 세우고 여러 조직과 제도를 만든 것이 아닙니다. 하나님이 세상의 처음부터 끝까지 전 인류 중에서 영생으로 택한 교회를 모으고 보호하고 보존하십니다.

ㄷ. 교회의 살아 있는 지체: 유기체로서의 교회와 제도(조직)로서의 교회

머리가 둘 달린 사람에 관하여 탈무드는 한 사람인지, 두 사람인지 묻습니다. 답은 뜨거운 물을 한쪽 머리에 부을 때, 다른 머리도 아파하면 한 사람이고 아파하지 않으면 두 사람입니다. 이처럼 한 몸은 고통과 기쁨을 같이 나눕니다. 인체의 특정 부분만 따로 고통을 받지 않습니다. 이런 조직을 유기체라고 합니다. 이에 비하여 자동차는 바퀴가 고장이 나도 다른 부분이 같이 아파하지 않습니다. 살아 있는 생물은 유기체로서 한쪽 부분이 아프면 다른 부분들도 같이 아파합니다. 이에 비하여 무생물은 시스템으로서 한쪽 부분의 손상을 다른 부분들이 상관하지 않습니다.

교회는 시스템이 아니라 유기체입니다. 예수님은 머리가 되시고 신자들은 지체가 되어 한 몸을 이룹니다.

> 이와 같이 우리 많은 사람이 그리스도 안에서 한 몸이 되어 서로 지체가 되었느니라(롬 12:5).

26만일 한 지체가 고통을 받으면 모든 지체도 함께 고통을 받고 한 지체가 영광을 얻으면 모든 지체도 함께 즐거워하나니 27너희는 그리스도의 몸이요, 지체의 각 부분이라(고전 12:26-27).

신자들은 다른 지체가 고통을 받으면 같이 고통을 느껴야 합니다. 한 핏줄의 진함과 긴밀함이 교회의 성도들 간에 있어야 합니다. 육신의 피보다 더 질긴 영적인 핏줄의 유대가 있어야 합니다. 이러한 성격이 유기체로서의 교회에서 드러납니다.

높은 이념과 대의를 잃어버리고 자기와 자기 가족의 안일만을 추구하는 소시민들이 교회 안에서도 득세하면서 익명성이 보장되는 교회들이 인기를 끌고 있습니다. 많은 성도가 자기의 모든 것이 노출되고, 전적인 참여와 책임이 요구되는 조그마한 교회들을 떠나 몇천 명이 모이는 대형교회로 찾아갑니다. 자기가 원하는 강사들의 설교와 강의를 골라 들을 수 있고 자기가 원하는 만큼의 봉사만 해도 되며 자기가 원하는 사람들과만 교제할 수 있는 교회로 가는 것입니다. 그런데 교회는 단순한 사회단체가 아닙니다. 소정의 회비를 내고 가입하여 자기가 원하는 바만을 충족받는 사교 모임이 아닙니다. 교회의 회원이 되는 것은 새로운 가족의 구성원이 되는 것입니다. 가족으로서 책임을 지며 교인들의 여러 일에 관심을 두어야 합니다. 신자들은 모두 그리스도의 살아 있는 지체로서 영원히 한 몸이기 때문입니다. 우리를 위하여 단번에 피 흘려 죽으신 예수 그리스도는 우리를 절대로 버리지 않고 영원히 우리의 머리가 되어주시므로 우리도 다른 지체들과 하나 됨을 지키기 위하여 힘써 노력해야 합니다.

교회에는 유기체라는 성격만이 아니라 제도(조직)로서의 성격도 있습니다. 교회가 유기체라는 것만 알고 있으면 큰 실수를 하기 쉽습니다. 예를 들어 어떤 성도는 목사나 장로, 집사와 같은 교회의 직분을 인정하지 않습니다.

예수님 안에서 모두 평등한 지체인데 누가 직분자가 되어 다른 사람 위에 군림할 수 있겠느냐는 논리에 사로잡혀 있기 때문입니다.

물론 갈라디아서 3:28—"너희는 유대인이나 헬라인이나 종이나 자주자나 남자나 여자 없이 다 그리스도 예수 안에서 하나이니라"—은 일반 사회의 신분이나 지위, 성별이 교회에서는 중요하지 않다고 말합니다. 또 고린도전서 12:13—"우리가 유대인이나 헬라인이나 종이나 자유자나 다 한 성령으로 세례를 받아 한 몸이 되었고 또 다 한 성령을 마시게 하셨느니라"—은 교인들이 모두 똑같은 과정을 거쳐 똑같은 신분으로 거듭난다는 사실을 말해줍니다.

그런데 이런 말씀들은 모두 교회의 유기체적 성격과 연관되어 있습니다. 성경은 동시에 교회가 제도(조직)로서 존재한다고 말합니다. 고린도전서 12:14은 교회의 유기체적 성격을 말하는 13절에 바로 이어서 "몸은 한 지체뿐 아니요, 여럿이니"라고 말합니다. 교회의 지체는 모두 평등하고 동등하지만 각각 다른 역할을 맡는다는 것입니다. 또 고린도전서 12:19은 "만일 다 한 지체뿐이면 몸은 어디뇨?"라고 묻습니다. 몸에는 눈과 코와 입과 귀가 있어야 하고 손과 발도 있어야 합니다. 몸에 온통 눈만 있으면 어떻게 살겠습니까? 바로 이런 이유로 교회는 제도(조직)로서의 성격을 가져야 하고 목사, 장로, 집사 같은 직분이 필요한 것입니다.

따라서 목사, 장로, 집사 등 교회의 직분자들은 교회가 유기체라는 측면에서는 다른 성도와 똑같이 평등하지만 제도라는 측면에서는 여느 성도와 달리 특별한 역할을 맡아 구별된 사람들입니다. 이는 목사, 장로, 집사가 다른 성도보다 더 높다는 의미가 아닙니다. 단지 교회를 이끌어가기 위해서 성도 간에 질서와 역할이 주어진다는 말입니다. 제도로서의 교회를 이해하지 못하면 무교회주의자가 되기 쉽고 교회의 직분자를 인정하기 어려워집니다. 또 반대로 제도로서의 성격만 강조하면 직분자는 다른 성도 위에 군림하려는 자세를 갖기 쉽고 서로를 불쌍히 여기며 우애를 쌓기 어려워집니다.

그런데 로마 가톨릭은 제도로서의 교회를 강조합니다. 그들은 교회의 본질과 관련하여 "교회는 세례를 받고 동일한 신앙을 고백하고 동일한 성례에 참여하며, 지상에 있는 하나의 가시적인 머리 밑에서 합법적인 목자들의 치리를 받는 모든 신실한 자들의 회중이다"라고 정의합니다. 즉 그들은 합법적으로 치리하는 목자들과 그들의 치리를 받는 회중을 구분하는 것입니다.

결과적으로 로마 가톨릭에는 "다스리고 가르치고 성례를 베푸는 자들"로 구성된 "교훈하는 교회"와, "다스림을 받고 가르침을 받고 성례 베풂을 받는 자들"로 구성된 "교훈 받는 교회"가 존재합니다. 즉 교회가 유기체라는 개념보다 제도(조직)라는 개념이 강해 직분자와 평신도를 뚜렷이 구분하는 것입니다. 그래서 로마 가톨릭에는 교황을 중심으로 일사불란한 서열 체계가 자리 잡을 수밖에 없습니다. 그 가운데서 일반 신자는 교회 치리에 관여할 방법이 없습니다. 사실 직분자와 대칭 개념으로 사용되는 "평신도"라는 말도 본래 개신교에서 나온 것이 아니라 로마 가톨릭에서 나왔습니다. 개신교는 일반 성도도 장로와 집사가 될 수 있기에 평신도라는 개념이 약합니다.

2. 성도의 교제

"쌀독에서 인심 난다"는 속담이 있습니다. 맞는 말입니다. 이웃에게 무언가를 베풀고 싶어도 줄 것이 없으면 베풀 수가 없습니다. 그런데 그리스도인은 그리스도의 지체이기 때문에 그리스도를 소유할 뿐 아니라 그리스도가 가지신 부요와 은사도 함께 소유하고 있습니다. 누군가에게 베풀 풍요한 것을 소유하고 있다는 말입니다. 그래서 그리스도인은 그리스도가 각자에게 준 은사를 다른 지체들에게 베풀 줄 알아야 합니다. 그리스도는 각 신자에게 은사를 주실 때 자신만을 위하여 사용하라고 주시지 않았습니다. 다른 지체들을 위하여 쓰라고 주셨습니다.

예수님은 부활 후 승천하시며 각 신자에게 그리스도의 선물의 분량대로 은혜를 주셨습니다. 그 선물로 인해 교회에는 사도와 선지자와 복음 전하는 자와 목사와 교사가 세워졌습니다(엡 4:11). 이러한 직분을 수행할 능력을 선물로 주신 것입니다. 그래서 어떤 사람이 그런 직분을 잘 수행한다면 그 사람이 기울인 노력 이전에 그런 재능이 그에게 주어졌다는 사실을 기억해야 합니다.

고린도전서 12장에는 다양한 은사들이 나옵니다. 지혜의 말씀, 지식의 말씀, 믿음, 병 고침, 능력 행함, 예언, 영들 분별, 각종 방언, 방언의 통역 등이 그것입니다. 그런데 여기서 은사의 다양한 종류도 중요하지만 더 중요한 것은 그것들이 모두 하나님께로부터 왔다는 사실입니다.

이방인으로서 우상을 섬겼던 고린도 교인들은 하나님의 영에 이끌려 예수님을 주님으로 고백하게 되었습니다. 그러한 고백은 성령의 도움 없이는 그 누구도 할 수 없습니다. 또한 성령은 각 교인에게 여러 가지 은사와 직분과 사역을 허락하십니다. 고린도전서 12장은 은사와 직분과 사역은 여러 가지나 한 성령과 주와 하나님이 주시는 것임을 강조합니다.

그런데 이렇게 각 사람에게 성령을 나타내심은 교회의 유익을 위해서입니다. 은사는 개인의 것이 아니고 하나님의 것이며 교회를 위한 것입니다. 자신이 받은 은사로 교회를 섬기지 않는 것은 하나님이 맡기신 임무에 대한 거부이며 하나님의 소유에 대한 도둑질입니다. 하나님의 것을 자기만 위해서 사용하는 것은 이기주의가 아닐까요?

소질이나 특기는 자신을 위한 것이지만 은사는 교회를 위한 것입니다. 소질이나 특기가 교회를 위하여 유익하게 사용되는 것이 은사라고 할 수도 있습니다. 교회 봉사에서 잊지 말아야 할 점은 자신의 소질과 특기를 드러내는 것 자체가 중요한 게 아니라 다른 성도들이 나의 지체이기 때문에 그 관계 가운데서 은사가 자연스레 드러난다는 것입니다. 하나님은 내가 한 몸의 특정한 지체이기 때문에 그에 맞는 은사를 주시는 것이지 절대로 내가 잘나서 주시는 것이 아닙니다.

눈이 손더러, 머리가 발더러 쓸데없다고 말하지 못합니다. 그뿐 아니라 더 약하게 보이는 몸의 지체가 도리어 요긴하고, 몸의 덜 귀히 여기는 것이 더욱 귀한 것들로 입혀집니다(고전 12:21-22). 성도는 절대로 자신 혼자가 아니라 교회의 한 지체임을 명심하여 항상 한 몸(가족) 의식을 가져야 합니다. 많은 지체가 있지만 몸은 하나입니다. 한 성령으로 세례를 받아 한 몸이 되었고 다 한 성령을 마시게 되었습니다(고전 12:12-13).

> 만일 한 지체가 고통을 받으면 모든 지체가 함께 고통을 받고 한 지체가 영광을 얻으면 모든 지체가 함께 즐거워하느니라(고전 12:26).

오른쪽 새끼발가락을 조금 다쳐도 왼발까지 아프게 됩니다. 오른쪽 새끼발가락이 아프니 왼쪽 발에 체중이 실리고 얼마 지나지 않아 왼발도 탈이 나는 것입니다. 교회도 여러 지체로 이루어진 한 몸이기 때문에 어느 한 지체가 제 역할을 하지 않으면 다른 지체들이 그 역할을 대신 감당해야 합니다. 어떤 지체는 버티기 힘든 큰 하중을 받게 될 수도 있습니다. 이러한 편중이 심화하면 그 교회는 전체적으로 병든 교회가 됩니다. 자신의 게으름과 무지로 다른 지체들이 지나친 하중을 받지 않도록 주의해야 할 것입니다.

3. 죄를 용서받는 것

사람들에게 전도를 하다 보면 자신이 지은 죄가 커서 나중에 회개하고 교회에 나가겠다고 말하는 사람들이 있습니다. 그들이 자신의 죄를 심각하게 여긴다는 점은 칭찬할 만하지만 자신들의 힘으로 죄를 없앨 수 있다고 생각하는 점은 매우 아쉽습니다. 그들에게 "교회는 죄인이 오는 곳"이라고 말해도 잘 이해하지 못합니다.

그런데 우리 성도들은 어떨까요? 여러분은 죽음을 맞으면 천국에 갈 수 있다고 확신하십니까? 여러분의 모든 죄가 그리스도의 희생으로 용서되었다는 확신이 있습니까? 우리는 사도신경의 "죄를 용서받는 것"을 말할 때 바로 그 확신을 고백합니다. 나의 노력과 행위가 아니라 오직 그리스도의 희생으로 인해 하나님이 나의 죄를 더 이상 문제 삼지 않으신다고 고백하는 것입니다. 하나님은 남아 있는 나의 부패한 본성도 문제 삼지 않으십니다.

그뿐 아니라 하나님은 그리스도의 의를 나의 것으로 여겨주십니다. 나는 그리스도와 연합되었기에 그리스도가 모든 율법을 지키며 획득하신 의로움이 바로 나의 것이 됩니다. 나는 어떤 선한 행위를 하거나 오래 참지 않았는데도 하나님은 오직 은혜와 사랑으로 그리스도의 의를 나의 것으로 여겨주십니다. 그러므로 하나님의 심판소 앞에서 나는 결코 정죄당하지 않습니다. 우리는 "죄를 용서받는 것"이라는 고백에 이 모든 확신을 담습니다. 그리스도의 의의 전가에 대해서는 제60문에서도 자세히 다룰 것입니다.

어느 날 베드로는 예수님께 "형제가 내게 죄를 범하면 몇 번이나 용서하여주리이까? 일곱 번까지 하오리이까?"라고 물었습니다. 베드로는 형제의 죄를 용서할 수 있는 최대 횟수가 일곱 번이라고 생각했습니다. 그런데 예수님은 "일곱 번뿐 아니라 일곱 번을 일흔 번까지라도 할지니라"(마 18:22)라고 말씀하셨습니다. 무려 490번을 용서하라는 말씀입니다.

그러면서 예수님은 1만 달란트의 빚을 탕감받은 자가 100데나리온의 빚을 탕감해주지 않은 비유를 말씀하셨습니다. 1달란트는 6천 데나리온이고, 1데나리온은 일꾼의 하루 품삯입니다. 일당을 10만 원이라고 할 때, 100데나리온은 천만 원이고, 1달란트는 6억 원이며, 1만 달란트는 6조 원입니다. 예수님은 이 비유를 통하여 사람은 6조 원의 빚을 탕감받고서도 천만 원의 빚을 탕감해주지 않는 어리석고 이기적인 존재라는 것을 알려주십니다.

1만 달란트는 굳이 계산해서 6조 원이지, 실제로는 개인이 모을 수 없는 액수의 돈을 의미합니다. 우리 그리스도인은 바로 이 엄청난 금액을 탕감받은 자들입니다. 아무 이유 없이 그저 하나님의 순전한 사랑과 은혜로 용서받은 것입니다. 우리는 우리 죄에 대해 괴로워하고 회개해야 하지만, 동시에 그 죄는 반드시 예수 그리스도의 보혈로 인해 용서받음을 알아야 합니다.

그리스도인은 자신이 지은 죄에 대해 괴로워하고 회개하였다면 자신의 죄가 하나님께 용서받았음을 확신해야 합니다. 그리고 그 확신은 주변 사람들을 너그럽게 용서하고 받아들이는 것으로 나타나야 합니다. 누가 우리를 몹시 괴롭게 하는 큰 죄를 지을지라도 하나님이 우리 자신의 죄를 용서해주신 것에 비하면 작은 죄에 지나지 않습니다. 그러므로 우리 자신의 죄가 얼마나 큰지를 아는 자는 다른 사람이 지은 죄를 마땅히 용서해야 합니다. 그의 죄 역시 하나님이 용서해주십니다. 이와 관련하여 예수님은 다음과 같이 말씀하셨습니다.

3어찌하여 형제의 눈 속에 있는 티는 보고 네 눈 속에 있는 들보는 깨닫지 못하느냐? 4보라! 네 눈 속에 들보가 있는데 어찌하여 형제에게 말하기를 "나로 네 눈 속에 있는 티를 빼게 하라" 하겠느냐? 5외식하는 자여! 먼저 네 눈 속에서 들보를 빼어라. 그 후에야 밝히 보고 형제의 눈 속에서 티를 빼리라(마 7:3-5).

사도신경의 고백대로 "죄를 용서받는 것"을 믿는 자는 자기 눈 속에 들보가 있음을 알고, 그것이 그리스도의 피로 빼어졌음을 확신하고, 그 결과 형제의 눈 속에 있는 티를 기꺼이 용서하는 자입니다. 하나님의 용서를 우리 자신에게만 적용하면 안 되고 타인에게도 풍성하게 적용하여 마음으로 용서할 줄 알아야 합니다.

누가복음 15장에서 허랑방탕한 둘째 아들은 아버지로부터 받은 재산을

하이델베르크 교리문답, 삶을 읽다

모두 낭비했습니다. 그는 돼지가 먹는 쥐엄 열매로 배를 채우다가 아버지에게 돌아와 "아버지, 내가 하늘과 아버지께 죄를 지었사오니 지금부터는 아버지의 아들이라 일컬음을 감당하지 못하겠나이다"(눅 15:21)라고 말합니다. 하지만 아들이 돌아올 때에 측은히 여겨 달려가 목을 안고 입을 맞춘 아버지는 종들에게 "제일 좋은 옷을 내어다가 입히고 손에 가락지를 끼우고 발에 신을 신기라. 그리고 살진 송아지를 끌어다가 잡으라. 우리가 먹고 즐기자. 이 내 아들은 죽었다가 다시 살아났으며 내가 잃었다가 다시 얻었노라"(눅 15:22-24)라고 말합니다. 아버지는 유산으로 가져간 재산을 모두 낭비한 아들의 죄를 전부 용서했습니다.

그런데 밭에서 돌아온 맏아들은 화가 나서 아버지에게 따집니다. 자신은 그동안 아버지의 말씀을 따르며 성실하게 일했어도 별다른 위로를 해주지 않던 아버지가 방탕한 생활을 뒤로하고 돌아온 동생에게 과도한 친절을 베푸는 것이 못마땅하다는 것이었습니다(눅 15:29-30). 이에 아버지는 "얘, 너는 항상 나와 함께 있으니 내 것이 다 네 것이로되 이 네 동생은 죽었다가 살아났으며 내가 잃었다가 얻었기로 우리가 즐거워하고 기뻐하는 것이 마땅하다"(눅 15:31-32)라고 대답합니다. 맏아들은 아버지가 이미 자신에게 얼마나 많은 재산을 주었는지 생각하지 못했습니다. 자신도 아버지의 사랑과 은혜를 크게 입었지만 그런 사실을 망각하고 불평을 터뜨렸습니다. 우리는 "죄를 용서받는 것"을 믿는다고 고백하는 자들로서 나의 죄와 타인의 죄가 모두 용서받음을 알고 나 자신과 타인을 잘 받아들일 수 있어야 합니다.

뼈의 연합

메르스가 창궐하던 2015년 7월 6일, 어머니가 침대에서 떨어지셔서 고관절이 골절되었다. 80대이신 어머니는 당뇨와 고혈압을 앓고 계시고 심장에 이미 스텐트(stent) 6개를 삽입하신 상태이기에 먼저 수술이 가능한지 확인해야했다. 다행히 여러 가지 수치가 나쁘지 않아 수술에 들어갔는데 정작 어려움은 골다공증 때문에 찾아왔다. 부러진 두 뼈에 철을 삽입해 연결시키는 수술에서 골다공증으로 뼈가 푸석푸석하면 삽입된 철이 단단하게 붙어 있지 않고 헛돌게 된다는 것이었다.

어르신들은 고관절 골절로 오랜 시간 누워 있게 되면 욕창, 폐렴, 우울증 등의 합병증으로 6개월 안에 사망할 확률이 3-40퍼센트나 된다. 얼마 전 외신에서는 그 비율이 5-60퍼센트라고 발표하기도 했다. 어머니도 어려운 수술과 회복기의 합병증을 거쳤지만, 5명이나 되는 손주들의 재롱이 큰 힘이 되셨는지 6개월이 지나면서 상태가 급격하게 좋아지면서 1년 후부터는 원래 건강을 되찾으실 수 있었다.

나는 이런 과정을 통해 분리된 두 대상을 다시 결합시키는 것이 얼마나 어려운가를 알게 되었다. 전봇대도 땅 깊숙이 박지 않으면 쓰러지고 나무들도 땅 깊숙이 뿌리를 박지 않으면 태풍에 뿌리째 뽑힌다. 그래서 사람들은 무언가를 단단히 붙일 때 접착제, 나사, 못, 실리콘, 콘크리트 등 다양한 도구들을 총동원한다.

그런데 지구는 달이나 태양과 멀리 떨어져 있으면서도 한 번도 분리된 적이 없다. 달은 지구를 중심으로, 지구는 태양을 중심으로 돌고 있다. 중력으로 연결되어 있기 때문이다. 중력에 의한 이 연합이야말로 정말 강력하다.

고관절은 인체에서 가장 크고 튼튼하지만 낙상으로 인한 골절의 위험이 있고 콘크리트나 철골 구조물도 9·11테러 때처럼 비행기가 돌진하면 무너질 수 있다. 인간이 만든 구조물은 아무리 튼튼해도 한 세기, 두 세기가 지나면 흔들흔들한다. 그런데 눈에 보이지 않는 중력에 의한 연합은 얼마나 강한지, 수천 년, 수만 년을 거뜬하게 견디어낸다.

중력보다 강한 힘으로 연합하는 것이 있을까? 천체들의 연합보다 더 강한 연합이 있으니 예수 그리스도의 대속의 피에 의한 연합이다. 우리 눈에는 어떠한 연결 도구에 의하여 강하게 연합되어 있는지 보이지 않지만 우리는 예수님을 머리로 하여 영적으로 신비하게 결합되어 있다. 이것은 사망이나 생명이나 천사들이나 권세자들이나 현재 일이나 장래 일이나 능력이나 다른 어떤 피조물이라도 끊을 수 없다(롬 8:38-39). 이 연합은 중력보다도 강한 것으로서 이 세상에 종말이 와 모든 연합체가 깨어져도 여전히 건재할 것이다.

자신을 바쳐 우리를 구원하신 예수 그리스도의 사랑에서 우리는 연합을 배운다. 우리 집 아이들 5명은 방과 후에 모두가 집으로 기쁘게 달려온다. 그들은 어떤 끈이나 접착제로 연결되어 있지 않음에도 부모에게로 달려온다. 부모의 사랑이 그들을 연결시키는 보이지 않는 끈이 되는 것이다. 부모는 자식들이 철이 없어 말썽을 피우고 가출해서 재산을 탕진해도 자식에 대한 끈을 놓지 않는다.

재산을 탕진한 탕자가 먹을 것이 없어 아버지 집에서 품꾼의 하나로 지내겠다고 돌아온다. 아버지는 돌아오는 아들을 보고 먼 데서부터 측은히 여겨 달려가 목을 안고 입을 맞춘다. 아들은 "아버지, 내가 하늘과 아버지께 죄를 지었사오니 지금부터는 아버지의 아들이라 일컬음을 감당하지 못하겠나이다"라고 말하지만, 아버지는 종들에게 제일 좋은 옷을 내어다가 입히고 손에 가락지를 끼우고 발에 신을 신기라고 말한다(눅 15:21-24). 그를 위해 살진 송아지를 잡아 잔치도 열어준다. 이렇듯 아버지는 아들을 향한 연합의 끈을 한

시도 놓지 않는다.

우리가 제힘으로 하나님을 붙들고 연합해야 한다면, 약하고 악한 우리는 수시로 하나님에게서 떨어질 수밖에 없다. 그러나 하나님이 당신의 의지와 신실하심으로 우리에 대한 끈을 놓지 않으시기에 우리가 여러 번 그 끈을 놓음에도 불구하고 하나님과의 연합이 유지된다. 위대한 사랑이란 상대방이 연합의 끈을 놓고 멀리 갈지라도 그가 돌아오기를 바라며 그 끈을 놓지 않는 것이 아닐까? 하나님이 오래 참으심으로 독생자를 내어주시면서까지 우리에 대한 신비한 연합의 끈을 놓지 않으신다는 사실을 마음에 새기고 우리도 많은 이들을 향한 연합의 끈을 강하게 붙들어야 한다. 아버지처럼 우리도 그들을 위하여 우리의 은사를 기꺼이 기쁘게 사용할 줄 알아야 한다.

01 외향형의 사람은 대화를 하면서 생각을 정리하고, 내향형의 사람은 생각이 정리된 후에 말을 합니다. 외향형의 사람은 여러 사람과 협력하며 일을 빠르게 진행하고 내향형의 사람은 의사결정에 신중을 기하며 일을 더 다듬어갑니다. 여러분은 어떤 유형에 속합니까? 다른 유형의 사람과 일을 할 때 어떻게 조화를 이루어야 하는지 지혜를 나누어봅시다.

02 하이델베르크 교리문답 제54-56문을 서로 묻고 답해봅시다. 근거 성구도 함께 살펴봅시다.

03 교회의 속성 세 가지를 설명해봅시다.

04 교회는 언제부터 존재했습니까? 구약 시대와 신약 시대의 교회를 비교하여 차이점과 공통점을 말해봅시다.

05 유기체로서의 교회와 제도(조직)로서의 교회를 구분해봅시다.

06 "성도의 교제"란 무엇인지 이야기해봅시다. 또한 우리가 성도의 교제에 온
전히 참여하려면 어떤 태도를 지녀야 하는지 말해봅시다.

07 1만 달란트를 탕감받은 종의 비유를 생각하면서 "죄를 용서받는 것"이 무
슨 의미인지 이야기해봅시다.

08 골절상을 당한 경험이 있다면 나누어봅시다. 부러진 뼈가 잘 붙게 하려면
어떻게 해야 합니까? 우리가 그리스도 안에서 하나 됨을 힘써 지키려면
어떻게 해야 합니까?

몸의 부활과 영생

Q 제57문 "몸의 부활"은 당신에게 어떤 위안을 줍니까?

What comfort does the "resurrection of the body" afford thee?

A 답 이생이 끝난 후에 나의 영혼은 영혼의 머리가 되시는 그리스도께 즉시 취해질 뿐 아니라[1] 나의 육체도 그리스도의 능력으로 일으킴을 받아 나의 영혼과 재결합하고 그리스도의 영화로운 몸처럼 만들어질 것입니다.[2]

That not only my soul after this life shall be immediately taken up to Christ its head; but also, that this my body, being raised by the power of Christ, shall be reunited with my soul, and made like unto the glorious body of Christ.

Q 제58문 당신은 "영생"이란 말에서 어떤 위로를 받습니까?

What comfort takest thou from the article of "life everlasting"?

A 답 나는 지금 나의 마음에서 영원한 기쁨의 시작을 느끼고 있으므로[3] 이생 후에 "눈으로 보지 못하고 귀로 듣지 못하고 사람의 마음으로 생각하지도 못한" 완벽한 구원을 상속받아 거기서 영원히 하나님을 찬양할 것입니다.[4]

That since I now feel in my heart the beginning of eternal joy, after this life, I shall inherit perfect salvation, which "eye has not seen, nor ear heard, neither has it entered into the heart of man" to conceive, and that to praise God therein for ever.

immediately	즉시, 바로, 곧	**everlasting**	영원한, 끊임없는
inherit	상속받다, 물려받다, 유전되다		

근거 성구

1 이에 그 거지가 죽어 천사들에게 받들려 아브라함의 품에 들어가고 부자도 죽어 장사되매(눅 16:22).

예수께서 이르시되 "내가 진실로 네게 이르노니 오늘 네가 나와 함께 낙원에 있으리라" 하시니라(눅 23:43).

21이는 내게 사는 것이 그리스도니 죽는 것도 유익함이라.…23내가 그 둘 사이에 끼었으니 차라리 세상을 떠나서 그리스도와 함께 있는 것이 훨씬 더 좋은 일이라. 그렇게 하고 싶으나(빌 1:21, 23).

2 25내가 알기에는 나의 대속자가 살아 계시니 마침내 그가 땅 위에 서실 것이라. 26내 가죽이 벗김을 당한 뒤에도 내가 육체 밖에서 하나님을 보리라(욥 19:25-26).

53이 썩을 것이 반드시 썩지 아니할 것을 입겠고 이 죽을 것이 죽지 아니함을 입으리로다. 54이 썩을 것이 썩지 아니함을 입고 이 죽을 것이 죽지 아니함을 입을 때에는 사망을 삼키고 이기리라고 기록된 말씀이 이루어지리라(고전 15:53-54).

그는 만물을 자기에게 복종하게 하실 수 있는 자의 역사로 우리의 낮은 몸을 자기 영광의 몸의 형체와 같이 변하게 하시리라(빌 3:21).

사랑하는 자들아! 우리가 지금은 하나님의 자녀라. 장래에 어떻게 될지는 아직 나타나지 아니하였으나 그가 나타나시면 우리가 그와 같을 줄을 아는 것은 그의 참모습 그대로 볼 것이기 때문이니(요 3:2).

3 2참으로 우리가 여기 있어 탄식하며 하늘로부터 오는 우리 처소로 덧입기를 간절히 사모하노라. 3이렇게 입음은 우리가 벗은 자들로 발견되지 않으려 함이라(고후 5:2-3).

4 영생은 곧 유일하신 참 하나님과 그가 보내신 자 예수 그리스도를 아는 것이니이다(요 17:3).

기록된 바 "하나님이 자기를 사랑하는 자들을 위하여 예비하신 모든 것은 눈으로 보지 못하고 귀로 듣지 못하고 사람의 마음으로 생각하지도 못하였다" 함과 같으니라(고전 2:9).

몸의 부활과 영생

사도신경이 다루는 마지막 두 가지 주제는 몸의 부활과 영생입니다. 우리는 부활의 첫 열매가 되신 예수 그리스도의 공로에 의지하여 우리 몸도 다시 살 것을 확신합니다. 그리고 하나님 보좌 우편에서 만물을 다스리시는 예수 그리스도의 영광에 참여하여 영원히 왕 노릇 할 소망 가운데서 하나님께 찬양을 올려드립니다.

- **제54문** "거룩한 공교회에 관하여"의 뜻은 무엇인가?
- **제55문** "성도의 교제"는 무슨 뜻인가?
- **제56문** "죄를 용서받는 것"의 뜻은 무엇인가?
- **제57문** "몸의 부활"은 우리에게 어떤 위안을 주는가?
- **제58문** "영생"은 우리에게 어떤 위안을 주는가?

표49 하이델베르크 교리문답 제54-58문의 구성

1. 몸의 부활

백골화가 진행된 시신이나 썩은 나무를 본 적이 있습니까? 그렇게 썩은 것들이 다시 살아날 수 있을까요? 일반적인 자연법칙으로는 전혀 불가능합니다. 그런데 말씀으로 무에서 천지 만물을 만드신 하나님께는 불가능하지 않습니다. 무에서 천지 만물을 만드는 것이나 썩은 것에 다시 생명을 부여하는 것은 모두 하나님의 능력으로만 가능합니다.

　우리의 목숨이 이 땅에서 끊어질 때 우리의 육신은 무덤에서 쉬지만 우리의 영혼은 우리의 머리가 되시는 그리스도께로 즉시 취해져 우리의 육신과 다시 결합하기를 기다리게 됩니다. 이러한 일은 우리가 그리스도와 연합되었기에 가능한 일이고 그리스도가 먼저 죽음의 권세를 뚫고 부활하셨기 때문에 우리도 누리게 된 일입니다.

우리의 죽은 육체가 예수 그리스도의 재림 때 그리스도의 능력으로 일으킴을 받아 우리의 영혼과 다시 결합하는데, 이때 우리의 육체는 죽기 전의 상태가 아니라 영화로운 상태로 되살아납니다. 이에 대해 바울은 다음과 같이 말합니다.

> 42죽은 자의 부활도 그와 같으니 썩을 것으로 심고 썩지 아니할 것으로 다시 살아나며 43욕된 것으로 심고 영광스러운 것으로 다시 살아나며 약한 것으로 심고 강한 것으로 다시 살아나며 44육의 몸으로 심고 신령한 몸으로 다시 살아나나니 육의 몸이 있은즉 또 영의 몸도 있느니라(고전 15:42-44).

우리가 부활할 때 몇 살쯤의 모습으로 부활하는지, 장애인은 여전히 장애를 가진 모습으로 부활하는지, 피부병이나 위장병을 가진 이들은 그 병을 지닌 채 부활하는지 궁금해하는 분들이 있습니다. 이에 대한 답은 분명합니다. 우리는 영화로운 상태로 부활할 것입니다. 예수 그리스도가 부활하고 승천하실 때 가지셨던 영화로운 몸처럼 우리의 부활한 몸도 영화로운 몸이 됩니다. 썩지 않고 영광스러우며 강하고 신령한 몸으로 부활하게 되는 것입니다.

그러니 그리스도인은 마음 놓고 죽을 수 있습니다. 우리의 겉 사람은 날로 낡아져 8-90세가 되기도 전에 초라해집니다. 신체 대부분의 기능이 떨어집니다. 그런 상태로 1-20년을 더 살아도 무슨 큰 의미가 없습니다. 오히려 적당한 때 죽고 다시 영화로운 몸으로 부활하는 것이 낫습니다. 병과 늙음과 사고 등으로 죽음을 앞두고 있을 때 몸이 다시 산다는 사실은 우리에게 얼마나 큰 위안을 안겨주는지 모릅니다. 더 영화로운 삶이 기다리고 있으므로 우리는 기꺼이 죽을 수 있습니다. 사도 바울처럼 빨리 죽어 하나님의 품에 안기기를 소망해도 됩니다(빌 1:23). 우리의 육신이 부활하여 영혼과 재결합해 누릴 삶을 믿음으로 바라보시기 바랍니다.

무에서 모든 것을 만드신 하나님은 우리의 썩은 육체를 다시 살게 하실 수 있습니다. 사람들은 이 땅에 존재하는 것들의 기원과 보존에 관한 근본 원인을 알지 못합니다. 다만 작동 법칙을 조금 알 뿐인데 조금 알면서도 많이 아는 것으로 착각합니다. 그 조그마한 지식으로는 죽은 생명체가 다시 사는 것에 대해서 상상도 하지 못합니다. 전혀 알지 못하니 불가능한 일로 치부하게 됩니다. 하지만 천지 만물을 무에서 창조하신 전능하신 하나님은 죽은 자를 다시 살리실 수 있습니다. 이런 분을 영원한 아버지로 모신 우리는 이 세상에서 가장 행복하고 평안한 사람들입니다.

2. 영생

아담의 죄로 땅은 저주를 받아 가시덤불과 엉겅퀴를 내고 사람은 얼굴에 땀을 흘려야 먹게 되었습니다. 죄를 짓기 전에 에덴동산의 물리 화학적 상태는 어떠했을까요? 가시덤불과 엉겅퀴가 나지 않는 상태였는데 이는 연소율이 100퍼센트에 가깝다는 것을 의미합니다. 아담과 하와는 음식을 먹어도 완전히 소화해서 화장실에 가지 않았을지도 모릅니다. 물건을 태워도 재가 남지 않을 정도로 100퍼센트 연소했을 것입니다. 사람들 간의 미움과 시기와 같은 여러 감정도 100퍼센트 연소되어 쌓이지 않으니 악한 감정이 없고 서로 사랑하는 일만 있었을 것입니다. 얼굴에 땀이 흐르지 않아도 먹고살 수 있는 에덴동산이 그리울 뿐입니다.

그런데 부활 후 신자들이 누리는 영생은 이보다 더 영화로운 상태입니다. 에덴동산의 아담이 하나님의 말씀대로 살 때 하나님이 주시고자 했던 영화로운 삶이 우리에게 펼쳐지는 것입니다. 우리는 하나님의 백성이 되고 하나님은 친히 우리와 함께 계셔서 모든 눈물을 그 눈에서 닦아주시므로 다시는 사망과 애통과 곡하는 것과 아픈 것이 있지 아니합니다. 처음 것들은 다 지나가고 만물은 새롭게 됩니다(계 21:3-5). 우리가 거할 성은 하나님의 영광이 비치고 어린 양이 그 등불이 되시므로 해나 달의 비침이 쓸데없습니다. 거기에는 밤이 없으므로 낮에 성문들을 도무지 닫지 아니합니다. 무엇이든지 속된 것이나 가증한 일 또는 거짓말하는 자는 결코 그리로 들어가지 못하고, 오직 어린 양의 생명책에 기록된 자들만 들어갑니다(계 21:23-27). 주 하나님이 우리에게 비치시어 다시 밤이 없고 등불과 햇빛이 쓸데없는 그곳에서 우리는 세세토록 왕 노릇을 합니다(계 22:5).

이 땅에 존재하는 모든 것들은 변화합니다. 조금씩 쇠퇴하고 썩습니다. 시간이 더 흐르면 존재가 없어져 버립니다. 존재하는 생명체들은 모두 노화의 과정을 밟습니다. 늙고 병들어 죽습니다. 이 땅에 영원히 존재하는 것이 있을까요? 아무것도 없습니다. 그런데 하나님은 우리에게 영원한 삶을 주십니다. 영생을 우리가 누리려면 우리의 육체는 현재의 물리적 조건에 머무는 것이 아니라 시간과 공간의 풍화작용에도 변하지 않는 물질로 변해야 합니다. 우리의 정신도 변해야 합니다. 우울증도 없어야 하고 지루함도 없어야 하며 악함은 더더욱 없어져야 합니다. 또 우리의 몸과 마음만 변해서도 안 됩니다. 우리가 거하는 땅과 하늘도 모두 변해야 합니다. 그 모든 것을 전능하신 하나님이 우리에게 선물로 주시는 것입니다.

하나님이 우리를 위하여 예비하신 이러한 영생의 삶을 그 누가 눈으로 보고 귀로 듣고 마음으로 생각했겠습니까? 보지도 듣지도 생각지도 못한 지복의 삶이 영원히 주어지는 것입니다. 우리의 모든 날은 주의 분노 중에 지나가고 우리의 평생이 순식간에 다하지 않습니까? 우리의 연수가 칠십이고 강건하면 팔십이라도 그 연수의 자랑은 수고와 슬픔뿐이고, 신속히 가니 우리가

날아가지 않습니까?(시 90:9-10)

    그런데 하나님이 예비하신 영생의 삶은 우리가 영화로운 몸으로 주님을 매 순간 뵈면서 사람들과 깊이 사랑하며 영원히 사는 것입니다. 이것만이 수고와 슬픔에 지친 우리가 이 땅에서 살아가는 소망입니다. 우리는 이것을 바라보며 지금 여기서도 영원한 기쁨의 시작을 느끼며 감사와 기쁨으로 살아갑니다. 이 영원한 기쁨의 시작을 누리고 감사하고 찬양하며 우리는 "영생"을 고백합니다.

    이 모든 것은 그리스도가 죽으신 후 부활하고 승천하셔서 하나님 우편에 앉아계시기 때문에 가능하고, 우리가 그리스도와 연합되어 그리스도의 것이 우리의 것이 되므로 가능합니다. 그리스도가 받은 낮아짐과 고통은 우리가 받아야 하는 낮아짐과 고통을 대신하신 것이고, 그리스도가 받은 높아짐과 영광은 우리가 앞으로 누릴 높아짐과 영광을 나타냅니다. 이런 큰 은혜를 베푸신 주님을 찬양합시다.

마른 꽃

10여 년 전에 읽은 박완서의 소설 『마른 꽃』을 한 달 전에 다시 읽었다. 자식들을 모두 결혼시키고 몇 해 전에 남편을 잃은 주인공은 대구에서 열리는 조카의 결혼식에 참석했다. 그런데 고속버스 막차를 타고 상경하는 중에 우연히 옆에 앉은 노신사와 연정(戀情)이 생겼다. 내년이면 환갑이 되는 그녀였지만 그 남자 앞에서 열여섯 살 먹은 계집애처럼 깡충거리는 자신의 모습에 스스로 놀랐다. 그 나이에 이런 느낌을 가질 수 있다는 걸 누가 믿을까! 그녀는 그날 자신이 얼마나 수다스럽고, 명랑하고, 박식하고, 재기가 넘치는 사람인가를 처음 알았고 이에 만족감을 느꼈다.

자식들이 둘의 연정을 바라보며 처음에는 바람난 딸을 훈계하듯 대했지만, 그 남자가 교수로 은퇴하여 적당한 재산이 있다는 것과 자식들도 자리 잡고 잘 산다는 정보를 들으며 재혼을 부추기까지 한다. 그런데 그녀는 그 남자로 인해 들뜨고 행복한 마음, 자식들의 전폭적인 협조, 그리고 그 남자의 열렬한 구애가 있음에도 재혼을 단념한다. 연애감정은 젊었을 때와 별반 다르지 않지만 정욕이 비어 있기 때문이었다. 정서로 충족되는 연애는 겉멋에 불과한 것이었다. 정욕으로 눈이 가려지지 않으니 상대방의 늙음과 허물이 빤히 보였다. 박완서는 그 느낌을 수려하게 묘사한다.

아무리 멋쟁이라고 해도 어쩔 수 없이 닥칠 늙음의 속성들이 그렇게 투명하게 보일 수가 없었다. 내복을 갈아입을 때마다 드러날 기름기 없이 처진 속살과 거기서 우수수 떨굴 비듬, 태산준령을 넘는 것처럼 버겁고 자지러지는 코곪, 아무 데나 함부로 터는 담뱃재, 카악 기를 쓰듯이 목을 빼고 끌어올린 진한 가래, 일부러 엉

덩이를 들고 뀌는 줄방귀, 제아무리 거드름을 피워봤댔자 위액 냄새만 나는 트림, 제 입밖에 모르는 게걸스러운 식욕, 의처증과 건망증이 범벅이 된 끝없는 잔소리, 백 살도 넘어 살 것 같은 인색함, 그런 것들이 너무도 빤히 보였다. 그런 것들을 아무렇지도 않게 견딘다는 것은 사랑만 있다고 되는 것은 아니다. 적어도 같이 아이를 만들고, 낳고, 기르는 그 짐승스러운 시간을 같이한 사이가 아니면 안 되리라. 겉멋에 비해 정욕이 얼마나 아름다운 것인지 이제야 알 것 같았다. 재고할 여지는 조금도 없었다. 불가능을 꿈꿀 나이는 더군다나 아니었다.

박완서는 64세가 된 1995년에 이 소설을 썼다. 그녀가 말한 대로 그 나이가 되면 정서보다 정욕이 얼마나 아름다운 것인지 알게 될 듯하다. 50대 중반에 접어든 나도 예전에는 어떤 이가 게걸스럽게 먹으면 식탐으로 보였었는데 이제는 건강한 식성으로 비친다. 약 20년 전에 내가 속한 노회에 처음 왔을 때는 선배 목사님들이 식사를 잘하셨던 기억이 난다. 채 익지 않은 고기까지 서로 먼저 드실 정도라 고기는 "허락"을 받은 후에 먹어야 한다고 우스갯소리를 할 정도였다. 그런데 이제는 그 목사님들이 60대가 되시니 많이 드시지를 않는다. 이야기의 주제도 이제 건강과 은퇴와 손주들로 바뀌었다. 연륜과 부드러움이 묻어나기는 하지만 동시에 도전과 패기가 사라진 초로의 슬픔과 스러지는 비장미가 느껴지는 것은 어쩔 수 없다.

노인 요양원에 가보면 마지막이 가까운 노인들은 대개 두유를 드신다. 두유마저 못 드시면 이제 정말 죽음이 멀지 않은 것이다. 두유를 겨우겨우 마시며 눈꺼풀도 움직이기 힘든 노인에게 어떤 정욕이 있을까? 그런 상황이 닥치면 어떤 말이 가장 정확하게 와 닿을까? 이 세상도 그 정욕도 지나간다. 풀은 마르고 꽃은 떨어지되 오직 주의 말씀은 세세토록 있을 뿐이다(사 40:8).

나는 찬송가를 부르거나 성경을 읽을 때 간혹 그 아름다운 정욕도 지나가고 두유만 겨우 먹게 되는 나의 늙음의 때를 생각한다. 늙었을 때 나에게 남아 있는 것이 무엇일지를 생각하는 것이다. 그러면 찬송가 가사와 성경 말씀일 것이라는 생각이 든다. 인생을 살 때 다른 잔머리를 굴릴 필요도 없고 오직 그 말씀대로만 생각하고 행동하면 된다. 영원 속에서 살아남는 그 말씀만이 옳다. 그런 생각을 하면 종종 눈가가 촉촉해진다. 신자에게는 "영원"이 있기에 "마른 꽃의 때"도 의미가 있다. 정욕이 줄어들며 비로소 하나님을, 영원을 깊이 깨닫기에 그렇다. 영원을 존재케 하시는 예수 그리스도를 아는 지식이 가장 고상할 뿐이다.

01   여러분의 교회는 주일날 점심을 어떻게 준비하고 있습니까? 여러분도 조리나 설거지를 분담해 봉사하고 있습니까? 식사 준비 이외에 교회의 궂은일은 무엇입니까? 교회에서 궂은일을 맡으신 분들에게 감사를 표하고, 그 일에 참여할 수 있는 방법이 있다면 나누어봅시다.

02   하이델베르크 교리문답 제57-58문을 서로 묻고 답해봅시다. 근거 성구도 함께 살펴봅시다.

03   몸이 다시 살지 않는다면 이생에서의 삶이 무슨 의미가 있습니까? 전도서 2:12-16과 3:18-19을 읽고 생각한 바를 나누어봅시다.

04   우리의 몸이 다시 살 수 있게 되는 것이 우리에게 어떤 위안을 줍니까?

05   우리가 천년만년을 살지라도 영원히 살지 못하면 우리의 생은 얼마나 허무한지 모릅니다. 영원히 사는 것이 사람의 힘으로 가능한지 말해봅시다. 예수 그리스도의 능력과 은혜로 영원한 삶이 주어진다는 것이 어떤 의미로 다가오는지 나누어봅시다.

06   당신은 우리가 영원히 살 수 있다는 것으로부터 어떤 위로를 받습니까?

07   박완서의 소설 『마른 꽃』에서 주인공이 재혼을 포기한 이유는 무엇이었습니까? 자신이 늙어서 죽음을 앞두었을 때 끝까지 마음에 품고 싶은 것이 있다면 이야기해보십시오.

믿음으로
하나님 앞에서 의롭게 됨

Q 제59문 이 모든 것을 믿으면 당신에게 어떤 유익이 있습니까?

But what does it profit thee now that thou believest all this?

A 답 내가 그리스도 안에서 하나님 앞에 의롭게 되고 영생의 상속자가 되는 유익이 있습니다.[1]

That I am righteous in Christ, before God, and an heir of eternal life.

Q 제60문 당신은 하나님 앞에서 어떻게 의롭게 됩니까?

How are thou righteous before God?

A 답 오직 예수 그리스도에 대한 참된 믿음입니다.[2] 즉 비록 내 양심이 내가 하나님의 모든 계명을 몹시 어기고 어느 하나도 지키지 못하며[3] 여전히 모든 악을 지으려는 성향이 있다고[4] 고소할지라도 하나님은 나의 어떠한 공로 없이[5] 오직 순전한 은혜로[6] 그리스도의 완벽한 희생과[7] 의와 거룩함을[8] 나에게 허용하시고 전가하십니다.[9] 마치 내가 전혀 죄를 짓지 않은 것처럼 여기시고 그리스도가 나를 위해 완수하신 모든 순종을 마치 내가 온전히 이룬 것처럼 여기시는데[10] 내가 믿는 마음으로 그러한 유익을 받아들이기만 하면 그렇습니다.[11]

Only by a true faith in Jesus Christ; so that, though my conscience accuse me, that I have grossly transgressed all the commandments of God, and kept none of them, and am still inclined to all evil; notwithstanding, God, without any merit of mine, but only of mere grace, grants and imputes to me, the perfect satisfaction, righteousness and holiness of Christ; even so, as if I never had had, nor committed any sin: yea, as if I had fully accomplished all that obedience which Christ has accomplished for me; inasmuch as I embrace such benefit with a believing heart.

Q 제61문 당신은 왜 오직 믿음으로만 의롭게 된다고 말합니까?

Why sayest thou, that thou art righteous by faith only?

A 답 내 믿음의 가치 때문에 내가 하나님께 용납되는 것이 아니라 오직 그리스도의 희생과 의와 거룩함이 하나님 앞에서 나의 의가 되기 때문이고[12] 나는 오직 믿음 이외에는 어떠한 방식으로도 그와 같은 것을 받거나 나 자신에게 적용할 수 없기 때문입니다.[13]

Not that I am acceptable to God, on account of the worthiness of my faith; but because only the satisfaction, righteousness, and holiness of Christ, is my righteousness before God; and that I cannot receive and apply the same to myself any other way than by faith only.

transgress	위반하다, 어기다, 넘다
commandment	계명, 명령, 지령
notwithstanding	…에도 불구하고, …할지라도
accomplish	성취하다, 이루어내다, 완수하다

근거 성구

1 보라! 그의 마음은 교만하며 그 속에서 정직하지 못하나 의인은 그의 믿음으로 말미암아 살리라(합 2:4).

아들을 믿는 자에게는 영생이 있고 아들에게 순종하지 아니하는 자는 영생을 보지 못하고 도리어 하나님의 진노가 그 위에 머물러 있느니라(요 3:36).

복음에는 하나님의 의가 나타나서 믿음으로 믿음에 이르게 하나니 기록된 바 "오직 의인은 믿음으로 말미암아 살리라" 함과 같으니라(롬 1:17).

2 21이제는 율법 외에 하나님의 한 의가 나타났으니 율법과 선지자들에게 증거를 받은 것이라. 22곧 예수 그리스도를 믿음으로 말미암아 모든 믿는 자에게 미치는 하나님의 의니 차별이 없느니라. 23모든 사람이 죄를 범하였으매 하나님의 영광에 이르지 못하더니 24그리스도 예수 안에 있는 속량으로 말미암아 하나님의 은혜로 값없이 의롭다 하심을 얻은 자 되었느니라. 25이 예수를 하나님이 그의 피로써 믿음으로 말미암는 화목제물로 세우셨으니 이는 하나님께서 길이 참으시는 중에 전에 지은 죄를 간과하심으로 자기의 의로우심을 나타내려 하심이니···28그러므로 사람이 의롭다 하심을 얻는 것은 율법의 행위에 있지 않고 믿음으로 되는 줄 우리가 인정하노라(롬 3:21-25, 28).

1그러므로 우리가 믿음으로 의롭다 하심을 받았으니 우리 주 예수 그리스도로 말미암아 하나님과 화평을 누리자. 2또한 그로 말미암아 우리가 믿음으로 서 있는 이 은혜에 들어감을 얻었으며 하나님의 영광을 바라고 즐거워하느니라(롬 5:1-2).

사람이 의롭게 되는 것은 율법의 행위로 말미암음이 아니요, 오직 예수 그리스도를 믿음으로 말미암는 줄 알므로 우리도 그리스도 예수를 믿나니 이는 우리가 율법의 행위로써가 아니고 그리스도를 믿음으로써 의롭다 함을 얻으려 함이라. 율법의 행위로써는 의롭다 함을 얻을 육체가 없느니라(갈 2:16).

8너희는 그 은혜에 의하여 믿음으로 말미암아 구원을 받았으니 이것은 너희에게서 난 것이 아니요, 하나님의 선물이라. 9행위에서 난 것이 아니니 이는 누구든지 자랑하지 못하게 함이라(엡 2:8-9).

그 안에서 발견되려 함이니 내가 가진 의는 율법에서 난 것이 아니요, 오직 그리스도를 믿음으로 말미암은 것이니 곧 믿음으로 하나님께로부터 난 의라(빌 3:9).

3 그러면 어떠하냐? 우리는 나으냐? 결코 아니라. 유대인이나 헬라인이나 다 죄 아래에 있다고 우리가 이미 선언하였느니라(롬 3:9).

4 내 지체 속에서 한 다른 법이 내 마음의 법과 싸워 내 지체 속에 있는 죄의 법으로 나를 사로잡는 것을 보는도다(롬 7:23).

5 그러므로 네가 알 것은 네 하나님 여호와께서 네게 이 아름다운 땅을 기업으로 주신 것이 네 공의로 말미암음이 아니니라. 너는 목이 곧은 백성이니라(신 9:6).

그러므로 너는 이스라엘 족속에게 이르기를 "주 여호와께서 이같이 말씀하시기를 '이스라엘 족속아! 내가 이렇게 행함은 너희를 위함이 아니요, 너희가 들어간 그 여러 나라에서 더럽힌 나의 거룩한 이름을 위함이라'"(겔 36:22).

우리를 구원하시되 우리가 행한 바 의로운 행위로 말미암지 아니하고 오직 그의 긍휼하심을 따라 중생의 씻음과 성령의 새롭게 하심으로 하셨나니(딛 3:5).

6 그리스도 예수 안에 있는 속량으로 말미암아 하나님의 은혜로 값없이 의롭다 하심을 얻은 자 되었느니라(롬 3:24).

너희는 그 은혜에 의하여 믿음으로 말미암아 구원을 받았으니 이것은 너희에게서 난 것이 아니요, 하나님의 선물이라(엡 2:8).

7 그는 우리 죄를 위한 화목제물이니 우리만 위할 뿐 아니요, 온 세상의 죄를 위하심이라(요일 2:2).

8 나의 자녀들아! 내가 이것을 너희에게 씀은 너희로 죄를 범하지 않게 하려 함이라. 만일 누가 죄를 범하여도 아버지 앞에서 우리에게 대언자가 있으니 곧 의로우신 예수 그리스도시라(요일 2:1).

9 4일하는 자에게는 그 삯이 은혜로 여겨지지 아니하고 보수로 여겨지거니와 5일을 아니할지라도 경건하지 아니한 자를 의롭다 하시는 이를 믿는 자에게는 그의 믿음을 의로 여기시나니(롬 4:4-5).

곧 하나님께서 그리스도 안에 계시사 세상을 자기와 화목하게 하시며 그들의 죄를 그들에게 돌리지 아니하시고 화목하게 하는 말씀을 우리에게 부탁하셨느니라(고후 5:19).

10 하나님이 죄를 알지도 못하신 이를 우리를 대신하여 죄로 삼으신 것은 우리로 하여금 그 안에서 하나님의 의가 되게 하려 하심이라(고후 5:21).

11 그를 믿는 자는 심판을 받지 아니하는 것이요, 믿지 아니하는 자는 하나님의 독생자의 이름을 믿지 아니하므로 벌써 심판을 받은 것이니라(요 3:18).

곧 예수 그리스도를 믿음으로 말미암아 모든 믿는 자에게 미치는 하나님의 의니 차별이 없느니라(롬 3:22).

12 너희는 하나님으로부터 나서 그리스도 예수 안에 있고 예수는 하나님으로부터 나와서 우리에게 지혜와 의로움과 거룩함과 구원함이 되셨으니(고전 1:30).

내가 너희 중에서 예수 그리스도와 그가 십자가에 못 박히신 것 외에는 아무것도 알지 아니하기로 작정하였음이라(고전 2:2).

13 하나님의 아들을 믿는 자는 자기 안에 증거가 있고 하나님을 믿지 아니하는 자는 하나님을 거짓말하는 자로 만드나니 이는 하나님께서 그 아들에 대하여 증언하신 증거를 믿지 아니하였음이라(요일 5:10).

믿음으로 하나님 앞에서 의롭게 됨

제57문 "몸의 부활"은 우리에게 어떤 위안을 주는가?
제58문 "영생"은 우리에게 어떤 위안을 주는가?
제59문 사도신경을 모두 믿으면 하나님 앞에 의롭게 되고 영생의 상속자가 되는 유익이 있다.
제60문 우리는 오직 그리스도에 대한 참된 믿음으로 하나님 앞에서 의롭게 된다.
제61문 우리는 왜 오직 믿음으로만 의롭게 되는가?

표50 하이델베르크 교리문답 제57-61문의 구성

1. 사도신경을 모두 믿으면 오는 유익

사도신경의 모든 조항을 믿으면 우리에게 어떤 유익이 있을까요? 하나님 앞에 의롭게 되고 영생의 상속자가 되는 유익이 있습니다. 여기서 "의롭게 되고 영생의 상속자가 되는 유익"은 성도들이 얻을 수 있는 가장 큰 선물을 의미합니다. 의로운 자만이 영생을 얻을 수 있습니다. 영생보다 더 큰 선물이 무엇이겠습니까? 의로움과 영생에는 성도들이 하나님께 받는 모든 선물이 포함되어 있습니다.

2. 하나님 앞에서 어떻게 의로워지는가?

ㄱ. 내가 전혀 죄를 짓지 않은 것처럼 여기시는 것

칭의란?	① 정의: 그리스도가 완수하신 순종을 내가 이룬 것처럼 여기시는 것 ② 근거: 나에게 전가된 그리스도의 완벽한 희생과 의와 거룩함 ③ 수단: 예수 그리스도에 대한 참된 믿음

표51 칭의의 정의, 근거, 수단

루터는 종교개혁 때에 로마 가톨릭의 잘못된 교리에 맞서 이신칭의를 강조했습니다. 로마 가톨릭은 오직 하나님의 자유로운 은혜로 사람이 의로워진다고 보지 않고, 하나님의 은혜도 있지만 더불어 사람의 노력과 성찬의 떡과 포도주도 있다고 보았습니다. 루터는 바로 이 칭의 교리를 바로 세우면 교회가 올바로 서고 칭의 교리가 무너지면 교회도 무너진다는 사실을 간파했습니다. 하나님의 시각에서 우리를 의롭다고 하는 칭의는 우리에게 전가(轉嫁)된 그리스도의 의에 근거합니다. 칭의를 이해하는 데 핵심이 되는 그리스도의 의에 대하여 살펴보겠습니다.

① 그리스도의 의(the righteousness of Christ) 그리스도는 죽어서는 우리의 죗값을 지불하심으로써 소극적인 의를 얻으셨고, 살아서는 모든 율법을 지키심으로써 적극적인 의를 얻으셨습니다. 전자를 칭의의 소극적 요소라고 하는데 하나님은 이것에 근거하여 우리의 모든 죄를 용서하십니다. 후자를 칭의의 적극적 요소라고 하는데 하나님은 이것에 근거하여 하나님의 시각에서 우리를 의롭다고 받아들이십니다.

털어서 먼지 안 나는 사람이 없습니다. 사람의 눈으로 보아도 먼지가 보이는데 하나님의 눈으로 보면 사람은 얼마나 더럽겠습니까? 우리의 양심은 민감해지면 민감해질수록 우리가 하나님의 모든 계명을 악독하게 어겼다고 고소합니다. 윤동주 시인이 그의 시 「서시」에서 고백한 것처럼 하늘을 우러러 한 점 부끄럼이 없기를 바랄수록 잎새에 이는 바람에도 괴로워하게 됩니다. 그간 지켰다고 생각한 계명들도 불순한 의도가 끼었음을 깨달으면 자신이 그 어느 것 하나 제대로 지키지 못했다는 사실과, 지금 이 순간도 자신의 성향은 모든 악을 향해 치닫고 있음을 인정할 수밖에 없습니다.

그래서 우리 중 누구도 우리의 행위로 하나님 앞에서 의롭다 함을 얻을 자가 하나도 없습니다. 오직 예수 그리스도의 생애와 죽음으로 획득한 의로움이 사람의 것이 될 때만 사람은 하나님 앞에서 의로움을 얻을 수 있습니다. 사람의 행위로 사람이 의로워진다고 여기는 이들은 하나님이 원하시는 의의 기준이 얼마나 높은가를 모르는 것입니다. 하늘이라도 하나님 보시기에는 부정합니다. 오직 하나님으로서 사람이 되시어 모든 율법을 지키시고 사람의 죗값을 지불하신 그리스도의 의만이 하나님 앞에서 의롭다고 인정받을 수 있습니다.

우리를 구원하시되 우리가 행한 바 의로운 행위로 말미암지 아니하고 오직 그의 긍휼하심을 따라 중생의 씻음과 성령의 새롭게 하심으로 하셨나니(딛 3:5).

① **소극적 요소**: 사람의 모든 죄를 용서하심, 그리스도의 대속의 죽음에 근거하여

② **적극적 요소**: 하나님의 눈으로 의롭다 하심, 그리스도가 모든 율법을 지킨 것에 근거하여

표52 칭의의 두 가지 측면

하이델베르크 교리문답, 삶을 읽다

② 사람에게 전가된(imputed to us) 그리스도의 의 하나님은 그리스도가 획득한 의를 우리에게 허용하시고 전가하심으로써 우리를 의롭다고 하십니다. 그리스도와 우리는 하나로 연합되어 있기에 그리스도의 의가 바로 우리의 의가 됩니다. 하나님은 그리스도의 의를 우리의 믿음을 통해 우리의 의로 보시고 의롭다고 하시는 것입니다. 일하는 자는 그 삯을 은혜로 여기지 않고 보수로 여깁니다. 일을 안 한 자는 그 삯을 은혜로 여길 수밖에 없습니다. 성도들의 칭의는 은혜입니다. 하나님은 성도가 의로운 일을 안 했는데도 그의 믿음을 의로 여겨주십니다(롬 4:4-5). 하나님은 성도들의 죄를 성도들에게 돌리지 아니하시고 그리스도의 의를 성도들에게 돌리십니다(고후 5:19). 우리는 그리스도 예수 안에 있는 속량으로 말미암아 하나님의 은혜로 값없이 의롭다 하심을 얻은 것입니다(롬 3:24).

로마 가톨릭은 이러한 우리의 칭의론을 법정적 허구라고 비난합니다. 사람에게 실제로 의로움이 발생해야 의라고 할 수 있지, 사람에게 실제로 의가 발생하지 않았는데 그리스도의 의가 사람의 의가 된다고 하는 것은 허구라는 것입니다. 그들은 그리스도의 은혜가 사람에게 실제로 주입되어(infused) 사람의 의와 협력한다고 주장합니다. 사람이 주입된 은혜와 협력하여 더 많은 의로운 행위를 한다는 것입니다. 따라서 그들은 주입된 은혜가 사람과 협력하여 의로운 행위를 하는 것을 칭의로 봅니다. 이들의 칭의는 성의(成義, making righteousness)에 해당합니다. 개신교는 칭의를 즉각적으로 단번에 이루어진다고 보지만, 로마 가톨릭은 점진적으로 이루어지는 긴 과정으로 봅니다. 그들은 칭의와 성화를 구별하지 않고 하나로 보는 것입니다.

하나님은 그리스도의 의를 우리의 것으로 여겨 마치 우리가 전혀 죄를 짓지 않은 것처럼 여기시고 그리스도의 순종을 마치 내가 한 것처럼 여기십니다. 하나님이 죄를 알지도 못하신 이를 우리를 대신하여 죄로 삼으신 것은 우리로 하여금 그 안에서 하나님의 의가 되게 하려 하심입니다(고후 5:21). 우리의 죄는 그리스도의 죄가 되고 그리스도의 의는 우리의 의가 됩니다. 우리의 나쁜 것은 모두 그리스도가 가져가시고 그리스도의 좋은 것은 모두 우리의 것이 됩니다. 이 얼마나 큰 은혜이고, 이 얼마나 자기의 모든 것을 내주는 사랑인지 모릅니다. 우리는 이런 사랑을 받은 자이기 때문에 이웃을 자신처럼 여기며 사랑해야 합니다.

3. 왜 오직 믿음으로만 의로워지는가?

"그리스도를 오직 믿음으로 받아들이는 것"은 "우리가 믿기 때문에 그리스도의 의를 받는 것"이 아닙니다. 무엇을 믿는 것은 그것의 좋고 나쁨이나 효용성 여부 등에 대한 판단과 그것을 행할 의지가 따르는 대단한 행위입니다. 그러므로 믿는 행위를 통하여 그리스도의 의를 받아들인다고 생각하는 것은 이신칭의(以信稱義, justification by faith)에 대한 큰 오해입니다.

칭의는 그리스도가 얻으신 완벽한 희생과 의와 거룩함을 성도가 스스로 자신에게 적용하는 것이 아니라 성령이 적용하시는 것입니다. 제60문도 이것을 "나에게 허용하시고 전가하십니다"(grants and imputes to me)라고 표현하여 하나님을 주어로 나타냅니다. 그리스도의 의가 성령에 의하여 우리에게 전가되고 받아들여지는 것입니다. 그리스도의 의는 우리가 일차 원인이 되어 믿음을 가지고 주도적으로 받아들이는 것이 아니라, 우리는 이차 원인이 되어 믿음에 의해 받아들일 뿐입니다.

우리는 하이델베르크 교리문답 제21문을 통해 이 믿음을 우리 스스로 획득한 것이 아니라 하나님의 영이 우리에게 은혜로 주셨다는 사실을 살펴보았습니다. 하나님은 그리스도가 획득하신 구원을 성도들이 받아 누리도록 성령을 통하여 믿음도 주십니다. 하나님은 믿음을 도구로 해서 그리스도의 의를 흔들리지 않게 주십니다. 하나님은 그리스도를 통한 구원의 획득을 준비하실 때에 그 의를 성도에게 전달하시는 "믿음"이라는 도구도 준비하십니다. 그래서 믿음은 그리스도의 의를 받는 어떤 조건이 아닙니다. 이신칭의의 주체는 사람이 아니라 하나님이십니다. 이신칭의는 사람이 믿는 행위를 통해 의로워지는 것이 아니라 하나님이 믿음을 통하여 사람을 의롭게 하시는 것입니다.

우리는 우리의 결단에 의하여 믿기 때문에 구원받지 않고 하나님의 은혜에 의하여 믿음으로 말미암아 구원받습니다(엡 2:8). 우리는 믿는 가치 때문에 하나님께 용납되는 것이 아니라 믿음을 통하여 하나님의 희생과 의와 거룩함을 받아들일 뿐입니다. 예수님은 하나님으로부터 나와서 우리에게 지혜와 의로움과 거룩함과 구원함이 되시는데(고전 1:30), 이것들은 모두 믿음을 통하여 우리에게 전달됩니다. 믿음 이외에 이것들을 받아들이고 우리 자신에게 적용할 방법은 아무것도 없습니다. 믿음은 하나님의 선물이 우리에게 전달되는 통로로서 하나님이 그 믿음의 통로까지 손수 준비하신 것입니다. 이것은 우리에게서 난 것이 아니고 하나님의 전적인 선물로 우리가 자랑할 것이 전혀 없습니다(엡 2:9).

심화 연구

4원인설로 이해하는 믿음의 도구성

아리스토텔레스(Aristoteles, 기원전 384-322)는 사물이 형성되는 데는 네 가지 원인이 있다며 4원인설(四原因說)을 언급했습니다. "원인"은 "아이티아"(αἰτία)라는 그리스어의 번역인데, 키케로(Marcus Tullius Cicero, 기원전 106-43)가 아이티아를 라틴어 카우사(*causa*)로 번역하였고, 그 뒤를 이어 영어 "코오즈"(cause)로 번역되었습니다. 그런데 아리스토텔레스는 아이티아를 법정에서 "공격하는 방식"이란 의미로 사용했습니다. 즉 그의 4원인설은 아래처럼 자연이 어떻게 형성되는지에 관한 네 가지의 탐구(공격) 방식이라고 볼 수 있습니다.[1]

① 그것은 무엇이 만들어냈는가? : 동력인(動力因, the efficient cause) 혹은 작용인

② 그것은 무엇으로 되어 있는가? : 질료인(質料因, the material cause)

③ 그것은 무엇인가? : 형상인(形相因, the formal cause)

④ 그것은 무엇에 유용한가? : 목적인(目的因, the final cause)

4원인설과 관련해 칼뱅은 다음처럼 말합니다.

철학자들은 사물이 형성되는 데는 네 가지 원인이 있다고 한다. 그러나 이 원인들을 살펴보면, 우리의 구원을 실현하기 위해서 행위는 어떤 원인도 되지 않는다는 것을 알 수 있다. 성경은 도처에서, 우리가 영생을 얻는 동력인은 하늘 아버지의 자비와 거저 주시는 사랑이라고 선언한다. 물론 질료인은 그리스도시다. 그는 순종으로 우리를 위해서 의를 얻으셨다. 형상인 혹은 도구인은 믿음이 아니고 무엇인가? 요한은 이 세 가지 원인을 한 문장에 포함시킨다. "하나님이 세상을 이처럼 사랑하사 독생자를 주셨으니 이는 저를 믿는 자마다 멸망치 않고 영생을 얻게 하려 하심이니라"(요 3:16). 목적인에 관해서는, 사도는 하나님의 공의를 나타내며 하나님의 인애를 찬양하는 것이라고 증거하고, 같은 곳에서 다른 세 가지도 명백하게 말한다.[2]

이 내용을 정리하면 아래와 같습니다.

① 동력인: 하늘 아버지의 자비와 거저 주시는 사랑
② 질료인: 그리스도가 순종으로 우리를 위해서 죽으심
③ 형상인 혹은 도구인: 믿음
④ 목적인: 하나님의 공의를 나타내며 하나님의 인애를 찬양하는 것

하늘 아버지의 자비와 거저 주시는 사랑이 원인이 된 우리의 구원은 그리스도의 죽음으로 이루어졌습니다. 우리는 이 구원을 성령이 주시는 믿음이란 도구를 통해서 받습니다. 이 구원을 우리에게 주시는 최종 목적은 하나님의 공의를 나타내고 하나님의 인애를 찬양하게 하려는 것입니다. 이렇게 다양한 측면에서 우리의 구원을 살펴볼수록 우리의 구원은 전적으로 하나님께 있음을 알 수 있고 믿음이 절대로 사람의 행위가 아님을 알 수 있습니다. 구원의 시작과 완성과 적용과 목적이 모두 하나님께 있습니다. 우리는 더욱 우리의 행위를 믿거나 자랑해서는 안 됩니다. 우리의 구원을 이루는 모든 부분이 우리의 밖에 있으므로 그만큼 우리의 구원은 안전하고 영원합니다. 하나님이 얼마나 무한하고 영원하고 불변하신가를 알아 온전한 경배와 찬양을 더욱 올려드려야 할 것입니다.

---

1   스털링 P. 램프레히트, 『서양철학사』(서울: 을유문화사, 김형석 옮김, 1992), 106-7.
2   『기독교강요』 제3권 제14장 제17절 "행위는 결코 거룩의 원인이 될 수 없다"에서 인용.

01 여러분은 남북통일을 위해서 기도하고 있습니까? 남북통일 이전에 우리 사회와 가정과 직장이 통일되어야 하는데, 이를 위해서 여러분은 무엇을 하고 있습니까? 다른 사람이 아니라 자신이 가정과 교회와 직장과 사회의 통일을 위해서 무엇을 해야 하는지 나누어봅시다.

02 하이델베르크 교리문답 제59-61문을 서로 묻고 답해봅시다. 근거 성구도 함께 살펴봅시다.

03 사도신경의 모든 내용을 믿으면 어떤 유익이 있습니까? 여기서 나누는 내용을 잘 기억하고 사도신경을 암송할 때 염두에 두시기 바랍니다.

04 칭의의 소극적 요소와 적극적 요소를 나누어 설명해봅시다.

05   사람에게 전가된 그리스도의 의가 무엇인지 나누어봅시다. 로마 가톨릭의 성의(成義, making righteousness)는 무엇입니까? 로마 가톨릭은 인간의 의에 대해 어떤 관점을 가지고 있습니까?

06   오직 믿음으로만 의로워진다는 것은 무슨 뜻입니까? "우리가 믿기 때문에 그리스도의 의를 받는 것"이란 뜻입니까?

07   4원인설이 무엇인지 설명하고 믿음의 도구성에 대해 이야기해봅시다.

우리의 의가
될 수 없는 선행

Q 제62문 그러나 왜 우리의 선행이 하나님 앞에서 우리의 의가 온전한 의, 혹은 의의 한 부분이라도 될 수 없습니까?

But why can not our good works be the whole, or part of our righteousness before God?

A 답 하나님의 심판소 앞에서 용인될 수 있는 의는 절대적으로 완전해야 하고 모든 면에서 신적 법에 합치해야 하기 때문입니다.[1] 또한 이생에서는 우리가 하는 최선의 행위도 모두 불완전하고 죄로 더럽혀져 있기 때문입니다.[2]

Because, that the righteousness, which can be approved of before the tribunal of God, must be absolutely perfect, and in all respects conformable to the divine law; and also, that our best works in this life are all imperfect and defiled with sin.

Q 제63문 아니, 그렇다면 우리의 선행은 공로가 되지 않는다는 말입니까? 그런데 하나님은 선행에 대해 이생과 내생에서 보상하지 않으십니까?[3]

What! do not our good works merit, which yet God will reward in this and in a future life?

A 답 이 보상은 공로가 아니라 은혜로 인한 것입니다.[4]

This reward is not of merit, but of grace.

Q 제64문 그렇다면 이 교리는 사람들을 소홀하고 불경스럽게 만들지 않습니까?

But does not this doctrine make men careless and profane?

A 답 결코 아닙니다. 참된 믿음으로 그리스도에게 접붙임 된 사람들이 감사의 열매를 맺지 않는 것은 불가능하기 때문입니다.[5]

By no means: for it is impossible that those, who are implanted into Christ by a true faith, should not bring forth fruits of thankfulness.

approve	승인하다, 허가하다, 찬성하다	conformable	일치한, 비슷한, 정합의
defile	…을 더럽히다, …을 모독하다	profane	불경스러운, 신성을 더럽히는
implant	불어넣다, 심다, 이식하다		

근거 성구

1 "이 율법의 말씀을 실행하지 아니하는 자는 저주를 받을 것이라" 할 것이요, 모든 백성은 "아멘" 할지니라(신 27:26).

무릇 율법 행위에 속한 자들은 저주 아래에 있나니 기록된 바 "누구든지 율법 책에 기록된 대로 모든 일을 항상 행하지 아니하는 자는 저주 아래에 있는 자라" 하였음이라(갈 3:10).

2 무릇 우리는 다 부정한 자 같아서 우리의 의는 다 더러운 옷 같으며 우리는 다 잎사귀 같이 시들므로 우리의 죄악이 바람 같이 우리를 몰아가나이다(사 64:6).

3 기뻐하고 즐거워하라. 하늘에서 너희

의 상이 큼이라. 너희 전에 있던 선지자들도 이같이 박해하였느니라(마 5:12).

7나는 선한 싸움을 싸우고 나의 달려갈 길을 마치고 믿음을 지켰으니 8이제 후로는 나를 위하여 의의 면류관이 예비되었으므로 주 곧 의로우신 재판장이 그 날에 내게 주실 것이며 내게만 아니라 주의 나타나심을 사모하는 모든 자에게도니라(딤후 4:7-8).

믿음이 없이는 하나님을 기쁘시게 하지 못하나니 하나님께 나아가는 자는 반드시 그가 계신 것과 또한 그가 자기를 찾는 자들에게 상 주시는 이심을 믿어야 할지니라(히 11:6).

4 이와 같이 너희도 명령받은 것을 다 행한 후에 이르기를 "우리는 무익한 종이라. 우리가 하여야 할 일을 한 것뿐이라" 할지니라(눅 17:10).

5 또는 그러면 선을 이루기 위하여 악을 행하자 하지 않겠느냐? 어떤 이들이 이렇게 비방하여 우리가 이런 말을 한다고 하니 그들은 정죄 받는 것이 마땅하니라 (롬 3:8).

좋은 나무가 나쁜 열매를 맺을 수 없고 못된 나무가 아름다운 열매를 맺을 수 없느니라(마 7:18).

해설

우리의 의가 될 수 없는 선행

┌ **제59문** 사도신경을 모두 믿으면 하나님 앞에 의롭게 되고, 영생의 상속자가 되는 유익이 있다.
├ **제60문** 우리는 오직 그리스도에 대한 참된 믿음으로 하나님 앞에서 의롭게 된다.
├ **제61문** 우리는 왜 오직 믿음으로만 의로워지는가?
├ **제62문** 절대적으로 완전한 의만 하나님께 용인되는데 우리의 선행은 불완전하므로 의가 될 수 없다.
├ **제63문** 하나님은 우리의 선행에 대하여 공로가 아니라 은혜로 보상하신다.
└ **제64문** 참된 믿음의 신자는 감사의 열매를 맺을 수밖에 없기에 이 교리는 사람들을 소홀하게 만들지 않는다.

표53 하이델베르크 교리문답 제59-64문의 구성

하이델베르크 교리문답, 삶을 읽다

1. 우리의 선행이 하나님 앞에서 우리의 의가 될 수 있는가?

비그리스도인들은 산의 정상은 하나이지만 오르는 길은 여러 가지라는 논리를 펴면서 기독교에만 진리가 있는 것이 아니라고 주장합니다. 이 주장은 나름대로 일리가 있어 보입니다. 그런데 기독교가 목표로 하는 산은 애초에 사람의 행위와 노력으로 다다를 수 있는 산이 아닙니다.

세계 최고 높이 8,848미터를 자랑하는 에베레스트 산만 해도 정상 부근은 산소 부족과 추위로 접근하기가 쉽지 않습니다. 더욱이 엄청난 속도의 바람이 불어 5미터를 전진하는 데 30분이나 걸린다고 합니다. 이전부터 여러 산악인이 등정을 시도했지만 1953년에야 처음으로 성공하였고, 우리나라에서는 고(故) 고상돈 씨가 1977년에야 세계에서 열네 번째로 성공했습니다. 높이가 에베레스트 산의 2배인 17,000미터인 산이 있다면 어떨까요? 이 산에 오를 수 있는 사람이 있겠습니까? 더구나 그 산이 지구 밖 화성이나 태양계 밖의 어떤 행성에 존재한다면 어떨까요? 그 누구도 오를 수 없을 것입니다.

그리스도인들도 산의 정상에 오르는 길은 여러 가지라는 논리를 잘 알고 있습니다. 그래서 어떤 사안에 대해서는 다양한 관점과 태도를 존중하며 연대합니다. 그러나 사람의 구원과 관련한 진리에 대해서는 "오직 예수", "오직 은혜", "오직 믿음"을 주장합니다. 예수 그리스도밖에는 구원의 길이 없기 때문입니다. 기독교가 배타적이고 독선적이고 편협해서가 아니라 인간에게 주어진 구원의 길 자체가 유일하고 절대적이기 때문입니다.

"털어서 먼지 안 나는 사람이 없다"는 속담이 있습니다. 이 속담의 속뜻대로 모든 사람에게는 흠이 있기 마련입니다. 그래서 우리는 스스로 너무 깨끗한 척하거나 타인의 흠을 너무 엄격하게 다루면 안 됩니다. 기독교도 절대적으로 선한 사람은 아무도 없다고 봅니다. 하나님 나라는 절대적으로 선한 자만 들어갈 수 있는데 모든 사람은 먼지가 붙어 있으므로 들어갈 수 없습니다.

앞서도 여러 차례 언급했지만 사람은 선을 행할 때도 100퍼센트 순수하게 선한 의도로 하지 않습니다. 물론 그 선행은 타인에게 도움이 되지만 동시에 자기에게 만족감을 주거나 명예를 높여줍니다. 사람들은 여러 명분과 미사여구(美辭麗句)로 자신의 행위를 선하게 포장하지만 거기에서 발생하는 사적 이익을 부정할 수는 없습니다. 이른 아침에 식료품 가게 문을 여는 주인은 가게를 열지 않으면 주민들이 아침 식사를 제대로 할 수 없기에 여는 것이 아니라 돈을 벌 수 있기에 문을 엽니다. 삼촌 떡도 싸야 사 먹는 것이 사람입니다. 사적 이익 추구를 보장하는 자본주의 사회는 공공의 생산 목표를 우선하는 공산주의 사회보다 생산력이 월등히 높을 수밖에 없습니다.

우리는 다 부정한 자들입니다. 우리의 의는 모두 불의로 오염된 더러운 옷 같습니다(사 64:6). 하나님의 의는 얼마나 거룩하신지 하늘이라도 하나님이 보시기에 부정합니다(욥 15:15). 이런 면에서 의인은 하나도 없고 선을 행하는 자도 하나도 없다는 성경의 가르침은 절대적으로 옳습니다(롬 3:10-12).

2. 공로가 아닌 은혜로 인한 보상

우리 아이들은 어렸을 때 받아쓰기에서 100점을 맞으면 천 원을 받았습니다. 이것이 확장되면서 어떤 과목이든 100점을 맞으면 천 원을 받습니다. 아이들은 한 과목에서 100점을 맞으면 할머니, 아빠와 엄마, 고모부와 고모에게 천 원씩 받을 수 있으므로 돈을 벌기 위해(?) 열심히 공부합니다.

사실 자녀들은 먹이고 입히고 길러주는 부모에게 고마워하며 다른 대가를 바라지 않고 열심히 공부해야 합니다. 시험에서 100점을 맞아도 당연한 일을 한 것처럼 굴어야지 천 원을 달라고 요구할 권리는 없습니다. 그런데 부모는 아직 철이 덜 들어 인내심이 부족하고 공부의 중요성을 모르는 아이들을 위해 천 원이라는 유인책을 씁니다. 부모는 시험을 잘 치러 천 원을 받고 좋아하는 아이들의 표정을 보며 행복을 느낍니다.

사람은 무(無)에서 지음을 받았습니다. 우리의 호흡과 생명, 존재의 근원이 하나님께 있습니다. 우리가 누리는 천지 만물의 혜택도 하나님이 선물로 주신 것입니다. 그 모든 것 중 사람이 궁극적인 소유권을 주장할 것이 하나도 없습니다. 선행도 마찬가지입니다. 우리의 선행은 우리를 위해 죽으신 예수 그리스도의 대속과 그것을 적용하시는 성령에 의해서만 가능합니다. 그러니 선행에 대해 보상을 기대할 이유가 없습니다. 어릴 때는 100점을 맞았으니 천 원을 달라고 당당하게 요구하던 아이들도 나이가 들면 부모의 은혜를 깨달아 그 은혜를 갚으려고 하지 않습니까? 신자들도 신앙이 성숙할수록 하나님께 무엇을 달라고 하기보다 하나님의 은혜에 감사하고 찬양하게 됩니다. 또한 그 은혜에 합당한 삶을 살아가기 위해 기도하며 분투할 뿐입니다.

밭을 갈고 양을 치며 하루 내내 수고한 종이 밭에서 돌아온다고 해도 주인은 그에게 "곧 와 앉아서 먹으라"고 하지 않습니다. 도리어 "내 먹을 것을 준비하고 띠를 띠고 내가 먹고 마시는 동안에 수종 들고 너는 그 후에 먹고 마시라"고 합니다. 종이 주인의 명령을 다 수행해도 주인은 종에게 고맙다고 말하지 않습니다. 예수님은 이런 내용의 비유를 말씀하신 후 "이와 같이 너희도 명령받은 것을 다 행한 후에 이르기를 '우리는 무익한 종이라. 우리가 하여야 할 일을 한 것뿐이라' 할지니라"(눅 17:7-10)라고 가르치셨습니다. 이러한 종의 자세를 가진 신자는 환경에 상관없이 범사에 감사하고 항상 기뻐할 수 있습니다. 이미 받은 것이 얼마나 많은지 알기 때문에 조건에 무관하게 하나님과의 관계 자체를 기뻐하며 즐거워하는 것입니다.

성경은 여러 곳에서 우리의 선행이 보상된다고 말합니다(마 5:12; 딤후 4:7-8; 히 11:6). 그런데 우리는 이 보상이 절대로 우리의 공로가 아니라 하나님의 은혜로 인한 것임을 잘 기억해야 합니다. 하나님은 우리가 더욱 하나님의 일에 관심을 두고 하나님의 말씀대로 힘차게 살아가도록 우리를 격려해 주십니다. 신자들은 구원을 받았을지라도 여전히 어리석고 유약하기에 축복을 받으면 고무되고 저주의 경고 앞에서는 떨기 마련입니다. 신자들의 연약함을 돌보아주시는 하나님의 마음을 알지 못한 채 자신의 힘과 노력으로 절대적인 선행을 할 수 있다고 여기거나 그 선행에 대한 보상이 당연하다고 생각해서는 안 될 것입니다.

3. 이 교리는 사람들을 소홀하고 불경스럽게 만드는가?

우리 아이들이 다 큰 성인이 되어서도 시험에서 100점을 맞았다고 천 원을 달라고 손을 내밀면 어떨까요? 이것은 불행입니다. 어른이 되면 학문의 즐거움과 유용성을 깨달아야 합니다. 여전히 천 원을 벌기 위한 목적에 머물면 안 됩니다. 공부를 통해 쌓은 지식과 지혜는 고스란히 세상과 사람에 대한 이해로 연결됩니다. 지식과 지혜의 폭이 넓고 깊이가 깊을수록 자연스럽게 좋은 직장에 취직해 자기 능력을 발휘하며 성취감을 누리며 살아가게 됩니다. 천 원이 주어지지 않아도 그보다 더 큰 기쁨과 행복을 누리는 것입니다.

신자들도 성숙할수록 선행 자체가 주는 고차원적인 기쁨이 무엇인지 알아가게 됩니다. 우리는 선행을 통해 하나님이 어떤 분이신지 알아갈 수 있습니다. 또한 하나님의 자녀인 신자들은 선행이 자기 신분에 걸맞은 열매라는 사실을 깨닫게 됩니다. 어떻게 좋은 나무가 나쁜 열매를 맺고 못된 나무가 아름다운 열매를 맺겠습니까?(마 7:18) 참된 믿음으로 그리스도에게 접붙임 되어 하나님의 자녀 된 자는 "선행"이라는 감사의 열매를 맺을 수밖에 없습니다. 자신의 선행이 공로가 되지 않는다고 하여 게으르고 불경해지는 사람이 있다면 그는 사실 접붙임 되지 않은 자임이 분명합니다. 하나님의 은혜를 아는 자일수록 자연스럽게 선행에 더욱 힘쓰게 됩니다.

중세 시대에 로마 가톨릭이 발행한 면죄부는 종교개혁을 촉발한 중요한 요인 중 하나였습니다. 로마 가톨릭은 거대한 성당의 건축 비용을 모으기 위해 면죄부를 팔면서 죄를 지은 사람을 위해 면죄부를 구입하면 그 죄가 용서된다고 선전했습니다. 로마 가톨릭도 처음에는 하나님께 죄를 지은 자들이 죄 용서를 바라는 마음으로 면죄부를 구입하는 것이 중요하다고 설명했을 것입니다. 그런데 이것이 오염되고 왜곡되면 사람들은 아무리 죄를 많이 지어도 면죄부만 구입하면 용서받을 수 있다고 여기게 됩니다. 그리고 거기서 한 발 더 나가면 "그러니 안심하고 죄를 짓자"라는 위험한 발상이 나오기 마련입니다.

개신교의 이신칭의 교리도 잘못 이해하면 로마 가톨릭의 면죄부처럼 왜곡될 수 있습니다. 아무리 죄를 많이 지어도 "믿기만 하면" 죄가 용서된다고 믿는 경우가 생겨나는 것입니다. 실제로 교회에 출석하는 많은 이들이 이신칭의 교리를 그런 식으로 오해합니다. 6일간 교회 밖에서 갖가지 죄를 짓다가 주일만 되면 교회에 와서 "믿음으로" 회개합니다. 그리고 다시 월요일부터 6일간 마음 놓고 죄를 짓고 다음 주일이 되면 다시 회개의 기도를 드립니다. 믿기만 하면 죄 용서가 되므로 마음 놓고 죄를 지은 이후에 회개하는 악순환에 빠지는 것입니다.

이는 사실 하나님이 은혜로 믿음을 통하여 우리의 죄를 용서하신다는 말이 무슨 뜻인지 모르는 사람들의 경우입니다. 그들은 그리스도인이 왜 선행을 해야 하는지에 대해서도 아는 바가 없습니다. 그러나 선행은 선하고 의롭게 된 자들에게서 자연스럽게 나오는 결과물입니다. 이신칭의를 강조한 루터는 어떻게 하면 하나님 앞에서 의롭게 될 수 있는지를 깊이 고민한 사람이었습니다. 그는 자신의 끊임없는 회개와 고행으로도 하나님 앞에서 의롭게 될 수 없음을 뼈저리게 느낀 후 하나님의 은혜로 예수 그리스도의 의가 자신의 것이 된다는 사실을 깨달았습니다. 힘을 다해 의로움을 추구한 루터는 마침내 이신칭의를 통하여 하나님 앞에서 평안을 맛보았습니다. 이런 사람이 그 이후에 선행을 추구하지 않으면서 소홀하고 불경스럽게 살아갈 수 있겠습니까? 선행과 관련하여 이신칭의 교리는 절대로 사람들을 나태하거나 소홀하게 만들지 않습니다. 이 교리를 잘못 이해한 사람들만 나태와 불경에 빠집니다.

스승의 가치

나는 아마추어 탁구계의 고수다. 이렇게 자신 있게 말하는 근거는 내가 "1부"에 속해 있기 때문이다. 아마추어 탁구는 "몇 부"인지로 실력을 구분한다. 교회나 직장에서 탁구를 잘한다는 사람들이 대개 7부 정도에 속한다. 1부 선수는 7부 선수와 시합할 때 11점 경기에서 7점을 주고 시작해도 대부분 이긴다.

7부에 속한 선수가 탁구장에 꾸준히 나가 전문적으로 레슨을 받으며 1년 정도 열심히 하면 6부로 올라갈 수 있다. 물론 그것도 운동 신경이 어느 정도 받쳐줘야 한다. 개인차가 있지만 6부에서 5부로 가는 데 1-2년 정도가 더 걸린다. 그리고 5부에서 4부로 가는 데는 대부분 2-3년이 더 걸린다. 위로 갈수록 올라가기가 점점 힘들어진다. 그래서 열심히 하는 동호인도 대부분 4부 전후에서 멈춘다. 5부에서 멈추는 사람들도 부지기수다.

2.5그램밖에 되지 않는 공을 라켓으로 다루는 탁구는 어떤 종목보다 "섬세한" 운동이다. 그 작은 공이 심리 변화에 따른 조그마한 손놀림의 차이에도 심한 변화를 일으키기 때문에 운동에 대한 감각이 없는 사람은 열심히 하더라도 평생 5부나 6부에 머물기 쉽다. 2부 정도의 실력은 아무나 도달하지 못할 수준이다. 집념과 성실함은 물론이고 체력과 운동 신경, 거기에 시간과 돈까지 있어야 한다. 레슨을 받지 않고 자습과 눈썰미만으로 2부에 올라간다는 것은 사실상 불가능하다. 반드시 코치에게 전문 레슨을 받아야 하고 배운 것을 자신의 것으로 만들기 위해 꾸준히 연습해야 한다. 더 나아가 다양한 유형의 고수들을 만나 시합도 많이 해야 한다. 내가 늘 말하듯이 탁구에서 2부 동호인이 되었다는 것은 돈과 시간, 성실함과 승부욕, 체력과 운동 신경에 더해 너그러운 배우자까지 있다는 말이다.

그렇다면 나는 어쩌다가 아마추어 탁구 1부 선수가 되었을까? 간단히 말하면 "스승"을 잘 만났기 때문이다. 나는 중학교 1학년 때 우연히 동네 탁구장에 다니기 시작했다. 그곳 관장님은 여자 국가대표 출신이었는데 강습료도 별로 받지 않으면서 가르치는 데 열심이셨다. 그리고 실력이 꽤 좋은 선배 한 명이 나를 붙잡고 탁구를 가르쳐주었다. 그렇게 1년이 채 안 되게 배웠는데 이때 배운 것이 엄청난 자산이 되었다. 대학교에 들어가서 축제 때 열린 탁구대회에 참가했는데 탁구부원들까지 제치고 단식 우승을 차지할 정도였다.

　　1999년에는 서울 서초동에 교회를 개척하고, 전도할 겸 5분 거리에 있는 탁구장에 갔다. 그리고 첫날에 탁구장에 있는 회원들을 모두 제압했다. 처음 나타난 사람에게 회원들이 모두 져서 자존심이 상했는지 그다음부터 탁구장의 고수라고 일컫는 이들이 계속해서 도전해왔다. 하지만 나를 이긴 사람은 아무도 없었다. 그들은 절치부심하며 거의 매일 서너 시간이 넘게 연습하며 나의 플레이를 자세히 관찰했지만 어찌 된 일인지 오히려 더 격차가 벌어졌다. 2-3년이 지나자 회원들은 자연스럽게 나의 발놀림, 박자, 임팩트 등을 칭찬하며 진정한 고수로 존중해주었다. 그들은 무엇보다 내 몸에 탁구의 기초가 배어 있다는 이야기를 해주었다.

　　나는 그제야 내가 중학교 1학년 때 탁구를 잘 배웠다는 사실을 깨달았다. 내가 탁구 실력이 좋은 이유는 타고났기 때문이 아니라 그때 관장님과 선배가 애정을 가지고 제대로 가르쳐주었기 때문이었다. 스승의 가치를 알게 되기까지 무려 25년이라는 시간이 걸린 것이다. 실제로 탁구장에서 레슨을 받는 사람들을 보면 수년간 제대로 코치를 받으며 열심히 해도 고수가 되기 힘들었다. 그런데 나는 비교적 어린 나이에 실력자를 만나 나도 모르게 기초를 다지고 고수가 될 수 있었던 것이다. 되돌아보면 그때 관장님은 국가대표로서 체득한 노하우와 정신 자세, 인생살이에 대한 지혜까지 가르쳐주셨다. 그 덕분에 나도 탁구에 대해 진지한 태도를 유지하며 하수와 시합을 할 때도 정성을 다한다.

나는 지금도 아들들과 함께 탁구장에 나간다. 내 실력 정도면 여느 탁구장에서 코치를 해도 된다. 그러나 나는 아들에게 탁구를 직접 가르치지 않는다. 돈이 많아서가 아니다. 5명의 자녀를 키우는 작은 교회 목사가 돈이 어디 있겠는가? 그런데도 나는 아들이 선수 출신의 정식 코치에게 배울 수 있도록 한다. 내가 가르치면 "짝퉁"일 뿐이기 때문이다. 나는 아무리 고수라고 해도 아마추어다. 선수 출신의 코치야말로 정통이고 탁구를 제대로 아는 사람이다. 정식 레슨을 받지 않고 단체 레슨만 몇 번 받거나 혼자서 눈썰미와 노력만으로 실력을 키워가면 반드시 한계에 부딪힌다. 실력이 어느 수준 이상으로 늘지 않는다. "잘못된 것의 세련된 반복"만 늘어갈 뿐이다.

이런 원리는 신학에서도 마찬가지다. 신학을 공부하면 할수록 스승의 가치에 대해서 깊이 생각하게 된다. 하이델베르크 교리문답과 웨스트민스터 신앙고백 및 대·소요리문답 등은 좋은 교재다. 그런데 그것들의 진가를 제대로 알려면 좋은 스승을 만나야 한다. 가르침을 받지 않고 독학으로 깨닫는 데는 한계가 있다. 같은 내용을 깨닫는다고 해도 혼자 공부하는 경우에는 너무 많은 시간을 허비하게 된다.

직장이나 교회에서 탁구 실력을 뽐내는 사람들은 우물 안의 개구리와 같다. 그들은 대개 동호인 중 7부 정도의 실력으로서 나와 시합을 하면 겨우 1-2점을 딴다. 그리고는 그런 처참한 결과를 잘 받아들이지 못한다. 자기 컨디션이 나빴다고 생각하거나 서너 달 조금 신경 써서 연습하면 나를 이길 수 있으리라 생각한다. 그런 사람들이 탁구에 대해 겸손해지려면 탁구장에 나와 적어도 2-3년은 배워봐야 한다. 2-3년 후 겨우 6부나 5부가 되면 탁구의 세계가 얼마나 깊은 줄 깨닫고 실력자에게 예를 갖춘다. 그제야 1부인 나와 시합을 할 수 있다는 사실을 영광으로 알게 되는 것이다.

신학생은 좋은 스승들이 있는 신학교에서, 성도는 좋은 목사가 있는 교회에서 겸손한 자세로 잘 배울 수 있어야 한다. 겉모습만 화려하게 꾸며주는 잡기(雜技)가 아니라 정통 기술, 즉 진리인 성경 자체를 잘 배워야 한다. 이를 위해 좋은 스승을 찾는 것이 중요하다. 성도는 진심으로 사람들을 사랑하며 성경을 잘 가르치는 목사가 누구인지 분별할 줄 알아야 한다. 대증요법(對症療法)이나 자극적이고 실용적인 스킬(skill)이 아니라, 성경을 깊이 연구한 목사에게 진리와 사랑을 꾸준하게 배워야 한다.

신학생은 졸업 이후에도 좋은 스승을 곁에 두어야 한다. 실제로 스승으로 삼을 만한 멘토가 있으면 제일 좋겠지만 좋은 책, 좋은 사람들과의 만남을 통해서도 배우려고 해야 한다. 목사의 정체와 퇴보는 개인적인 문제가 아니라 교인들의 정체와 퇴보를 의미하기 때문이다. 대다수 성도는 목사만큼만 자랄 수 있다. 그래서 목사는 성도들을 위해서라도 끊임없이 성장하며 한 단계 더 높은 신앙과 신학의 단계로 올라가기 위해 애써야 한다.

좋은 스승을 만나지 못하는 목사는 신앙과 목회의 "1부 선수"가 되기 힘들다. 어설픈 아마추어 스승을 만나면 아무리 배워도 짝퉁이다. 때로는 배우지 않은 만 못하다. 많은 값을 치르더라도 전문가를 만나기 위해 힘써야 한다. 그 만남을 통해 자기 자신이 좋은 스승으로 자라갈 수 있다. 성도들도 마찬가지다. 주일학교와 여러 모임에서 좋은 스승이 되어 진리와 사랑으로 다른 사람들을 가르칠 수 있어야 한다. 다른 성도들과의 대화나 예배 때 하는 기도를 통해 다른 사람들을 격려하고 권면할 수 있어야 한다.

좋은 스승의 가르침은 25년이 지나도 때가 되면 빛을 발한다. 이 사실을 기억하면서 성도들은 좋은 스승을 곁에 두고, 자신도 좋은 스승이 되기 위해 힘써야 한다. 여기에 하이델베르크 교리문답과 웨스트민스터 신앙고백 및 대·소요리문답이 도움이 될 것이다. 신앙의 고수가 되려는 이들은 그와 같은 표준 문서들을 깊이 공부하기 바란다. 성경의 깊고 넓은 내용을 배우고 실천하는 데, 그리고 좋은 스승이 되는 데 큰 도움을 받을 수 있을 것이다.

01   기억에 남는 선생님이 있다면 이야기해봅시다. 그 선생님에게 어떤 면에서 도움을 받았습니까?

02   하이델베르크 교리문답 제62-64문을 서로 묻고 답해봅시다. 근거 성구도 함께 살펴봅시다.

03   왜 우리의 선행이 하나님 앞에서 우리의 온전한 의, 혹은 의의 한 부분이라도 될 수 없습니까?

04   하나님은 선행에 대해 이생과 내생에서 보상하신다고 하셨습니다. 그런데도 우리의 선행이 공로가 되지 않는 이유는 무엇입니까?

05   누가복음 17:7-10에 나오는 무익한 종의 비유를 살펴보고 우리의 신앙
     생활을 돌아보는 시간을 가집시다.

06   우리의 선행이 우리의 의가 될 수 없다는 교리는 사람들을 소홀하고 불경
     스럽게 만들지 않습니까?

07   가정과 교회, 직장에서 훌륭한 스승은 어떤 사람인가요? "생각할 거리"("스
     승의 가치")를 읽고 자신이 좋은 스승을 만나기 위해 어떤 노력을 기울이고
     있는지 이야기해봅시다.

하이델베르크 교리문답의 배경

"하이델베르크 교리문답"(Heidelberger Katechismus, *Catechesis Palatina*, The Heidelberg Catechism)은 종교개혁의 열기 속에 신학 논쟁이 격렬하게 진행되던 1563년에 신성 로마 제국(옛 독일)의 한 지역이었던 팔츠(Pfalz)의 교회를 위해 작성되었습니다. 팔츠의 수도인 하이델베르크의 이름을 따라 명명된 이 교리문답은 개혁주의 교리를 정립하고 교육하기 위해 작성된 신앙고백이었습니다.

하이델베르크 교리문답은 총 129개의 문답으로 이루어져 있습니다. 하지만 52개의 소절로 나뉘어 있습니다. 이것은 매주 한 부분씩 공부할 경우 1년에 전체를 공부할 수 있도록 배려한 것입니다. 이러한 구성은 하이델베르크 교리문답의 교육적인 특색을 잘 말해줍니다.

1560년에 프리드리히 3세(Friedrich III)가 선제후령(選帝侯領)인 팔츠의 제후가 되었을 때, 하이델베르크 대학교에서는 개혁파와 루터파 사이에 성찬을 둘러싼 논쟁이 한창이었습니다. 칼뱅파, 츠빙글리파, 루터파는 이신칭의나 성경 등에 대해서는 의견이 거의 일치했습니다. 하지만 성찬과 예정론 등 몇 가지 주제에 대해서는 의견이 갈렸습니다.

당시 "경건자"(der Fromme)라는 별칭으로 불리던 프리드리히 3세는 성찬 논쟁을 지켜보며 개혁파의 관점을 지지하게 되었습니다. 그리고 개신교 진영에 있는 여러 분파가 서로 분열하는 것을 원하지 않았습니다. 그래서 그

TIP

選帝侯(Kurfurst, elector) 신성 로마 제국의 제후 중 1356년의 "황금 문서"에 의해 독일 황제의 선거권을 가졌던 7명의 제후를 일컫는다. 이 직책은 1273년경에 나타나 1356년의 금인칙서(金印勅書)를 통해 성문화했는데 트리어, 마인츠, 쾰른의 대주교와 작센 공작, 라인의 팔라틴 백작, 브란덴부르크의 변경백, 보헤미아의 왕 등 7명이 포함되었다. 나중에 바이에른(1623-1778), 하노버(1708-1806), 헤센 카셀(1803-1806)도 선제후령이 되었다. 1806년에 신성 로마 제국이 멸망하면서 이 직위도 사라졌는데 헤센 카셀의 통치자는 19세기 말까지도 이 칭호를 사용했다.

는 성찬 문제를 포함한 여러 가지 신학 쟁점을 성경에 근거하여 정리하고자 했습니다. 곧 그 일을 위한 위원회가 조직되었는데 거기에는 대학교 교수들, 목회자들, 그리고 평신도 일부가 포함되었습니다.

프리드리히 3세에 의해 조직된 위원회는 성경에 뿌리를 내린 문답 형식의 신앙고백서를 만들어 개혁파의 신앙을 밝히 드러내고 주민들을 교육하는 데 활용하고자 했습니다. 교리문답의 초안을 작성하는 데 주된 역할을 한 것은 우르시누스(Zacharias Ursinus, 1534-1583)였습니다. 그는 하이델베르크 교리문답과 매우 비슷한 우르시누스 대·소요리문답을 이미 작성해본 경험을 가지고 있었습니다. 한편 하이델베르크 교리문답을 변호하고 적용하는 데 큰 역할을 감당한 것은 올레비아누스(Caspar Olevianus, 1536-1587)였습니다.

우르시누스와 올레비아누스를 중심으로 한 여러 사람의 노력으로 작성된 하이델베르크 교리문답은, 팔츠의 수도였던 하이델베르크에서 1563년에 열린 총회에서 공식적으로 채택되었습니다. 또한 하이델베르크 교리문답은 나중에 열린 도르트 총회(1618-1619)에서 "네덜란드 신앙고백"(1561) 및 "도르트 신조"와 더불어 "하나 되는 세 고백서"(Three Forms of Unity)로 받아들여졌습니다.

개혁교회는 전통적으로 주일 오후 예배의 설교를 교리문답에 근거해 시행했는데, 이는 하나님의 말씀인 성경을 가르치는 일이 목사 개인의 한계나 성향에 제한받지 않도록 하기 위해서였습니다. 이와 관련하여 프리드리히 3세는 하이델베르크 교리문답 서문에서 다음과 같이 말했습니다.

학교나 교회에서 자라나는 청소년들은 기독교의 핵심적인 가르침에 대하여 진지하게 생각하지 않는 경향을 보인다. 어떤 청소년들은 기독교에 대한 교육을 전혀 받지 못한다.…기독교의 핵심 진리에 대해서 올바르고 명백하게 가르쳐주는 표준적인 교리문답이 없다. 그러므로 기독교의 핵심 진리를 체계적으로 배우지 못하는 청소년들이 생겨난다. 그 청소년들은 단지 선생의 개별적인 계획이나 판단에 따라서 기독교 교육을 받았을 뿐이다.…우리의 청소년들은 반드시 일찍부터 교육을 받아야 한다. 그들은 무엇보다도 거룩한 복음에 대해 순수하고 올바른 가르침을 받아야 한다. 또한 그들은 하나님에 대해 올바르고 참된 지식을 갖도록 잘 교육받아야 한다. 이 난점을 해결하기 위해 우리는 하나님의 말씀에 근거해서 기독교에 대한 간략한 가르침, 곧 교리문답을 만들게 되었다.

목회자들과 학교의 교사들에게도 어떤 고정된 형태의 모범적인 교육 자료가 제공되어야 했다. 그와 같은 교육 자료에 근거해 목회자들과 교사들은 청소년들에게 일관된 내용을 가르칠 수 있을 것이다. 그러면 이들은 가르치는 내용을 자기의 임의적인 생각대로 선택하거나, 또는 날마다 가르치는 내용이나 방법을 바꿀 필요가 없을 것이다. 그러면 이들은 청소년들에게 잘못된 가르침을 전달하는 오류를 범하지 않을 것이다.

프리드리히 3세의 지적처럼 하이델베르크 교리문답이나 웨스트민스터 신앙고백과 같은 표준 문서에 따라 가르치고 설교하는 목회자는 자신의 소견과 경험과 깨달음을 넘어서서 성경의 내용에 따라 진리를 전달할 수 있습니다. 실제로 팔츠의 목회자들은 청소년만이 아니라 어른들에게도 이 교리문답을 가르쳤습니다. 그 결과 그들은 더욱 성경을 가까이했고 그 지역에는 전체적인 교리의 통일성이 생겼습니다. 오늘날 이 교리문답을 공부하는 이들에게도 똑같은 은혜가 임하여 기독교의 핵심 진리를 체계적으로 획득하고 전할 수 있기를 바랍니다.

하이델베르크 교리문답, 삶을 읽다

조장으로서 조 모임을 이끌거나 조원으로 모임에 참여하는 일은 매우 기대되는 일입니다. 하지만 낯선 만남의 장에서 침묵을 견디거나 발표를 강요받거나 의견이 상충하는 경험을 하게 되기도 합니다. 그래서 우리 주변에는 설교와 전체 성경 공부는 좋아해도 조 모임은 극구 피하는 분들이 있습니다.

그러나 조 모임을 통해서 얻을 수 있는 유익을 쉽게 포기하면 안 됩니다. 조 모임에서는 예배나 전체 모임에서 나누기 어려운 삶의 이야기와 신앙 고백을 긴밀한 관계 속에서 나눌 수 있습니다. 교회의 조 모임이 제대로 운영되면 교인들이 자신을 드러내고 다른 사람의 깊은 면을 보면서 마음속에 묻어두었던 상처와 단점을 극복할 수 있습니다.

물론 조 모임이 항상 성공적으로 마무리되는 것은 아닙니다. 하지만 당장 실패하더라도 그 실패는 전진을 위한 일보 후퇴일 뿐입니다. 조 모임에 마음을 열고 다음과 같은 자세로 임한다면 이는 신앙생활에서 가장 흥미진진한 요소 중 하나가 될 것입니다.

조 모임을 하기 전에 이 글을 전체 조원이 읽고 숙지한다면 더 좋은 모임이 될 것입니다. 조 모임이 제대로 이루어지기 위해 무엇보다 중요한 요소는 사람입니다. 조장과 조원들이 열린 마음으로 모임에 임하는 자세야말로 그 어떤 교재보다 중요하고, 어떻게든 모임에 일조하려는 마음이 그 어떤 지식보다 중요합니다. 서로 협력하여 멋진 모임을 만들려는 마음으로 다음 도움말을 읽으시기 바랍니다.

1. 조장을 위한 도움말: 믿음직스러운 조장이 되기 위해

① 혼자서 모든 문제의 정답을 제시해야 한다는 부담을 가질 필요는 없습니다. 조장이 질문하고 조장이 답을 하면 조원들이 풍성한 성경 지식을 얻을 수도 있겠지만 조원 간의 교제와 유대감, 격려와 지지는 사라지고 맙니다. 조장의 질문 후에 흐르는 적막은 조원들이 답을 생각해보는 시간이기도 하므로 적절한 적막은 견디도록 놔두는 것이 좋습니다. 조장의 성경 지식이 찬란하게 드러날수록 조원은 더욱 수동적이 됩니다.

② 곤란한 질문이나 격렬한 토론을 두려워하면 안 됩니다. 조원들이 서로를 존중하는 마음과 예의 바른 태도만 유지한다면, 아무리 격한 토론도 배움의 기회가 될 수 있습니다. 보통 조장들은 전문적 성경 교사가 아니라 모임을 이끄는 진행자 역할을 하면 됩니다. 따라서 어려운 질문이나 격렬한 쟁점이 드러나면 담당 교역자의 도움을 구해 해결하십시오.

③ 예습 시간을 꼭 가져야 합니다. 그래야 해당 교재의 내용에 압도당하지 않고 조 모임을 이끌 수 있습니다. 조장이 공부할 전체 내용을 미리 파악하고 있으면 중요한 문제들만 풀고 나머지는 과감하게 생략하거나 중간중간에 주의를 환기하며 모임의 방향을 잡아갈 수 있습니다. 반면 조장이 함께 나눌 내용을 전혀 모르면 문제의 답을 찾는 데 급급하여 조원들의 얼굴과 마음을 읽을 여유가 없어집니다.

④ 다시 한 번 말하지만, 조장이 성경 지식이 가장 많아야 하는 것은 아닙니다. 물론 조장이 성경 지식이 풍부하면 여러 가지 이점이 있습니다. 하지만 지식이 다소 부족해도 조원에 대한 관심과 사랑, 모임 진행에 대한 감각, 그리고 성경 지식이 많은 조원을 세워주는 넓은 마음이 있으면 충분히 훌륭한 조장 역할을 할 수 있습니다.

⑤ 조원들 모두가 토론에 참여하도록 신경을 써야 합니다. 특히 하고 싶은 말이 있어도 용기가 부족해 나서지 못하는 사람이 있다면 격려나 제안을

통해 도와주어야 합니다. 가능하다면 모임에 참여한 각 조원이 적어도 한 번 씩은 발언할 수 있도록 기회를 만들어주는 것이 좋습니다.

⑥ 자기소개를 하거나 어떤 사항에 대한 의견을 나눌 때 조원 중에서 가장 말을 풍성하고 진지하게 하는 사람부터 시작하는 것이 좋습니다. 첫 번째로 말하는 사람이 어떤 내용을 어떤 수위로 말하는지에 따라서 다른 조원들의 나눔 내용이 바뀔 수 있기 때문입니다.

⑦ 각 조원의 장점과 관심사와 성격을 파악하여 각 조원의 존재감을 살려주어야 합니다. 그것은 성경 지식일 수도 있고, 풍부한 인생 경험이나 유머 감각, 남에 대한 배려심, 경청하는 태도, 혹은 유쾌한 성격일 수 있습니다. 모임이 끝난 후에 갖는 식사나 교제에서 장점이 드러나는 사람도 있습니다. 조장은 여러 각도에서 조원을 살펴 조 모임을 풍성하게 하는 데 조원 각자의 은사가 최대한 발휘되도록 이끌어주어야 합니다.

⑧ 모임 시간을 잘 이끄는 것도 중요하지만, 조장은 그 외의 시간에도 교제의 구심점 역할을 해야 합니다. 조 모임이 진행되는 몇 개월 동안에는 조장이 조원들의 경조사와 대소사를 파악하고 조원들이 서로 적절하고 지혜롭게 관심과 위로를 표할 수 있게 신경을 쓰십시오. 물론 조원들의 경조사와 대소사를 챙긴다고 해서 조원들의 성경 지식이 증가하지는 않습니다. 하지만 조원들은 이러한 일을 통해 조장과 조원에 대한 신뢰를 쌓고 더욱 진심으로 성경 공부 모임에 참여하게 될 것입니다.

⑨ 조원들은 자신들의 조장이 당신이라는 사실을 알았을 때 기뻐했을까요, 아니면 미간을 찌푸렸을까요? 조장은 자신을 냉철하게 살필 줄 알아야 합니다. 자신의 장단점을 솔직하게 직면하면서 장점은 살리고 단점은 과감하게 고쳐나가는 노력을 지속해야 합니다. 이러한 노력 속에서 조장은 어느새 환영받는 존재로 성장할 것입니다.

⑩ 조 모임에서 다루는 내용을 잘 따라오지 못하는 조원을 이해하고 기다

려주어야 합니다. 조원들은 성경 공부만이 아니라 교제와 만남을 위해서도 모임에 참여합니다. 어떤 조원은 인격적 관계가 어느 정도 형성되어 긴장이 풀려야 성경 공부에도 관심을 기울이기 시작합니다. 조장이 마음에 들지 않는 조원을 은연중 무시하거나 배척하면 그 사람은 방어적·비판적 태도로 일관하거나 조 모임을 떠나기 쉽습니다.

⑪ 조장은 조원들의 예습을 도와주어야 합니다. 조원들끼리 짝을 지어주어 주 중에 최소한 한 번씩 연락을 취하여 예습 내용과 삶을 나누게 하는 방법도 좋습니다. 이렇게 되면 각자 예습을 하면서 첫 번째로 공부하고, 짝끼리 나누면서 두 번째로 공부하고, 조 모임 시간에 세 번째로 공부하면서 해당 내용을 완전히 습득하게 됩니다.

2. 조원을 위한 도움말: 조장과 협력하는 조원이 되기 위해

① 조 모임을 하려고 다 모였는데, 가방에서 간식을 꺼내는 조원은 사랑스럽습니다. 먹을 것이 있는 곳에는 훈훈함도 있습니다. 조원들이 배가 고프면 조 모임은 비판과 부정으로 흐를 가능성이 커집니다. 비판과 부정의 기운이 감도는 회의는 사람들을 회의(懷疑)에 빠뜨립니다. 먹을 것이 있으면 모임이 부드럽게 시작되어 사람들이 주저함 없이 속마음을 드러내고 발표하게 됩니다. 물론 간식이 너무 과하면 중심이 흐트러지므로 식사 수준의 간식은 조 모임 후에 갖는 것이 좋습니다.

② 조장이 문제를 읽고 조원들에게 의견과 답을 물을 때 첫 번째로 답하는 조원은 든든합니다. 질문 후에 길어지는 침묵의 무게를 감당하기란 쉽지 않기 때문입니다. 적막함을 깨는 첫 번째 발언은 조 모임의 진행을 원활하게 하는 윤활유 역할을 합니다.

③ 조장의 질문에 적당히 틀려주는 조원은 고맙습니다. 매번 정답만 나오면 조장이 멋지게 나설 기회가 사라지기 때문입니다. 조원이 적당히 틀려줘

하이델베르크 교리문답, 삶을 읽다

야 조장이 나서서 바로잡을 기회가 생깁니다. 따라서 조원들은 자기 답이 틀릴까 봐 너무 걱정하지 않아도 됩니다. 조별 모임은 자기의 성경 지식을 자랑하는 곳이 아니라 모두가 참여해 완성해가는 자리입니다. 자신이 약간 망가지는 발언도 주저하지 마십시오! 자신이 약간 망가질수록 토론은 활기를 띠고 전체는 더욱 완성되어갑니다.

④ 조원들에게 쓴소리하는 조원은 훌륭합니다. 모임 시간에 지각하거나 조장에게 대드는 조원, 잡담을 하거나 혼자만 발언하려고 하는 조원에게 바른말을 해주는 조원이 있으면 조장은 큰 도움을 받습니다. 조장이 직접 쓴소리를 하면 조장과 조원들 간에 긴장이 발생해 모임의 운영이 껄끄러워지기 쉽습니다. 그래서 조장이 해야 하는 "악역"을 대신 맡아주는 조원이야말로 조장의 리더십과 모임의 질서를 세워주는 훌륭한 조원이라고 할 수 있습니다.

⑤ 조 모임 이외에 함께하는 식사나 문화생활을 적절히 제안하고 비용도 일부 부담하는 조원은 소중합니다. 조 모임은 결코 성경 공부 시간만으로 충족되지 않습니다. 개인차가 있기는 하지만 어떤 사람들은 오히려 식사와 다과, 놀이와 수다를 통해 신뢰를 쌓고 깊은 이야기를 꺼내기도 합니다. 그래서 때에 따라 당일치기나 1박 2일의 간단한 야유회를 적절한 장소와 함께 제안하고 필요한 경비의 조달법까지 제안하는 조원이 귀할 수밖에 없습니다.

3. "함께 나누기" 활용을 위한 도움말

이 책에는 이 책을 함께 읽으며 하이델베르크 교리문답을 공부하는 조 모임에서 활용할 수 있는 "함께 나누기"가 각 주일의 해당 내용 마지막에 수록되어 있습니다. 조원들이 힘을 모아 "함께 나누기"에 제시된 문제들을 꼼꼼히 풀어간다면 하이델베르크 교리문답의 주요 내용을 정리하고 일상생활에 적용하는 데 큰 도움을 받을 수 있을 것입니다.

그런데 "함께 나누기"의 각 1번 문제는 딱히 하이델베르크 교리문답과 관계가 있다기보다는 일반적이거나 신앙생활 전반을 다루는 문제입니다. 이 문항을 통해 조원들은 자연스럽게 자신에 관해 이야기하며 깊은 교제의 기틀을 마련할 수 있습니다. 이 문제들에 대한 답은 간단치 않고 우리의 인생만큼이나 다양하고 복잡한데, 성경을 전체적으로 이해할수록, 사람과 인생에 대한 이해가 깊어질수록 답변도 풍성해질 것입니다.

"함께 나누기"에서 이러한 문제들을 다루는 이유는 성경 공부 모임이란 단순히 성경 지식만 습득하는 모임이 아니기 때문입니다. 성경을 중심으로 모인 교회의 조 모임은 조원들 간의 교제와 기도, 격려와 실제적 도움도 중요한 목적으로 합니다. 따라서 교회의 조 모임은 과도하게 지적·학적으로 흐르지 않도록 주의해야 합니다. 조원 중에는 배운 내용을 단어와 문장으로 잘 표현하지 못해도 온몸으로 실천하며 풍성한 신앙생활을 하는 사람도 있습니다. 단순히 머리로 아는 것보다 실제 삶에서 배운 내용을 통합적으로 이해하고 적용하는 것이 더 중요할 수 있습니다. 조원들은 서로의 다양한 성향과 기질을 인정해야 하고, 획일적인 잣대로 사람을 평가하는 실수를 범하지 말아야 합니다.

사실 이 1번 문제를 푸는 것만으로도 깊은 감동과 기쁨과 교감을 느끼는 경우가 발생하기도 합니다. 그럴 때는 배운 내용을 정리하고 적용하는 다음 문제들도 중요하므로 적절히 시간 배분을 해야 합니다. 물론 조 모임의 형식에 대해 열린 자세는 중요하며, 조원들이 어떤 문제에 깊은 관심을 보이고 감동과 은혜가 넘친다면 상황에 따라서 한 문제에 많은 시간을 사용할 수도 있습니다.

다시 한 번 말하지만 1번 문제에 대한 정답은 없습니다. 그리고 이런 문제는 조원들이 적극적으로 참여하지 않으면 분위기가 맹송맹송해지기 쉽습니다. 단답형의 짧은 답변은 모임 분위기를 더욱 건조하게 합니다. 열린 자세로 자신의 내적 경험과 깊은 느낌까지 나눌 때 나눔이 깊어지고 서로 도움을 받을 수 있습니다. 조 모임의 성패는 교재나 시스템이 아니라 조원들의 자세에 달려 있음을 다시금 명심해야 합니다.

"함께 나누기"에서 1번 문제 이후에 나오는 문제들은 책의 내용을 정리하고 삶에 적용하기 위한 문제들입니다. 조장과 조원 모두가 다음 사항에 유의하면 유쾌하고 유익한 조 모임을 만들어갈 수 있을 것입니다.

① 문제를 하나씩 풀어도 되고 비슷한 여러 문제를 묶어서 한 번에 풀어도 됩니다. 여러 문제를 묶어서 풀면 시간을 절약할 수 있습니다.

② 한 문제에 대한 답이 충분히 나오지 않은 것 같더라도 어느 정도 논의한 후에는 다음 문제로 넘어가는 것이 좋습니다. 문제를 무조건 오래 붙잡고 있다고 해서 대화가 풍성해지는 것은 아니며 오히려 진이 빠질 수 있습니다. 잘 소화가 안 되는 문제들도 뒤의 다른 문제를 풀면서 해결될 수 있으니 과감하게 넘어가도록 하십시오.

③ "함께 나누기" 한 꼭지를 반드시 한 번의 모임으로 끝낼 필요는 없습니다. 많은 내용이 포함된 꼭지는 두세 번에 나누어 다루어도 됩니다. 반대로 두 꼭지를 한 번에 몰아서 다루어도 되고 필요에 따라서 건너뛰어도 됩니다.

④ 각 문제의 답은 책의 내용 속에서 이해해야 합니다. 해당 과에서 어떤 주제들을 다루었는지 염두에 두고 해당 과가 다른 과와 어떻게 연결되었는지 생각할 수 있으면 더욱 좋습니다.

⑤ 모든 조원이 조 모임에 활발하게 참여하면 좋지만 발언을 강요하지는 말아야 합니다. 어떤 사람은 내성적이어서 시간이 더 필요하기도 하고, 공부하는 내용에 대한 이해가 아직 무르익지 않아서 할 말이 없는 사람도 있습니다. 따라서 단순히 발언 여부로 모임에 대한 태도를 판단해서는 안 됩니다. 비록 말이 많지 않아도 다른 사람들과 눈을 맞추며 고개를 끄덕이는 등의 반응을 보이면 충분합니다. 오히려 발언은 많이 할지라도 다른 사람이 말할 때 한눈을 파는 사람에게 주의해야 합니다.

⑥ 혹 모임 시간의 50퍼센트 이상을 혼자 말하는 사람은 자신을 돌아보아야 합니다. 다른 조원들이 말을 하지 않아 수고를 감당하는 것이라면 괜찮지만, 자기 지식과 존재를 드러내려는 것이라면 절제해야 합니다. 그런 사람이 절제하면 많은 사람이 유익을 누립니다. 준비한 내용과 갑자기 떠오른 좋은 생각을 남김없이 말해야 한다는 조바심을 과감하게 버려보십시오. 그 대신에 적절한 질문과 격려, 여백과 침묵으로 다른 조원에게 발언권을 넘기는 일에 힘쓰면 그만큼 성숙의 기쁨을 누릴 수 있을 것입니다.

⑦ 풍성한 모임을 원한다면 예습은 필수입니다. 조 모임이 껄끄럽고 한두 사람이 주도하는 분위기라면 이는 대부분 예습하고 온 조원이 없기 때문입니다. 이 책의 "함께 나누기"에 수록된 문제들의 난이도는 대부분 책의 내용을 미리 읽으면 어렵지 않게 풀 수 있는 수준입니다. 예습을 통해 다른 사람들을 섬길 기회를 확보해보십시오.

⑧ "함께 나누기"를 마무리할 때는 기도 시간을 꼭 가져야 합니다. 함께 나눈 은혜에 감사하고 공부한 대로 살 수 있기를 구하며 다른 조원들을 위해 기도하는 시간은 매우 중요합니다. 우리는 기도를 통해 모든 만남과 다짐이 하나님의 다스림 가운데 있다는 사실을 기억하게 됩니다. 기도는 한 명이 대표로 해도 좋고 각 사람이 동시에 해도 좋습니다. 혹은 대화식으로 돌아가면서 한 사람이 몇 문장씩 짧게 기도한 후 조장이나 미리 지정한 사람이 마무리하는 기도도 좋습니다. 하나님은 성도들이 한마음으로 드리는 기도를 기쁘게 들으시고 반드시 응답하시는 분입니다.

마지막으로 한 번 더 강조하자면, 교회의 조 모임은 단순히 성경 지식을 배우는 학습의 장이 아닙니다. 성도들이 하나님 앞에서 삶을 나누며 서로 격려하고 치유하고 권면하는 만남의 장이 바로 교회의 조 모임입니다. 물론 조 모임의 중심에는 성경 공부가 있겠지만 단순히 성경 지식으로 사람을 평가하는 경박함은 없어야 합니다. 한두 시간의 성경 공부에서 답을 잘했다고 신앙이 성숙하거나 완성되는 것은 아니기 때문입니다. 우리의 신앙은 단순하지 않고 종합적입니다. 명확한 성경 지식과 함께 서로를 이해하고 인정하고 배려하는 마음이 자라지 않는다면 무의미합니다.

아무쪼록, 이 책을 가지고 조 모임을 하는 독자분들이, 성경을 더 종합적으로 소화하고 하나님을 더욱 깊이 알아 조원들을 포함한 이웃을 사랑하고 "마음을 다하고 목숨을 다하고 뜻을 다하고 힘을 다하여" 하나님을 사랑하는 일에 자라가기를 기도합니다.

부록 3 하이델베르크 교리문답 구성 조감도

서론부(제1-2문)
우리의 유일한 위로

- 제1문 　사람의 유일한 위로는 무엇인가?
- 제2문 　유일한 위로를 위해 알아야 할 세 가지: 죄와 비참, 구속, 하나님께 감사
  - ⇨ 하이델베르크 교리문답의 전체 구조

제1부(제3-11문)
우리의 죄와 비참에 관하여

서론 : 외적 인식 원리로서의 율법(제3-4문)
- 제3문 　사람의 비참을 하나님의 율법으로 알 수 있다.
- 제4문 　하나님의 율법이 요구하는 두 가지: 하나님 사랑, 이웃 사랑

인간론 : 인간의 죄와 부패, 하나님의 심판(제5-11문)
- 제5문 　사람은 하나님의 율법을 모두 지킬 수 없다.
- 제6문 　하나님이 사람을 악하게 창조하셔서 율법을 다 지킬 수 없는가?
- 제7문 　사람이 의롭게 창조되었다면 본성의 타락은 어디서 왔는가?
- 제8문 　아담의 죄로 본성이 타락한 사람은 어떤 선도 행할 수 없는가?
- 제9문 　사람이 지킬 수 없는 율법을 하나님이 요구하신 것은 부당한가?
- 제10문 　하나님은 사람의 불순종을 벌하지 않고 내버려두시는가?
- 제11문 　불순종을 벌하시는 하나님은 동시에 자비롭지는 않으신가?

제2부(제12-85문)
우리의 구속에 관하여

중보자의 필요성과 신분(제12-19문)
- 제12문 　어떻게 하나님의 형벌에서 벗어나 인정받을 수 있는가?
- 제13문 　우리는 하나님의 의를 스스로 만족시킬 수 있는가?
- 제14문 　피조물로서 우리의 죗값을 만족시킬 자가 있는가?
- 제15문 　피조물 중에 없다면 어떤 구원자가 존재하는가?
- 제16문 　그 구원자는 왜 참 사람으로 완벽하게 의로워야 하는가?
- 제17문 　그 구원자는 왜 한 인격에서 또한 하나님이어야 하는가?
- 제18문 　한 인격으로 동시에 참 하나님과 참 사람인 중보자는 누구이신가?
- 제19문 　우리는 이것을 복음을 통하여 안다.

믿음의 정의와 내용(제20-21문)
- 제20문 　모든 사람이 아담 안에서 멸망하고, 그리스도에 의해 구원받는가?
- 제21문 　참된 믿음이란 무엇인가?

사도신경과 그 구분(제22-24문): 성부와 창조, 성자와 구속, 성령과 성화
- 제22문 　그리스도인은 보편적이고 확실한 사도신경을 믿는다.
- 제23문 　사도신경의 내용
- 제24문 　셋으로 구분되는 사도신경: 성부와 창조, 성자와 구속, 성령과 성화

성부와 창조(신론 , 제25-28문)
- 제25문 　삼위일체: 한 본질, 세 위격의 하나님
- 제26문 　하나님의 창조: 무로부터 천지와 만물을 창조하신 하나님
- 제27문 　하나님의 섭리: 하늘과 땅과 모든 피조물의 보존과 다스림
- 제28문 　하나님의 창조와 섭리가 주는 유익

하이델베르크 교리문답, 삶을 읽다 (상)

Copyright ⓒ 정요석 2017

1쇄 발행 2017년 2월 1일
4쇄 발행 2021년 11월 17일

지은이 정요석
펴낸이 긴요한
펴낸곳 새물결플러스

편 집 왕희광 정인철 노재현 한바울 정혜인
이형일 나유영 노동래 최호연
디자인 박인미 황진주 김은경
마케팅 박성민 이원혁
총 무 김명화 이성순
영 상 최정호 곽상원
아카데미 차상희

홈페이지 www.holywaveplus.com
이메일 hwpbooks@hwpbooks.com
출판등록 2008년 8월 21일 제2008-24호
주 소 (우) 04118 서울시 마포구 마포대로19길 33
전 화 02) 2652-3161
팩 스 02) 2652-3191

ISBN 979-11-86409-96-1   04230
979-11-86409-97-8   04230 (세트)

책값은 뒤표지에 있습니다.